이 종이 주님의 소중한 도구가 되도록
모든 정성을 기울인
김준희 님께 이 책을 바칩니다.

설교의
신학

Theology of Preaching

설교의 신학

Theology of Preaching

정장복 지음

설교란 택함 받은 설교자가 당대의 커뮤니케이션을 통하여 회중에게 하나님의 말씀인 성경의 진리를 선포하고, 해석하고, 이 진리를 회중의 삶에 적용함이다. 이것은 반드시 성령님의 감화하심에 의해 이루어져야 한다.

목 차

부록 3. 커뮤니케이션 스타일과 전달

Merrill R. Abbey

서문

저의 전공분야를 마무리하는 졸저(拙著)입니다

『설교의 신학』이라는 책명은 1980년 장신대 예배, 설교학 교수로 부임하기 전부터 뜻을 품고 새겨놓은 이름입니다. 그러나 바로 집필하기에는 너무나 중요하고 벅찬 일이었습니다. 깊이와 무게가 있는 내용을 담은 학술 저서로 인정받기 위해서는 많은 연구와 시간, 자료가 필요했습니다.

우선, 황무지였던 예배, 설교학 분야에서 선지생도들이 손에 들고 학습해야 할 교과서가 있어야 했기에『예배학 개론』,『설교학 개론』등을 개간(開刊)하는 것이 선행되어야 했습니다. 거기에 더하여 선지생도들이 기초적으로 읽어야 할 이 분야의 명저들을 역서(譯書)로 출판하는 것 또한 막중한 임무였습니다. 그뿐만 아니라 설교 현장의 목회자들을 위해 연년이『예배와 설교 핸드북』을 펴내면서『설교의 분석과 비평』,『설교학 사전』,『예배학 사전』등을 출간하는 일에 우선적 노력을 기울여야 했습니다. 그러다 보니 본서의 출간이 이렇게 늦어졌습니다.

그동안 저의 뇌리에는 『설교의 신학』이 저의 최종적 학술 가치를 담은 작품이 되어야 한다는 의무감이 강하게 자리잡고 있었습니다. 그래서 교수로서 사역하는 동안 발표한 연구 논문들은 이 책의 내용을 위해 쌓아 올린 한 장 한 장의 벽돌이었습니다. 그 결과 여기에 실린 대부분의 글들은 저의 학구열의 절정기라 할 수 있는 중년기에 발표한 글들입니다. 그 외의 글들은 은퇴 후에 보완하거나 집필한 것들입니다. 긴 시간을 두고 엮어져 왔기에 중복된 표현들이 있고, 꼰대스러운 데가 없지 않습니다. 그럼에도 불구하고 본서가 한국교회 설교사역자들에게 소중한 가치를 안겨주며 길잡이가 될 수 있다는 고집을 꺾고 싶지 않습니다.

여기에 실린 내용을 새롭게 살피면서 느낀 점은 선지동산에서 34년 동안 설교학 교수로 재직하며 터득한 경험과 이론이, 설교사역의 이정표를 제시하는 데 소중한 근간(根幹)이 되었다는 사실입니다. 그 결과 여기에 제시된 내용은 서구 교회에서 펼치는 설교이론의 단순한 도입이 아니라, 한국의 문화권에서, 한국의 설교자가, 한국의 교인들에게, 한국어로 설교해야 하는 설교인들이 근본으로 삼을 수 있다고 자부하게 되었습니다.

이 분야의 기수로서 마지막 사명을 다하기 위해 펴내는 본서는 다음과 같은 내용을 수록하는 데 관심을 기울였습니다. 첫째는 한국교회 설교인들이 필수적으로 품어야 하는 설교의 기본 정신인 에토스(Ethos) 정립입니다. 둘째는 설교인들이 알아야 할 설교사역에 대한 뿌리의 제시입니다. 이를 위해 그리스도교 최초의 설교신학자이며 수사학자인 어거스틴의 설교에 대한 가르침을 탐색하였습니다. 바로 이어서 한국교회에 뿌려진 최초의 설교 씨앗이 어떤 내용으로, 어떻게 진행되었는지를 직접 만나보게 했습니다. 셋째는 한국교회에 오랫동안 뿌리내려 온 칼뱅과 같은 말씀 중심 신학자의 설교신학 터득입니다. 넷째는 설교자가 알아야 할 한국인의 커뮤니케이션 환경 이해와 강해설교, 신앙간증 등에 대한 바른 이해입니다. 다섯째는 한국교회가 간과하기 쉬운 설교의 위기 요소 분석을 비롯하여 설교의 올바른 준비와 성공적인 전달(Delivery)을 위한 구체적인 분석입니다. 여섯째는 그동안 여러 매체에 실렸던 설교의 문제점과 대안을 제시한 단상(斷想)의 글 10편을 추려 실었습니다. 부록으로, 설교신학을 논하는 데 필독해야 할 해외 석학들의 글 중 3편을 가져왔습니다.

　본서를 출간하면서 느끼는 감회가 여느 때와는 사뭇 다릅니다. 본서가 평생을 몸담았던 설교학의 학술적 접근의 마지막 작품이기에 퇴역의 아쉬움을 실감합니다. 바라옵기는 사랑하는 후학들이 본서를 읽어주시고, 뿌리 깊은 올곧은 설교인의 길을 걸어주신다면 더 바랄 것이 없겠습니다. 교과서를 옆에 끼고 사역하는 설교인과, 맨손으로 자신의 생각이 가는 대로 설교단에 서는 설교인과는 어디이든 차이가 나기 마련입니다.

　지난 40년간 구상하고 집필했던 본서가 이렇게 빛을 보게 되기까지는 결코 저 혼자의 힘으로 이뤄진 것이 아닙니다. 장신대의 학술지인 『교회와 신학』, 『장신논단』을 비롯하여 『기독교 사상』, 『월간목회』 그리고 「한국기독공보」, 「국민일보」, 「기독교연합신문」, 「평신도신문」과 같은 매체에서 저의 부족한 글을 항상 선대해 실어주었기에 오늘의 결실을 얻게 되었습니다. 그리고 흩어진 글들을 모으고 편집하는 일을 맡아 준 연구조교 최영국 목사를 비롯하여, 언제나 필자의 글들을 빠짐없이 책으로 묶어 출간해 주신 "예배와 설교 아카데미" 대표 김현애 박사와 탁월한 수준의 솜씨로 책을 만들어 주신 윤혜경 편집장에게 심심한 감사를 보냅니다.

　끝으로, 청산도까지 찾아와 나의 가정과 신분을 다 알아본 후 오늘의 그림을 그리면서 흙수저였던 섬 소년을 하나님이 주신 배필로 맞이

했던 사람, 갖은 희생을 다 감수하며 지난 56년 동안 내 곁을 지켜준 사람, 김준희 님께 아낌없는 예찬을 보냅니다.

이 시간도 하나님께서 바울을 통하여 들려주신 다음 말씀 앞에 황송한 심정으로, 깊은 감격에 젖어 있습니다.

"내가 나 된 것은 하나님의 은혜로 된 것이니 …

내가 한 것이 아니요

오직 나와 함께 하신 하나님의 은혜로라"(고전 15:10).

2022년 부활절에

제1장
설교의 에토스(Ethos),
성언운반일념(聖言運搬一念)

시대의 급변하는 현장을 보면서 설교의 갱신을 부르짖는 함성들이 오래전부터 일기 시작했다. 그러나 강단의 주역들은 그 함성 앞에 새로운 대책을 세우지 못한 채 지금까지 걸어온 길을 계속 걷고 있을 뿐이다. 같은 수준에서 펴내는 다른 목사의 설교집은 부지런히 모으면서도 설교의 신학과 이론에 관한 연구는 좀처럼 하지 않는다. 자신의 설교사역에서 표준으로 삼을 이론적인 밑바탕이 없이 설교 인생을 살아온 경우가 적지 않다.

한국의 토양 위에서 수행되어야 할 설교사역의 최우선 과제는 무엇이 되어야 하는가? 이에 대해서는 초기 설교자들이 어떤 설교사상을 가지고 심혈을 기울였기에 이 땅의 교회를 이만큼 일구어낼 수 있었는지를 분석해야 한다. 그리고 오늘의 설교사역자들이 정립해야 할 자신의 정체성을 분명히 해야 한다.

급속도로 시대가 변천하고 있는 오늘의 현장에 많은 설교자가 흔들리고 있다. 여기서 하나님의 말씀을 더욱 빛나게 할 수 있는 설교자의 에토스는 과연 어떠해야 하는지를 이제는 정립해야 할 때다. 이에 필자는 지난 수십 년간 설교학 강의를 통하여 터득된 설교자의 기본 정신(Ethos)을 성언운반일념(聖言運搬一念)으로 규정하고 그것이 어떤 내용을 함축한 것인지를 여기 제한된 지면 위에 풀어보려고 한다.

I. 설교자의 양심이 의심스러운 설교사역

1. 소명감과 하나님과의 상관관계

소명이란 한 인간의 결단도 필요하지만, 그 결단을 가져온 직접적인 동기가 절대적이다. 수천 명의 교인을 앞에 놓고 말씀을 외치며 깊은 감동을 주는 설교자를 보면서 나도 저런 설교자가 되겠다고 나선 결단을 가리켜 소명이라 말하지 않는다. 또는 병상에서 투병하다가 병을 고쳐 주면 주의 일을 하겠다는 조건 아래서 이루어진 결단도 소명이라고 보기 어렵다. 진정한 소명이란 인간이 주도권을 가지고 있는 희망이나 명예나 소유욕으로 얻을 수 있는 것이 아니다.

진정한 소명이란 무엇인가? 진정한 설교자가 되기 위하여 스스로 인식한 소명을 어떻게 해석해야 할 것인가? 여기에 대한 정확한 대답은 험준한 설교자의 길을 걷는 사람들에게 절실히 필요하다. 칼뱅은 소명이란 "하나님을 두려워하는 진지한 마음과 하나님의 교회를 세우려는 열망 가운데서만 들려지는 하나님의 명령"이라고 말하고 있다.[1] 우리의 고유한 의미에서 볼 때 소명이란 신하를 부르는 임금의 명령으로 사용되고 있다. 이때의 소명이란 선택의 여지가 없이 무조건 맹종해야 하고 받들어야 하는 의미를 지닌다. 이러한 소명을 언제, 어디서, 어떤 환

---

1 John T. McNeill (ed.), *Calvin: Institutes of the Christian Religion* (Philadelphia: The Westminster Press, 1967), Book Four 3:11.

경 가운데서 받았다고 말할 수 있는 경우는 극히 드물다. 티자드(Leslie Tizard)의 말대로 설교자가 되는 길로 내딛는 것만이 주님의 뜻이라고 믿어져 그 길을 걷고, 그 가운데서 점진적으로 그 결단과 행위가 소명의 응답으로 굳어지고 그 외길만을 평생동안 걷는 것이 훌륭한 소명 받은 자의 삶이다.[2]

소명이란 현장에서 확인될 수 있는 가시적인 것이 아니다. 더욱이 객관적으로 자신의 소명을 뚜렷하게 입증한다는 것도 무리가 따른다. 이것은 어디까지나 소명 받은 사람의 내적인 문제로서 처리될 수밖에 없다. 여기서 신중하게 생각해야 할 것은 소명을 내리신 분과 소명 받은 사람과의 관계성의 문제이다. 이것은 소명 받은 자의 단독적인 행위가 아니라 부르신 분과의 상호관계 속에서 이루어지기 때문이다.

설교자는 소명 받은 자로서 자신을 부르신 분으로부터 칭찬을 받고 있는지, 아니면 책망을 받고 있는지를 섬세하게 성찰할 필요가 있다. 다시 말하면 나를 부르신 분과 성공적인 커뮤니케이션을 이루면서 오늘을 지탱하는지, 아니면 아무런 의사소통을 하지 못한 채 홀로 외로운 날들을 보내고 있는지를 진단해야 한다. 설교자가 자신을 부르신 분과 정확한 교감(交感)을 통해 얻은 메시지가 없다면 그는 홀로 설교의 무대에 서게 된다. 그리고 자기 생각과 말만을 가지고 무대를 장식하면서 시간을 이어가는 슬픈 연기를 하게 된다.

2. 설교자의 양심

양심(良心)은 하나님의 형상에 속한 것으로 모든 인간이 소유하고 있는 가장 기본적인 요소이다. 양심은 인간 속에 있어 하나님의 음성을 듣고 보게 하는 가장 소중한 눈과 귀이다. 양심의 기본 기능은 인간이

---

2 Leslie J. Tizard, *Preaching: The Art of Communication* (New York: Oxford University Press, 1958), 18.

사물에 대하여 옳고 그름을 가리는 의식으로 작용한다. 그리고 자기 행위에 관하여 선을 취하고 악을 버리는 도덕적 의식을 갖추도록 재촉한다. 양심의 소유와 활용은 하나님의 피조물인 모든 인간이 필수적으로 지켜야 할 삶의 기본이다. 이 양심이 흔들리고 방향을 잡지 못할 때 인간사회는 혼탁해지고 패륜이 발생한다. 패륜적인 현상이 대로를 활보할 때 인류의 종말은 다가오고, 인간의 호흡은 살아있을지 모르나 모든 질서는 파괴된 상태가 된다.

소명 받은 설교자의 양심이 바르게 숨 쉴 때 말씀사역에서 성공은 보장될 것이다. 설교자에게 양심은 단순히 선악을 구별하는 도덕적 의식의 수준을 넘은 더 높은 차원의 것을 의미한다. 즉, 자신에게 외부로부터 침입해 오는 사건에 대한 방어적 차원의 양심으로 그치지 않는다. 이것은 하나님이 자신을 불러 도구로 삼으시고 메신저로 세워 자신의 자녀들에게 메시지를 운반하도록 하는 소명에 대한 정직한 수행까지를 의미한다. 다시 말하면 나를 부르신 분의 심부름을 정직하게 이행하는지, 아니면 그것을 자신의 생계를 위한 수단으로 삼고 불성실하게 적당히 넘기는 불량 행위를 하고 있는지를 말한다. 이것은 기본적인 양심을 바탕으로 한 진실성의 추구이다.

칼뱅은 일찍이 "양심은 선과 악을 식별하면서 하나님의 심판에 응답하는 것이며 영생하는 영혼의 확고한 징표"[3]라고 정의를 내린 바 있다. 설교사역에 칼뱅의 양심론이 무관한 것처럼 보일지 모르나 이것은 설교자의 양심론을 가장 적절하게 갈파한 말이다.

하나님은 많은 선지자를 통하여 이미 양심을 짓밟고 말씀사역을 하는 무리에게 다음과 같은 말씀을 들려주셨다.

너희는 몇 줌의 보리와 몇 조각의 빵 때문에, 내 백성이 보는 앞에

---

3 John, T. McNeill (ed.), *Calvin: Institutes...*, Book One 15:2.

서 나를 욕되게 하였다. 너희는 거짓말을 곧이듣는 내 백성에게 거
짓말을 함으로써, 죽어서는 안 될 영혼들은 죽이고 살아서는 안 될
영혼들은 살리려 한다(겔 13:19, 새번역).

설교자의 비극적인 사건들이 우리의 삶의 장에서 무수히 발생하고 있
다. 설교자의 세계에서 발생하는 각종 범죄 행위들을 보면서 설교자들
은 마음을 추슬러야 한다. 설교자는 우선하여 하나님 앞에서 떳떳해야
한다. 그래야 하나님의 말씀을 운반하는 사역을 감당할 수 있다. 오늘도
우리 앞에는 "선한 양심을 가지라"[4]는 명령이 놓여 있다. 이때마다 17세
기 영국의 청교도 지도자로 목회자의 정도(正道)를 울부짖었던 리차드
박스터의 말을 되새기게 된다.

지옥에 떨어지지 않게 하려고 수많은 설교를 하고 연구했으면서도
그 자신은 지옥으로 떨어지다니! 왜냐하면 우리는 그리스도를 게
을리 여기면서 수많은 설교를 그리스도에 대해서 했으며, 성령을 거
역하면서 성령에 대해서 설교했으며, 중심으로 믿지 않으면서 신앙
에 대해서 설교했으며, 육과 죄의 상태에서 머물면서 회개와 개심
에 대해서 설교했으며, 우리 자신은 육체적이고 세속적으로 남아
있으면서 하늘의 생활에 대해 설교한 때문이다.[5]

설교자가 갖춘 양심은 성령님이 거할 수 있는 가장 아름다운 방이
다. 이 방이 청결하여 추한 냄새를 풍기지 않고, 적절한 온도를 갖추고,
아름답게 장식되어 있을 때 성령님은 편안히 그곳에 머무신다. 그럴 때
말씀사역을 감당하는 자에게 영력과 지혜와 총명을 주셔서 성언운반자
로서 바른 승리의 면모가 갖추어진다.

---

4 벧전 3:16a.
5 Richard Baxter, 『참 목자상』, 박형용 역 (서울: 생명의 말씀사, 1970), 30.

3. 설교자의 피와 땀이 어우러지지 않은 설교

최근에 와서 '설교를 작성해 주는 일'이 상혼(商魂)과 연결되어 혼란을 야기하고 있다. 돈만 내면 그 주일의 설교를 위하여 수편의 설교를 실어 보내는 선악과가 우리 주변에 나타나 기승을 부리고 있다. 이러한 선악과가 유혹할 때 설교자가 한 번 맛을 보면 그 설교자는 더 이상 하나님의 부름을 받은 설교자가 아니고 남의 설교를 읽고 있는 단순한 대독자(Reader)[6]로 변신한다. 그때부터 회중은 자신의 현장과는 무관한 말씀을 듣게 된다. 어느 상업인이 사무실에 앉아서 수많은 설교집을 펴놓고 짜맞추어 보낸 그 설교를 먹는 회중에게 어떤 현상이 나타날지 충분히 예상할 수 있다.

올바른 방법이란 설교자가 엎드려 기도하면서 하나님께 구할 때 설교 내용이 줄줄이 계시되어 그것을 그대로 받아 전달하는 말씀사역을 수행하는 길이다. 설교라는 막중한 사명을 감수하는 오늘의 설교자들에게 이것은 당연한 바람이 아닐 수 없다. 그러나 이러한 현상이 말씀을 생명으로 여기는 개신교의 설교사역에서 현실화되지 않고 있다는 데 우리의 고민이 있다.

여기에 대한 칼뱅의 대답은 매우 의미심장하다. "하나님께서 이스라엘 백성들에게 자신의 말씀을 전달하실 때, 모여 있던 백성들의 귀에 하늘에서 직접 천둥소리로 말씀을 전하지 않으셨다는 사실을 중시한다."[7] 실제로 하나님이 직접 모습을 드러내고 그 음성을 발하여 말씀하신다면 그 앞에서 생명을 지탱할 수 있는 인간은 없을 것이다. 그러기에 하나님은 인간을 부르시고 그를 통하여 그때 그 장소의 그 인간들에게 필요한 말씀을 주신다.

---

6 네덜란드의 위르크(Urk)와 같은 조그마한 도시에 가면 목사가 없는 교회에서는 지금도 자신들의 교단 목사가 보내준 설교를 열정을 기울여 설교자처럼 읽고 있는 대독자(代讀者)를 만나게 된다.
7 Ronald S. Wallace, 『칼뱅의 말씀과 성례전 신학』, 정장복 역 (서울: 장로회신학대학교 출판부, 1996), 135.

현대의 설교자는 66권으로 정리된 하나님의 말씀을 가지고 때를 따라 자신이 섬기고 있는 양들에게 풀어주고 효과적으로 삶의 장에 적용하도록 돕는 것이 설교의 주된 목적이 되어야 한다. 그러므로 이러한 역할은 타인의 설교 원고를 가져다 대독하는 것으로 만족하거나 절대로 대체할 수 없다.

설교는 설교자의 땀과 눈물과 때로는 피로 회중을 적시는 것임을 새롭게 인식해야 한다. 이러한 설교의 본질을 알고 소명을 감당한 충성스러운 한국 설교자들이 있었기에 오늘의 한국교회는 이처럼 자랑스러운 궤도를 달리고 있다. 그러한 설교자들의 얼이 오늘도 우리의 설교사역을 지켜보고 있다.

그러나 오늘날 상당수의 한국 설교자들이 소명 받은 자의 임무 수행을 소홀히 여기고 있다는 데 문제가 제기된다. 설교자가 주어진 말씀의 뜻을 헤아리려는 노력을 기울이지 않고 애쓰는 눈물이 없다는 데 문제의 심각성이 있다. 오히려 설교를 목회의 방편으로 삼아 선한 양들을 오도하는 현실이 난무한 상황이다. 이러한 문제들이 한국 강단을 병들게 하는 요인이 되고 있다. 설교자의 땀과 눈물과 피로 회중을 적셔서 그 말씀 속에서 그들이 호흡할 수 있도록 하려는 결단이 그 어느 때보다 필요한 시점이다.

II. 말씀의 주인이 바뀐 설교

1. 온전한 성언운반을 가로막는 설교자의 언어 표현

인간의 커뮤니케이션은 세 가지 과정을 통하여 이루어진다. 가장 근원적이고 일반적인 것으로는 얼굴과 얼굴(face to face)을 마주보면서 언어를 사용한다. 또 하나는 얼굴과 문자(face to letters)가 만나면서 소통을 한다. 그리고 셋째는 얼굴과 전자매체(face to electronics)를 통해 의사소통한다. 이 중에서 설교사역은 입을 사용한 언어와 몸을 쓴 신체 언어를 통하여 이룩된다. 그중에서도 설교의 주된 커뮤니케이션의 도구는 입을 통한 언어이다. 신체 언어는 언어의 보조역할을 하면서 의미의 표현에 강약을 돕는다.

언어는 종족과 문화에 따라 그 양태를 달리한다. 바벨탑 사건으로 언어는 통일성을 상실하였고, 언어의 분열은 어족에 따른 민족의 구성을 각각 달리하게 되었다고 성경은 기록하고 있다.[8] 한국어는 알타이어족으로, 비교적 우수한 언어로 평가받고 있다. 일찍이 존 로스 목사는 1883년 성경을 우리 언어로 번역하면서 "한국의 글자는 현존하는 문자 가운데 가장 완전한 문자"[9]라고 극찬을 아끼지 않았다. 이러한 극찬과 함께 우리는 우리 언어에 대한 긍지를 가지고 있었다. 우리 언어를 다른 나라 언어와 비교하면서 모순점을 발견하고 보완한 것은 그리 오래지 않았다.

특별히 유럽 인디언의 어족인 영어권은 주어가 중심이 되어서 어떤 경우도 주어를 생략한 문장을 찾아볼 수 없다. 특별히 자신을 말하는 일인칭 단수의 주어 '나'는 더욱 뚜렷하게 사용하는 것이 그들의 언어 구조이다. 그러나 알타이어족에 속한 우리 언어는 술어 중심의 언어로 주어 생략이 일반화되어 있어, 주로 종결어를 통해 주어를 유추(類推)하는 경우가 보통이다.[10] 실질적으로 일인칭 단수를 생략한 채 언어를 전달하는 것이 더욱 정감을 느끼게 하고 부드러운 대화를 가능하게 한다.

그러나 이러한 언어관습이 설교사역으로 옮겨질 때는 심각한 문제가 유발된다. 실례로, 한국인의 설교를 영어로 번역할 때 모든 문장에 'I'를 넣어야 하는 경우가 발생한다. 'I'가 있는 문장은 거의 찾아보기 힘들다.

---

8 창 11:9.
9 *Quarterly Review*, Vol. 155, Jan. 1883, London, 187. 민경배, 『한국 그리스도교회사』 (서울: 대한그리스도교서회, 1972), 143에서 재인용.
10 이규호는 그의 책, 『말의 힘』 (서울: 제일출판사, 1988)에서 여기에 대한 문제를 상세하게 설명하고 있다.

"축원합니다", "생각합니다", "믿습니다", "바랍니다", "원합니다"로 종결된 문장이 대부분이다. 이 모든 종결어의 주어는 "나"이다. 이러한 사실은 설교자 자신도 모르는 사이에 최근에 우리 설교 현장 속에 깊숙이 들어와 있다. 그 결과 한국 언어로 진행된 설교는 하나님 말씀의 선포와 해석보다는 설교자 자신의 생각과 믿음과 바람을 듣는 현장으로 탈선을 하게 된다. 즉, 신언의 선포가 아니라 설교자의 사상과 지식을 선포하는 무서운 결과를 가져온다.

여기서 설교자의 생각은 자신이 전하는 메시지가 하나님의 말씀이라고 확신하면서 전달하는 반면에, 사용되는 표현은 완전히 자신이 주어가 되어 인간의 말로 전락하게 만드는 모순을 범한다. 그래서 성언운반자는 언제나 사적인 대화로서의 언어와 공적인 장소에서 사용하는 언어에 대한 차별을 분명하게 구별할 줄 알아야 한다.[11] 설교자가 아무리 하나님의 말씀이라고 외치지만, 그 표현된 문장의 주어가 설교자일 때 그것은 자신의 말로 변환되어 설교자만 등장하게 된다. 그래서 설교자는 자신이 표현하는 설교 문장이 온전한 성언운반을 어떻게 가로막고 있는지에 민감해야 한다.

2. '나'를 말하고 싶은 유혹

설교의 커뮤니케이션 이론에서는 자아 개방을 강조할 때가 많다. 『말씀의 커뮤니케이션』을 펴낸 차티어(Myron Chartier)도 설교사역에서 설교자의 자아 개방을 적극적으로 권장하면서 다음과 같이 말하고 있다.

자아 개방이란 자신에 대한 자료의 계시라고 정의되지만, 좀 더 전문적인 의미에서 볼 때 그것은 한 사람이 다른 사람에게 전달하는

---

11 여기에 대한 상세한 서술은 졸저, 『한국교회의 설교학개론』 (서울: 예배와 설교 아카데미, 2001), 제3장 "한국의 언어구조와 설교의 탈선문제"를 참고하기 바란다.

의도적인 자기 정보의 제공으로서 자발적이고 선택적인 행동이라고 해석된다. 일반적인 그것은 본질에서 자기에 대한 사적인 정보를 밝히는 것이다. 이러한 정보는 개개인의 삶에 대한 태도와 식성에서부터, 최근에 겪은 신앙적 체험이나 성적인 체험에 이르기까지 광범위한 영역에 걸쳐 있다.[12]

이러한 설교자의 자아 개방이라는 이론을 필자는 전면적으로 부정하는 것이 아니다. 설교자의 정직성을 비롯하여 겸허함과 자연스러운 인간의 모습, 웅변적이고 권위주의적인 일방적 전달의 탈피, 그리고 대화적 인간의 모습 등은 설교자의 자아 개방을 촉구하는 중요한 주제들이다. 차티어의 주장은 서구의 개방사회에서는 절대적으로 필요한 이론이다. 그리고 언어구조가 일인칭 단수의 사용이 분명한 사회에서는 충분히 유도될 수 있는 이론이다.

그러나 언어구조가 다른 한국사회에서는 문제가 생긴다. 주어가 불분명하여 신언과 인언의 선이 모호한 우리 현실에서 설교자의 삶에 대한 태도와 식성에서부터 성적인 체험까지 자아의 개방이라는 차원에서 설교 가운데 응용이 된다면, 이것은 심각한 문제를 초래하게 될 것이다. 최근에 이르러 이러한 이론은 이 땅의 문화적 환경을 고려하지 않은 신진 학자들에 의하여 도입의 타당성이 주장되기도 하였다.

실제로 한국 강단에서는 지적인 수준이 낮은 설교자들이 보인 자기 개방의 정도가 이미 위험 수위를 넘어선 지 오래다. 자신의 과대선전은 비정직성과 접목되어 문제를 유발해 왔다. 조그마한 느낌을 거대한 계시로 이름하여 회중을 현혹하는 무서운 범죄행위가 우리의 교회에서 얼마나 잔인하게 난무하였고, 지금도 혼동을 일으키고 있음을 우리는

---

12 Myron R. Chartier, 『말씀의 커뮤니케이션』, 정장복 역 (서울: 대한그리스도교서회, 1990), 180. 이 책은 필자가 차티어의 *Preaching as Communication*과 페닝턴(Pennington)의 *God Has a Communication Problem*을 묶어서 한 권으로 편역한 책이다.

끊임없이 목격하고 있다.

여기서 유의해야 할 것은 대중 앞에 선 인간은 자신의 경험과 주장을 말하는 데 맛을 들이면 그 길에서 헤어 나오지 못한다는 사실이다. 이 함정에 발을 내딛게 되면 말씀의 성실한 석의나 주해보다는 자신의 경험과 의도를 말하는 데 더욱 흥미를 느끼게 된다. 이러한 유혹을 벗어나지 못한 설교자는 스스로 교주의 길을 걷게 되고, 설교자로서는 실패의 잔을 마시고 만다.

주님의 날 예배당을 찾는 성도들은 설교자의 만담과 생활담을 듣기 위하여 나온 것이 아니다. 하나님의 말씀을 갈망하고, 그 말씀의 뜻을 이해하고, 그 말씀과 삶의 현장과의 관계를 듣고 싶어 교회를 찾아온다.[13] 아무리 생각해도 설교자의 자기선전과 노출로 시간을 메꾸려는 유혹을 성령님의 명령으로 볼 수 없다. 이러한 유혹은 하나님의 말씀 운반을 방해하려는 세력이라고 필자는 단정하고 싶다. 칼뱅도 엄격하게 설교에서 자신을 말하는 것을 자제하였다. 그리고 자신을 설교단에서 자기 생활 이야기나 하는 그런 설교자와 차별성을 두었던 것을 볼 수 있다.[14] 한국 강단에서 설교를 헝클어지게 만드는 일차적인 원인을 설교자가 자기선전과 노출의 유혹에서 벗어나지 못한 데 기인한다고 보는 것이 결코 무리가 아닐 것이다. 말씀 중심 신학은 하나님의 말씀만이 온전히 나타나게 하는 데 있다. 어떤 경우도 설교자의 등장이 우선일 수 없다.

3. 주인이 보이지 않는 설교

이상에서 본 것처럼 설교자가 자신을 말하고 싶은 유혹이 한국교회

---

13 Daniel Baumann, 『현대설교학 입문』, 정장복 역 (서울: 엠마오 도서출판, 1994), 127.
14 박건택 편저, 『칼뱅과 설교』 (서울: 도서출판 나비, 1988). 이 책에 실린 리처드 스타우퍼(Richard Stauffer) 교수의 글, "칼뱅의 설교에 나타난 일인칭 화법"을 참고하라.

설교사역에 중요한 문제가 되고 있다. 그것은 바로 말씀의 주인이신 성 삼위 하나님이 설교 가운데 보이지 않고 설교자만 보이기 때문이다. 이 것은 한국교회를 병들게 하는 원초적인 문제이다. 사람만이 보이는 곳 에서는 사람 중심의 사역이 이루어질 수밖에 없다. 성 삼위일체 하나님 이 보이는 곳에서만이 하나님 중심의 교회가 형성된다.

오늘날, 한국 땅에서 진행되고 있는 설교사역의 현장에서 우리는 말 씀의 주인이 보이지 않음을 참으로 안타깝게 생각한다. 설교자의 용모 만이 두드러지고 그의 개인적인 체험담 열거로 인해 그와 관계된 연상 (聯想)만이 계속된다. 그리고 회중은 거기에 도취하여 웃고 울다가 "기도 합시다"의 구령에 따라 기도를 한 후 폐회 찬송을 부른다. 그들에게 오 늘 설교에서 하나님을 만났느냐고 묻는다면 과연 어떻게 대답할 것인 지가 궁금하다. 진정한 성경 중심의 설교는 바우만의 충고대로 하나님 이 현존하심을 전달하여야 한다.

신실한 설교는 사람들을 거룩하신 하나님의 현존으로 인도해 줄 것이다. … 설교자는 그 설교의 그늘 밑에 사라지고 그리스도의 인 격이 그 설교를 지배하시게 하며, 하나님의 현존하심을 중개하지 않으면 안 된다.[15]

참된 설교 현장은 설교자가 설교의 그늘 밑으로 사라지고 성 삼위 하 나님이 지배하는 설교만이 들려야 한다. 성 삼위 하나님의 현존이 뚜렷 할수록 설교자는 감추어지고 회중은 하나님과 만나게 된다. 그 만남은 어두운 그늘에서 헤매는 그들의 삶에 새로운 갱신의 힘을 부여해 줄 것 이다. 그리고 설교가 절대적으로 필요하다는 것을 느끼면서 설교사역 자에게 고마움을 표하게 될 것이다.

---

15 Daniel Baumann, 『현대설교학 입문』, 131-132.

설교의 현장에서 성령님의 역사를 설교자가 막아서고, 자신의 최면적인 행위를 성령님의 역사로 오도하는 설교자가 있다면 그곳에서는 말씀의 주인이 가려질 수밖에 없다. 그리고 말씀의 주인이 보이지 않는 설교사역은 이미 탈선을 시작한 것이다. 이 탈선이 지속될 때 설교자는 교만과 방자함과 무례한 자태에 젖어 들게 된다. 그리고 성령님이 사용하시는 도구로서의 자격을 잃게 된다. 설교자의 참된 모습은 성언운반을 전부로 알고 설교사역을 감당할 때 그 진가가 발휘된다.

III. 성언운반론의 이론적 근거

1. 성언운반자로서의 설교자

지금까지 설교자들은 '하나님의 종', '말씀의 사자'라고 스스로 정체성을 밝히고 있다. 그 이름은 한국교회 성도들에게 고유명사로 자리잡고 있다. 한국교회에 자신의 신분이 '하나님의 종'이며 '말씀의 사자'라는 확신을 가지고 충성을 다한 설교자들이 있었기에 우리가 오늘에 이르게 되었다.

그러나 최근에 와서 문제가 되는 것은 이상의 명칭들에 걸맞은 내용을 지니지 못한 설교자들이 한국교회 설교단에 난무하다는 사실이다. 이름에 따른 권위는 철저히 즐기면서 거기에 수반되어야 할 사명감과 충성심은 식어 가고 있다. 이러한 문제는 최근의 신학 교육에서부터 시작된다. 학문적인 정보와 내용은 거창하게 나열되면서도, 사람이 되고 신자가 되고 설교자가 되는 데 필요한 인성 교육이 부족하다. 설교학 강의실에서는 설교를 어떻게 잘할 수 있는지를 다루는 기술적인 면을 강조하고 있을 뿐, 어떤 사람이 설교해야 하는가에 대한 근본적인 접근이 부족한 현실이다. 최근의 설교학 책들을 아무리 정독해도 설교자에 관한 깊은 연구는 찾기 힘들다.

필자는 아무리 유창한 커뮤니케이션의 기술이 가득하고 신학적인 바탕이 풍부하다고 하더라도 누가 설교하느냐에 따라 그 성패가 나뉜다는 것을 강조하고 싶다. 즉, 설교의 내용보다 설교자가 중요하다는 말이다. 설교는 입으로 머릿속의 지식과 자기 경험을 내뿜는 데서 사명이 끝나는 것이 아니다. 진정한 설교는 맑고, 충성되고, 성실하고, 그리고 영력이 가득한 사람이 설교할 때 더욱 감명이 깊다.

참된 설교사역은 부르시는 분의 말씀을 손상시키지 않고 그대로 정확하고 아름답게 운반하는 일이다. 그래서 설교자를 성언운반자(聖言運搬者)로 명명(命名)한다. 이 일은 누구나 할 수 있는 일이 아니다. 이것은 말씀의 운반자로서 설교자가 하나님 안에서 성육신(incarnation)되지 않는다면 모든 것은 인간의 수고로 끝나게 된다. 1980년대에 설교의 기술에만 집착하여 교육하던 미국의 설교학계에 심각한 도전장을 던졌던 월리스 피셔(Wallace. E. Fisher)는 진정한 설교자는 다음과 같은 사실을 인정하고 수용해야 함을 강조하고 있다.

> 말씀의 증거자들이 말씀의 전달자(herald)로서 그 인격 안에 하나님과 성육화되지 않는다면 그리스도와의 소통(communication)은 제한되고, 왜곡되고, 퇴화된다. 이것이 바로 성경의 진리이다.[16]

이상과 같은 주장은 설교 세계에 화육적 설교(Incarnational Preaching)라는 새로운 설교의 개념을 형성시키는 데 적지 않은 공헌을 남겼다. 진정한 말씀의 운반자는 어떤 경우도 말씀의 주인과의 사이에 소통이 제한되거나 그 말씀이 왜곡되거나 퇴화될 수 없다. 그러기에 진정한 말씀의 운반자는 그리스도의 존전에서 자신의 오만, 태만, 욕심, 정욕, 반항 등

---

16 Wallace E. Fisher, *Who Dares to Preach?* (Minneapolis: Augsburg Publishing House, 1979), 65.

에 저항하여 싸우지 않으면 은혜의 도구로서 자신의 퇴화를 가져올 뿐만 아니라 설교자 앞에 앉아 있는 회중에 대하여 무감각해지기 쉽다.[17]

이 싸움에서 이기는 자만이 하나님의 말씀인 성언(聖言)을 운반할 수 있는 자격을 획득하게 된다. 그러한 운반자는 어떤 경우에도 "말초적인 질문이나 신비하고 호기심이 가득한 문제들을 자극적으로 설명하기 위하여 강단에 오르지 않는다."[18] 그리고 자신이 하나님의 대리자임을 드러내면서 드높은 권위에 취해 말씀을 전하지 않는다.

진정한 성언운반자는 오직 주시는 말씀을 하나님의 백성들에게 성실히 운반하려는 일념만을 가지고 두렵고 떨리는 심정으로 강단에 오른다. 그리고 "능력이 인간의 혀에서 나오지 않고, 단순한 소리에서 어떠한 능력도 나올 수 없음"을 실감한다.[19] 오직 모든 능력은 자신을 운반자로 사용하시는 성령님에 의해서만 가능함을 깊이 인식한다. 그리스도교 설교 역사를 시작했던 사도 바울이 "나도 전해 받은 중요한 것을 여러분에게 전해드렸습니다"[20]라고 자신의 설교사역을 고백하면서 자신을 스스로 메시지의 운반자로 한정했던 것을 오늘의 설교자들은 주목할 필요가 있다.

2. 성언운반으로서의 설교 정의

명령을 받아 자신이 해야 할 일을 손에 쥐고 땀을 흘리며 열심히 걷고 있는 사람에게 "당신은 무엇을 위하여 어디서 어디로 가고 있는가?"를 묻는다면 그의 대답은 언제나 준비되어 있다. 그것은 "어떤 분의 부름을 받아 무엇을 하라는 명(命)을 받고, 목적지를 향하여 가고 있다"는

---

17 위의 책, 64-65.
18 William E. Hull, "Called to Preach" in Don M. Aycock, ed., *Heralds to a New Age* (Elgin, Ill.: Brethren Press, 1985), 47.
19 Ronald S. Wallace, 『칼뱅의 말씀과 성례전 신학』, 149.
20 고전 15:3a(새번역).

확신에 찬 대답일 것이다.

이처럼 설교자도 자신의 사역에 관한 질문을 받았을 때 명확하고 확신에 찬 대답을 할 수 있어야 한다. 설교자가 자신이 수행한 설교가 무엇인지를 정확히 이해하지 못한다면 명쾌한 대답을 하기 힘들다. 대답이 망설여질 때 그 설교자를 통해서는 성공적인 설교사역이 이룩될 수 없다. 설교에 대한 정확한 이해가 불충분할 때 설교는 흔들리고, 그 앞에 있는 회중은 싫증을 느낀다. 이러한 문제를 일찍이 발견했던 존 킬링거(John Killinger)는 오늘의 회중은 "설교에 지쳐 있는 것이 아니라 설교는 없고 잘못 전해지는 시대착오적이며 부적절한 허튼소리만 하는 데에 지쳐 버렸다"[21]고 갈파한 적이 있다.

이토록 지쳐 버린 회중을 깨우치기 위하여 흔히들 흥미진진한 예화와 우렁찬 음성과 몸짓이 활용되기도 한다. 그러나 이러한 것은 지극히 한시적인 도구들이다. 설교가 설교답지 않은 상태에서 어떠한 흥미진진한 도구를 동원해도 역시 일시적인 효과만 볼 뿐이다. 그러나 설교에 대해 정확한 이해를 하고 설교 준비에 임하는 사람은 그 차원이 다르다. 설교가 무엇이라고 정확히 말할 수 있는 사람만이 성령님의 역사를 어디서부터 구하게 되는지를 안다. 그리고 무엇이 성령님의 역사하심인지를 분간하게 된다. 설교에 대한 확고한 이해가 없는 사람은 설교자의 몫과 성령님의 몫을 분간하지 못한 채 오히려 성령님의 역사를 제한하는 잘못을 범한다.

"설교란 무엇인가?"라는 질문 앞에 수많은 설교신학자들은 나름대로 정의를 내리고 있다. 대체로 설교란 기본적으로 하나님의 구속행위와 그것에 대한 인간의 이해 사이에 이어지는 제한 없는 연결로 본다. 그리고 설교를 통하여 하나님은 자신의 목적을 현실화하고 또 인간에게 믿음으로 응답할 기회를 제공하게 하는 매개체로서의 성격도 갖게 한다.

---

21 John Killinger, *The Centrality of Preaching in the Total Task of the Ministry* (Waco, Tex: Word Books, 1969), 21.

이러한 입장을 잘 대변한 밀러(Miller)의 표현은 시대와 환경을 초월하여 공감할 수 있는 설교의 정의이다.

> 설교는 단순한 말이 아니다. 그것은 한 사건이다. 진정한 설교에서
> 는 그 무엇인가 발생한다. 그러므로 설교의 주요 관심은 그리스도
> 안에서의 하나님의 구속역사를 예시하며 그것이 설교의 행위 안에
> 서 살아있는 실제가 된다.[22]

이러한 정의는 원칙적이다. 그러나 뿌리내린 종교와 그들의 가르침의 영향을 받고 사는 한국과 같은 문화권에서는 설교자에 대한 자리가 이 정의에서는 찾을 길이 없다. 그뿐만 아니라 설교자가 수행해야 할 임무가 나타나지 않고 있다. 여기에 더하여 설교를 통한 성령님의 역사가 표현되어 있지 않다. 이러한 문제들이 설교의 정의에서 언급되지 않고 있다는 것은 한국의 그리스도인들이 가지고 있는 사고의 틀에 있어 그 적절성이 약하다고 할 수 있다. 이러한 문제는 밀러의 이론이 부족해서가 아니다. 오히려 이러한 정의는 그리스도교 국가에서 선조 때부터 보고 듣고 경험한 바 있는 설교라는 기존 관념에 강조점을 더해 주고 있는 훌륭한 정의로 평가를 받는다.

그러나 한국의 설교사역자들에게는 좀 더 구체적이고 실제적인 의미와 방향을 제시한 설교의 정의가 필요하다. 그 이유는 오랜 시간 뿌리내린 우상 종교의 벽을 뚫고 나아가야 하는 우리의 교회에서는 여기에 맞는 옷을 입고 설교를 해야 하기 때문이다. 이러한 차원에서 필자는 다음과 같이 설교를 정의하고 선지생도들의 머리와 가슴에서 떠나지 않도록 늘 확인을 하고 있다.

22　Donald G. Miller, *The Way to Biblical Preaching* (Nashville: Abingdon Press, 1957), 13.

설교란 택함 받은 설교자가 당대의 커뮤니케이션을 통하여 회중에
게 하나님의 말씀인 성경의 진리를 선포하고, 해석하고, 이 진리를
회중의 삶에 적용함이다. 이것은 반드시 성령님의 감화하심(under
dynamic of the Holy Spirit)에 의해 이루어져야 한다.[23]

이상의 설교 정의는 설교자의 소명을 비롯하여 그가 누구를 위하여
무엇을 선포해야 하고, 그 선포를 위하여 자신이 땀을 흘려야 할 과정
을 설명하고 있다. 그리고 이 설교사역이 설교자라는 인간이 단독으로
이행할 수 없는 사역임을 밝히고 있다. 오직 자신을 불러 거대한 사명
을 맡긴 그분에게 이끌려 가는 운반자로서만 감당할 수 있는 사역임을
새삼 발견하게 된다.

3. 성언운반자에게 우선되어야 할 관심

앞에서 서술한 대로 설교자가 자신의 사명이 성언(聖言)의 운반(運搬)
이라는 확고한 이해와 신념이 생기면 수시로 자신을 점검해야 한다. 앞
에서 제시한 설교의 정의는 바로 이러한 자기 검진이 있어야 한다. 앞서
제시한 설교의 정의에 비추어 볼 때 스스로 다음의 몇 단계 질문을 던
질 필요가 있다.

먼저, 성언운반자의 소명(召命)에 대한 끝없는 질문과 확인이다. 한국
강단을 바르게 존속시킬 가장 중요한 일은 설교자의 정화 운동이다. 이
운동에서 가장 시급한 것은 설교자가 자신의 정체성을 늘 확인하는 일
이다. 과연 자신은 하나님의 부름을 받고 오늘의 이 사역을 감당하고
있는가를 점검해야 한다. "예"라고 대답이 나온 사람은 지체없이 다음
질문을 던져야 한다. 그것은 "자신은 소명 받은 성언운반자로서 최선을

---

23 졸저, 『한국교회의 설교학개론』, 70.

다하고 있는가?"를 자신에게 묻고 대답하는 일이다. 여기서 마음에 새겨야 할 점은 칼뱅이 말한 대로 소명이란 자신의 야망이나 탐욕이나 이기적인 욕심에서 이룩될 수 없다는 전제를 두어야 한다. 오직 하나님을 두려워하는 진지한 마음과 하나님의 교회를 세우고 그 백성들을 말씀으로 먹이려는 열망 가운데서만 들리는 질문이요 대답이어야 한다.[24]

두 번째 질문은 자신이 우선하여 수행해야 할 임무에 관한 질문이다. 앞에서 언급한 대로 하나님은 직접 나타나셔서 음성으로 우리에게 말씀하시지 않는다. 하나님은 설교자를 통해 그의 언어로 그의 백성에게 하나님의 말씀을 운반(運搬)하도록 명령하신다. 이 과정에서 설교자의 피할 수 없는 임무가 주어져 있다. 그것은 바로 하나님의 말씀을 손상 없이 운반하는 일과, 그 말씀의 깊은 의미를 알지 못하는 양들에게 쉽게 풀어서 먹여 주는 일이다.

거기에 더하여 그 말씀을 그들의 삶에 현장화시키는 문제이다. 그들의 삶의 어느 부분에 이 말씀이 해당하는지를 상세하고 친절하게 알려 주는 것이 설교자의 일차적인 사명이다. 그러한 까닭에 설교자는 "나는 하나님의 말씀인 성경의 진리를 바르게 선포하고, 정확하게 해석하고, 효율적으로 적용하고 있는가?"라는 질문을 수시로 해야 한다. 사실이 부분을 설교자가 게을리할 때 그는 참 선지자로 부름을 받았으나 거짓 선지자로 전락하는 비극을 경험하게 될 것이다. 나태함과 부주의로 하나님의 말씀을 심사숙고(深思熟考)하지 않고 자신의 얕은 시각과 지식으로 하나님의 말씀을 사실과 다르게 해석한다면 이 실수는 정정할 수 없다. 설교는 수정이 불가능하다. 한 번 쏟아진 메시지를 다시 교정하는 것이 허락되지 않는 것이 설교이다. 진정 설교자는 본문에서 하나님이 전혀 명하거나 이르지 않은 것을 거짓 계시와 자기 마음의 속임으로 설교의 단에서 선포하는 일은 추호도 용납될 수 없다.[25] 그러므로 설

---

24 John T. McNeill (ed.), *Calvin: Institutes...*, Book Four 3:11.
25 렘 14:14.

교자는 자신의 임무 수행을 위하여 "내 말을 받은 자는 성실함으로 내 말을 말할 것이라"[26]는 하나님의 명령을 늘 되새겨야 한다.

세 번째 질문은 성언운반자가 말씀을 전하는 시대를 잘 관찰하면서 자신의 말씀을 운반하는 방법과 형태에 민감한 관심을 가져야 한다. 오늘의 설교자는 현대라는 시대적 환경 아래서 회중이 지금 사용하는 언어를 가지고 하나님의 말씀을 눈앞에 있는 회중의 가슴에 심어주는 역할을 한다. 그러므로 회중이 처한 시대의 상황 변화가 어떠한지, 그리고 어떤 언어 형태에 의한 의사소통을 즐겨 찾는지를 알아보는 노력이 있어야 한다. 언어 감각이나 의사소통의 변천에 무감각한 채 제한된 자신의 전달 방법만을 고집할 때 "목사들은 자기들만의 말만 사용하는 것 같아서 도대체 이해할 수가 없어. 지겨워! 잠자기 딱 알맞아"[27]의 말을 들을 수밖에 없다. 이럴 때 설교자는 하나님의 말씀을 운반하는 메신저가 아니라 잠을 재우기 위한 자장가를 부르는 한 인간에 불과하게 된다.

성언운반자로서의 마지막 질문은 "나의 이 모든 준비와 외침이 성령님의 감화하시는 역사(役事) 속에서 행해지고 있는가?"이다. 흔히들 성실한 설교자들로부터 "盡人事待天命"(진인사대천명)이라는 말과 함께 자신이 최선의 준비를 다하면 성령님께서 크게 역사해 주실 것이라는 말을 한다. 대단히 성실한 설교자의 표현이다. 그러나 진정한 성령님의 역사는 준비 후에 있는 것이 아니라 준비와 시작부터 함께 있다. 설교의 준비과정부터 설교자가 성령님의 도우심을 구하고 설교가 끝난 다음에도 그 풍요로운 결실을 성령님께 구하는 것이 설교자의 바른 자세이다. 참된 설교는 설교의 어느 과정부터 성령님의 역사가 임하는 것이 아니라 전 과정에 관여하시고 이끌어 가는 것이 정설이다. 설교자라는 인간이 등장하여 설교사역을 이행하고 있지만, 실질적으로 "설교란 성령님의

---

26 렘 23:28b.
27 Clyde H. Reid, *The Empty Pulpit*, 정장복 역, 『설교의 위기』 (서울: 대한그리스도교출판사, 1982), 21.

고유한 사역"[28]으로 인정되고 있다.

이러한 성령님의 사역이 설교 전반에 관여한다는 사실을 확인한 설교신학자 휫슬(Faris D. Whitsell)은 설교자가 찾고자 하는 설교의 본문과 주제를 비롯하여 그 설교를 위하여 필요한 참고서적의 발굴까지, 그리고 설교에 몰두하는 뜨거운 열심에서 듣는 회중의 기억력까지 성령님께서 주관하신다는 사실을 강조하고 있다.[29] 이러한 입장을 수용하게 된 성언운반자는 자신의 설교사역의 주인을 자신으로 보지 않는다. 그리고 땀과 눈물을 요구하시면서 설교의 길을 처음부터 끝까지 함께 걷고 있는 성령님을 설교사역의 주인으로 모신다. 그분에게 의지하고 편히 쉬는 것이 아니라 그분의 뜨거운 역사하심에 부끄럽지 않은 최선을 다 기울인다. 어거스틴의 말대로 "혀를 놀려 설교하기에 앞서 자신의 목마른 영혼을 하나님께 들어 올리는 것"[30]이 바로 성언운반을 일념으로 하는 설교자의 정도(正道)이다.

IV. 성언운반일념과 성령님의 섭시사상(囁示思想)[31]

1. 한국교회 초기 강단의 섭시사상

위에서 서술한 대로 설교란 인간이 자신의 사상과 지식을 전달하는 단순한 행위가 아니라 하나님의 말씀을 운반하는 "신비로운 하나님의 행위"[32]이다. 다음과 같은 칼뱅의 말은 이를 잘 입증해 준다.

---

28 Dietrich Ritschl, *A Theology of Proclamation* (Richmond, Virginia: John Knox Press, 1963), 25.
29 Faris D. Whitsell, *Power in Expository Preaching* (Westwood, N. J.: Fleming H. Revell Co., 1963), 144-145.
30 Augustine, *De Doctrina Christana*, 성염 역, 『그리스도교 교양』 (왜관: 분도출판사, 1989), 349.
31 여기에서 囁(섭)자는 '속삭일 섭'자이며, 示(시)자는 '보일 시'이다. 그 뜻은 성령님께서 설교자에게 말씀을 속삭여주시고 보여주신다는 뜻이다.
32 Ronald S. Wallace, 『칼뱅의 말씀과 성례전 신학』, 149.

인간 내부에서 나오는 말들이 설령 감동을 준다고 할지라도 거기에는 생명력도, 권능도 존재하지 않음을 알아야 한다. 단언하건대, 능력이 인간의 혀에서 나오지 않고, 단순한 소리에서는 어떠한 능력도 나올 수 없으며, 오직 모든 능력은 성령님이 임하실 때만 가능하다. 선포된 말씀에 성령님께서 능력을 발하시는 것을 방해할 수 있는 것은 아무것도 없다.[33]

이러한 사상은 17세기 영국의 청교도 운동의 지도자였던 박스터(Richard Baxter)에 의하여 철저히 이어졌다. 그가 고고한 함성을 발하던 시기는 영국 국교회(Church of England)가 종교개혁이라는 미명하에 감독정치체제를 그대로 유지하면서, 살아있는 말씀 운반이 제대로 이루어지지 않은 때였다. 그는 하나님의 말씀이 인간의 잡다한 제도와 지식에 이용당하지 않고 온전히 성령님에 의하여 채워져야 함을 다음과 같이 강조하였다.

주여, 당신은 … 다른 사람들을 설득하여 믿게 하려고 나를 보내시렵니까? … 나를 벗은 채로 내보내지 마옵시고, 그 사역에 대해 준비되지 않은 채 내보내지 마옵소서! 그러나 당신이 그것을 행하라고 명하실 때는 거기에 적응할 수 있도록 성령으로 채워 주소서.[34]

이와 같은 서술은 청교도의 말씀 중심 사상이 단순한 설교자의 지식이나 자질에 의존하지 않고 성령님의 역사에 의존하였다는 사실을 잘 입증해 주고 있다. 이러한 청교도의 사상이 스며 있던 초기 선교사들은 하나님 말씀을 전하는 사역이 결코 단순한 인간의 작업이 아님을 처음부터 한국교회에 가르쳐주었다.

---

33 장 칼뱅의 주석, 마 13:19.
34 Richard Baxter, 『참 목자상』, 72.

이러한 역사적인 줄기를 이어받은 한국교회 초기 설교자들은 당시에 정착되지 않았던 설교의 바른 이론을 찾아 노력한 흔적들을 볼 수 있다. 특별히 계몽운동(啓蒙運動)이 활발하던 그 시대에 신학문을 펼치던 교회 지도자들의 강연과 설교의 구분이 혼선을 불러일으킨 일이 적지 않았다. 이러한 혼선에 대한 경고는 1950년대 전쟁의 피난길에서도 계속되었음을 다음의 기록에서 찾아볼 수 있다.

> 이 거룩한 講壇(강단)은 하나님의 말씀만을 證據(증거)할 것이니 이로써 하나님의 教會(교회)와 普通集會場所(보통집회장소)와는 區別(구별)되어 있는 것을 밝혀야 할 것이다. 道(도)를 傳(전)하는 者(자)가 牧師(목사)요 또 道를 듣는 者들이 信者(신자)일진대 오직 神靈(신령)한 眞理(진리)와 救贖(구속)의 道理(도리)를 中心(중심)하는 說敎(설교)가 있어야 할 것이요, 그 外(외)에는 아무것으로라도 능히 信徒(신도)들에게 生命的 指導(생명적 지도)나 恩惠(은혜)의 滿足(만족)을 줄 수는 없는 것이다.[35]

이상과 같이 순수한 하나님 말씀만을 운반해야 한다는 한국 초기 설교자들의 사상은 참으로 철저하였다. 말씀사역에 성령님의 관여가 있어야 하고, 그분으로부터 말씀을 받아 전해야 한다는 것은 너무나 당연한 과정이라고 우리의 초기 설교자들은 확신하였다. 그래서 그들의 기도는 진정 "성신(聖神)의 섭시(攝示)"를 위한 것이 절대적이었다. 참으로 그들의 갈급한 심정은 성령님께서 속삭여주시고 보여주시는 인도를 받아 성경을 펴고 말씀을 준비하기를 원했다. 이것이 설교의 바른길이라고 믿고 그 길에서 말씀운반자의 사명을 수행하였음을 다음의 가르침에서도 확인할 수 있다.

---

35 金應泰, 『祭壇의 福音』(附 說教法槪要)(서울: 대한그리스도교서회, 1955), 2.

대게 說教에 두 가지가 잇스니 (-)人(인)이 神(신)으로부터 心交(심교)의 기도를 하는 中(중)에 聖神의 誦示를 받아가지고 公衆前(공중전)에 出(출)하야 그것을 加減(가감)업시 譯說(역설)함이요, (=)聖經本文(성경본문)을 朗讀(낭독)한 後(후)에 그 스듯을 聖神이 말하게 하시는 대로 하난 것이라.[36]

바로 이러한 가르침은 초기 한국 강단에 뿌리내린 훌륭한 설교의 섭시사상이었다. 이러한 뿌리 때문에 아직도 한국교회는 하나님의 말씀을 사모하는 열정이 살아있다. 그리고 설교자들은 그 말씀을 순수하게 운반하려는 노력을 기울이고 있다.

2. 성언운반의 여로에 동행한 성령님

성언운반을 지고(地高)한 사명으로 확신하고 나아가는 설교자는 홀로 그 여정을 걷지 않는다. 그 여정에는 성령님이 동행하신다. 결코 성언운반을 설교자 단독의 사역으로 내버려두지 않으신다. 인간사회에서의 메시지 운반과는 달리 거룩한 하나님의 말씀을 선포하고 해석하고 삶의 현장에 적용하는 일은 실로 막중한 사역이다. 한 인간의 영원한 삶과 죽음을 결정짓는 데 절대적인 영향을 주는 것이 바로 이 설교사역이다. 그러기에 하나님은 설교사역을 단순한 메시지의 운반으로 설교자에게만 맡기지 않으신다. 그곳에는 성령님이 반드시 동반(同伴)하여 그 출발과 과정과 결실을 함께하신다.

이러한 사상은 말씀의 사역을 회복시킨 종교개혁의 기수들에 의하여 활발하게 주창되었다. 말씀의 선포가 천 년에 가깝도록 예배 현장에서 사라진 중세의 교회에 개혁자들은 말씀의 회복이라는 거대한 기치(旗

---

36 이명직, 『이명직 설교집 I』 (서울: 동양서원, 1930). 정성구 저, 『한국교회 설교사』 (서울: 총신대학 출판부, 1986), 96에서 재인용.

幟)를 들고 개혁의 행진을 계속하였다. 그들은 한결같이 설교란 그리스도교 예배의 핵심적인 부분으로 부활하여야 함을 강조하였다. 그리고 설교자는 단순한 도구로 사용되고 그 설교 자체는 성령님의 주권적 행사임을 다음과 같이 확신하였다.

> (설교에) 성령의 가르침이 동반되지 않는다면, 밖으로 울려 퍼지는 설교는 공허하고 아무런 도움이 되지 못한다. 우리 주님은 반드시 자신의 말씀을 성령의 활동하심 가운데서 이루게 하신다. 그가 우리의 귀를 뚫어야만 하거나, 그렇지 않으면 우리가 주의 말씀을 들을 수 없을 것이다.[37]

이러한 설교사상을 굳히고 살았던 개혁자들은 설교란 성령님의 조명에 의하여 이룩되는 성스러운 사역으로 믿고 있었다. 성령님의 동반이 없는 설교는 감히 생각할 수 없다고 설교의 속성을 정립하였다. 그래서 그들은 설교란 "하늘로부터 내려오는 능력이 계속해서 우리의 감각 기능과 교제하지 않은 한, 눈과 귀는 본연의 기능을 감당할 수 없다"[38]고 믿고 깊은 명상과 기도와 함께 말씀의 사역을 감당하였다.

바로 이러한 설교의 개혁사상은 전 세계의 개혁교회에 막대한 영향을 주었으며, 한국 강단에서도 그대로 전수되었다. 1920년대부터 시작된 평양신학교의 설교학 교육에서도 설교란 영원히 살아 주관하시는 성령님의 고유한 사역으로 다음과 같이 가르쳤다.

> 만일 講道者(강도자)의 說話(설화)가 聖經(성경)을 根據(근거)흔 것이면 하ᄂ님의 聖言(성언)이 自己(자기)를 通(통)흐야 言渡(언도)되는 것인 즉 其(기) 背後(배후)에는 永遠(영원)히 活在(활재)흐신 者의 勢力(세력)과

---

37 주석, 욥 26:1.
38 Ronald S. Wallace, 『칼뱅의 말씀과 성례전 신학』, 201.

權威(권위)가 活動(활동)홀지니라. … 講道者가 認識(인식)홀 것은 聖神ㅅ끠셔 自己와 共働(공동)ᄒ시는 事(사)이니 總論(총론)ᄒ면 爲先(위선) 講道準備(강도준비)에 協助(협조)ᄒ고 ᄯ도 聽衆(청중)의 心(심)을 準備(준비)ᄒ샤 講道가 心中(심중)에셔 動作(동작)홈으로 彼等(피등)을 感服(감복)ᄒ게 ᄒᄂ 事라.[39]

이처럼 한국 강단에서는 일찍부터 성령님의 역사가 성언운반의 사역에 동반됨을 가르쳐 왔다.

여기서 현대의 설교자들이 눈여겨볼 것은 "講道者가 認識홀 것은 聖神ㅅ끠셔 自己와 共働ᄒ시는 事이니"라는 서술이다. 우리의 초기 설교자들은 성령님이 단순한 동반자가 아니라 공동(共働), 즉 함께 힘써 일하는 존재로서의 인식을 강조하고 있다. 이러한 교육은 단순한 이론으로 전달되지 않았고, 수많은 설교자에 의하여 그대로 실천되는 아름다운 전통을 가져왔다. 그들은 여기서 설교자 자신이 최선을 다 기울일 때 성령님께서도 힘을 함께 써 주신다는 신념을 가지고 맡겨진 설교사역에 땀과 눈물을 다하였다.

3. 성언운반일념이 가져다준 득과 실

하나님의 말씀만을 운반하겠다는 한결같은 마음으로 설교사역을 수행했을 때 거기에는 어떠한 결과가 오는가? 오늘과 내일의 강단에 서야 할 설교자들 앞에 시대는 급속도로 변천되는데 기어이 하나님의 말씀을 운반해야 하는 고집을 고수해야 하는가? 물론 당연한 질문이다. 이러한 질문은 설교학 연구의 주요 과제로 등장하였고, 그 대답을 찾기 위하여 새로운 설교형태의 개발과 함께 많은 변화가 시도되었다. 그

---

39 郭安連, 『講道學』(京城: 耶蘇敎書會, 1925), 15-16.
   본 인용구의 띄어쓰기는 필자가 독자들의 편의를 위하여 가필한 것이다.

러나 연구된 설교이론과 거기에 따른 형태가 성공을 거둘 것이라는 예상이 벗어난 경험이 허다하다. 대화적 설교를 비롯하여 현대의 커뮤니케이션 이론을 활용한 숱한 설교 기술이 등장했으나 효과를 거두지 못한 것이 설교학계의 실상이다. 오히려 역효과를 가져와 성도들의 신앙을 약화시키고 영양실조를 초래하기도 하였다. 그렇다면 여기에 성언운반일념을 고수할 때 나타나는 득(得)과 실(失)을 정직하게 진단할 필요가 제기된다. 무엇을 얻고 무엇을 잃게 되는지 좀 더 구체적으로 분석해 보자.

먼저, 잃은 것들은 다음 몇 가지로 간추릴 수 있다.

첫째로, 하나님의 말씀만을 운반한다는 한결같은 마음은 매우 아름답다. 그러나 그러한 마음은 오늘의 삶의 장을 외면하는 경우가 적지 않다. 오늘의 언어와 삶의 장에 대한 분석이 없이 오직 말씀만을 풀어 주려는 관습을 형성하게 된다.

둘째로, 이상과 같은 안일한 설교자의 생각은 급기야 설교자가 당연히 갖추어야 할 지적인 추구를 외면하고 오직 성경만을 읽고 명상하는 오류를 범할 가능성을 갖게 된다. 운반해야 할 말씀에 대한 석의 노력이나 그 말씀이 함유한 깊은 뜻을 밝혀 보려는 노력을 전혀 기울이지 않는 부작용을 수반하게 된다.

셋째로, 설교자의 정체성을 성언운반자로 지칭하는 것은 말씀의 순수한 운반에 깊은 관심을 두는 것이 일차적인 목적이다. 그런데 설교자가 자신이 하나님의 말씀을 운반하는 남다른 사명의 수행자라는 의식을 고취하면서 인간 이상의 권위를 자신에게 부여하려는 유혹을 받는 경우가 적지 않다.

이상과 같은 부정적인 평가들이 '성언운반일념론'의 문제점으로 지적되고 있다. 그러나 이러한 실(失)보다는 다음과 같은 득(得)이 함께 수반된다는 점을 유의할 필요가 있다.

첫째로, 오늘의 강단은 설교자들이 가장 소중히 여겨야 할 소명 의식이 희미해지고 세속적인 삶에 휘말리고 있는 현실이다. 그러나 성언운 반일념을 고집한 설교자는 자신의 위치를 하나님의 '심부름꾼'으로 확립하게 된다. 그리고 그 정체성에 따른 책임 있는 삶을 스스로 찾는다.

둘째로, 한국교회의 설교자들이 가지고 있는 가장 큰 문제점은 설교 준비와 그 내용이 자기 생각과 지식과 경험을 위주로 한다는 점이다. 그러나 성언운반을 최상의 목표로 삼고 나아가는 설교자는 자신이 보살피고 있는 양들에게 필요한 메시지를 하나님께 먼저 구하는 태도를 보이게 된다.

셋째로, 신실한 성언운반자는 말씀의 주인이 이 말씀 속에서 무엇을 나타내고 있는지를 알기 위하여 반복된 명상과 함께 철저한 석의를 진행한다. 그리고 표상적인 의미의 발굴에 만족하지 않고 스스로가 깊은 감명을 받을 때까지 주어진 본문을 붙들고 씨름을 한다.

넷째로, 하나님의 말씀을 사모하면서 하나님 앞에 나아와 예배를 드리는 회중과의 관계가 새롭게 정립된다. 자신들이 듣는 말씀이 설교자 개인의 판단이나 정보가 아니라 하나님의 말씀이라는 사실에 우선 설교의 존엄성을 인정한다. 그리고 그들은 먼저 인간의 말이 적고 하나님의 말씀이 가득함에 깊은 감명을 받는다.

다섯째로, 오늘의 강단에 하나님은 보이지 않고 설교자만이 크게 보인다는 비판이 매우 높게 일고 있다. 그러나 성언이 참되게 운반되는 순간에는 설교자가 감추어지고 말씀의 주인이신 성 삼위일체되신 하나님이 나타나게 된다. 그럴 때 설교자는 진정한 의미에서 도구로서의 본분을 지키게 된다.

여섯째로, 이상과 같이 회중이 말씀의 주인이신 성 삼위 하나님과의 만남 속에 말씀을 받게 되면 그 말씀의 씨앗은 옥토에 뿌려지게 된다. 그리고 그 말씀의 권위 앞에 아무도 저항할 수 없게 되며, 그 말씀대로의 삶의 창조에 깊은 관심을 두게 된다.

V. 맺는 말

성언운반일념을 설교사역의 온 정신으로 삼고 가야 한다는 것은 설교자에게 실로 험준한 길이다. 세상의 풍파가 험하면 험할수록 이 길은 고될 수밖에 없다. '말씀'(聖言)의 생수는 세속 물결과 타협할 수 없기 때문이다. 그런데 말씀이 있어야 할 곳은 바로 어두움과 혼돈으로 얽인 세상의 한복판이다. 거기에 교회의 존재 의미가 있고 설교사역의 강단이 있다. 그 강단에 서는 주역들은 이제 튼튼한 무장을 해야 한다. 그렇지 않으면 거친 파도에 휩쓸리고 만다. 흔들리지 않고 변함이 없는 에토스(Ethos)를 가지고 있는 설교자만이 그 가슴에 파토스(Pathos)가 움직이고, 그 심중에 로고스(Logos)가 함께한다.

여기 오늘의 설교자들 가슴에 조그마한 진동을 일으키는 한 편의 글귀가 있다. 초기 그리스도교 설교의 황금기의 마지막 주자였던 어거스틴이 남긴 고백의 한 구절이다. 성언운반을 앞에 놓고 토로한 그의 솔직한 심정이 바로 우리의 것이기를 바라는 마음이다.

> 그 "말씀"을 알아들으라. 당신께서 우리를 부르시오니 이 "말씀"이야말로 영원히 말하여지고, 또한 이 "말씀"으로 말미암아 모든 것이 항상 말하여지나이다. ··· 그런데 어인 일이오니까. 내 주 하나님이시여, 아는 듯하면서도 나는 그 어찌 되는가를 풀어 말할 줄은 모르나이다. ··· 나는 한편 떨리고, 한편 화끈해지나이다. ··· 속으로 말씀하시는 당신 말씀을 들을 수 있는 자 들을지니 나는 굳이 믿어 당신 말씀을 메아리치오리다.[40]

---

40 Augustine, *Confessiones*, 최민순 역, 『고백록』 (서울: 바오로딸, 1994), 318, 320.

제2장
초기 설교신학자 어거스틴 :
설교자로 변신한 인생, 그리고 설교사역

그리스도교 설교의 황금기가 430년 어거스틴(Augustine)의 죽음과 함께 사라지자 설교는 바로 암흑기에 접어들었다. 이 암흑기에 말씀의 선포가 생명력을 잃었을 때 교회는 비틀거리게 되었다. 하나님 말씀의 선포가 시들자 로마는 심각한 타락을 가져왔고 그 화려했던 무대도 반달족에게 시달리게 되었다. 그리고 중세의 암흑기는 시작되었다.

바른 성언(聖言)의 운반(運搬) 또는 선포(宣布)는 하나님의 백성들이 사는 생명줄이며 한 민족을 이끌어 가는 소중한 양식임에 틀림이 없다. 설교가 이 소임을 신실하게 수행하지 못할 때 교회와 사회는 어둠의 자식들로 변하게 된다는 당위성은 지금에야 깨달은 진리가 아니다. 일찍이 구약에서부터 거짓 선지자들이 날뛰는 무대는 망하였고, 참 선지자가 운반하여 준 하나님의 말씀을 받아들인 무대는 흥하였다.

설교 황금기의 마지막 주자였던 어거스틴은 이러한 진리를 밝히 아는 설교자였다. 그러므로 그는 설교자로서 살다가 떠나는 데 만족하지 않았다. 어거스틴은 수사학 교수 신분에서 설교자로 인생의 방향을 전환하여 살면서 참된 설교는 어떻게 해야 하는가에 남다른 관심을 기울였다. 그는 참된 성언의 선포는 질서가 있고 원칙이 있음을 잘 알고 있었다. 그러한 까닭에 그는 하나님의 말씀을 선포한 설교자들이 따라야 할 설교의 이론을 정립하여 그리스도교 역사에 최초로 설교학 교과서를 남겼다. 그의 명저 『그리스도교 교리에 관하여』(De Doctrina Christiana)의 제4권이 바로 오늘의 설교신학이 뿌리를 두고 있는 최초의 설교이론이다.

오늘의 수많은 설교자 중 자신들이 하고 있는 설교사역의 신학과 이론의 창시자가 누구인지, 또 그가 무슨 가르침을 주었는지, 그것은 오늘에도 적용할 수 있는 이론인지를 명확하게 알고 있는 설교자가 많지 않다. 본 연구의 목적이 바로 여기에 있다. 그토록 소중한 설교학의 뿌리와 그 내용을 알지 못하고서는 자칫 우리의 설교가 창작과 모방으로 달려갈 가능성이 상존(常存)하게 된다. 그러므로 오늘의 설교자들에게 최초의 설교 초석을 남긴 사람의 설교 세계와 그가 주창한 이론의 세계를 상세히 펼쳐본다는 것은 매우 의미 있는 일임에 틀림이 없다.

그리스도교 설교 역사의 거성이며 최초의 설교학 교수로서의 어거스틴을 한 편의 제한된 논문으로 서술한다는 것은 참으로 어려운 일이다. 그러므로 이번 장에서는 어거스틴이 설교를 정립하기 이전까지의 세계를 찾아 설교자로 변신한 어거스틴의 남다른 삶을 먼저 살피고자 한다. 특별히 그가 남긴 『고백록』을 중심으로 하여 그가 설교자가 되기까지의 과정과 설교 생애를 찾아보고자 한다. 그리고 제3장에서는 그가 남긴 불후의 명작 『그리스도교 교리에 관하여』의 제4권을 집중적으로 분석 연구하고 평가하려 한다.

I. 설교자로 만들기 위한 부르심의 과정

1. 진리를 찾기까지의 방황

그리스도교에서 어거스틴을 모르는 설교자는 없다. 그의 특유한 생애의 기록은 지금도 설교의 내용으로 활용되고 있다. 그는 다른 설교자와는 완연히 다른 생애를 이어간 사람이다. 나이 30이 넘어서야 세례를 받을 정도로 그의 젊음은 방탕과 방황으로 얼룩진 인생길이었다. 그는 354년 북아프리카의 타가스테(Tagaste)에서 이교도인 아버지와 그리스도인 어머니 사이에서 태어났다. 이 지역은 지금과는 달리 그리스도교가 주종을 이루었고, 터툴리안(Tertullian), 오리겐(Origen), 사이프리안(Cyprian), 그리고 아타나시우스(Athanasius)와 같은 초기교회의 지도자들이 나온 곳이다.[41]

그는 17세에 카르타고(Carthage)로 가서 수사학을 공부하는 학생의 신분으로 무질서한 삶을 살면서 동거녀를 갖게 되었고 아들까지 낳았다. 이때부터 영특한 아들의 탈선을 목격한 그의 어머니 모니카(Monica)는 가슴을 태우고 자식의 회심을 위한 눈물어린 기도를 쉬지 않았다.

어거스틴의 영특한 두뇌는 방탕한 생활 속에서도 그의 학업이 차질 없이 이수되게 만들었고, 20세의 젊은 나이에 타가스테에서 문법 선생이 되어 교단에 서게 되고, 바로 그해에 카르타고의 수사학 교수가 되었다. 그는 이때 삶의 방향을 바꾸어야 한다는 생각을 하게 되었고, 마침 로마의 철학자이자 정치가이며 수사학자였던 키케로(Cicero)가 쓴 문체가 아름다운 책을 접하게 되었다. 그 책을 읽으면서 새로운 진리의 세계를 동경하게 되는 심경의 변화가 어거스틴에게 발생하였다. 그러한 변화는 그의 『고백록』에 다음과 같이 기록되어 있다.

---

41 Clyde E. Fant Jr. and William M. Pinson Jr. (ed.), *20 Centuries of Great Preaching: An Encyclopedia of Preaching* (Waco, Texas: Word Books, Publisher, 1971), Vol. 1, 114.

『호르텐시우스』(*Hortensius*)[42]라 일컫는 책으로서 철학에의 권유를 내용으로 하는 것이었습니다. 그런데 그 책이 내 성정을 아주 많이 바꾸어 버렸고, 주여, 당신께로의 내 기도에 변화를 일으켰으며, 나아가 내 희망 절원(切願)까지 다른 것으로 만들어 버렸습니다. 나의 헛된 희망은 어느덧 모조리 시들해지고, 불멸의 예지를 목말라함에 마음은 믿을 수 없으리만큼 헐떡여서 드디어 일어나기 시작하였습니다. 당신께 돌아가고 싶은 까닭이었습니다.[43]

이러한 고백을 남기면서도 어거스틴이 찾았던 진리는 전통적인 그리스도교와 연결되지 않았다. 그는 마니교[44]에 입문하여 '완전자'가 아닌 '청문자'의 단계에서 9년 동안을 머물게 되었다. 거기서 그는 자신이 추구하는 진리와 차이점이 있음을 알게 되면서 마니교의 대 지도자 파우스투스(Faustus of Milevis)를 만나게 되었지만 거기서도 어거스틴은 만족스러운 대답을 얻지 못하고 실망을 느끼게 되었다.[45] 드디어 그는 카르타고에서 몸담았던 마니교와의 관계를 끊을 겸 로마로 떠나 수사학 교수 생활을 계속하였으나 만족스럽지 못한 교육환경에 실망하고, 종교의 도시 밀란으로 옮겨 수사학 교수를 하면서 진리를 향한 새로운 방황을 계속하였다.

---

42 이 책은 어거스틴의 저서에서 언급된 책이며, 키케로의 대화편이나 웅변술보다도 철학적 연구가 더 우수한 것처럼 여겨진 작품으로 알려져 있을 뿐이다.

43 Augustine, 『고백록』, 74.

44 마니교는 창시자가 마니(Mani)이며, 216년에 태어나 자신은 새로운 "빛의 종교"의 선지자이며 사도라 하였다. 그가 죽은 후 시시니우스(Sisinius)에 의하여 세력이 확산하여 마니교는 한때 동쪽으로는 인도와 중국에 이르렀고, 서쪽으로는 팔레스타인과 이집트에까지 확산하였다. 이들은 조로아스터(Zoroaster), 부처, 유대교, 그리스도교에서 종교적 요소를 추려내 새로운 교리를 만들고, 마니는 지금까지 있었던 선지자들의 불완전하고 부분적인 계시가 자신에 의하여 완성된 계시로 이루어진다고 하였다. 그는 자신에 의하여 이루어진 것은 종교적인 진리뿐만 아니라 완전한 지식을 계시하는 중재자로서 성육신하였음을 주장하였다.

45 Justo L. Gonzalez, 『그리스도교 사상사 II』, 차종순 역 (서울: 한국장로교출판사, 1988), 27-31.

2. 진리를 보면서 몸부림치는 갈등

밀란에서 어거스틴은 마니교에서 풀지 못했던 문제들을 신플라톤주의(Neo-Platonism)와 접하면서 풀기 시작하였다. 그가 고민하던 하나님의 비물질적 본성과 악의 존재에 대한 의문을 마니교에서는 풀지 못하였으나, 신플라톤주의와의 만남에서 서서히 대답을 얻게 되었다. 그때부터 그리스도교의 전통적인 진리에 그의 닫혔던 지성의 문이 열리게 되었다.

그는 절대적인 진리, 즉 모든 진리의 근원은 곧 하나님이며 악이란 다만 선의 부정이며 결핍으로 보는 신플라톤주의를 따르면서 지적인 문제와 도덕적인 문제의 조화를 이룩하였다. 이처럼 어거스틴은 그동안 풀지 못했던 문제들이 해결되어 점차 그리스도교의 진리에 깊은 관심을 기울이게 되면서, 그동안의 갈등이 걷히고 그리스도교의 참된 진리와 만나게 될 마음의 준비를 하게 되었다.

당시의 밀란에는 감동적인 설교로 명성을 떨치고 있었던 암브로스(Ambrose)가 있었다. 암브로스는 단순한 설교자이기 전에 지적인 높은 수준과 함께 탁월한 지도력을 발휘하던 설교가였다. 거기에 더하여 그의 삶은 성직자로서의 성결성과 고결한 인격을 겸비한 그 도시의 감독이었다. 어거스틴은 암브로스의 설교를 자신이 가지고 있는 수사학적 입장에서 듣고 분석하는 데 일차적인 관심을 가지고 경청하였다. 수사학의 전문인으로서 언어의 수식이나 전달의 기술을 암브로스로부터 취사선택하는 데 주안점을 두고 있었다.

그러던 어느 날 어거스틴은 자신이 목적한 수사학적 분석이나 평가는 관심 밖이 되었고 기대하지 않았던 설교의 내용에 깊이 심취해 가고 있는 자신을 발견하게 되었다. 즉, 설교를 통한 하나님의 메시지가 자신의 심장을 파고드는 것을 경험하게 되었다. 날이 가면 갈수록 그 진리와 대화를 하게 되고 깊은 감명을 받았다.

이 무렵 어머니 모니카는 병중에 있는 자신의 건강을 살필 겨를도 없이 밀란으로 아들을 찾아와 어두웠던 과거를 회개하고 완전하게 회심하기를 눈물로 호소하고 기도하고 있었다. 이 무렵 북아프리카로부터 온 폰티티아누스(Pontitianus)라는 로마의 높은 관리의 간증은 어거스틴의 마음에 깊이 파고들고 있었다.

비록 결단의 발길을 내딛지는 못했으나 그는 이미 하나님의 어전(御殿) 앞에 다가서기 시작하였다. 그러나 아직도 그가 몸을 담았던 어둠의 사연들은 좀처럼 그를 놓아주지 않고 있었기에 결단을 내리려는 순간마다 "우릴 버리고 갈텐가?", "이제부터 그대와 있기는 영원히 그만이란 말인가?" 등등의 소리와 함께 그의 육체의 옷자락을 붙들고 소곤대는 것을 느끼면서 망설임은 계속되었다.[46]

최종의 순간은 다가왔다. 그것은 수도사 안토니(Saint Anthony)의 성스러운 명상과 고결한 신앙인으로서 수덕(修德)의 삶을 기록한 『성 안토니의 생애』를 정독하면서 충격을 받기에 이르렀다. 순간 그는 자신의 음란했던 삶과 진리 밖에서 방황한 삶을 회고하면서 자신의 비참한 모습을 발견하게 되었다. 더는 홀로 버틸 수 없는 자신을 발견한 그는 드디어 어두움의 터널을 벗어나 밝은 진리의 세상을 찾기 위하여 회심의 무릎을 꿇게 되었다.

3. 무화과나무 아래서 터진 회심의 통곡

어쩌자고 너는 설 힘도 없는 주제가 너에게 기대고만 있느냐? 어서 그분께 너를 내맡겨라. 두려워하지 말아라. 네가 넘어질까 저어하여 그분은 몸을 떼실 리 없다. 마음 놓고 너를 던져버려라. 너를 받아 맞아주시리라.[47]

---

46 위의 책, 216.
47 위의 책, 217.

어거스틴의 귀에 들리는 심각한 음성은 계속되었다. 그는 이제는 지체하거나 버틸 힘이 없었다. 어거스틴은 어느 무화과나무 밑에 주저앉아 울기 시작하였다. 그의 표현대로 울음보를 터뜨려놓기가 무섭게 눈에선 강물이 콸콸 쏟아지고 있었다. 그는 이 순간을 "하나님이 즐겨 받으시는 제사"라고 표현하리만큼 생명 전체를 하나님께 드리는 큰 결단의 순간에 임하였다. 그때 그는 결단의 함성을 지르면서 심각한 회심의 고백을 하나님께 드리고 있었다.

> "주여, 언제까지나, 언제까지나? 주여, 끝내 진노하시려나이까? 행여 우리 옛 죄악을 기억지 마옵소서." 나는 그 죄들에 얽혀 있는 것만 같아 애처로운 목소리로 부르짖는 것이었습니다. "언제까지, 언제까지? 내일, 또 내일이오니까? 지금은 왜 아니랍니까? 어찌하여 내 더러움이 지금 당장 끝나지 않나이까?"[48]

누구의 가슴에나 파고드는 대결단의 함성이었다. 하나님은 미래에 충실한 성언운반(聖言運搬)의 역군으로 쓰기 위하여 예정된 종이 돌아오는 순간을 기다리고 계셨다. 그의 귀에는 하나님의 지시가 주어지고, 망설임의 늪을 벗어나 돌아오는 그의 손에 분명한 메시지가 주어졌다. 이러한 감격스러운 장면을 그가 남긴 『고백록』에서 뚜렷하게 읽게 된다.

> 내 마음은 부서져 슬피 슬피 울고 있었습니다. 때마침 이웃집에서 들려오는 소리가 있었습니다. 소년인지 소녀인지 분간이 가지 않으나 연달아 노래로 되풀이되는 소리는 "집어라, 읽어라. 집어라, 읽어라"는 것이었습니다. … 나는 울음을 뚝 그치고 일어섰습니다. 이는 곧 하늘이 시키시는 일, 성경을 펴들자마자 첫눈에 띄는 대목을 읽

---

48 위의 책, 218.

으라 하시는 것으로 단정해 버린 것입니다. … 집어들자, 펴자, 읽자,
첫눈에 들어오는 대목은 이러하였습니다. "폭식과 폭음과 음탕과
방종과 쟁론과 질투에 (나아가지 말고) 오직 주 예수 그리스도를 입을
지어다. 또한 정욕을 위하여 육체를 섬기지 말지어다"(롬 13:13-14).
더 읽을 마음도 그럴 필요도 없었습니다. 이 말씀을 읽고 난 찰나,
내 마음엔 법열이 넘치고, 무명의 온갖 어두움이 스러져버렸나이다.

어거스틴은 387년 부활절에 33세의 몸으로 암브로스에게서 그 아들
과 함께 세례를 받는 감격의 순간을 경험하게 되었다. 그리고 그가 이
제 하나님의 사람이 되었다는 승리의 개가를 부르게 되었다.

그러나 어거스틴은 또 한 번의 눈물을 쏟을 수밖에 없는 인생의 슬
픔에 직면하게 되었다. 바로 얼마 전 어머니 모니카는 아들의 회심의
소식을 듣고 기뻐하며 "우리가 빌거나 깨닫는 것보다 더 초월하사 만사
를 능히 하는 하나님께 찬미를 드리나이다"[49]라고 승리의 노래를 불렀
다. 새롭게 거듭난 아들이 이날을 위하여 그토록 눈물을 흘려 기도하
던 어머니 모니카를 모시고 고향 땅 타가스테로 가는 길은 감격의 순간
이었다. 그러나 미처 고향 땅에 도착하기도 전에 오스티아(Ostia)의 항구
에서 어머니가 세상을 떠나는 아픔을 겪게 되었다. 아들의 회심을 기다
리다가 그 꿈과 이상이 이룩되었기에 지상에서의 할 일이 끝났음을 인
식한 듯한 죽음이었다.

---

49 위의 책, 219.

II. 설교자로서 히포(Hippo)의 35년

1. 히포의 감독이 되기까지

철저한 회심을 통해 세례를 받고 그리스도인으로 고향 땅을 찾은 어거스틴은 새로운 삶의 세계를 설계하기 시작하였다. 먼저, 그는 부모로부터 받은 유산을 모두 처분하여 가난한 사람들에게 나누어주었다. 그리고 어거스틴은 그 아들과 친구 몇 사람과 함께 학문 연구와 명상을 계속할 수 있는 수도원과 같은 모임을 조직하고 경건한 수도원적인 삶을 실천했다.

이러한 어거스틴은 곧 주변의 시선을 받게 되었고 존경의 대상이 되기 시작하였다. 그곳의 교회는 그의 유능함과 능력을 바로 인정하게 되어 그를 신부로 추대하였고, 그곳의 감독으로 있던 발레리우스(Valerius)에 의하여 안수를 받게 되었다. 이때부터 어거스틴은 교회의 활동에 발을 내딛게 되었다. 비록 교회의 일반 성직자로 출발했으나 그는 그가 결심한 수도원 성향을 지키는 데 게을리하지 않았다.

니케아 회의에서 하나의 교회에 두 감독을 인정하지 않는다는 결의를 생각하면서 감독의 위치를 거절했던 어거스틴은 395년에 감독 발레리우스의 간청에 의하여 감독이 되었다. 그는 교회의 필요성과 주변의 강권 앞에 겸허히 따르기로 결정하였다. 그가 감독이 된 지 일 년 후에 발레리우스 감독이 죽음을 맞자 어거스틴이 감독이 된 것은 매우 다행스러운 일로 여겨졌다. 그로부터 히포 교구의 감독 어거스틴은 430년 8월 28일 그가 76세의 나이로 이 땅을 떠날 때까지 35년간 최고의 지성과 덕성을 갖춘 감독으로서 지도력를 발휘하며 교회를 섬기고 말씀을 선포하였다.[50]

---

50 Kenneth Scott Latourette, *A History of Christianity* (New York: Harper & Row, Publisher, 1975), 174.

어거스틴은 일반 감독들처럼 교회의 모든 일, 즉 설교와 성례, 구제 사업과 교회의 관리, 목양의 제반 업무를 수행하는 일에 최선을 기울인 감독이었다. 그러면서도 그는 감독으로 있는 동안 그리스도교 신학의 발전에 지대한 공을 세웠다. 그가 그리스도교 신학의 확고한 정립을 가져오기까지는 세 가지의 큰 논쟁이 공헌을 하였다. 먼저, 자신이 한때 몸담았던 마니교에 대한 반론을 통하여 선의 본성 등이 정립되었고, 둘째는 그리스도교를 핍박하던 로마의 황제 디오클레티안(Diocletian, 303-305)에 굴복하여 성경을 반납했던 지도자들에 대한 문제를 가지고 교회의 분열이 일어나게 만든 도나투스주의자들을 보면서 바른 교회관을 알리는 일을 통해서이다. 이때 교회의 본질, 교회와 국가와의 관계, 그리고 성례전 등에 대한 바른 신학의 저술들이 나오게 되었다. 셋째는 엄격한 도덕주의에 따라 인간의 자유와 책임을 강조했던 펠라기우스(Pelagius)주의자들에 대항하여 은총론과 예정론을 확립한 일이었다.[51]

이상과 같은 결실들만을 보면 그는 위대한 신학자임에 틀림이 없다. 그래서 어거스틴을 순수한 신학자의 반열에만 고정해 온 것이 지금까지 내려온 일반적인 신학자들의 일이었다. 그러나 어거스틴이 히포의 감독으로 있던 시기와 그 위치는 감독이 집필만을 할 수 있던 상황이 아니었다. 가장 시급한 것은 혼탁한 시대 속에 하나님의 말씀이 바르게 선포되어 그들의 가슴에 그리스도의 은총을 경험하게 하는 일이었다. 다시 말하면 그는 신학을 정립시키는 일 못지않게, 보이는 교회에 하나님의 말씀을 선포하고 그 말씀 안에서 교회가 바르게 서게 하기 위해 온 힘을 쏟았다. 그러하기에 어거스틴은 설교에 심혈을 기울였다. 그 결과 설교는 곧 신학으로 기록이 되었고, 그 신학은 오늘 우리 교회의 중요한 기틀이 되었다.

---

51 Gerald Bonner, *St. Augustine of Hippo: Life and Controversies* (London: SCM Press, 1963), 133.

2. 설교하는 감독으로서의 어거스틴

타가스테의 발레리우스 주교가 회심 후 겨우 4년이 된 어거스틴을 강권하여 안수를 받아 사제가 되게 하고, 자신과의 동역자가 되기를 원했던 것은 이유가 있었다. 그것은 희랍인이었던 발레리우스가 라틴어에 서툴렀기에 어거스틴이 설교를 담당해 주기를 바라는 것이 중요한 목적 중의 하나였다. 그래서 사제로 서품을 받은 어거스틴의 첫 일은 말씀을 전하는 설교자의 임무였다.

어거스틴에게는 이미 수사학적 조예와 웅변 교사로서의 남다른 재능을 소유하고 있었기에 그의 설교는 큰 파장을 일으킬 수밖에 없었다. 그뿐만 아니라 남다른 과거를 갖고 있던 자신에게 주어진 이 놀라운 사역이 하나님의 은총임을 스스로 깨닫게 된 그는, "으르며 달래시며 위하며 다스리시며 나로 하여금 당신 백성에게 말씀을 전하고, 성사를 나눠주게 이끌어주신 일들을 어찌 필설로 다 하오리까"[52] 하는 고백을 하였다.

교회를 바로 섬기기에 심혈을 기울인 어거스틴의 소신은 그리스도인들의 삶이 그리스도의 신부요 몸인 교회를 얼마나 사랑하느냐에 주안점을 두고 있었다. 그가 많은 이단과 논쟁을 거치면서 그리스도교 신학을 수립한 것도 모두가 참된 교회가 가져야 할 진리의 수호에 목적이 있었다. 여기에는 언제나 성스러운 겸손과 교회의 평화와 그리스도교의 사랑이 바탕이 되어 그 일들을 수행하였다.

어거스틴은 언제나 이러한 기본정신에 이탈하지 않은 설교자가 되기 위하여 노력했다. 그래서 그는 교회에서 성대한 의식이나 사치스러운 일을 피하고 음식이나 의복이나 숙소를 모두 간소하게 하는 삶을 먼저 실천하였다. 이것은 무엇보다도 설교자로 말씀의 생활화를 보이려는 의지

---

52 Augustine, 『고백록』, 312.

를 키우는 일이었다. 여기서 그는 회중으로부터 신뢰를 얻을 수 있었으며 자신의 수덕(修德)과 경건(敬虔)의 삶이 말씀을 전하는 데 거대한 힘을 축적해 줌을 경험하게 되었다. 수사학자로서 회중의 진정한 순종이 설교의 세계에서 언어 기술에 의존하지 않고 설교자의 생활 태도에 있음을 확인한 그는 설교자의 삶이 곧 선포된 하나님 말씀의 성패를 가름하게 된다고 확신하고 있었다.[53]

어거스틴은 작은 교구의 감독이었으나 카르타고를 비롯하여 콘스탄틴, 가이사랴와 같은 여러 곳으로부터 설교 요청을 받아 설교를 계속하였다. 그가 오늘의 설교자가 되기 위함인 듯 일찍이 닦은 수사학의 준비는 바로 그의 설교가 남다른 감동을 끼치는 데 절대적인 도움을 주고 있었다. 때로는 그는 며칠 동안 매일 여러 차례 설교하기도 하였고, 그때마다 그리스도인들뿐만 아니라 불신자들도 그의 설교를 듣기 위하여 모여드는 일이 많았다. 그의 설교가 진행되는 동안에는 필경사(筆耕士)들의 손길이 바빠졌고, 어거스틴의 설교는 기록으로 남겨지게 되었다. 그 결과 어거스틴은 1,535편의 설교를 후세에 남기는 거대한 기록을 이루었다.[54]

어거스틴이 히포의 감독으로 하나님의 말씀을 외치는 설교를 계속하였던 시대는 안정의 시기가 아니라 매우 혼란한 시대에 이미 접어든 때였다. 국가와 교회가 급격한 변환기에 접어든 시기로서 로마 사회나 교회에서 권력의 쟁탈전이 일고 있던 때였다. 로마는 과거라는 그늘에서 지탱해야 했고 안정된 사회로서의 모습은 이미 사라지고 있었다. 사회의 부정과 물질 만능의 풍조는 이미 황실의 권위가 시들어감을 보이는 시기였다. 거기에 더하여 410년 야만족들에 의하여 침입을 당한 현실은 로마 세계를 실망과 혼돈으로 몰아가 정치, 사회, 경제, 교회에 거대

---

53 D. Weiss, "St. Augustine and the Preacher's Personal Proof" in *Preaching* (March-April, 1967), 30.
54 Edmund Hill, "St. Augustine Theory and Practice of Preaching" in *The Clergy Review* (October, 1960), Vol. XIV, 597.

한 변화를 가져오고 있었다.[55] 이때 로마에서는 그리스도교의 하나님이 로마를 보호할 만한 신이 되지 못한다는 비난이 일기 시작하였다.

이러한 비난의 소리를 들으면서 이어진 어거스틴의 설교사역은 더욱 깊은 책임을 통감해야 했다. 그가 이러한 사회적 정황에서 하나님이 무엇을 말씀하시는지를 선포해야 하는 막중한 책임을 느끼면서 그는 하나님 앞에 호소하고 귀를 기울이고 있었다.

주여, 내 소원이 여기 있사오니 보소서. 아버지여, 보시고 살피시고 가상히 여겨주소서. 자비하신 주 대전에 은총을 입사와 당신 말씀의 깊은 뜻이, 두드리는 내 앞에 열리게 하소서. … 진리이시여, 당신께 비나이다. 주께 비나니 내 죄를 용서하시고, 당신 종에게 이미 말씀하신 바를 나로 하여금 알아듣게 해 주시옵소서.[56]

이때마다 어거스틴은 이러한 비참한 현실이 하나님을 저버리고 세상의 향락에 도취된 그리스도인들에게 보내는 하나님 경종의 소리라고 외치고 있었다. 그러면서도 고난과 죽음을 경험한 그리스도교인들이 깨어 일어날 것을 외치는 설교의 메시지를 쉬지 않았다. 더욱이 어거스틴의 마음을 아프게 하였던 것은 그가 혼돈 속에 방황하는 무리를 격려하면서 설교를 계속하였으나 서광의 날은 보이지 않고 그가 생을 마감하던 430년에는 그의 교구 히포마저 반달족에 의하여 포위되었다는 사실이었다.

---

55 Kenneth Scott Latourette, *A History of Christianity*, 375.

56 Augustine, 『고백록』, 315.

III. 어거스틴이 남긴 설교의 특성들

1. 21세기에도 이어져야 할 부분들

어거스틴이 10대 때부터 수사학을 공부하고 곧이어 수사학 교수로서 십수 년을 보냈다는 사실은 이미 밝힌 바 있다. 그러한 경력의 소유자가 설교자로 변신하여 강단에 섰을 때 행하였던 그의 설교는 어떤 특성을 가지고 있었는지를 살피고자 한다. 그리스도교 신학에 지대한 영향을 끼친 그가 어떤 관심과 내용으로 설교를 이어갔는지를 살피는 것은 오늘의 설교자들에게 꼭 필요한 일이다. 먼저, 21세기에 발을 내딛고 있는 설교자들이 수용해야 하고 적용해야 할 점들이다.

(1) 어거스틴이 선천적으로 타고난 설교자라는 평가는 그 자신이 굴곡진 인간적인 경험이 있다는 점과, 철저한 회심과 함께 명상과 연구를 위한 은둔생활에서 경건의 훈련이 그 몸에 심겨 있다는 점이 높이 평가되어야 할 부분이다. 거기서 그는 진리를 외치는 도구로서 영력을 갖추게 되어 한 시대를 움직이는 설교자로서 살았다. 그뿐만 아니라 회중은 자신들이 살아내지 못하는 경건한 삶의 실천자가 선포한 설교에 신뢰를 보내면서 공감대를 쉽게 형성했으며, 메시지의 커뮤니케이션을 성공적으로 이루게 되었다.

(2) 그는 하나님의 사랑이 설교의 총체적인 주제가 되었다. 그 이유는 설교자로서 자신이 하나님의 사랑을 지성의 기능이 아니라 체험의 기능으로 습득하였기에 누구보다 하나님의 사랑을 정확하게 설명할 수 있었다. 거기에 더하여 어떤 설교자보다 실감나는 하나님 사랑의 실체를 보이는 데 감화력을 가지고 있었다. 거기에 그가 이미 몸에 익힌 수사학적 기술이 첨가되어 사랑의 메시지는 더욱 효과적으로 회중의 가슴을 파고들어 갈 수 있었다.

(3) 설교자 어거스틴은 설교를 통하여 교리를 가르치는 데 일차적인 관심을 두지 않았다. 그가 윤리적인 측면의 설교가 약했다고 하나, 그는 그리스도인들이 혼탁한 사회 속에서 지켜야 할 윤리를 하나님의 말씀으로 전하는 데 주안점을 두었다. 그는 당시의 결혼, 무절제한 성 윤리, 정부와 권력, 전쟁과 평화, 노예 문제, 경제, 알코올중독, 여성해방과 같은 쟁점들을 하나님의 말씀으로 조명해 주는 설교자로 땀을 흘리고 있었다.[57] 즉, 그는 사회를 외면한 설교자가 아니라 탈선한 사회의 개혁에 관심을 두었던 설교자의 모습을 보여주었다.

(4) 그는 사회를 멀리하고 은둔하여 자신의 명상과 수덕(修德)으로 일관된 설교자의 자세를 스스로 탈피하여 현재라는 삶의 무대에서 하나님의 말씀이 들려지고 살아 움직이도록 하는 데 심혈을 기울였다. 그는 설교자로서 갖추어야 할 명석한 두뇌와 수사학적 능력, 담대한 영력, 그리고 정의를 거침없이 밝히는 용기를 가지고 언제나 설교하는 현장에 우뚝 서 있었다. 여기서 그는 시대를 따라가는 설교자가 아니라 시대를 이끌고 가는 설교자로서의 모습을 보이고 있었다.

(5) 어거스틴은 교회와 사회를 혼탁하게 만든 무질서의 주역들을 향한 공격과 변론을 아끼지 않은 설교자로서 진리를 수호하고 교회를 대변하였던 설교자였다. 그는 그리스도교의 전통적인 신학을 밝히 정립하고 그 신학에 따라 바른 메시지를 전하는 데 심혈을 기울였다. 이러한 관계로 때로는 이단 사상들을 공격하는 담대한 영력과 용기가 솟아오른 설교자로서 몸을 아끼지 않았다.

(6) 어거스틴의 설교가 대단한 감화력을 줄 수 있었던 또 하나의 이유는 그의 삶과 자신이 전하는 메시지가 언제나 일치했다는 점이다. 그는 언제나 설교자의 정직성과 책임성을 강조하면서 자신이 전하는 메

---

57 Clyde E. Fant Jr. and William M. Pinson Jr. (ed.), *20 Centuries of Great Preaching: An Encyclopedia of Preaching*, 116.

시지에 책임을 지고 실천에 솔선수범할 것을 강조하였다.[58] 언행이 일치된 설교자를 찾는 것은 1,500년 전이나 지금이나 조금도 차이가 날 수 없는 요구이기에 어거스틴이 보여준 설교자로서의 모습은 현대 설교자들에게 귀감으로 이어져야 할 부분이다.

(7) 그는 일단 설교단에 서면 메시지의 주제에 깊은 관심을 기울이고 수사학적인 규칙에는 구애를 받지 않았다. 물론 그의 몸에는 기본적으로 수사학적인 노련한 전달의 능력이 있었으나 그것을 방편으로 삼아 설교하는 일을 최대한 절제하였다. 그래서 때로는 길게, 때로는 짧게 자유로운 설교의 형태를 활용하였다. 전달의 다양성은 고집스러운 교부의 인상을 주지 않았고 오히려 회중이 친근감을 느끼고 있었다.

(8) 그의 설교는 현실에 치중하는 듯한 인상을 주고 있으나 좀 더 깊이 분석해 보면 그 내용이 내세 지향적인 특징을 가지고 있음을 보게 된다. 그의 현재는 언제나 하나님의 도성을 향한 준비로서의 가치성을 중요시하였기에 그의 설교의 초점도 내세에 관한 준비를 촉구하는 경향을 보게 된다. 여기서 다시 한 번 종말론적인 신앙이 진리를 살아 움직이게 하는 데 절대적인 도움을 준다는 사실을 확인하게 된다.

(9) 그는 원고에 매인 메시지 전달을 하지 않으려고 노력하였다. 그는 설교의 주안점을 섬세하게 준비하고 남은 자료들은 설교 현장에서 활용하는 방법을 택하였다. 이로써 그의 설교는 일방적인 선포의 형식보다는 회중과의 대화적 느낌을 주는 설교형태를 늘 취하였다.[59] 특히 회중이 자신의 설교에 싫증을 느끼고 관심을 보이지 않을 때 과감하게 설교를 줄이고 하단하였던 모습 등은 설교를 대화적 관계에서 이어가려고 했던 그의 노력을 다시 확인하게 된다.

(10) 어거스틴은 성경 각 권을 택하여 연속적으로 이어가는 주해설교를 하였고, 교회의 절기에 따른 연속설교를 하는 설교방법을 활용하였

---

58 Edwin Charles Dargan, *A History of Preaching* (Grand Rapids, Mich.: Baker Book House, 1974), Vol. I, 102.

59 Yngve Brilioth, *A Brief History of Preaching* (Philadelphia: Fortress Press, 1965), 48.

다. 특별히 세례 후보생들을 위한 설교는 교리에 관하여 연속적인 설교를 하여 교육의 효과를 이루기도 하였다.[60] 여기서 다시 한 번 어거스틴은 자신의 취향에 따라 진리를 찾는 것이 아니라 성경에 주어진 진리에 따라 설교를 진행하였던 모습을 보이고 있다.

2. 비판적인 평가

다음으로 설교의 거성 어거스틴의 설교에 비평을 가해야 할 부분들은 없는지 살펴본다. 설교란 어떤 인물에 의해서도 완벽할 수 없다는 것은 너무나 당연한 말이다. 비록 어거스틴이 수사학 교수로서 설교의 거성이 되어 교회의 역사 속에 우뚝 서 있으나 그에게도 비판적인 평가를 받아야 할 부분이 있기 마련이다. 비록 그 시대에는 비판적인 평가의 대상이 될 수 없는 부분들이었다 하더라도 현대 설교이론이나 오늘의 설교 상황에서 수용하기 어려운 문제들을 찾아야 함은 본 연구의 목적 중 하나이다.

(1) 어거스틴의 설교에 대한 평가로서 가장 많은 지적을 받는 것은 그 역시 그 시대의 설교자들이 즐겨 사용한 우화적 해석방법을 사용하여 석의에 빈약한 실수를 범하였다는 점이다. 이러한 부분은 자신이 존경하고 따랐던 암브로스에게서 영향을 받았다고 보는 견해가 많다.[61] 물론 그 시대의 성경 해석의 수준이 오늘과 같지 못하였다 하더라도 좀 더 진일보한 성경 해석이 그의 설교에서 발견되지 못하였음은 매우 아쉬운 부분이라 아니할 수 없다.

(2) 그의 설교에 나타난 문제 가운데 하나는 그가 성경말씀을 존엄

---

60 위의 책.
61 Edwin Charles Dargan, *A History of Preaching*, 103. 클라이드 팬트(Clyde Fant)도 이 문제를 어거스틴이 가지고 있는 4대 약점 중의 하나로 지적하고 있다. Clyde E. Fant Jr. and William M. Pinson Jr. (ed.) *20 Centuries of Great Preaching: An Encyclopedia of Preaching*, 120.

하게 여기는 것은 분명하나 설교에서는 그 본문의 정확한 의미와 메시지의 전달보다는 삶의 장(context)과 자신이 목적한 바를 위하여 성경의 기록이 이용되는 듯한 인상들이 발견된다.[62] 이러한 부분은 설교자가 가장 범하기 쉬운 부분이다. 지금도 설교자 자신의 견해를 입증하기 위하여 성경을 이용하는 설교자의 관습이 오늘의 시대에서만이 발생된 문제가 아니라는 점을 새삼 발견하게 된다.

(3) 어거스틴은 성서신학 분야의 연구 부족으로 초기의 설교 때 심한 갈등을 느꼈으며, 이로 인한 성경의 메시지 전달에 제한을 느끼고 있었다. 그는 스스로 초창기에 자신이 얼마나 빈약한 설교의 준비를 하고 있었는지 모르고 있었음을 인정하면서 설교마다 염려와 두려움으로 가득 차 있었음을 고백하였다.[63] 이러한 그의 고민은 성경을 읽은 지식과 성경에 대한 지식이 설교자에게는 절대적임을 확인시켜 주는 부분이다.

(4) 준비된 설교가 일정한 시간을 지키는 일반적인 설교자들의 틀을 벗어나고 있었다. 그 결과 그는 회중의 반응을 보면서 설교의 길이를 임의대로 조절하는 일이 많았다. 그러한 결과는 먼 길에서 어거스틴의 설교를 듣기 위하여 왔던 사람들에게 때로는 실망을 안겨 주는 일이었다.[64] 다간(Dargan)은 이러한 것은 설교의 준비에 충실하지 못한 어거스틴의 설교 모습이라고 평가하고 있다.[65]

(5) 그가 가지고 있었던 가장 큰 취약점은 성경의 원어인 히브리어와 헬라어를 잘 알지 못했던 문제였다. 이로 인하여 어거스틴에게는 석의적 오류를 범하는 경우가 많이 발생하여 설교의 거성으로서의 오점을 남기게 되었다.[66] 말씀의 정확한 해석이 수반되지 않는다는 것은 설교자가 범하는 가장 큰 실수라는 것을 다시 한 번 확인하게 된다.

---

62 Edwin Charles Dargan, *A History of Preaching*, 103.

63 T. F. Stransky, "St. Augustine's Use of Scripture," *American Ecclesiastical Review* (December, 1960), 376.

64 Yngve Brilioth, *A Brief History of Preaching*, 60.

65 Edwin Charles Dargan, *A History of Preaching*, 104.

66 Clyde E. Fant Jr. and William M. Pinson Jr. (ed.) *20 Centuries of Great Preaching: An Encyclopedia of Preaching*, 120.

(6) 어거스틴 스스로가 인정한 문제로서 설교가 진행되는 동안 어느 부분에서 열을 올리기 시작하면 그 부분에서 벗어나지 못하는 습관을 지니고 있었다. 그는 자신이 준비한 설교의 내용마저도 잊어버릴 정도로 흥분된 자신의 감정을 제어하지 못하는 모순을 가지고 있었다.[67] 설교자가 감정을 조절하고 그 조절된 감정이 리듬을 형성해 가야 함은 어거스틴이 펴낸 설교이론이다. 그러나 그것이 얼마나 어려웠는지를 어거스틴은 스스로 경험하고 있었다.

(7) 그는 자신의 설교이론에서 밝힌 바 있는 필요 없는 반복의 문제를 스스로 범하는 경우가 적지 않았다. 예를 들면, 그가 남긴 '크리스마스'라는 설교에서 동일한 대명사를 한 문장에서 12회나 사용하였다. 이러한 경우는 그가 의도하는 설명을 오히려 복잡하고 지루하게 만드는 결과를 가져왔다.

이상에서 찾아본 어거스틴의 설교의 특성과 평가를 보면서 발견된 것은 1,500년 전에 어거스틴과 같은 완벽에 가까운 설교자가 그리스도교 설교 역사에 자리잡고 있다는 사실이다. 그의 설교에서 찾아본 비판적 시각의 평가도 생각해 보면 설교의 신학과 이론을 배운 현대의 설교자들과는 비교가 되지 않을 만큼 극소한 문제들이다. 어거스틴의 어떤 부분이 이러한 완벽한 설교자로서 우리 앞에 설교의 거성으로 남게 했으며, 설교의 도구로서 자신을 하나님께 어떻게 의지하고 있었는지를 보아야 한다.

> 하나님 내 주시여, 내 비는 소리에 귀를 기울이소서. 님의 자비가 내 애원을 들어주소서. 나의 열원은 나 하나 때문이 아니옵고, 형제애에 섬기고자 함이오니 내 마음이 이러한 줄을 당신이 보시나이다.

67　위의 책.

내 생각, 내 혀를 당신께 바쳐 섬기고자 하오니 당신께 바쳐드릴 것을 내게 주소서. … 무엄함과 거짓말에서 내 안팎 입술을 할례해 주소서. 당신의 성경이 맑은 내 낙이 되게 하소서.[68]

IV. 맺는 말

어거스틴은 어느 나라의 그리스도인들에게도 익숙하게 알려진 이름이다. 그러나 그 이름 뒤에 따르는 수식어는 각각 자신의 이해에 따라 달리 불리고 있다. 수사학자, 고대 그리스도교의 교부, 신학자, 변증가, 히포의 감독 등등 어거스틴만큼 다양한 이름을 소유한 교부도 드물다. 그러나 어거스틴이 심혈을 기울였던 그의 설교 세계에 대하여는 지극히 미흡할 정도로 우리에게 알려졌다. 필자는 이미 『인물로 본 설교의 역사』를 통하여 그리스도교 설교 역사에 나타난 설교의 거성들을 찾아본 바 있다. 어거스틴 역시 그중에 하나로 서술되었다. 그러나 본 연구에서는 그가 최초의 설교학 교과서로 남긴 『그리스도교 교리에 관하여』 제4권을 최종적인 연구의 목표로 삼고 있다. 이 연구를 위해서는 무엇보다도 어거스틴의 설교 생애를 좀 더 깊이 연구하지 않고서는 연구의 완성을 이룰 수 없기에 본 연구를 전후반으로 분류하여 정리하게 되었다.

전반부에서 찾아본 설교자 어거스틴에 관한 연구에서 발견된 것은 그의 특유한 생애가 후일에 엮일 설교 생애를 위한 준비였다는 점이다. 죄악의 험준한 늪에서 헤매던 삶만을 지적하는 것이 아니다. 무엇보다도 그가 수사학 교수로서 훈련된 몸이었다는 점에서 그의 고유한 특성을 보게 된다. 마치 광야의 40년이 이스라엘 백성들에게 예배의 법규를 배우고 실천하는 기간이었으며, 그 기간을 지나 가나안에 입성하였

---

68 Augustine, 『고백록』, 313.

다는 사실과 비교해 볼 때 더욱 의미 부여가 가능하다. 그러하기에 어거스틴이 남긴 설교학 이론은 준비된 설교자이며 설교학 교수에 의한 작품으로 평가를 받아야 한다. 그리고 그의 설교의 세계는 좀 더 다른 차원에서 평가를 받음이 타당하다고 본다. 역시 설교사역은 특별한 소명에 따라 진행되었으며, 오는 세기에도 그러해야 한다고 본다. 그 이유는 설교란 단순한 인간의 사역이 아니라 하나님의 장중(掌中)에 붙잡힌 순수한 도구로서 행하는 사역이기 때문이다.

후편에서는 그가 발표한 설교학 교과서의 구성과 내용을 간추려 보고 거기서 펼친 그의 설교이론을 새롭게 연구하게 된다. 특별히 그가 말한 문체론의 진술체와 완만체와 장엄체의 세계를 분석해 보고 그만이 펼쳤던 설교 전달의 이론을 분석하게 된다. 그리고 최종적으로 현대 설교학의 입장에서 그의 이론을 조명하여 어거스틴이 펼친 설교학의 가치성을 발굴하려 한다.

제3장
초기 설교신학자 어거스틴 :
설교이론에 관한 고찰

어거스틴이 진정한 진리를 찾기까지 그는 남다른 방황의 길을 걸었다. 그 방황의 길은 때로는 어거스틴을 죄의 한복판에서 신음하게 하였고, 때로는 미덥지 않은 세계를 진리인 양 섬기게 하기도 하였다. 그가 걸어온 인생 여정이 너무 특유하고 고단한 것이기에 어느 무화과나무 아래서 터뜨린 그의 회심은 통한의 눈물로 얼룩지기도 하였다.

그가 참된 진리에 정착하지 못하고 방황하던 시절 수사학도로서의 길은 미래의 소임을 위한 준비 기간이었다. 더욱이 그가 수사학 교수로서 진리와는 무관하게 능통한 언어 구사의 길을 가르치면서 의식주를 해결하던 시절, 그의 마음에 생겨난 공허는 그로 하여금 깊은 심연을 헤매게 하였다. 그 기간의 고통이 훗날 최초로 설교학 교과서를 펴내기 위한 준비 기간이었음을 아무도 알 길이 없었다.

그의 긴 방황의 여정이 끝이 나고 세례를 통하여 하나님의 인침을 받은 사람이 되었을 때, 그는 누구보다 소중한 말씀의 도구로 부르심을 받았다. 타의 추종을 불허한 수사학의 깊은 지식과 논리적 구조와 설득의 재능은 히포 교회의 설교자로 추대되는 데 조금도 부족함이 없었다. 어거스틴이 이 소중한 사명을 35년간 수행하는 동안 그의 원칙은 오직 성언운반일념(聖言運搬一念)뿐이었다. 하나님의 거룩한 말씀만이 시대를 혼탁하게 만드는 이단들로부터 교회를 바르게 지킬 수 있었기 때문이다. 이러한 그의 설교사역에서 선포된 말씀의 위력은 고귀한 생명들을 보호하였고 복음의 확산을 가져왔다.

그가 설교의 황금기의 마지막 주자였다는 사실 하나만으로도 기울어져 가는 설교사역을 그가 얼마나 훌륭하게 버티어 나갔는지를 충분히 입증해 주고 있다. 여기서 오늘의 많은 설교학도들은 그가 가진 설교신학을 비롯하여 그의 설교이론과 실제가 어떤 것이었기에 그토록 탁월한 설교자로서 역사를 장식하고 있는지에 대해서 호기심을 갖기에 충분하다. 그리고 그가 가르쳤던 설교의 이론에 귀를 기울임은 너무나 당연하다. 십 수 세기가 지난 그의 이론서지만 그리스도교 최초의 설교학 교과서라는 점에서 그 가치성은 매우 높은 평가를 받는다. 너무나 소중한 문헌이기에 설교학 교육의 장에서는 이 교과서를 남달리 아끼고 그가 남긴 가르침을 실천하려는 후예들이 속출하고 있다.

I. 최초의 설교이론 『그리스도교 교리에 관하여』 제4권의 내용 분석

1. *De Doctrina Christiana* 구성[69]

어거스틴이 그 많은 저술을 하게 된 동기는 진리의 승리를 위해서였다. 당시의 수많은 이단을 향한 그의 불굴의 논쟁은 오늘까지 진리를

---

69 본 글은 제4권의 내용을 분석하는 데 그 목적이 있기 때문에 1, 2, 3권은 간략하게 요약하게 된다.

수호하는 데 절대적인 터전을 마련해 주고 있다. 진리는 성경을 말하는 것이었기에 그의 관심은 이 진리의 말씀을 그리스도인들이 어떻게 해석하여 받아들여야 할 것인가에 필연적인 관심을 두게 되었다. 그러한 그의 집념이 집대성된 것이 바로 그리스도교 역사상 최초로 본격적인 성경 해석과 전달의 문제를 다룬 본서이다.

어거스틴은 396년 히포의 주교가 되면서 본서의 집필을 시작하여 그가 세상을 떠나기 4년 전인 426년에야 탈고하였다. 본서가 이토록 긴 세월이 걸린 이유는 그가 주교로서의 초반 시절이었던 397년에 제3권 중간까지 쓰다가 우선 급한 논쟁들에 관심을 기울이면서 본서의 집필이 중단되었기 때문이다. 그 후 30여 년 동안 손을 대지 않고 있다가 자신의 모든 저작물을 정리하면서 본서가 미완성된 사실을 발견하고는 바로 집필을 완료하였다. 특별히 그는 진리의 전달에 관한 부분을 섬세하게 다루려고 했던 자신의 근본 의도와 달리 4권으로 끝을 맺고 말았다.[70]

제1권은 40단원으로 분류하여 다음과 같은 내용을 서술하고 있다.

첫 부분에서 그는 고대 수사학자들의 용어를 사용하여 존재하는 세계의 모든 사물을 세 가지의 개념으로 분류한다. 먼저, 향유(享有)할 모든 존재, 둘째는 사용(使用)으로 끝나게 되는 존재, 세 번째는 향유하고 사용할 존재로 분류한다. 이어서 자신의 신관을 정리하는 교리서와 같은 내용을 전·후편으로 분류하고 있다.

전반부에서는 인간이 누려야 할 대상으로서 성 삼위일체이신 하나님의 속성을 다음과 같이 열거하고 있다. 하나님은 제한된 인간 언어로 모두 형언할 수 없는 분이며 만유를 초월하시고 영원불변하신 분으로서 변하지 않는 지혜 자체임을 말한다. 그리고 그 지혜 자체이신 하나님

---

70 Augustine, 『그리스도교 교양』, 24-25.

이 이 땅에 오셔서 구속과 부활과 승천을 이루셨음을 서술한다. 이어서 구속의 역사를 통하여 이룩된 교회는 영원한 신부이며, 이 교회가 소유하게 된 신비의 속성과 함께 종말과 부활의 연계성을 서술하고 있다.

후반부에서는 사랑의 계명을 중심으로 윤리 도덕의 문제를 다루고, 마지막 부분에서 인간은 하나님께 있어서 사용의 대상에 불과하다는 논리를 펴고 있다. 여기서 어거스틴은 인간의 자기 사랑은 본능적이기에 계명의 차원이 될 수 없고 남에 대한 사랑이 곧 계명의 정신임을 강조한다. 이러한 모든 사랑을 비롯한 인간의 궁극적인 목적은 하나님을 향한 것이어야 한다는 주장을 펴고 있다. 끝으로 제1권의 결론으로서 하나님을 향한 사랑과 이웃을 향한 사랑이 성경의 혼이며 목표이고 해석의 기준임을 강조하고 있다.

제2권은 42단원으로 구성되어 있으며, 그 내용은 주로 일반적인 학문을 평가하고 실수 없이 분별하고 효율적으로 수용하기 위한 그의 이론을 담고 있다. 그는 우선으로 사물 자체가 무엇인지를 보는 것보다 무엇을 의미하는지를 보는 표지(標識)의 인식을 강조하고 있다. 여기에서 표시는 자연적 표지(signa naturalia)와 언어를 중심한 약정적 표지(signa data)로서 분류되고 있으며, 언어는 이 약정적 표지의 대표적인 것으로 말하고 있다.

이에 따라 문자로 기록된 성경의 바른 해석은 이 약정적 표지를 해석하는 학문으로서의 성격을 갖추어야 한다고 말하고 있다. 이어서 그는 성경을 읽을 때 이해의 모호함이 발생하는데, 그것은 하나님의 무관심이나 성경 기자들의 실수가 아닌 인간 지성의 오만을 누르고 하나님의 신비하심을 알게 하는 길이라 말하고 있다.

성경의 더욱 정확한 이해를 위해서는 성경의 원어 연구와 번역문의 대조 등이 필요함을 말한다. 기타 전의법(轉義法)에 의한 단어나 어법 등의 해독은 세속에서 익힌 학예와 학문 등의 활용을 말하고 있다. 여기서 그는 신체의 감각기관을 활용하는 학문으로서 지리학, 동식물학, 천문학, 기술학 등을 열거한다. 그리고 이성을 활용하는 학문으로서 변증론, 논리학, 수사학, 수리학 등을 들고 있다. 끝으로 어거스틴은 성경의 진리를 깨닫기 위한 세속적 학문의 활용도 하나님의 진리를 깨우치는데 합당한 자세와 원칙이 있어야 함을 강조한다. 그리고 어떤 경우도 성경의 가르침은 세속의 학문과 지혜보다 탁월하여 놀라운 심오함과 더불어 단순함을 띠고 있음을 강조하고 있다.

제3권은 성경을 읽는 가운데 불확실한 표현과 서술의 바른 이해를 위한 해석의 원칙과 방법의 제시를 37단원으로 나누어서 상세한 안내를 하고 있다. 여기서 제시되는 해석의 지름길은 치밀하고 학구적인 방법론의 활용이다. 예를 들면, 음절이나 구두점 발음 등의 정확한 사용을 비롯하여 문맥의 파악과 원문과의 대조에 이르기까지 구체적인 해결점들을 제시하고 있다. 그러면서 그는 가장 기본적인 방향으로서 성경은 될 수 있는 대로 자구적으로 이해하되 그것이 신앙의 교리나 윤리 도덕에서 벗어날 때는 표상적으로 해석할 것을 권하고 있다. 이러한 표상적 언사의 해석을 위한 구체적인 여섯 가지의 원칙이 11단원에서 23단원에까지 이어지고 있다.

그다음으로 모호하고 의심스러운 구절은 이성의 추론보다 성경의 구절들을 대비하고 연결지어 해석할 것을 권하고 있다. 제3권의 마지막 부분에서 어거스틴은 티코니우스가 묵시록 주해에서 활용했던 성경 해석 방법으로서 학구적인 것보다는 신앙에 입각한 신학적 성격을 지닌 7가지의 해석학 규칙을 그대로 이곳에 옮겨 놓았다. 어거스틴은 제3권의 결론으로 인간이 하나님의 말씀을 터득할 수 있는 재능은 하나님의 선물이라는 전제를 걸면서 가장 요긴하게 갖추어야 할 것은 말씀의 뜻을 깨닫게 해 달라는 기도임을 강조하고 있다.

2. 최초의 설교학 교과서로서의 제4권

어거스틴은 성경을 연구함에는 "깨달아야 할 바를 발견하는 방법과 깨달은 바를 전달하는 방법"[71]이 있어야 함을 강조하면서 이 두 가지가 균형 잡힌 조화를 이루는 데 그 성패가 달려 있음을 강조하고 있다. 특별히 여기서 말한 '깨달은 바를 전달하는 방법'은 설교라는 사역을 통하여 자신에게 주어지고 이해된 성경의 진리를 회중에게 전달하는 태도와 방법과 기술을 논하는 문제이다. 이러한 주장은 어거스틴 이전까지는 찾아볼 수 없는 이론으로서 그리스도교의 진리를 활성화하는 중요한 이론임에 틀림이 없다.

그는 수사학 교수 출신으로 지성과 영성의 균형을 보유한 그리스도교의 지도자였다. 그러한 까닭에 성경을 통하여 이해된 메시지의 전달이 무엇보다도 중요함을 남달리 인식하고 있었다. 이러한 소중한 인식과 함께 본서의 집필을 시도할 때는 성경의 진리를 깨닫게 되는 방법으로서의 해석학을 전반부로 하고, 후반부에서는 깨달은 진리를 전달하는 방법을 상세히 다루려고 하였다. 그러나 본서의 집필을 시작한 후에 시급한 교리의 논쟁 때문에 본서의 집필은 뒤로 밀리게 되었고, 드디어 30년 만에 본서를 대강 마무리 짓게 되었다. 이러한 결과는 그가 본서를 시작할 때의 의도가 희석되었고, 단 한 권으로 마무리를 짓게 되는 애석한 결과를 가져왔다.

어거스틴이 남긴 본서의 제4권은 최초의 설교학 이론서라고 일컫는데에 누구도 이의를 제기하지 않는다. 그 이유는 여러 가지의 측면에서 설명될 수 있으나 크게 두 가지에서 의미를 부여할 수 있다. 먼저, 그때까지 깊은 영성과 말씀의 연구에만 몰두하고 있었던 그 시대의 신학자들이나 교회 지도자들과는 달리 진리란 회중에게 설교사역을 통하

---

71 제4권 I, 1.

여 전달되어야 하고 그들을 설득시켜야 함을 강조한 점이다. 즉, 어거스틴은 성경을 통하여 주어진 진리의 커뮤니케이션(Communication of Biblical Truth)이 이룩되었을 때만이 회중과 진리의 만남이 형성됨을 확신하고 있었다. 또 하나는 무엇보다도 그 시대의 수사학이 표현의 기교만을 가지고 이론을 펼치고 궤변적인 논리로서 선동의 도구로 전락되었을 때 어거스틴은 그리스도교 진리의 전달만은 그러한 세속적 차원의 수사학을 벗어나 설교사역에 필요한 도구로 활용되어야 함을 강조했다는 사실이다.[72]

특별히 그 시대의 교회 지도자들이 주로 자신들을 위한 진리의 입력(input)에 만족하고 있을 때 어거스틴은 '깨달은 진리'를 성공적으로 출력(output)하여 회중이 그 진리를 이해하는 것이 최상의 목표임을 다음과 같이 강조한다.

> 알아야 할 바를 명쾌하게 밝혀주는 사람이 호감을 준다. … 듣는 사람이 진실한 것을 듣고 또 듣는 바를 이해한다면 이것이 최상의 방도다.[73]

어거스틴이 이러한 강력한 주장을 펴기까지는 그가 속해 있던 라틴 교부들이 가지고 있었던 성(聖)과 속(俗)의 지나친 격리의 개념이 있었기 때문이다. 당시의 교부들은 세속의 철학을 배격하고 문학과 예술을 천시하는 경향이 짙었기에 진리의 전달을 위한 설교에 수사학의 활용은 당연히 경계의 눈초리를 받게 되었다.

이러한 주변의 여건 속에서도 어거스틴은 설교란 성경에 담겨 있는 진리의 운반(運搬)이라는 사실에 조금도 양보를 하지 않았다. 그는 오히려 세속의 사건이나 허위의 진술들이 오히려 흥미와 위력을 가지고 사

---

72 제4권, II, 3.
73 제4권, X, 25.

람들에게 접근해 가고 있는데 성경의 진리가 그보다 못한 상태로 전달되고 있음은 용납할 수 없는 일임을 지적하고 있다.

> 그자들은 어휘를 간결하고 명료하고 그럴듯하게 이야기한 데 비해서, 이 사람들은 진리를 말하면서도 듣기에 지루하고 이해하기에 어렵고 끝에 가서는 믿기에 힘들어야 하겠는가? … 저 사람들은 듣는 이들의 마음을 오류로 유도하고 떠밀면서도 그 말주변으로 사람을 두려워 떨게 하고 울리고 웃기며 뜨겁게 달아오르게 하는데, 이 사람들은 진리에 이바지하면서도 느리고 냉담하고 졸고 있어서야 하겠는가?[74]

여기서 우리는 어거스틴이 제4권을 통하여 설교를 통한 진리의 전달을 그토록 애타게 부르짖는 또 하나의 이유를 이해해야 한다. 그것은 당시의 회중은 눈이 있어도 성경을 볼 수 없는 환경이었다는 점이다. 라틴어로 기록된 성경은 성직자들의 전용이었지 회중과는 거리가 먼 것이었다. 오직 성찬성례전의 참여와 말씀을 가르치는 성직자들에게 기울이는 귀가 진리를 경험하고 듣고 깨달을 수 있는 것의 모두였다는 사실을 다시 상기한다면, 어거스틴이 설교학의 이론을 체계화하고 이의 실천을 강력히 요구한 동기와 과정을 잘 이해할 수 있다.

3. 제4권의 내용과 개요

그리스도교 역사에 새로운 설교의 이론을 펼친 최초의 '설교학 교과서'인 제4권은 31단원으로 구성되어 있다. 본서의 내용은 엄격하게 말하면 어거스틴이 독창적으로 정립한 설교의 이론이라고 말하기에는 약

---

74 제4권, Ⅱ, 3.

간의 무리가 따른다. 본서의 내용을 엄밀히 분석하면 어거스틴은 바울과 교부들, 특히 암브로스의 문장 등을 예문으로 활용하면서 전개한 수사학적 교본의 성격을 보여주고 있다. 특히 키케로(Cicero)의 수사학 교과서『웅변가』(Orator)와 퀸틸리아누스(Quintilian)의『수사학 교본』(Institutio Oratoria) 등에 근거한 이론들이 많이 보이고 있음을 발견하게 된다.[75]

그러나 본서는 어떤 경우에도 수사학을 변형하여 설교학이라는 이름을 붙인 책이라고 말할 수 없다. 본서는 어디까지나 수사학자 어거스틴이 순수하게 복음의 선포와 해석과 적용을 위하여 설교를 어떻게 해야 하는가의 문제를 깊이 고민하고 연구한 결과의 소산이다. 성직자로서의 설교자가 '깨달은 바를 전달하는 방법'을 알지 못하여 세속적인 메시지의 전달보다 못한 지경에서 헤맬 때, 어거스틴은 때로는 아쉬워하고 때로는 분노를 발하였다. 이때마다 진리가 회중의 가슴에 효과적이고 바르게 전달되어 '하나님의 도성'이 이 땅에 정착되기를 희구하였다.

이러한 깊은 뜻을 가지고 서술된 본서는 기본적으로 다섯 가지의 큰 틀로 그 내용이 구성되어 있다.

먼저, 본서는 수사학 강좌를 하려는 의도가 없다는 전제를 걸면서도 설교는 수사학적 기본원리를 활용할 필요성이 있음을 강조하고 있다. 여기서 그는 회중의 공감대(共感帶)를 확대할 수 있는 언어의 선별과 활용을 권하면서 설교자의 설득력과 지혜의 조화를 강조한다.

둘째로, 어거스틴은 사도 바울의 서신서와 아모스의 예언서를 수사학의 본보기로 사용하면서 그들이 수사학의 법칙을 따른 것은 아니나 그 지혜와 언변이 수사학을 능가하고 있음을 실례를 들어 보여주고 있다. 여기서 그는 "내가 탄복하고 놀라워하는 것은 우리가 말하는 자기 나름의 기교를 성서 저자들이 부족하지도 않고 지나치지도 않을 정도로

---

75 Augustine,『그리스도교 교양』, 42.

사용하였다는 점이다"[76]라고 서술하고 있다.

셋째로, 어거스틴은 현대의 커뮤니케이션 이론에서 활발히 논하고 있는 것처럼 설교자가 확신하는 메시지를 정확하게 표현해야 한다는 점과 이해가 안 되는 진리는 함부로 회중 앞에서 논하지 말라는 충고를 하고 있다. 그리고 설교자는 언제나 모호성과 양의성(兩意性)을 가진 어휘나 발음을 최대한 삼가면서 명확성을 지킬 것을 충고하고 있다.

넷째로, 설교자가 효과적인 메시지의 전달을 위하여 사용해야 할 문장의 문체는 수사학적 원칙을 도입하고 있다. 여기서 그는 고대 수사학에서 웅변의 3대 목적을 상기시키면서 가르치려는 열의와 목적에 이르는 설득과 회중이 진리로 화육을 경험하게 되는 매료의 수순을 밝히고 있다. 이러한 목적 달성을 위해 설교 문체로 진술체와 완만체와 장엄체를 사용할 것을 제시하고 있다.

끝으로, 어거스틴은 설교자의 언어가 효과적으로 구사되기 위해서는 명료성과 설득력이 겸비되어야 하며, 이를 위해서는 다양한 문체들이 활용되어야 함을 설명한다. 뿐만 아니라 설교의 진정한 성취는 언어보다는 설교자와 메시지와의 근접성이 중요함을 역설한다. 그리고 설교자가 영적으로 하나님과 얼마나 근접해 있고 그분의 도구로서 활용되느냐가 설교의 성패를 가름함을 강조하면서 설교를 위한 설교자의 기도를 간곡하게 부탁하고 있다.

이상과 같은 내용을 가지고 최초의 '설교학 교과서'로 등장한 『그리스도교 교리에 관하여』 제4권의 내용을 요약하면 다음과 같다.

수사학의 기본 원리

제4권의 주제(I, 1-2)

설교자에게 필요한 언어와 그 활용의 필요성(II, 3-III, 5)

---

76 제4권, VI, 10.

설교자의 설득력과 지혜의 조화(IV, 6-VI, 10)

성경을 통하여 본 수사학적 본보기
사도 바울의 예(VII, 11-15)

예언자 아모스의 예(VII, 16-21)

설교에서 유의해야 할 4대 원리
모호한 표현법의 탈피(VIII, 22)

난해한 의문들과 청중의 이해(IX, 23)

명료한 발음의 활용(X, 24)

수준을 지키는 명확성(XI, 26)

문체론에 대한 수사학적 원리
웅변의 세 가지 다른 목표(XII, 27-XVI, 33)

필요에 의한 가르침

쾌감을 주는 만족

승패로서의 설득

문체의 세 가지 양식과 활용(XVII, 34-XIX, 38)

진술체

완만체

장엄체

성경에서 추출한 세 가지 문장 양식의 표본(XX, 39-44)

암브로시우스와 키프리아누스의 문장과 세 가지 양식(XXI, 45-50)

설교 언어의 효과적인 구사를 위한 원칙
명료성과 설득력을 갖춘 다양한 문체의 활용(XXII, 51-XXVI, 58)

설교자의 삶과 가르침의 융화(XXVII, 59-60)

II. 어거스틴의 설교이론

1. 설교를 위한 수사학적 관심

히포의 감독으로 등장한 수사학자 어거스틴은 전달되지 않은 메시지
는 메시지로서의 가치를 잃게 된다는 것을 누구보다 실감하였다. 특히
전달의 과정을 지나 설득이라는 열매를 맺지 못했을 때 설교의 행위란
허사임을 그는 경험하고 또 목격하면서 성공적인 설교를 위한 이론의
정립을 서둘렀다. 이러한 이론은 당연히 수사학의 이론을 도입하지 않
을 수 없었다.

수사학이라는 학문이 처음에는 매우 소중하고 필요한 것으로 여겨
져서 법정에서나 직접 민주주의의 실현 등에 활용되는 실천적 학문이
며 삶의 한 부분이었다. 그러나 로마제국이 출현하면서 명령 일변도의
정치구조를 택하였기에 그리스 시대의 자유로운 토론이나 국민의 설득
은 더이상 필요하지 않게 되었다. 거기에 더하여 학교의 정규 교육이 없
이 순회 교사로서 일정한 보수를 받고 언어의 표현과 화술을 가르치면
서, 때로는 궤변을 늘어놓고 자신의 입신출세의 방법을 찾는 소피스트
(sophist)[77]들의 등장은 수사학에 대한 인상을 손상시키게 되었다. 현인(賢
人)의 뜻을 가졌던 이들의 이름은 궤변가들로의 변질을 초래하였다. 이

---

77 소피스트는 원래 헬라어로는 현인이라는 뜻이다. 그러나 이들에 대한 부정적 반응이 나타나면서 궤변가들이
라는 이름이 주어졌다.

러한 결과는 수사학은 성(聖)의 세계에 속할 수 없는 속(俗)의 학문이나 도구라는 인상을 받게 되었다.

이상과 같은 수사학에 대한 부정적인 인상을 누구보다 잘 알고 있었던 어거스틴은 설교사역에 수사학을 도입하는 데 깊은 고민을 하게 되었다. 이러한 고민은 설교학 이론서로서 제시한 제4권의 서두에서 뚜렷하게 나타나고 있다.

> 혹시라도 내가 수사학을 세속 학원에서 배우고 가르친 바 있어서
> 수사학적 법칙들을 제시하지나 않을까 하는 것인데 이 서두에서
> 나에게서 제발 그런 기대를 하지 말도록 당부하는 바이다.[78]

이러한 스스로의 다짐과 부탁을 보면서 본서를 정독하게 될 때 매우 흥미로운 사실을 발견하게 된다. 그것은 그의 다짐에도 불구하고 그 자신은 어쩔 수 없이 설교이론의 중요한 부분들을 수사학에서 도입하게 되었다는 사실이다. 물론 그는 수사학이 가지고 있는 그 기교가 우선이 아니라는 태도를 취하고 있다. 때로는 성경과 교부들의 작품을 숙독함으로 성스러운 웅변(eloquentia sacra)을 습득할 수 있다는 주장을 펴고 있다.[79]

그런데도 그는 기본적으로 고전이나 수사학에서 진리를 전하는 데 도움이 되는 것은 활용함이 마땅하다고 보는 견해이다. 그는 "수사학의 원리와 법칙들이 어떤 것이든지 간에, 풍부한 어휘들을 사용하고 어휘들의 수식을 충분히 이용하는 치밀한 언어 구사가 이 이론과 법칙에 의해서 습득되는 것은 사실"[80]이라는 견해를 보이고 있다.

이상과 같은 그의 입장을 정리하면서 내릴 수 있는 결론은 간단하다.

---

78 제4권, I, 1.
79 제4권, IV, 10.
80 제4권, III, 4.

즉, 어거스틴이 그리스도인이 되어 성경의 진리를 접하면서 깊은 감격을 경험하였고, 그는 이 구원의 신비를 담고 있는 복음을 좀 더 대중화시킬 수 있는 방법을 찾아야 함을 절감하였다. 그는 이미 수사학의 경지를 터득한 몸으로 복음을 접하였기에 복음의 확산에 남다른 예지(叡智)가 불꽃을 발하였다. 바로 그 예지의 불꽃이 최초의 설교학 이론을 펼치게 하였고, 그 이론이 오늘의 설교사역에까지 지대한 영향을 주게 되었다.

2. 설교자론

어거스틴 사상의 영향을 가장 많이 받았던 칼뱅은 설교자의 역할과 그 정체성을 다음과 같이 설파하였다. "하나님의 말씀은 선지자의 말과 차이가 나지 않는다. … 하나님께서는 그분의 사역자들의 음성을 통해 말씀이 전파되기를 원하신다."[81] 이러한 사상은 설교자란 그 뿌리를 선지자에 두고 있다는 말이다. 여기서 상기해야 할 것은 선지자란 하나님이 자신의 도구로 선택하고 말씀을 위탁하여 이 땅의 사람들에게 운반하게 하는 일을 필생의 사명으로 삼은 사람들이라는 점이다. 이들이 이러한 특유한 사명의 수행에 우선으로 갖추어야 할 것이 무엇인지를 어거스틴은 다음과 같이 분류하여 정리하고 있다.

1) 성경을 통한 진리의 터득

어거스틴이 성경말씀을 연구하는 데는 두 가지 주안점을 가지고 있었다. 하나는 설교자가 진리의 말씀을 먼저 깨달아야 한다는 것이고, 또 하나는 그 깨달은 바를 전달하는 방법을 찾는 일이었다.[82] 성경만이 설교자가 운반해야 할 진리를 가지고 있기에 설교자가 먼저 성경에서

---

81 Ronald S. Wallace, 『칼뱅의 말씀과 성례전 신학』, 136-137.
82 제4권, I, 1.

진리를 찾아 하나님의 백성들에게 전해야 한다는 것을 어거스틴은 철저히 강조한다. 특별히 그는 성경의 진리를 찾고 터득하기 위하여 설교자가 얼마나 정진(精進)하는가에 따라 설교자가 전하는 메시지의 지혜가 달라짐을 강조한다. 그는 성경의 진리를 위하여 힘써 나아가는 것은 성경을 많이 읽고 암송하는 차원을 의미하지 않는다고 하였다. 성경을 향한 정진이란 진리에 대한 철저한 이해와 진지한 탐구를 의미하고 있음을 다음과 같이 말하고 있다.

> 사람은 성경에 더 혹은 덜 정진한 그만큼 그 말에서 지혜가 더 혹은 덜 나타난다. 여기서 내가 하는 말은 많이 읽고 암기하는 정진이 아니고, 철저히 이해하고 그 의미를 진지하게 탐구하는 정진이다. 성경을 읽기는 하지만 (성경으로) 존중하지 않는 사람들이 있다. 읽되 암기하여 (써먹으려고) 읽고, 그것을 이해하는 데는 등한히 하는 사람들도 있다. 우리는 이러한 사람들보다는 성경의 구절은 별로 못 외우더라도 마음의 눈으로 성경의 핵심을 바라볼 줄 아는 사람을 낫게 여겨야 한다.[83]

이상과 같은 그의 가르침은 단순히 설교자를 위하여 주는 말이 아니었다. 그는 그 자신이 늦게 영접한 진리에 도취되어 그 진리를 아직도 모르는 사람들에게 전달하려는 강한 의욕을 불태우면서 성경의 진리를 탐구하고 이해하려는 데 남다른 노력을 기울이고 살았다.[84]

바로 이러한 사상은 후에 종교개혁자들에 의하여 전수되어 종교의 어떤 의식(儀式)보다는 하나님의 말씀인 성경이 최우선적인 위치에 올려지게 되었다. 어거스틴의 이러한 신학사상을 가장 많이 이어받은 칼뱅은 성경을 통하여 하나님과의 만남이 형성된다는 주장을 다음과 같이

---

83 제4권, V.
84 Hugh Pope, *Saint Augustine of Hippo* (Westminster, Md.: The Newman Press, 1949), 153.

펼쳤다.

> 그리스도는 성경 이외의 다른 어떤 경로를 통해서도 정확히 알려질 수 없다. … 성경을 내려놓고 하나님을 만나려고 시도하는 것은 눈을 감은 채로 주님의 얼굴을 바라보려고 하거나, 시력이 무척 나쁜 사람이 안경을 벗은 채로 주님을 보려고 하는 것과 다를 바 없다. 하나님의 영은 단순한 말이 아니라 바로 성경말씀을 조명하고 되살리기 위하여 우리에게 주어졌다.[85]

2) 목마른 영혼을 위한 기도

어거스틴이 그리스도를 발견하고 그 진리에 눈을 뜨게 되었을 때 그는 고향 땅에 들어가 유산을 정리하여 가난한 사람들에게 나누어주고 그 자신은 아들과 친구 몇 사람과 함께 수도원적인 생활을 하며 깊은 명상의 삶을 살았음을 이미 설명하였다. 그는 여기서 말씀의 명상은 곧 기도로 시작되고, 그 기도는 진리의 깨달음을 비롯하여 그 진리를 전할 설교자와 듣게 될 회중을 움직이는 절대적인 힘을 부여받게 된다는 사실을 깨닫고 있었다.

> 언변의 위력보다는 기도의 경건함으로 자기가 이 일을 해낸다는 것도 의심하지 말아야 한다. 자신을 위해서, 또 설교할 상대방을 위해서 기도함으로써 그는 발언자이기에 앞서 탄원자가 된다. 말을 해야 할 시간이 임박하여 혀를 놀려 설교하기에 앞서 자신의 목마른 영혼을 하나님께 들어 올릴 것이니, (그렇게 함으로써) 이미 마신 바를 내놓을 수 있고 가득 채운 바를 펴줄 수 있다.[86]

85　Ronald S. Wallace, 『칼뱅의 말씀과 성례전 신학』, 158-159.
86　제4권, XV, 32.

어거스틴은 어느 신학자보다 기도와 설교의 연관성을 강조한 설교신학자였다. 그는 기도야말로 설교의 성패를 주관하는 힘이 된다는 확신이 있었다. 이처럼 기도는 설교사역의 절대적인 요건임을 강조한 어거스틴은 제4권의 마지막 부분에서 다음과 같이 설교자의 기도에 대하여 언급하면서 본서를 끝맺고 있다.

> 회중 앞에서나 소수 앞에서 말을 하든 … 하나님이 자기 입에 좋은 말씀을 담아 주시도록 기도할 것이다. 에스더가 왕 앞에서 자기 백성의 현세적 구원을 위해 말씀을 드리기 전에 기도를 올렸다면, 사람들의 영원한 구원을 위해 말씀을 전하고 가르치는 일에 종사하는 사람은 이런 은혜를 받고자 얼마나 많은 기도를 올려야 하는가?[87]

3) 설교자의 메시지와 자신의 삶의 융화

어거스틴이 배우고 가르쳤던 수사학에서는 말하는 사람의 삶과 메시지의 일치성에 대한 강조가 없었다. 오직 그 세계는 논리의 질서와 더나은 웅변술을 개발한 수사학적인 기술이 우선적이었다. 서로의 변론 가운데서 자신의 주장을 관철하고 주변의 동의를 얻는 것이 수사학 세계의 전부였다. 그러하기에 수사학의 세계에서는 연설자 또는 변론자가 살아온 삶의 질이나 양태와는 무관하게 모든 것이 진행될 수 있었다.

이러한 세계에 깊숙이 살아온 어거스틴이 그리스도교의 설교 세계에 들어온 이후 설교사역이 수사학과 같이 단순하지 않음을 발견하게 된다. 자신이 경험한 설교의 세계는 언어의 기술과 전달에 중점을 둔 수사학과는 비교될 수 없는 경지임을 알게 되었다. 그는 먼저 설교자의 삶과 인격이 부정적인 평가를 받게 된다거나 자신이 외친 설교의 메시

---

87 제4권, XXX, 63.

지 실천이 보이지 않으면 하나님의 말씀까지 심한 손상을 입게 된다는 사실을 알게 되었다.

이러한 그의 깨달음은 계속되어 설교자의 삶과 메시지의 일치성을 늘 강조하기에 이르렀다. 그는 설교자가 그 자신이 실천하지 않고도 외친 말씀 가운데 종종 회중이 감동한 때도 있음을 인정한다. 그러나 만일 설교자가 자신이 설교한 바를 실천하는 모습을 회중이 알고 그의 설교를 경청한다면 훨씬 많은 감명과 유익을 끼칠 수 있다는 사실을 확인하면서 설교자들에게 다음과 같은 부탁을 남기고 있다.

> 누구의 말을 설득력 있게 듣는 데는 어조의 장중함보다도 말하는 사람의 삶이 훨씬 큰 비중을 차지한다. … 스스로 실천하지 않는 바를 말하고서도 많은 사람에게 유익을 끼친다면, 말하는 바를 실천하면 훨씬 많은 사람에게 유익을 끼칠 것이다. … 그들(회중)은 속으로, 혹은 노골적으로 이렇게 대꾸한다. '내게 명령을 내리면서 왜 스스로 실천하지 않는 거요?' 자기 말을 자기가 무시하는 만큼 남이 순순히 따를 리가 없다. 설교자를 경멸하다 보면 그 설교자가 이야기하는 하나님의 말씀까지도 경멸하기에 이른다.[88]

3. 문체론

어거스틴이 주장한 설교의 이론은 무엇을 누가 어떻게 구성하여 전달할 것인가에 전체적인 흐름을 형성하고 있다. 여기에서 문체론이란 설교자가 깨닫게 된 진리를 어떻게 구성하여 나갈 것인지를 묻는 문제이다. 설교란 설교자를 통하여 선포된 진리에 의하여 회중이 설득되어야 그 가치를 인정받게 된다는 것은 설교의 가장 기본적인 상식이다. 어거

---

88 제4권, XXVII, 59.

스틴은 이러한 목적의 달성은 기본적으로 세 가지의 과정이 있어야 하는데, 먼저는 상대를 가르치고, 두 번째는 상대를 매료시키고, 세 번째는 설복시키는 일이라고 한다. 이러한 목적의 달성을 이루는 데 있어서 그는 로마 수사학자들의 주장에 자신의 견해를 접목해 다음과 같이 말하고 있다.

> 웅변가란 가르치기 위해서 사소한 일은 차분하게 말할 줄 알고, 매료시키기 위해서 보통의 일은 절도 있게 말할 줄 알고, 설득하기 위해서 중대한 일은 장중하게 말할 줄 아는 사람이다.[89]

이상과 같은 세 단계의 목적을 이루기 위하여 그는 구체적으로 진술체와 완만체와 장엄체를 제시하고 있다.

1) 진술체(陳述体)

어거스틴은 설교함에 있어서 세 가지의 과업을 제시하고 있다. 먼저는 본질적이고 필수적인 과업으로서 진리를 가르치는 일을 말한다. 두 번째는 반드시 있어야 할 것으로서 행동의 변화를 가져오게 하는 설득을 말한다. 끝으로, 유익한 과업으로서의 청중을 매료하게 하는 일을 말한다. 여기서 말한 진술체는 바로 필수적인 과업으로서의 가르침을 효과적으로 이루는 데 필요한 도구이다.

여기서 제시된 진술체는 가르침의 현장에서 사용되는 양식을 말하는 것으로서 진리를 가르치고 설명하면서 사용되는 문체이다. 그는 인간이란 배우고 알고 이해될 때 나오는 행동이 참된 것임을 강조하면서 이 배움은 필수적으로 가르침이라는 과정을 거쳐야 함을 말한다.

---

89 제4권, XVII, 34.

설복을 시키기보다 먼저 가르쳐야 한다. 만일 (할 일을) 인식하기에 이른다면 이미 그것으로 마음이 움직일 것이고, 따라서 거창한 어조로 그들을 움직이는 일은 필요치 않을 것이다. … 알기는 하면서도 해야 할 바를 하지 않을 때는 반드시 이 작업이 요구된다. 바로 그래서 가르치는 일은 필수적인 문제라고 한다.[90]

어거스틴은 이러한 가르침의 과정에 필수적으로 사용되어야 할 진술체는 결국 난해한 의문들을 해결해 주고, 이단과의 논쟁에서 반대자의 오류를 밝혀낼 수 있는 최상의 방편으로 활용할 것을 강조한다. 그뿐만 아니라 진술체야말로 인위적이 아닌 자연스러운 미(美)가 있는 필연적인 가르침의 도구가 될 수 있음을 설명하고 있다. 또한, 가르침의 최우선적인 도구인 진술체 역시 명료성과 유창함과 설득력을 갖춘 전개가 필요함을 주장한다.

진술체를 써서 지극히 난해한 의문들을 해결하고 예측하지 못한 논리를 끌어다 해명한다고 하자. 어떤 구석에서 튀어나왔는지 모르지만, 우리가 전혀 기대하지 못한 곳에서 지극히 날카로운 사상들을 끌어내 제시한다고 하자. 반대자의 오류를 확증하고 상대방의 말에 논박의 여지가 없는 것처럼 보이던 것이 허위임을 밝힌다고 하자. 그러면서도 그의 말에 인위적이 아닌 자연스러운 미(美)가 있고 허세가 아니고 오히려 필연적인, 말하자면 내용 자체에서 저절로 흘러나오는 결구(結句)의 운율(韻律)까지 곁들여 있다고 하자. 그러한 경우 과연 이것이 진술체 문장인가 의심할 정도로 깊은 찬탄을 자아내게 마련이다. … 그러한 문장을 말하는 연사한테 그토록 자주 또 많은 박수갈채가 터져 나오는 까닭이 무엇이겠는가? 그의 언변

---

90 제4권, XII, 28.

으로 진리가 입증되고 옹호받고 불패(不敗)의 진리로 나타나는 환희 때문이 아니겠는가? … 다시 말하거니와 진술체를 쓸 때 그리스도교 교사와 연사는 단지 명료하게만 발언할 것이 아니고 동시에 유창하고도 설득력 있게 들리도록 이론을 개진해야 한다.[91]

2) 완만체(緩婉体)

어거스틴은 가르침의 과정과 함께 회중의 관심을 끌어내는 흥미 유발에 깊은 관심을 두고 있었다. 그는 설교에 있어서 지루함이란 설교자가 직면한 심각한 문제임을 언제나 인식하고 있었다. 그러한 까닭에 그는 자신의 설교 도중에 회중이 흥미를 보이지 않으면 서둘러 설교를 종결하는 경우가 많았다. 그래서 회중의 관심을 불러일으키는 중요한 설득의 형식으로서 완만체의 활용을 강조하기에 이른다.

회중의 관심을 유발하는 도구로서 완만체는 회중의 심경을 유쾌하게 할 뿐만 아니라 그들의 관심을 매료시키는 데 효과를 거두게 됨을 어거스틴은 자신의 경험을 통하여 확신하고 있었다. 여기에 더하여 완만체는 제시된 진리에 회중이 공감대를 무난히 형성하고 동의에 이르게 하는 집착력을 가지고 있음을 밝히고 있다. 이토록 중요한 완만체가 갖추어야 할 요소로서 문장의 우아함(elegantia)과 미사여구(amoenitas)가 열쇠임을 그는 말하면서 그 필요한 현장을 설명한다.

하나님과 그분의 업적을 두고 찬미를 드린다고 하자. 아름답고 찬란한 문장들이 얼마나 많은지 모른다. 그것을 자유로이 구사할 능력이 있는 자는, 하나님을 두고-그분을 제대로 찬미할 수 있는 자는 이 세상에 아무도 없다-할 수 있는 한 최대의 찬미를 드린다.[92]

---

91 제4권, XXVI, 56.
92 제4권, XIX, 38.

그러나 어거스틴은 이러한 중요한 효과를 가져오는 완만체의 사용에 있어서 주의해야 할 충고를 남기고 있다. 그것은 완만체가 요구하는 문학적인 표현, 즉 설교자가 화려한 수식이나 미사여구의 활용 그 자체에 빠질 가능성을 지적한다. 그리고 우아한 문장이나 감미로운 미사여구가 진리의 무게와 깊이를 손상하는 결과를 경계하고 있다. 여기서 그는 설교자의 진실성이 언제나 뚜렷하게 함축된 완만체의 활용이 있어야 함을 강조한다. 그 이유는 자칫 이러한 화려한 문학적 표현 등이 진리를 허구화(fictionization)시키는 위험성을 안고 있기 때문이다.

> 달변을 자랑하는 사람들이라든가 송덕문(頌德文)이나 이와 유사한 언어에 능란한 사람들이라면 듣는 이가 무엇을 배워야 한다거나 무슨 행동을 하도록 움직일 필요성은 없고 청중이 단지 (자신의 달변을) 감상하는 것으로 족하다. … 여하튼 완만체의 우아한 문장은 과시용으로 쓰지 말고 현명을 곁들여 쓸 것이며, 언변으로 청중을 매료하는 목적만으로 만족하면 안 된다. 우아한 문장을 이용해서 우리가 설득시키려는 그 사람을 선으로 인도하기에 힘써야 한다.[93]

3) 장엄체(莊嚴体)

수사학의 원조 아리스토텔레스는 일찍이 "수사학이 설득의 유용한 방편을 찾기 위한 능력이 되게 하라"[94]는 유명한 말을 남긴 바 있다. 누구보다 아리스토텔레스의 수사학을 깊이 터득한 어거스틴은 그가 설교의 세계에 들어와서 설득의 의미를 더욱 강화하였다. 그는 설교의 최종적인 목표로서 회중이 설득되는 것으로 만족하지 않고 그들로 행동하는 진리를 알게 하는 일에 힘썼다. 그는 진리의 실천화라는 결실에 최

---

93 제4권, XXV, 55.
94 Aristotle, *On Rhetoric: A Theory of Civic Discourse,* trans. by George A. Kennedy (New York: Oxford University Press, 1991), 36.

우선의 관심을 두면서 문체론의 마지막 단계로서 장엄체를 제시하고 있다. 그는 장엄체의 목적을 "회중의 마음을 움직이는 것이다. 무엇을 해야 할지 아는 일이 문제가 아니고 해야 한다고 알고 있던 바를 실제로 행하는 것이 문제이다"[95]라고 설파하고 있다. 결국, 가르침을 위한 진술체나 흥미의 유발을 위한 완만체나 모두가 다 진리의 실천이라는 목표를 향한 중간지대로 여겨지고 있다. 이러한 입장은 설득과 실천이라는 단계가 설교의 최종 목적지가 되어야 하고, 이 목적이 달성되지 않으면 진리란 전시품에 불과하다는 것을 말해 주고 있다.

> 말하는 바를 실행에 옮기지 않는 한, 말하는 바가 진리임을 설득시키는 것도 헛일이요, 말하는 수법이 상대방의 마음에 들게 하는 것도 헛일이다. 그러므로 교회의 연사(설교자)는, 실행에 옮겨야 할 바를 설득시킬 적에는 감화를 주어 가르치고 관심을 끌어 상대를 매료시키는 일만 가지고는 안 된다. (회중을) 설득하여 정복하여야만 한다.[96]

이토록 최종적인 목표의 달성을 위한 문체론의 마지막 단계인 장엄체는 무엇보다도 회중의 감정을 움직여 결단을 내릴 수 있는 호소력이 필요함을 어거스틴은 말하고 있다. 이 호소가 효과를 볼 때만이 회중의 마음에는 파동이 일고 도전을 받게 된다는 의견이다. 이러한 주장은 그가 어느 지역에서 발생한 폭동의 현장에서 자신이 장엄체를 사용하여 설교했을 때 그들이 설득되었음을 눈물로 보였던 것을 술회하면서 장엄체의 효과성을 강조한 것이다.[97] 어거스틴은 이러한 효과를 거둔 경험을 바탕으로 장엄체의 활용을 설명한다.

---

95 제4권, XII, 27.
96 제4권, XIII, 29.
97 제4권, XXIV, 53.

장엄체는 완만체와 크게 거리가 있는 것으로, 심경의 격렬한 감정을 선동하는 그만큼 어휘상의 수식은 많이 첨가하지 않는다. … 이 문체는 어조의 강렬한 힘으로 전개해 가며, 언사의 미려함은 우연히 표출되는 경우에도 사안의 흐름에서 저절로 생겨나는 것이지 수식을 하려는 의도에서 채택되는 것이 아니다. 의식적 노력에서 어휘와 수식이 선별되는 것이 아니고, 심경의 극한 감정을 제대로 표현하는 데 적절한 단어가 뒤따라 나오기만 한다면 그것으로 (이 문제의) 목적에는 충분하다.[98]

어거스틴은 끝으로 이상의 세 문체를 설명하면서 설교자가 어느 한 문체를 선호하거나 활용하는 일이 없도록 각별한 주의를 요하고 있다. 그는 가르침을 위한 부분에서는 명료성을 강조한 진술체를 권하고, 회중의 관심을 끌어야 할 부분에서는 유창하고 아름다운 수식이 필요한 완만체를 사용하고, 진리에 설득되어 실천에 옮겨야 할 부분에서는 감정을 수반한 장엄체를 활용할 것을 권하고 있다.[99]

4. 효과적인 전달론

브룩스(Phillips Brooks)가 1877년 비쳐 기념 설교학 특강에서 "설교란 진리의 커뮤니케이션이다"[100]라는 말을 했을 때 많은 사람들은 설교에 대한 새로운 시각을 갖게 되었다. 그러나 이 말은 어거스틴이 최초로 관심을 두고 연구하여 발표한 말이다. 그는 현대 설교이론에서 추구하는 진리의 전달에 있어서 놀랄 정도의 수준에서 전달의 이론을 정립하여 설교학의 원조로서의 모습을 잘 보여주고 있다. 그가 펼친 진리의

---

98 제4권, XX, 42.
99 제4권, XXVI, 56.
100 Phillips Brooks, *Lectures on Preaching* (London: S.P.C.K., 1959), ix.

전달에 대한 주안점들은 다음과 같이 분류하여 정리할 수 있다.

1) 이해를 위한 대화적 설교의 활용

어거스틴이 몸담았던 수사학의 세계는 화자와 청자의 관계가 일방적이었다. 듣는 사람은 오직 화자로부터 진행된 말을 경청할 뿐이었다. 이러한 수사학적 관습이 설교사역에도 그대로 도입되어 있던 시절에 어거스틴은 진리란 대화적 관계에서 더욱 명료하게 전달될 수 있음을 설명하고 있다. 그는 설교를 통하여 전달되어야 할 진리가 설교자에 의하여 모호한 내용으로 선포되거나 애매하게 표현되는 과정들이 진리의 전달에 얼마나 큰 손상을 끼치는가에 대해 잘 알고 있었다. 거기에 더하여 그는 회중이 갖는 이해의 정도에는 무관심한 채 설교자가 독백적으로 말해 버리는 설교행위가 진리의 전달에 심각한 문제임을 발견하였다. 어거스틴은 보다 더 효과적인 진리의 전달을 위한 노력과 함께 명료한 표현 등이 전달에 수반되어야 함을 강조하였다.

> 오히려 자신의 모든 발언에서는 무엇보다도 먼저 이해하려는 노력을 기울일 것이요, 할 수 있는 대로 언어의 명료성에 입각하도록 할 것이다. 그렇게 함으로써 … 우리가 말하는 바가 불완전하고 이해가 늦는 그 원인이 적어도 우리의 말솜씨에는 있지 아니할 것이다.[101]

또 한편 이해를 가져오기 위한 노력으로서 어거스틴은 회중과의 대화를 활용할 것을 권하고 있다. 그는 설교자가 파악한 진리가 비록 아무리 알아듣기 힘들다 할지라도, 형식에 구애를 받지 말고 일방적이 아닌 쌍방적인 대화를 통한 이해를 이룩하려는 노력을 주문하고 있다.[102]

---

101 제4권, Ⅷ, 22.
102 제4권, Ⅸ, 23.

우리말이 청중에게 이해되는 일이 가장 중요하다는 사실은 한 사람이나 여럿과 나누는 대화에서만 아니고 대중 가운데서 강연을 행할 때에는 더욱 강조해야만 한다. 대화에서는 각자에게 질문할 여유가 있다.[103]

2) 설교자의 전달이 갖추어야 할 명료성

현대의 커뮤니케이션에서 말한 대로 전달되지 않은 메시지는 메시지가 아니다. 어느 시대나 설교자와 회중이 있는 현장에서 설교자가 깊은 관심을 기울이는 것은 자신이 전달한 메시지가 정확히 전달되어 접촉되고 수용을 거쳐 이해되었는지의 문제이다. 어거스틴 역시 설교자는 회중의 반응을 중요시하면서 그들이 이해했는지를 확인해야 함을 일찍이 말하였다.

말을 하는 사람이 가르치고자 할 때는, 상대가 못 알아듣는 한, 가르치려는 사람에게 할 말을 다 했다고 생각하면 안 된다. 자기는 알아듣는 것을 말했다고는 하지만, 알아듣지 못한 사람에게는 말을 안 한 것이나 다름없다.[104]

어거스틴에게는 이러한 비전달의 심각성이 설교 전달에 있어서 큰 관심의 대상이었다. 그는 이러한 문제의 해결을 위하여 문체론을 비롯하여 다양한 이론을 제시하면서 무엇보다도 이 문제의 해결은 전달에 있어서 명료성에 있다는 것을 지적하고 있다. 그는 여기서 우선적으로 "어떻게 하면 이쪽에서 제시하려는 바를 잘 밝혀주고 잘 파악하게 하느냐"에 관심을 기울이고, 그다음으로 모호하거나 양의성(兩義性)을 내포한 어휘들을 피할 것이며, 셋째로, 언어의 수준을 회중 모두가 사용하

---

103 제4권, X, 25.
104 제4권, XII, 27.

고 이해하는 정도에 맞추는 노력을 부탁하고 있다.[105]

3) 다양한 변화의 개발

어거스틴이 설교자가 메시지의 전달에 있어서 다양한 변화를 개발하고 활용할 것을 밝힌 것은 모두 그가 경험한 바를 정리한 것들이었다. 또한, 당시의 성공적인 연설자들을 분석하면서 그들만이 가지고 있는 장점이 표현의 다양성에 있다고 판단하고 있었음을 말하면서 설교자들의 주의를 환기하고 있다.

> 그들은 훌륭한 생각을 유창한 표현으로, 다시 말해서 주제에 따라 치밀하게 혹은 우아하게 혹은 격렬하게 말할 줄 아는 사람들이다.[106]

또한, 어거스틴은 설교자가 한 가지 양식으로만 설교를 계속할 때 듣는 회중의 관심을 붙잡아 두기란 매우 어렵다는 사실을 밝히고 있다. 그러한 까닭에 문체와 전달의 형태가 모두 다양한 방법을 동원해야 함을 강조한다.

> 웅변가의 연설에서는 각 문체가 또 개성에 따라 변하며 이것이 듣는 사람들의 감각이 냉담해지거나 해이해지는 것을 막아준다. … 이미 고양된 심경을 더욱 고양하려다가 이미 고취된 그 위치에서 하락하는 일이 없도록 조심할 것이다. 그러나 보다 차분한 어조로 이야기해야 할 자료를 중간에 삽입했다가 장중한 어조로 능숙하게 돌아온다면 이때 언변의 위력은 마치 파도가 몰아치듯 하는 효과

를 내게 된다.[107]

III. 현대 설교학에서 본 어거스틴의 설교이론

1. 어거스틴이 남긴 설교학적 공헌

교회의 수많은 설교자가 아무런 이론적인 기틀이 없이 설교하던 시절에 어거스틴의 등장은 참으로 소중한 역사적 사건이었다. 수사학도로서 교회 밖에서 배회하던 그의 삶 자체는 훗날 이어지는 설교 생애를 위한 값비싼 준비의 기간이었다. 그가 남긴 이 최초의 설교학 이론서는 1,500년 후의 세계에서 살고 있는 설교자들을 놀라게 하는 부분들이 많다. 이 부분들은 하나님의 진리를 외치는 설교가 이 땅에 존재하는 한 교과서적인 기능을 가지고 영향을 주는 데 손색이 없다.

먼저, 현대의 성서학자들의 눈으로 볼 때 그의 설교에 나타난 성경 해석의 수준은 만족할 만하지 못한 것은 사실이다. 그러나 설교에서 철저한 성경 해석의 강조는 가장 돋보이는 부분이다.

둘째로, 현대의 설교사역에서 가장 큰 문제는 설교자의 자질 문제이다. 오늘날은 "무엇을 말하는가?"의 문제보다 "누가 말하는가?"의 문제가 우선적으로 시급하게 다루어져야 할 설교사역 환경이 되었다. 여기에 설교자가 외친 메시지와 자신의 삶에 대한 일치성의 강조는 설교 불변의 원리로 새겨져야 할 부분이다.

셋째로, "커뮤니케이션이 되지 않은 메시지는 메시지가 아니다"라는 그의 주장은 15세기 후의 커뮤니케이션 이론을 이미 정립해 놓은 이정표이다. 진리의 정확한 가르침과 이해와 수용과 설득과 결단을 위한 커

---

107   제4권, XXII, 51.

뮤니케이션의 관심은 현대 설교학을 다시 깨우치는 일이다.

넷째로, 어거스틴이 말한 진술체와 완만체와 장엄체의 활용은 현대의 설교자들이 가장 소홀히 여기는 부분이다. 그러나 이러한 문체론은 하나님의 말씀을 훼손하지 않고 더욱더 정확하고 효과적으로 전달하는 데 필수적인 방편이다.

다섯째로, 무엇보다도 설교자의 영성을 소중히 생각하는 그의 가르침이다. 기도와 함께 시작하고 기도와 함께 설교를 끝맺도록 하는 그의 가르침은 메마른 영혼의 소유자로 회중 앞에서 설교하는 오늘의 설교자들에게 주는 소중한 경종이다.

여섯째로, 설교의 전달론에 그가 펼친 이론은 설교학의 원조로서 남긴 최대의 걸작품이다. 5세기의 수직적 설교 환경에서 대화적 설교(Dialogical Preaching)를 비롯한 다양한 변화의 시도 등은 실로 놀라운 설교의 전달론을 펼친 것임이 틀림없다.

끝으로, 어거스틴이 본서를 통하여 수사학의 연장선으로 여겼던 설교의 기술을 정리한 점이다. 인간 메시지의 전달을 위한 속세의 수사학을 용해하여 하나님의 말씀을 전하는 새로운 도구로 그 형태와 내용을 달리했다는 점은 대전환의 사건이었다.

2. 아쉬운 부분들

수사학자에서 설교의 거성으로 이름을 떨쳤던 어거스틴이 남긴 설교학적 공헌은 실로 놀라운 기록임에 틀림이 없다. 그가 지금도 21세기 설교신학의 이론과 교육에 절대적인 영향을 끼치고 있다는 사실 또한 분명하다. 여기서 하나 유의해야 할 것은 복음의 진리는 시대의 흐름의 영향을 받아 그 진리성이 퇴색될 수 없으나 그 표현과 전달의 방법은 다를 수밖에 없다는 사실이다. 어거스틴의 경우도 예외가 될 수 없다. 그가 전하기를 원하는 진리는 하나님의 말씀이었기에 무엇을 외쳐야 하는지의 문제에 대하여는 변함이 없다. 그러나 그의 설교 자체와 그가 주장한 전달의 이론을 현대의 설교이론으로 조명해 볼 때 다음과 같은 아쉬운 부분들을 지적하지 않을 수 없다.

먼저, 그가 남긴 설교를 읽어 볼 때 그는 성경에 대한 깊은 애착을 두고 있었음에 틀림이 없다. 그러나 막상 설교의 현장에서는 말씀 그 자체를 해석하고 운반하는 것보다는 자신이 하고자 하는 말을 입증해 주는 자료로 본문을 사용하는 오류를 범하고 있음을 보게 된다. 그뿐만 아니라 그의 짧은 히브리어와 헬라어의 지식은 성경 해석에서 문제점을 보인다. 때로는 해석의 오류를 남겼는가 하면, 비약적인 적용으로 말씀의 본래의 뜻을 상하게 하는 결과를 종종 초래하였음이 설교에서 나타나고 있다. 거기에 더하여 섬세한 설명에 빠져 초점을 벗어난 부분들이 많이 있음을 본다.[108]

둘째로, 어거스틴은 남달리 설교자의 책임을 강조하고 있다. 특별히 설교자로서 갖추어야 할 항목으로 성경을 통한 진리의 터득을 강조한 점과 말씀을 전할 설교자 자신과 경청해야 할 회중을 위한 "목마른 영혼을 위한 기도"의 강조 등은 매우 소중한 부분이다. 그뿐만 아니라 설교자가 메시지에 융화되는 삶을 살아야 한다는 윤리의 강조는 현대 설교학에서 그대로 수용해야 할 부분이다.

그러나 어거스틴은 그의 설교자론에서 설교자가 최우선으로 갖추어야 할 소명론에 대한 언급이 미흡하였다. 설교자가 된다는 것은 부르심에 응답하는 결단이 있어야 하고, 그 부르심 때문에 인간적인 조건이 계산될 수 없다는 것이 현대 설교학의 일반적인 견해이다. 그리고 그 소명에 대한 확신이 살아있을 때 전해야 할 말씀 앞에 옷깃을 여미게 되고, 차별화된 삶을 살게 되며, 나아가 말씀을 전해야 할 긴박성을 언제나 지니게 된다.

---

108 그의 설교에 나타난 평가는 졸저, 『인물로 본 설교의 역사』 (서울: 장로회신학대학교 출판부, 1985), 107에서 보다 자세하게 서술하였다.

셋째로, 어거스틴의 설교이론에서 발견된 문제점은 설교사역에 필수 불가결의 요건인 성령님의 역사가 언급되지 않고 있다는 사실이다. 당시의 신학에 성령님의 역사에 대한 강조가 약했던 신학적인 정황을 고려할 때 이 부분의 빈약성에 대한 이해가 가능하다. 그러나 설교이론에서 성령님의 역할이 빠질 때 그 이론은 설교를 단순한 설교자의 사역으로 한정하게 되는 오류를 범하게 된다. 설교는 언제 어디서나 성령님의 역동적인 역사 아래서(under dynamic of Holy Spirit)만이 참 설교가 가능하기 때문에 이 부분의 강조는 시대의 조류나 신학의 변화에 무관하게 진행되어야 할 부분이다.

넷째로, 어거스틴의 설교이론에서는 적용(application)에 대한 가르침이 보이지 않는다. 진리가 적용될 때 설교가 시작된다는 사실은 현대 설교학에서 강하게 주장하는 부분이다. 실질적으로 진리 자체를 보여주고 해석해 주는 것은 강해에 불과하다. 그 진리를 회중의 삶에 효율적으로 적용해 줄 때 비로소 설교의 결실을 보게 된다. 어거스틴의 설교이론에 이토록 중요한 적용에 관한 이론이 없다는 것은 매우 아쉬운 부분이다.

이 문제 또한 그 시대에 회중에게 성경이 없었기에 말씀을 읽어주고 가르쳐주기에 여념이 없던 결과라고 설명할 수 있다. 그러나 회당에서부터 랍비들이 말씀을 읽고 해석하고 삶의 장에 적용해 주었던 점을 고려한다면, 어거스틴은 역시 적용의 이론에 깊은 관심을 기울이지 못했다는 결론에 이른다.

다섯째로, 어거스틴의 설교이론에서는 메시지의 성격이나 내용을 분류하여 목적을 정하고 거기에 맞는 설교 작성을 해야 하는 필요성을 거의 발견하기 힘들다. 설교란 66권의 성경에서 나온다는 사실과 그 메시지가 다양하여 때와 장소에 맞게 구성되고 전달되어야 한다는 현대의 설교 감각으로서는 어거스틴의 설교이론이 완벽하지 못함을 발견하게 된다.

그러나 그가 사용했던 성경이 오리겐의 헥사플라(Origen's Hexapla)나 고대 라틴어 역본이었을 가능성을 생각하면 차원 높은 석의와 메시지의 분류 등은 쉽지 않은 환경이었음을 다시 짐작하게 된다. 특별히 그가 성경 원어를 이해하는 데 한계점을 안고 있었다는 점에서 이 부분의 이해가 가능하리라 본다.

끝으로, 어거스틴의 설교이론에서 설교자의 파트너이며 메시지를 들어주고 수용해 주어야 할 회중에 관한 관심이 빈약함을 본다. 메시지를 운반하는 설교자 앞에서 그 메시지를 받아야 할 회중에 대한 분석이나 시대적 형편의 고찰 등에 대해서 언급이 거의 없다. 즉, 현대 설교학이 말하는 설교의 정황(Preaching Context)에 관한 관심과 가르침을 발견할 수 없다.

그러나 이 문제 또한 어거스틴이 살던 단순했던 시대로 거슬러 올라가 본다면 쉽게 이해할 수 있다. 대화적인 설교의 구성보다는 일방적인 메시지의 전달이 주종을 이루었던 그 시대는 설교의 정황과 같은 것은 지극히 부수적인 것으로 여겨질 수 있었다고 본다.

IV. 맺는 말

설교이론의 기틀을 최초로 정립하여 교회의 설교사역을 바르게 세웠던 어거스틴의 설교이론은 진정한 '설교학의 보고(宝庫)'임에 틀림이 없다. 1,500년 전에 이러한 이론이 정립되었다는 것은 실로 놀라운 일이며, 설교학을 가르치고 배우는 설교학도들에게는 대단한 긍지이다. 문제는 이러한 훌륭한 설교이론을 정립했던 어거스틴이 430년에 세상을 떠나자 그가 가르쳤던 설교의 정신과 이론이 빛을 보지 못하고 설교의 암흑기를 맞이했다는 사실이다.

여기서 다시 한 번 설교의 신학과 그 이론이 아무리 훌륭하여도 그 것을 소중하게 생각하고 현장화시키는 후학들이 없을 때 그러한 보고는 사장될 수밖에 없다는 교훈을 발견하게 된다. 이러한 교훈은 말씀으로 다듬어진 오늘의 개혁교회가 그 말씀을 선포하고 해석하고 회중의 삶에 적용하려는 열의가 살아있을 때 미래를 보장받게 된다는 점을 알려주고 있다.

또한, 어거스틴이 남긴 최초의 설교학 텍스트를 분석하는 과정에서 방법론(how)에 치중한 인상을 받았으리라 생각한다. 그러나 어거스틴은 하나님의 말씀을 앞에 놓고 그 말씀의 깊은 뜻을 헤아리기 위하여 남다른 정성과 고뇌의 길을 걸었다. 그는 자신의 모자란 성경 원어의 실력 때문에 말씀의 깊은 뜻을 마음껏 펼쳐보지 못할 때 그가 몸부림쳤던 모습은 많은 사람의 마음을 아프게 한다.

> 주여, 나 누구에게 이 사실을 물어야 하오리까? 주님 아닌 누구에게 내 무지를 고백하여야 더 도움이 되오리까? 당신의 성경을 몹시 파고드는 내 열성을 미타히 여기신 적이 있었나이까? 주소서, 내 사랑하는 그것을. 사랑도 당신이 주신 것이오니 주소서. 아버지여, 당신 자식들에게 짐짓 좋은 것을 주실 줄 아시는 아버지여, 주소서. 알기로 작정했사오나 열어 보이시기까진 고생만 내 앞에 있나이다.[109]

어거스틴은 분명히 설교학의 원조(元祖)로서 위대한 설교의 이론을 정립하여 오늘 우리의 손에 남겨주었다. 특별히 그가 하나님의 말씀을 사랑하면서 그 말씀 속에서 진리를 추구하고 그 진리를 효율적으로 운반(運搬)하려 했던 열정은 오늘의 설교학도들이 추구해야 할 귀감이다. 거기에 더하여 그의 남다른 신학적 사고와 지식은 오늘도 우리 앞에 혜성으로 칭송되고 있다. 그러함에도 불구하고 그는 외쳐야 할 말씀 앞에서

---

109 Augustine, 『고백록』, 331.

는 언제나 겸허한 자세와 심정을 갖추고 있었다. 그의 이러한 모습은 오늘의 설교자들에게 깊은 의미를 전달해 주고 있다.

아! 나는 무엇을 모르는지도 모르는가 봅니다. 주여, 당신 앞에 거짓을 말씀드리지 않사오니 아뢰는 그대로의 이 마음이니이다. 하나님 내 주시여, 당신이야말로 내 등불을 켜 주시리다. 내 어둠을 비춰 주시리이다.[110]

---

110 위의 책, 335.

제4장
한국교회 최초의 설교학 교수 곽안련과
그의 『강도요령』(講道要領)

현대인들이 오늘의 무대를 활보할 수 있음은 흔히들 발전된 오늘의 첨단문화의 덕분으로 여기기 쉽다. 극히 소수만이 황무지를 개간하여 논밭을 이루고 씨를 뿌리고 결실을 거둔 조상들의 눈물과 땀이 서린 노고를 기억한다. 그리고 대부분은 과거에 대한 역사적인 유산보다 오늘의 눈부신 발전에 도취한다. 학문의 세계도 예외가 아니다. 늘 발전하는 새로운 학설에 심취되어 새로운 세계를 펼쳐야 명성을 얻게 된다. 그래서 과거를 드나드는 학자보다 미래를 추구하고 첨단을 달리는 연구가 환영을 받는다.

그러나 신학은 과거라는 뿌리를 유난히 밝힌다. 그 이유는 뿌리 없는 교회와 신학은 이단적 요소와 주장을 합리화하고, 거기에 동조하는 추종자들의 대열을 확장하기 때문이다. 즉, 인간 중심의 교회와 거기에 따른 신학을 앞세워, 하나님의 실존과 성경 중심의 뿌리를 벗어나기 때문이다. 실천신학, 그중에서도 설교학은 인간이 만든 작품이 아니다. 예수 그리스도님의 명에 의하여 이어진 사역이다. 그래서 설교에 관한 연구는 반드시 성경에 기반을 둔 사도적 전승을 계승해야 함을 강조한다.

하나님의 말씀인 성경을 들고 한반도에 상륙한 그리스도교가 이 땅에 정착하여 오늘의 교회를 이룩한 것은 설교라는 방편(means)이 절대적이었다. 설교사역은 교회의 생명처럼 여겨졌고, 수많은 설교인들이 생명을 걸고 한 세기 반을 달려오고 있다. 이토록 설교의 위치가 절대 우위를 차지하고 있는 교회를 생각하면 당연한 질문이 있어야 한다. 그것은 "누가 이 땅에 찾아와 무엇을 가지고 어떻게 설교에 대해 교육을 했는가?"하는 질문과 대답이다.

필자는 33년 동안 예배·설교학 교수로서 한국교회 신학 교육을 섬겨왔다. 그동안 위의 질문에 관한 연구를 해야 한다는 의무와 책임을 항상 가슴에 품고 있었다. 그러나 현장에 있는 동안 그 뜻을 이루지 못하고 늘 오늘과 내일에 대한 글만을 발표해 온 큰 오류를 범하였다. 노병이 되어 정신을 차리고 나서야 한국교회 신학 교육에 최초의 설교학 교수로서 혁혁한 공을 세운 나의 선임 교수를 찾아, 그의 인물됨과 그가 이 땅에 처음으로 내놓은 설교학 교재를 새롭게 정독하였다. 그리고 그분의 설교 정신과 이론과 실제가 얼마나 자랑스러운지를 새삼 깨닫게 되었다.

한 세기 전에 펴낸 최초의 설교학 교과서에 담긴 내용에 오늘도 금과옥조(金科玉條)로 삼아야 할 이정표가 가득함을 본다. 진정 오늘과 내일의 한국교회 설교인들이 이 땅의 설교 교육의 뿌리가 된 최초의 설교학 교과서인 『강도요령』을 모르거나 외면하는 것은 도리가 아니라는 생각이 엄습해 왔다. 그 결과 비록 간추린 내용이라도 설교인 모두에게 일독을 권하고 싶은 충동을 심하게 느꼈다. 비록 만시지탄(晩時之歎)의 죄스러운 심정이지만 정성을 기울여 독자들 앞에 내놓는다. 100년 전에 활용되었던 고어들이 수두룩하지만 할 수만 있으면 그분의 용어와 표현을 살리면서 우리 설교 교육의 뿌리를 보이고자 한다. 예를 들면, 설교를 '강도(講道)'로, 설교자를 '설교인'으로 표기한 것을 그대로 살려 당시의 숨결을 함께 느끼고자 한다. 여기에 더하여, 본 글은 학문성을 높이기 위한 분석과 비평(Analysis and Criticism)의 도구를 거의 활용하지 않았다. 단, 이 땅에 처음으로 등장한 강도학 교과서 『강도요령』을 독자들이 직접 만나고 우리가 필연코 이어받아야 할 사실(facts)만을 제시하려는 데 본 글의 목적을 두고 있다.

I. 곽안련의 인물 탐색

1. 한국을 찾은 선교사 곽안련

나는 어린 몸으로 건축가였던 아버지를 도와 조수로서 목공, 석공, 배관공, 양철공, 페인트 일을 하면서 성장하였다.
나는 그때 그 일이 하나님이 나를 한국의 선교사로 보내기 위한 준비의 과정인 줄 전혀 몰랐었다.[111]

곽안련(Charles Allen Clark)은 한국교회를 위하여 태어났고, 한국교회를 위하여 전 생애를 다 바친 사람이다. 그가 76세가 되던 때 한국에서 청춘을 바쳐 선교하던 시절을 회고하면서 "공사장에서 그리고 출판계에서 얻은 고국에서의 내 경험은 학교에서 배운 것과 거의 비등하였고, 그것은 나의 선교 현장에서 가장 값진 보람을 안겨주었다"라고 고백하리만큼 그는 한국교회를 위하여 어느 사람보다 다양하게 선교의 열정을 쏟았던 선교사였다.

곽안련은 1878년 5월 14일 목수였던 아버지(William Oliver Clark)와 청교도의 후예였던 어머니(Lillian Caroline) 사이에서 태어났다. 그는 미네소타

---

111 "Memories of Sixty Years," by Charles Allen Clark (1954), 2. 본 자료는 필자가 Philadelphia Historical Foundation에 의뢰하여 기타의 자료와 함께 입수한 것이다.

(Minnesota) 주에 있는 스프링 밸리(Spring Valley)라는 농촌 마을에서 태어났으나 미니애폴리스(Minneapolis)로 이사하여 그곳에서 성장하였다. 그는 열 살이 되던 해에 폐결핵으로 어머니를 잃고 익사 사고로 형을 잃는 비운을 겪었다. 그러나 곽안련은 주어진 삶의 장에서 10대를 후회 없이 보냈다.

그가 미네소타 대학교에서 2년을 마치자 그의 인품과 활동을 눈여겨보아 온 그가 다니던 교회에서는 그에게 목회자가 지녀야 할 자질이 있음을 발견하고 그를 노회에 알렸고, 노회는 그에게 맥칼러스터(Macalester) 대학에서 남은 2년의 수학을 하고 신학교에 진학할 것을 권하였다. 그는 이 대학에서 공부하는 동안 목사보다는 라틴어와 헬라어 교수가 되기를 희망했다. 그 이유는 두 가지인데, 하나는 수줍음을 타는 자신의 성격 때문이고, 둘째는 목사가 되면 혹시나 미개한 나라의 선교사로 나가게 되는 결과가 오지 않을까 하는 우려 때문이었다.

그가 졸업한 대학은 장로교 계열로 나일 목사(Rev. Edward Duffield Neill)가 1874년에 세워 그리스도교 신앙에 바탕을 두고 교육을 시켰기에 졸업생들이 신학교에 진학을 많이 하였다. 이 대학에서는 그가 졸업한 지 12년 후인 1911년에 명예 신학박사를 선교에 혼신을 다하고 있던 곽안련에게 수여하기도 하였다.

곽안련은 대학을 졸업하고 매코믹(McCormick) 신학교에 입학하였으나 목사가 된다는 생각을 굳힌 것은 졸업하기 4개월 전이었다. 그는 이때의 심경을 다음과 같이 회고한다.

나는 목사가 되는 문제에 대하여 10년 동안이나 주님의 부르심을 받아들이지 않고 격론을 벌이다가 신학교 졸업 4개월 전에야 드디어 항복을 하고 말았다. … 나는 주님의 뜻에 날 맡기고 난 다음에 온종일 기쁨 속에 찬송을 계속하였다. 그러나 그때까지도 해외선교

사로 가는 것만은 원치 않았다.[112]

그는 해외선교사로 가는 것을 망설일 수밖에 없었던 이유로, 형을 잃고 장남의 위치에 있는 몸으로서의 책임 때문이었다고 말한다. 그러던 어느 날 그는 하나님이 외아들까지 보내셨다는 메시지를 듣고, 자신은 동생도 있음을 깨닫고 주님이 원하시는 대로 자신을 맡겨야 한다는 생각을 하기에 이르렀다. 주변에서 때마침 애송하던 노래 "오 사랑의 주님! 산골짜기나 평원이나 바다라도 주님이 원하신 데로 나는 가오리다"를 많이 불렀으나 자신은 그 노래를 따라 할 수 없을 정도로 소극적이었다. 그는 목사가 되더라도 해외선교사만은 피하기를 소원하였다. 그러나 그는 최종적으로 모든 것을 포기하고 교단 선교부가 보내온 신청서의 항목에 기재하였다. 평소에 한국을 다녀온 친구가 한국에 대한 말을 많이 했기에 먼저 한국을 그리고 중국, 일본을 지원하였다. 하지만 원하는 곳이 아니라도 어디든지 가겠다는 항목에 깊은 고민 끝에 서명했기에 한국행은 불확실한 상태였다. 하나님은 곽안련을 한국이 필요한 선교사로 결정하였다. 그는 이때의 정황을 다음과 같이 술회하고 있다.

나의 동기들 44명 중에서 18명이 선교사 지망을 했다. 그 당시의 한국은 시시한 나라였고, 어디에 있는 나라인지 아는 사람들이 아주 적었다. 그런데도 많은 지망생들이 한국을 지원했다. 그러나 한 방에 살던 내 친구 컨스(Kerns)와 나만이 지원한 곳인 한국에 가게 되었다.[113]

---

112 위의 책, 5.
113 위의 책, 6.

2. 한국교회를 섬긴 목회자

1902년 9월 22일 한국의 땅 제물포에 도착한 인간 곽안련에게는 거대한 시련이 먼저 기다리고 있었다. 그가 한국에 발을 내디딜 때 당시에 가장 무서웠던 전염병 콜레라가 온 나라를 휩쓸어 수만의 생명을 앗아갔고, 이어서 천연두가 엄습하여 어린이들의 시체가 즐비하였다. 계속하여 어린이들에게 피해를 가장 많이 주는 전염병 성홍열(猩紅熱)이 기승을 부리고 있었다. 바로 이 전염병에 곽안련은 사랑하는 첫아들을 먼저 하늘나라에 보내게 되었다. 같은 해에 둘째아들마저 세상을 떠나는 부모로서의 가장 슬프고 아픈 사연을 경험하게 되었다. 한국교회를 섬기기 위해서 한반도에 상륙하여 맞은 첫 시련치고는 실로 감당할 수 없는 비통한 슬픔이었다.

자신의 두 아들을 선교의 땅에 묻고 일어선 곽안련은 교회를 위한 대담한 행진을 계속하였다. 그의 회고록에서 그는 한국에서 가장 큰 즐거움의 하나는 5일 만에 한 번씩 서는 장터에서 노방전도를 하는 일이었다고 술회한다. 이때 그의 전도방법은 3단계의 전략을 가지고 매우 흥미롭게 진행되었다. 먼저, 자신이 등장하여 이색인종에 대한 호기심을 유발시키고, 자신이 한국인이 알고 있는 노래의 주제를 화제로 삼아 몇 마디 한다. 어김없이 몰려든 사람들이 어느 정도 되면 자신은 물러나고 자신의 전도팀에 있는 한국인이 등장하여 전도하게 한다. 마지막 단계는 자신들의 전도에 깊은 관심을 기울인 사람을 발견한다. 그때 곽안련은 그를 찾아가 대화를 나누고 그가 사는 동네를 방문하게 된다. 그 방문은 바로 개척교회로 이어진다.

곽안련이 1922년 평양신학교의 교수로 봉직하기 위하여 자리를 옮기기 전까지 그는 교회를 세우고 사랑하고 섬기는 목회를 하는 목사의 길을 20년 동안 걸었다. 그는 1906년 승동교회의 담임을 하였으나 그의 목회 무대는 실로 넓었다. 쉬지 않고 지속된 전도의 열기는 150여 개의 교회를 개척하기에 이르렀다.

II. 최초의 설교학 교과서 『강도요령』

1. 한국교회 최초의 설교학 교재가 나오기까지

1908년 곽안련이 평양신학교의 실천신학 교수로 부임하였을 때 교수와 학생들을 비롯한 한국교회 목회자들은 그에게 지대한 기대와 관심이 있었다. 그 이유는 1907년 평양 대부흥 운동의 여파로 교회가 급성장을 하고 그들을 말씀으로 양육해야 할 목사들의 설교사역이 매우 중요한 시기였기 때문이다. 동시에 평양신학교 교수들은 당장 목회 현장에 필요한 실천신학의 필요성을 절감하던 때였다. 그가 이미 승동교회를 비롯한 여러 개척교회를 사역하면서 학자와 목회자로서 이미 남다른 기록을 남기고 있었기에 그를 실천신학 교수로 영입하는 것은 너무나 당연한 결과로 여겨졌고, 그에게 안겨준 임무와 기대는 대단하였다.

곽안련은 평양신학교의 부름을 받기 전부터 설교에 대한 체계적인 신학과 이론교육의 필요성을 절감하였다. 그는 설교자가 설교에 대한 교육과 훈련이 없이 설교를 감당하는 것은 매우 모순됨을 깨달았다. 그래서 그는 승동교회 목사로서 지방의 여러 교회를 세우고 살피는 누구보다 바쁜 일정의 목회자였지만, 그에게는 하나님의 말씀을 전하는 설교인들의 길라잡이를 제시하는 것이 매우 중요한 과제로 여겨졌다. 그래서 그는 설교의 신학과 실천을 위하여 교재 집필을 착수하고 있었다.

그 교재가 평양신학교 교수로 부임한 지 2년 후 펴내게 된 『강도요령』(講道要領)이다. 이 책이 1910년 한국교회 최초의 설교학 교재로 출판되었을 때 그것은 설교인들에게 대단한 복음이었다. 설교라는 생소한 사역을 감당하는 데 아무런 지침서나 기준도 없이 선교사들의 설교만

을 모방했던 시절에 교과서가 출판되었다는 것은 대단한 사건이었다.[114]

이 교재는 곽안련의 순수 저술은 아니었다. 그가 서문에서 밝힌 대로 헤릭 존슨(Herrick Johnson, 1832-1913)의 *The Ideal Ministry*에서 설교 분야만을 발췌하여 한국적 상황에 적용할 수 있도록 편역하였다. 헤릭 존슨은 어반(Auburn) 신학교에서 6년(1874-1906), 매코믹 신학교에서 26년 (1880-1906) 동안 실천신학 교수로 있으면서 총회장까지 역임할 정도로 매우 대표적인 학자와 목회자였다.[115]

곽안련은 매코믹 신학교에서 목사가 되기 위하여 신학 수업을 받는 동안 '영혼 구원'이라는 절박한 사명을 다짐하게 되었으며, 이때 영혼 구원을 가져오는 일차적인 주 무기로서 설교의 중요성을 열강하는 존슨 교수에게서 많은 영향을 받았음을 다음의 서문에서 충분히 감지할 수 있다.

> 헤릭 잔션씨는 미국 가운데 뎨일 유명하시니라. … 삼십 년 동안 신학교 강도학 강사로 지내엿스니 이 선생이 본 책을 여러 해 동안 연구하고 가라친 것인즉 유익한 말씀이 만히 잇스니 누구던지 공부를 잘하고 그르친 법대로 만 ᄒ면 강도의 큰 힘을 얻을 거시오.

이처럼 곽안련은 자신의 교수 헤릭 존슨의 인격과 가르침의 영향을 많이 받았다. 그가 강의한 설교의 신학과 이론에 깊은 감명을 받았기에 곽안련은 설교학에 남다른 비중을 두었다. 그리고 설교학 교육이 전혀 없이 설교자를 배출하는 한국교회 신학 교육에 그의 책을 시급히 발췌하여 번역하기에 이르렀다.

---

114 『강도요령』이 출판된 지 16년 후에 감리교회에서는 John A. Kern, *The Ministry To The Congregation Lectures On Homiletics*, 『敎案 對 職務 講道學 ᄒ 講演』(1926)을 번역하여 출간하였다.

115 헤릭 존슨에 관한 연구는 다음 학위 논문에서 상세하게 서술되어 있다.
   김병석, 「곽안련(Charles Allen Clark) 설교학의 헤릭 존슨(Herrick Johnson)과의 상관성 연구」(서울장신대학교, Th.D. 논문, 2014).

곽안련은 『강도요령』을 펴낸 것으로 만족하지 않았다. 그는 더 나은 교재를 위하여 계속 자료를 수집하고 집필하여 『강도요령』을 펴낸 지 15년이 되던 1925년에 자신의 저서로 『강도학』을 펴냈다. 그는 "본서는 엇던 영어책을 번역하야 출판함이 아니오 이 강도학에 유명한 재료를 만히 참작하고 졸자의 일반경험 것에 의하야 저술한 것"임을 서문에서 밝히고 있다. 후에 이 책은 그가 76세 되던 해인 1954년에 그의 아들 곽안전(Allen D. Clark)을 비롯한 제자들에 의하여 현대화된 국한문을 사용하여 『설교학』이라는 제목으로 재판되었다.[116]

2. 『강도요령』의 내용 구성

한국교회 최초의 설교학 교재였던 『강도요령』은 1910년에 출판되었다. 책 표지에는 한글로 표기된 펴낸 이의 이름은 없고 영어로 헤릭 존슨 교수의 설교학 강의를 곽안련 교수가 한국교회 실정에 맞게 편집과 번역을 하여 '대한예수교장로회간인'에 의하여 출판되었음을 밝히고 있다.

HOMILETIC LECTURES

of

Rev. HERRICK JOHNSON, D.D., LL.D.

adapted and translated by

CHAS. ALLEN CLARK

————————

Presbyterian Publication Fund, 1910.

Price 45 Sen

---

116 곽안련의 『설교학』은 한국교회 설교학의 고전으로 자리매김을 하였고, 2001년까지 76년 동안 개정 증보를 하면서 대한그리스도교서회에서 76쇄를 거듭하였다.

본서는 192쪽의 단권으로 현대인들이 읽기에 매우 힘든 옛 한글로 출판되었다. 내용은 각 장(chapter)을 공과(工課)라는 이름으로 18단계로 분류하였다. 각 공과마다 다룬 주제는 다음과 같다.

제1공과 : 설교의 정의와 중요성과 설교의 준비가 철저해야 한다. 그리고 설교는 목회자의 오른손으로, 심방은 교인을 개별적으로 살피는 왼손으로 비유할 수 있다. 또한, 교인들의 각각 다른 형편과 지적인 수준을 고려하여 다양한 설교의 형태를 취해야 한다.

제2공과 : 설교 본문의 확정과 그 본문의 기본 뜻을 잘 파악하여 설교가 하나님의 말씀이 되도록 최선의 노력과 준비를 기울여야 한다. 본문은 회중의 영혼을 살피는 데 우선을 두어야 하고, 간단하고 분명한 말씀으로 설교를 끝내야 한다. 설교자는 자신의 말을 장황하게 하는 것을 삼가야 한다.

제3공과 : 설교 내용의 통일성에 깊은 관심을 두어야 한다. 메시지가 단절되지 않도록 대지마다 연속성을 가지고 말씀의 질서와 효력이 나타나도록 해야 한다. 설교가 조직을 잘 갖추어 일치된 방향성을 지켜야 좋은 열매를 맺게 된다.

제4공과 : 설교의 서론은 설교에 관심을 불러일으키는 관문이다. 서론은 본문 해석을 비롯하여 반론의 제기, 속담이나 경구의 인용, 질문의 제시 등으로 시작할 수 있다. 설교자의 준비 부족을 언급하거나 기타의 겸손한 변명은 불필요하다.

제5공과 : 설교의 주제는 설교의 가장 깊은 속뜻이다. 간결하고 분명한 주제를 선정해야 한다. 주제는 교육적인 것과 토론을 필요로 하는 것으로 분류할 수 있다. 설교의 시작 부분에서 회중이 주제를 인식할 수 있도록 한다.

제6공과 : 설교의 본문은 주제의 목적을 달성하기 위하여 이야기식 전개를 비롯하여 관찰의 방법과 논리적 방법들을 사용한다. 본론의 전개 과정에서 적절한 성구를 제시하여 그 권위가 '고등 재판소의 말'처럼 형성되어야 한다. 본문설교나 주제설교가 설교의 기본 유형이지만 본문 강해와 같은 기타의 형태를 취할 수 있다.

제7공과 : 설교의 결론은 지금까지 들려준 설교의 메시지가 회중과 마지막 관계를 맺게 되는 부분으로서 설교의 성패를 좌우한다. 결론은 장황하지 않고 간단명료해야 한다. 평범한 말보다는 함축성 있는 문장이 되도록 해야 한다.

제8공과 : 설교는 그 전개 방식에 따라 흥미의 정도가 달라진다. 실제적이고 현장성 있는 서술이 좋다. 여기서 메시지의 생동감과 적절한 전개가 돋보이게 한다. 허식이나 잡다한 말들이 정제되어 진실성이 돋보이는 모습을 지켜야 한다.

제9공과 : 설교를 잘하고자 하는 말씀의 종은 제일 소중한 설교학을 꾸준히 공부하여야 한다. 잘 선포하고 가르치고 감동을 줄 수 있는 설교의 이론적인 체계를 갖추어야 한다. 뿐만 아니라 설교학을 통하여 설교자가 갖추어야 할 기본적인 요소들을 소화해야 한다.

제10공과 : 설교자는 일상생활에서 습관적으로 설교를 구상하고 그 메시지를 정리하는 일반적인 준비를 해야 한다. 특별히 자신의 삶 속에서 전해야 할 메시지를 솔선수범하는 노력을 기울여야 한다. 설교는 일반 연설처럼 자신의 생각을 전하는 것이 아니라, 하나님의 말씀을 설교학적인 규칙에 따라 전해야 하기에 그 준비가 남달라야 한다.

제11공과 : 한 편의 설교를 위한 특별준비는 곧 주제와 본문을 정하고 시작하는 설교의 구성이다. 대지와 소지를 잘 정하여 설교의 윤곽(outline)을 만들어 설교의 목적과 통일성을 갖추어야 한다. 그리고 메시지의 적용을 위한 자료를 수집해야 하며, 그 모두를 원고로 정리하는 설교자의 특별 준비가 반드시 있어야 한다.

제12공과 : 좋은 설교의 전달은 메시지의 성패를 좌우한다. 신체적으로 전달에 장애가 있다 하더라도 꾸준히 연습하면 극복할 수 있다. 전달에 중요한 것은 몸의 자세와 동작과 음성이다. 이것은 많은 연습을 통하여 자연스럽게 이어질 수 있다. 설교인의 정체성과 그 권위는 설교의 전달에서 가감될 수 있음을 유의해야 한다.

제13공과 : 설교인들이 설교를 진행하는 형태는 원고 없이 하는 설교, 원고를 그대로 읽는 설교, 그리고 원고를 온전히 외워서 회중을 바라보고 하는 설교가 있다. 그중에 세 번째의 것이 가장 이상적이고 보편적이다. 그러나 환경에 따라 기타의 진행 형태도 사용할 수 있어야 한다.

제14공과 : 설교의 주제는 하나님의 말씀인 본문에서 나와야 하며 일차적인 관심은 죄에서 심령을 구원하는 데 두어야 한다. 그러나 동일한 주제의 반복은 금물이다. 그러므로 교리, 행동하는 신앙, 성경의 역사와 인물, 국가와 사회, 연보 등과 같이 다양한 분야의 주제를 선정함이 좋다. 그러나 말씀으로 교육하는 틀을 벗어나지 않도록 한다.

제15공과 : 설교는 본문설교와 강해설교가 있다. 강해설교는 느헤미야와 예수님, 그리고 종교개혁자들이 취했던 설교형태이다. 한국의 설교인들이 이 설교를 잘하기 위해서는 본문의 연구에 집중하고 본문의 핵심적인 뜻의 파악에 대단한 노력을 기울여야 한다. 회중은 본문 강해를 통하여 배부르게 진리를 먹을 수 있어야 한다.

제16공과 : 진리의 선포와 해석과 적용은 설교이론의 3대 요소이다. 설교인이 적절한 본문으로 환경에 맞게 말씀을 전해주고 적용시키는 것은 설교인의 큰 과제이다. 적절한 언어와 적용을 하여 무리가 따르지 않도록 한다. 그러기 위해서는 회중의 환경과 지적인 수준과 경제적 여건을 먼저 이해하여야 한다. 설교의 길이는 30분을 초과하지 않음이 좋다.

제17공과 : 설교인은 어린이 설교에 관심을 기울여야 한다. 어른들의 예배와 무관한 예배가 되지 않기 위해 때로는 장년과 함께 예배하면서 그들을 위한 5분 정도의 간결하고 흥미로운 설교를 별도로 준비함이 좋다. 그리하여 어린이도 예배하는 공동체의 일원임을 심어주어야 한다.

제18공과 : 설교는 예수님을 핵심적으로 전해야 함이 원칙이다. 그러기 위해서는 예수님의 진리는 독일무이(獨一無二)하심을 비롯하여 그분이 천지 만물의 주재이심과 십자가의 고통을 통하여 인류를 구원하신 분으로서 인류의 길과 진리와 생명이심을 강조한다. 여기서 설교인이 성삼위일체의 교리 터득이 정확해야 하고, 그리스도인의 삶의 목표임을 보여주어야 한다.

3. 간추린 『강도요령』 다시 읽기

서문

이 강도요령은 엇지하여 지었느뇨. 대져 강도라 하난 것은 하나님의 진리대도를 사람 앞에서 전파하는 것인즉 예수의 신도된 자의 제일 중대한 직분이라. 그러한 고로 이 강도요령은 대 미국 유명한 목사 헤릭 잔션씨의 저술한 바이니 이 헤릭 잔션씨는 미국 가운데에 제일 유명하시니라. 이 선생의 역사를 말하면 미국 장로회 총회장을 한 번 지내었고, 또 30년 동안 신학교 강도학 강사로 지내었으니 이 선생이 본 책을 여러 해 동안 연구하고 가르친 것인즉 유익한 말씀이 많이 있으니 누구든지 공부를 잘하고 가르친 법대로만 하면 강도의 큰 힘을 얻을 것이오 비록 공부할지라도 연습함이 없으면 큰 유익이 적을 것인즉 이 강도학을 공부하시는 여러 형님들은 공부하는 가운데 힘써 연습하여 허물을 깨닫는 데로 고치시면 강도하는 데 많은 힘을 돕겠다 하나이다. 위태한 것 하나 있으니 삼가 조심하여야 할지니라. 다름 아니라 이 강도법을 조금 배운 후에 교만한 마음이 생겨서 남의 강도를 잘 듣지 아니하고 늘 폄론하는 마음으로 듣기 쉬운지라 교만한 마귀 제일 큰 마귀인데 꾀임을 안 받기를 바라나이다. 교만한 마음 생기지 못하게 하는 생각 하나 있으니 노형이 남의 강도를 듣고 잘못 만듯 것이 되어 대소지와 합동과 전진 없다고 하나 혹시 그 허물은 강도인의 허물이 아니오 노형의 허물이라. 어떤 때는 강도를 들을 때 익숙지 못한 사람의 말이 대소지 없다 하나 그저 좋은 것이 있고 평론군이 자기의 재조 없는 것만 나타납니다. 무슨 강도이던지 유익이 더러 있은즉 우리 직분은 이유를 알아볼 것이오. 실수를 평론하는 것이 아니라 이 강도법을 공부할 때와 이후에 강도를 지을 때에 두 가지 늘 생각하고 잊어버리지 말지니라.

(1) 강도법들을 외워오도록 배울지라도 연습하지 않으면 무익하니라.

(2) 교만한 마음을 먹고 남을 없이 여기는 죄보다 더 큰 죄가 없느니라.

목차

제15공과 : 강론강도(강해설교, 주해설교)

제16공과 : 강도의 합의(설교의 적절성-설교의 효과에 대한 책임)

제17공과 : 어린아희의게 ᄒᆞ는 강도(어린이 설교)

제18공과 : 예슈를 강도홈(예수를 설교함)

각색 강도 도형 모본으로 긔록ᄒᆞᆫ 것(다양한 설교형태의 윤곽-outline)

뎨 일 공과 : 강도(講道)

대지 1. 설교란 하나님의 말씀인 성경으로 터를 세우고 구원을 목적으로 그 마음을 감동하도록 권하는 연설이다. 설교는 길가에서 전도하는 형태가 아니라 예배 중에 전해야 하는 하나님 말씀의 선포이어서 설교의 규칙을 잘 익혀야 한다. 메시지의 기본 바탕은 언제나 성경이 되어야 한다. 설교에서 영혼 구원의 목적을 상실하면 헛된 설교가 된다. 여기에는 두 가지의 큰 뜻이 있다. 그것은 지옥형벌에서 구속하는 것과 죄의 더러움과 마귀의 권세 가운데서 건져내는 것이다.

대지 2. 목사는 교회의 예배와 조직과 치리를 비롯하여 교육과 심방 등 다양한 임무를 수행해야 한다. 그중에서 가장 중요하게 여겨야 할 사역은 곧 설교이다.

대지 3. 하나님은 구약의 선지자와 신약의 예수님과 사도들과 교회의 모든 설교자를 통하여 구원의 도를 전하였기에 설교사역을 기뻐하시고 중요하게 생각하신다.

대지 4. 설교인은 하나님이 기뻐하시는 설교사역을 위해 철저한 준비가 있어야 한다. 설교인이 "말하는 이는 너희가 아니라 너희 속에서 말씀하시는 이 곧 너희 아버지의 성령이시니라"(마 10:20)는 말씀만 의지하고 아무런 준비를 하지 않는 것은 "어리석은 말씀의 종"이다.

대지 5. 설교와 심방은 사람의 두 손과 같다. 그러나 설교를 오른손으로 여기고 긴요하게 여기도록 해야 한다.

대지 6. 교인들의 연령과 직분과 직업과 사고가 다양하다. 이들에게 한 가지의 설교형태나 내용만을 가지고 설교하는 것은 지혜롭지 못하다. 설교인은 "사상(思想)과 감각(感覺)과 의사(意思)"의 균형을 유지하면서 다음의 다양한 분야의 주제를 따라야 한다.

① 요리문답이나 신도요지를 강해하는 교리설교, ② 신자들의 선행에 관심을 둔 윤리설교, ③ 성경의 역사를 전개하는 사기(史記)설교, ④ 철학적 설교, ⑤ 설교인의 소견(所見)을 가르치는 설교.

모든 설교는 다음 세 가지의 절차를 따라 진행되어야 한다.

① 먼저 본문의 뜻을 자세하게 해석할 것, ② 전개는 확고한 주제를 설정하여 점진적인 논리로 발전할 것, ③ 설정한 주제는 몇 개의 대지를 제시하여 설교를 전개할 것.

원고 작성에는 ① 설교의 대지나 소지를 원고화하지 않고 암기하여 행하는 설교, ② 설교의 골격인 대지와 소지만을 기록한 원고 설교, ③ 설교 내용을 다 담은 원고 설교이다. 원고 설교는 문장을 읽는 문어체 설교보다 구어체 형태로 설교하라.

주제설교와 본문설교를 구분하여 전하되 위의 형태 중에 한 가지만 지속하지 말고 때때로 달리하도록 하라. ① 본문설교는 본문을 한두 구절이나 한 장을 택하여 그 본문의 뜻을 찾아 전한다. ② 주제설교는 주제를 정하고 그 주제를 대지와 소지를 정하여 진행한다. 유의해야 할 점은 본문을 분석하고 그 뜻을 전하는 것만이 참된 설교라는 생각을 버려야 한다. 본문과의 관계를 크게 맺지 못하고 진행하는 주제설교도 중요한 설교 중의 하나이다. 본문설교는 본문의 깊은 뜻을 잘 파악하여 주제를 선정해야 한다. 회중이 성경을 보면서 빗나간 해석을 듣게 되면 경청을 거부할 것이니 설교인은 날마다 경건한 마음으로 성경을 공부하고, 본문을 가지고 주제 찾기를 연습하고, 그리고 날마다 성령님의 인도하심을 구해야 한다.

본문설교는 다음과 같은 유익한 점이 있다. 먼저, 성령님의 감동으로 기록된 본문에서 대지와 소지를 만들 때 은혜가 있다. 둘째, 매일 성경을 공부하게 된다. 셋째, 본문이 하나님의 말씀이므로 설교인이 '특별한 권세'를 갖게 된다. 넷째, 설교인이 성경의 진리를 깊이 깨닫게 된다. 다섯째, 본문에 집중하게 되므로 설교인의 사견이 들어올 틈이 없다.

설교인이 주의해야 할 점은 첫째, 난해한 본문은 조심스럽게 주석을 할 것, 둘째, 대지와 소지를 정할 때 그 뜻을 잘 분별할 것, 셋째, 주제가 통일성을 갖추지 못하고 중복 또는 반복되지 않도록 할 것 등이다. 본문설교에 대한 반대 의견으로서 신지식의 부족을 이야기하나 66권의 성경 안에는 세상의 모든 지식을 초월하는 진리가 가득하다.

주제설교도 본문을 반드시 가지고 있어야 하나 설교의 대지들을 본문에 의존하지 않고 주제를 풀어나가는 형태를 취할 수도 있다. 주제설교는 설교의 통일성(Unity)이 돋보인다. 본문설교는 그 범위가 본문에만 제한되지만, 주제설교는 본문 밖에서도 가져올 수 있다. 그 결과 주제설교는 본문과 무관한 문제를 다루면서 장황하게 될 위험성이 크다. 이러한 단점들을 생각하면 본문설교를 4번 할 때 주제설교는 1번 정도의 비율로 함이 좋다.

데 이 공과 : 본문

대지 1. 설교의 본문은 필히 성경에서 몇 구절이나 한 장 또는 그 이상을 정할 수 있다. 설교가 본문만 읽고 구속의 목적을 담지 않으면 설교가 될 수 없다. 또한, 본문이 없어도 성경에 기초하고 구속의 목적이 분명하면 그것 또한 설교가 될 수 있다.

대지 2. 설교가 하나님의 말씀이 되게 하라. 본문을 읽고 그 뜻을 풀어주고 설교를 하는 것이 바른길이다. 그럴 때 설교는 하나님 말씀의 선포가 되고, 설교인은 자신의 식견을 말하는 것이 아니라 하나님 말씀의 전달자가 된다.

대지 3. 설교 메모를 위한 공책 하나를 준비하라. 설교인이 언제 어디서나 설교의 영감이 떠오르고 자료가 보이면 주제를 만들고 자료를 수집하는 습관을 키우라. 그것은 설교의 가장 소중한 '수문록(隨問錄)'으로 본인과 후대에 큰 도움이 된다.

대지 4. 본문을 선택할 때에 그 기본 뜻을 정확히 파악하라. 본문으로부터 설교 주제가 나오도록 하라. 주제가 없는 본문을 가지고 무작정 설교하는 것보다 차라리 주제만 가지고 설교함이 유익하다. 국한문으로 번역된 본문이 이해가 어렵고 불확실했을 때는 주석을 참고하여 본문에 확신을 가지라. 창세기 3장 5절과 같은 사탄의 말은 본문으로 하지 말아야 한다.

대지 5. 여러 말이 있는 본문도 좋으나 간단하고 분명한 본문도 좋다 (예: 눅 8:45, 마 4:1). 뜻이 명백한 본문은 해석하는 데 시간이 많이 필요하지 않게 되는 장점이 있다. 설교시간은 30분이 적당함으로 해석하기 어려운 본문으로 시간을 보내지 말라. 이해하기 쉬운 본문을 택하는 것이 좋다.

대지 6. 본문을 택할 때 설교인이 자신의 편의에 의하지 말고 회중의 영혼을 살피는 데 우선하라. 설교를 통하여 죄악과 지옥 길을 면하게 됨을 유념하라. 본문 선택에 구원의 대역사를 위한 십자가의 고난과 죄인의 거듭남에 관한 말씀을 우선하라. 그러나 설교의 주제는 다양해야 하므로 성경의 다양한 메시지를 받도록 해야 한다. 그러므로 성경을 읽어 가는 중에 좋은 메시지가 발견되면 늘 설교노트에 적어두라. 본문 전후의 맥을 이어가지 않고 자기의 말을 하는 데 연관된 한 절만 선택하여 설교하는 것은 하나님의 말씀을 소홀히 하는 행위이다. 본문을 잠시 동안 해석하다가 그 뜻과는 상관없는 자기 말을 장황하게 하는 일이 없도록 하고, 끝까지 본문의 뜻을 잃지 말도록 하라. 너무 큰 기대를 하게 되는 장엄한 본문은 회중의 실망도 클 수 있으므로 본문 선택에 신중을 기해야 한다. 뜻이 선명하지 않은 본문은 주석을 보고 그 뜻을 확실히 이해한 후에 사용하도록 하라.

두 개의 본문을 선택하는 것도 가하나 일 년에 한두 번 정도로 하라. 본문과 주제를 정하는데, 그 선후는 중요하지 않다. 그러나 선명한 주제의 선정에 관심을 두라. 그러기 위해서는 성경공부에 열심을 기울여야 하고, 교인들의 형편을 잘 살피고, 항상 기도하여 성령님의 인도를 받아야 한다. 이러한 과정을 거쳐 본문을 선택하게 되면 다양한 주제를 깨닫게 되면서 성경의 오묘한 진리를 많이 만나게 된다. 그리고 성경을 기록하게 하신 성령님을 찬양하게 되고 구원의 역사를 이루게 된다.

데 삼 공과 : 합동 순서 견진(合動順序前進)

대지 1. 합동(통일성)이란 인간의 각 지체가 합하여 한 몸을 이룬 것처럼 설교의 유기적 조직을 갖추는 것을 말한다. 예를 들어, '구속'을 주제로 택하였으면 그 대지는 구속의 방법과 필요성과 결과를 제시해야 한다. 첫째는 하나의 주제만을 선정하고, 둘째는 그 설교가 원하는 하나의 목적을 설정해야 하고, 셋째는 제시한 주제의 해석을 하면서 목적에 부합되지 않는 말은 삼가야 한다. "미련한 사람의 연설은 이 뜻에 대하야 두어 말하고 저 뜻에 대하야 두어 말하야 마치 메뚜기가 이리저리 뛰는 것 같다." 통일성을 잘 갖춘 설교는 설교인의 창의력을 계발시킬 뿐만 아니라 듣는 회중에게 크게 감동을 주는 데 도움이 된다. 설교에 질서정연한 통일성을 갖추게 되면 메시지의 위력과 효과를 축적하게 된다.

대지 2. 순서는 설교의 조직을 뜻한다. 하나님이 섭리의 역사를 질서 있게 계획하시고 차례로 세우신 것처럼 설교도 질서를 갖춘 조직을 잘 지키면 열매를 많이 맺게 된다. 이러한 순서를 잘 세우려면 본문의 전후 관계와 문맥을 잘 정리하라. 회중의 형편을 따라 설교의 목적을 정하고 접근방법을 위한 논리적인 접근에 유의하라. 예를 들어, 그날의 본문을 해석하여 그 뜻을 알게 하고 그 뜻이 회중의 삶의 어떤 부분에 해당하는지를 알도록 하는 조직적 접근을 갖추라. 그럴 때 설교인은 더욱 힘을 얻어 진행하게 된다. 그리고 회중은 관심을 가지고 기억을 하게 된다.

대지 3. 메시지는 끊어지지 않고 연속성을 가지고 전개되도록 하라. 강물이 이리저리 흐를지라도 끊어지지 않고 결국 바다로 들어가는 것 같이 설교의 메시지도 그 뜻이 앞으로 나아가서 목적을 이루도록 힘쓰라. 그래서 설교는 연속성을 갖춘 조직을 갖추고 진행되어야 한다. 그러기 위해서는 대지나 소지의 균형을 잘 맞추어 일정한 방향으로 흐르도록 하라.

(※ 통일성을 의미하는 합동〈合動〉은 15년 후에 본서의 수정보완판으로 나온 『講道學』에서는 合同으로 한문 표기를 달리하고 있다.)

데 사 공과 : 인도(引導)

대지 1. 인도(서론)는 회중이 듣고 싶은 마음이 생기도록 하는 부분이다. 서론은 설교를 듣기 원치 않는 사람까지도 관심을 불러일으키게 하라.

대지 2. 서론은 본문의 해석과 정황 설명을 비롯하여 회중의 형편, 반론의 제기, 속담이나 경구, 질문의 제시 등을 사용할 수 있다. 서론에서 설교인의 준비 부족이나 병약한 사연 또는 겸손의 표현 등 어떤 변명도 하지 않도록 하라.

대지 3. 서론이 주제와 연관된 적절한 균형을 이루도록 하라. 서론의 언어와 문장들이 간결하고 정선되어 장황함이 없도록 하라.

대지 4. 부흥회나 일반집회의 경우에 서론은 필수적인 것이 아니므로 서론 없이 설교하여도 무방하다.

대지 5. 서론은 설교인의 말을 듣도록 준비시키는 데만 목적을 두라.

데 오 공과 : 데목(題目)

대지 1. 주제란 설교 중에 제일 깊은 속뜻이다. 마치 인체의 심장과 같고 호두의 알과 같다. 주제는 설교의 큰 뜻을 한마디로 제시하는 것이다.

대지 2. 본문에 여러 가지의 주제가 보일지라도 주의를 기울여 하나의 주제만 제시하라.

대지 3. 주제는 교육적인 것과 토론을 요하는 제목으로 분류된다.

대지 4. 토론이 있어야 하는 주제가 설교인에 의하여 통일성 있는 전개를 하지만 본문에서 해결점을 찾도록 하라.

대지 5. 설교를 시작하는 부분에서 주제를 회중이 알도록 함이 유익하다.

대지 6. 주제를 질문 형태로 알도록 할 수 있다. 예: 죄를 범하면 형벌을 받겠지요?

뎨 륙 공과 : 강도의 몸

대지 1. 강도의 몸인 본론은 설교의 본문, 서론, 주제, 결론 이외의 부분을 지칭하며, 설교의 주제를 해석하여 가르치는 것이다.

대지 2. 본론의 형태는 주제를 설명하고 목적을 달성하기 위하여 다음 세 가지 형태를 사용하라. 먼저, 설명체로서 이야기식으로 전개하거나 상상력을 활용하거나 유사한 내용의 비교를 통하여 전개한다. 둘째는 관찰의 방법으로서 주제를 세분화한 대지들을 설정하여 통일성 있게 전개한다. 셋째는 논리적 방법으로 회중의 지적인 감각에 증거와 논리가 합리적으로 형성되어 접근하도록 한다.

대지 3. 이상의 방법 중에 전문인들의 이론과 경험의 예증이 도움이 되지만 최종으로 성경말씀이 최고의 권위를 갖도록 하라.

대지 4. 적재적소에 필요한 성구를 한두 절씩 외어 본론 전개에 제시하면 그 권위가 '고등 재판소의 말'처럼 들리게 되니 방법을 따라 성구를 암송하는 데 노력하라.

대지 5. 설교의 대지와 소지는 설교의 줄기를 형성시키는 것으로서 설교자와 회중에게 모두 중요하다. 주제를 선정할 때부터 통일성 있는 대지와 소지를 구상하도록 하라.

대지 6. 논리적인 설교 전개에는 찬반이 있기 마련임으로 설교를 준비할 때부터 회중의 의문사항을 설교인의 마음에 두고 간단명료한 답변을 갖추도록 하라.

대지 7. 본문설교와 주제설교는 설교의 기본 유형이나 기타의 형태는 강해를 진행하면서 각각 달리한다.

예 칠 공과 : 결말(結末)

대지 1. 결론이란 앞에서 제시한 주제, 서론, 대지를 통하여 들려준 메시지가 회중이 마지막으로 관계를 갖도록 한 부분이다.

대지 2. 설교가 사람의 마음을 감동하도록 권하는 연설이기에 결론이 성공을 거두지 못하면 그 설교 전체가 완전하다 할 수 없다.

대지 3. 결론의 형식은 본론에서 이미 언급한 해석을 중복하는 것보다 권면의 형태를 취하라. 본론의 전달은 조용히 전개할지라도 결론은 열정적으로 맺도록 하라. 결론은 장황하지 않고 간단하게 맺도록 하라. 설교의 목적이 죄를 배척하는 것이면 눈물과 부끄러움과 죄에 대한 분개심이 일도록 감성을 자극하는 것도 유익하다. 결론은 해당 설교의 목적을 가져오는 종점임을 알아야 한다. 주의사항은 새로운 말을 하거나 했던 말들을 결론에서 반복하지 말 것이며, 평범한 말들은 삼가는 것이 좋다.

예 팔 공과 : 강도하는 톄격(體格-Style)

대지 1. 설교의 톄격(방식)에 따라 알아듣기 쉽고 유익하고 흥미의 정도가 달라진다. 이것은 설교의 음성이나 자세를 말하는 방법론과는 달리 제 생각을 말로 표현할 때 그 뜻을 선명하게 하는 것이다. 그러기 위해서는 먼저 설교인의 사고를 명확하게 정리하고 선명하게 전개하라.

유식한 표현의 방식을 사용한 바울보다 요한의 평범하고 실제적인 현장성 있는 서술은 좋은 본보기이다.

대지 2. 좋은 설교의 방식이 필요하다. 설교는 영혼의 사활에 영향을 끼치게 되므로 확실한 감동을 주도록 설교인이 최선의 방법을 연구하도록 하라.

대지 3. 사도 바울도 메시지의 효과적인 전달을 강조하였다(고전 14:9). 설교인이 좋은 형태와 방법을 시도하는 중에 자칫 인위적인 면에 치우치기 쉽다.

대지 4. 설교의 방식은 설교인의 사상과 성품과 연관성을 갖기 마련이다. 그러나 말씀의 정확성, 메시지의 생동감, 말씀의 능력, 순조롭고 적절한 전개 등은 설교인의 노력에 의하여 발전되어야 한다. 설교는 하나님의 말씀을 선포하는 일이기에 언제나 진실성을 잃지 말아야 한다. 허식이나 잡스럽고 미련한 말들이 스며들지 않게 하라.

뎨 구 공과 : 강도의 열심

대지 1. 설교를 잘하고자 하는 설교인은 반드시 강도학을 공부하여야 한다. 설교가 영혼 구원을 제일된 목적으로 한다면 인간의 변화를 가져올 수 있는 진리를 잘 가르치고 감동시키기 위한 강도학적인 준비를 하라.

대지 2. 다른 분야의 학문을 응용하는 능력을 갖추어야 한다. 강도학이란 말씀을 회중에게 전하기 위해 주변의 지식을 수합하여 메시지라는 의복을 재봉하는 것과 같다. 설교인은 회중을 감동하게 할 능력과 진리를 분명하게 가르치는 방법을 연구해야 한다.

대지 3. 강도학을 잘 배우고자 하면 주야로 공부하고 준비하고 연습함을 실천하라.

대지 4. 강도학도가 되는 데는 무엇보다도 강도학이 세상 학문 중에 제일 귀중한 것으로 생각하는 기본이 있어야 한다.

대지 5. 강도학에 열정을 갖기 위해서는 다음의 5가지 기본 사상을 갖추도록 하라. 첫째, 사람을 갖기 위해서는 새사람을 만드는 데 설교의 목적을 두어야 한다. 둘째, 설교를 하나님의 진리인 말씀의 해석과 그 말씀 전달에 무한한 즐거움을 느껴야 한다. 셋째, 교만, 사욕, 시기가 없는 설교자로서 이웃 영혼을 사랑하는 마음이 하나님의 마음과 같아야 한다. 넷째, 설교가 일반 연설에서 찾아볼 수 없는 권세가 있음은 하나님의 말씀을 전하기 때문이다. 다섯째로, 성령님이 설교의 모든 준비과정에서 전달에 이르기까지 함께하시며 인도하시고 도와주시는 분임을 확신할 때 설교인의 열심은 크게 작동한다.

예 십 공과 : 강도의 보통예비

대지 1. 무엇보다도 설교의 일반적 준비를 위하여 신령한 세계의 진리와 복음의 말씀을 설교인이 항상 간직할 때 설교자로서 타인에게 모범이 되는 바른 언행심사를 갖추게 된다. 설교인은 하나님 말씀을 가르치는 임무수행자이기 때문에 진리의 솔선수범자가 되어야 한다. 그럴 때 어떤 사탄의 세력도 침범하지 못한다. 이러한 권세 있는 설교자로 지탱하기 위해서는 언제나 맑은 영성으로 기도를 계속하라.

대지 2. 설교인은 습관적으로 설교를 구상하고 필요한 말씀을 상고하는 것을 쉼 없이 생활화해야 한다. 이때마다 강도학에서 제시한 규칙의 틀을 지켜야 한다. 그럴 때 설교자 앞에 보이는 모든 것이 설교의 유익한 자료가 되고 설교의 대지와 소지가 형성된다. 목사의 제1된 사역이 설교임을 인식할 때 그 마음은 언제나 설교와 함께 가야 한다. 향상된 설교구성을 위해서는 유명한 설교인들의 설교주제와 윤곽을 잘 살펴볼 수 있으나, 남의 것을 복사하게 되면 내 몸의 힘이 다 없어지고 병신이 되기 쉬워짐을 명심하라.

대지 3. 설교인은 하나님의 말씀인 성경을 먼저 통달하여야 하고 거기서 설교의 주제를 찾고 메시지를 찾도록 하라. 그리고 필요한 서적들을 다양하게 읽어 설교자료로 활용하라. 그리고 심방을 통하여 교인들의 형편을 잘 살펴 설교 준비를 하도록 하라.

대지 4. 일반사회의 연설자는 자기 생각을 기준 삼아 전개하지만, 설교인은 하나님의 말씀을 강도학적인 규칙을 따라 진행해야 하는데, 이러한 설교의 바른길을 걷는 설교인이 10분의 1 정도에 불과하다. 설교인이 설교 후에 만족감을 느끼는 것은 큰 낭패를 가져오기 쉽다. 설교인은 단순한 도구이므로 설교를 많이 하는 것보다 귀한 열매를 맺는 데 관심을 두라.

뎨 십일 공과 : 강도의 별예비

대지 1. 설교의 주제를 분명하게 설정하라. 무엇에 대하여 설교할 것인지를 확정하지 않고 중언부언하는 설교인들이 많다. 주제는 본문 가운데서 나오는 것이어야 함으로 본문과 주제가 일치되도록 하라. 주제에 충실하도록 하라.

대지 2. 감동적으로 설교의 목적을 달성하기 위하여 주제를 잘 선택하고 대지와 소지를 잘 만들어 설교의 윤곽(outline)을 만들되, 회중의 생각과 감각과 의지를 의식하라. 설교의 정확하고 섬세한 목적은 메시지의 통일성을 잘 형성하게 된다.

대지 3. 잘 만들어진 설교의 윤곽은 그 대지와 소지에 살을 붙여 좋은 전개를 하게 된다. 뿐만 아니라 설교의 윤곽은 설교의 뼈대이다. 마치 건축가의 설계나 장군의 전략과 같은 것으로서 설교의 이탈을 막아주고 설교의 튼튼한 골격을 갖추어 효과적인 완성을 가져온다. 섬세한 윤곽은 그날의 설교가 지향하는 목적과 주제를 정확하게 하고 설교의 질서와 통일성과 성공적인 진행을 하는 데 필수적이다.

대지 4. 설교의 자료는 꿀벌이 여기저기 다니면서 꿀의 자료를 채집함과 같다. 설교인이 관주성경을 통하여 본문과 관계된 말씀을 찾는 일을 먼저 하라. 주석을 보는 일과 일반 독서와 생활을 통하여 자신이 하고자 하는 설교의 주제에 도움이 되는 자료를 메모하고 수집하라. 설교인이 중요한 남의 말을 인용할 때는 그 출처를 밝히도록 하라.

대지 5. 설교해야 할 주제를 설교인은 마음에 언제나 품고 열정을 다해야 한다. 그 주제를 가지고 설교할 때 경청할 교인들의 영혼의 형편과 소망을 먼저 생각하라. 준비한 설교의 목적과 주제를 회중과 연관을 지어 생각하고 간절한 기도를 할 때 설교의 열정이 타오른다.

대지 6. 설교인이 아무리 바쁘더라도 설교의 원고는 서론부터 결론까지 필히 작성하라. 설교의 윤곽만 가지고 설교하게 되면 설교의 이탈과 실수가 있게 된다. 그래서 설교인은 설교의 원고 작성을 습관화해야 한다. 원고는 단번에 작성하는 것보다는 묵상과 준비와 기도를 하면서 진지하게 작성하도록 하라.

예 십이 공과 : 연설방법(演說方法)

대지 1. 좋은 설교 전달은 메시지의 성패를 가름한다. 오랜 신앙생활을 해 온 교인들은 큰 영향을 받지 않으나, 초신자들은 내용이 빈약하더라도 전달이 좋을 때 즐겨 듣고 많이 모여들지만 그렇지 않으면 흩어진다. 그러므로 설교의 성공을 거두기 위해서는 좋은 전달방법을 배우도록 하라.

대지 2. 설교인이 신체적인 결함이 없다면 선천적인 전달의 능력이 없더라도 부지런히 학습하면 좋은 설교인이 될 수 있다. 유능한 설교인의 전달을 모방하려 할 때 자신의 특성을 상실하게 되며 힘을 잃게 된다. 자신의 음성과 기타 특성을 교정하고 향상하는 것이 올바른 길이다.

대지 3. 효과적인 전달을 위하여 설교인은 먼저, 몸의 자세와 동작과 음성에 깊은 관심을 갖도록 하라. 몸은 중심을 유지하고 자주 흔들림이 없이 정중하게 하라. 몸짓은 신체 언어로서 분함이나 슬픔이나 부끄러움이나 사랑을 그 인상과 손과 몸으로 함께 표현하는 것이다. 이러한 신체 언어는 거울 앞에서 충분히 연습하면 많은 발전을 가져온다. 음성은 음색, 음폭, 음질 등으로 구분되고 그것의 고저와 장단에 따라 감정의 전달이 영향을 받는다. 설교를 시작할 때 큰 소리보다는 편안한 음성으로 뒤에 멀리 있는 사람까지 들리도록 분명하게 하라. 일반 전개와 강조점이 구분되도록 할 것이며, 감성에 호소하는 부분은 통인정(通人情)하도록 하라. 책망과 분노의 표현은 고음을 사용하되 너무 길게 하지 말라. 발성은 과식과 체중에 영향을 받음을 유의하라. 발음은 정확하게 하여 어물거림이 없도록 하라. 성공적인 설교 전달에 필요한 요점 정리를 분명하게 전하는 어감과 음정을 개발하라. 또 하나는 원고를 외울 정도로 연습하는 것을 소중하게 여기어 설교인의 말이 쉽게 회중에게 이해되도록 힘쓰라. 원고를 정리하여 완전히 소화한 후에 구어체로 자연스럽게 전달하는 연습을 철저히 하라.

설교가 성공적으로 전달되기 위해서는 사상과 감각과 간절함과 권위가 긴요한 조건이다. 특별히 회중이 눈물을 흘리게 하려는 시도가 빈번한데 억지로 하지 않도록 할 것이며, 자주 시도하지 않도록 하라. 그리고 설교인은 감정의 표출을 억제하는 데 주의를 기울이라. 감각과 간절함은 유사성이 있는데 여기에는 정중하고 애절한 호소력이 있어야 한다. 설교인은 말씀의 종으로 그 정체성을 확고히 하여 말씀의 권위를 지키도록 노력하여 업신여김을 받지 않도록 최선의 준비와 자세를 유지하라(딤전 4:12).

뎨 십삼 공과 : 강도의 직책(職策)

대지 1. 설교인은 그 직무를 수행하는 데 3가지 형태를 취할 수 있다. 첫째는 원고 없이 하는 설교형태이다. 설교 연륜이 아무리 많은 설교자일지라도 준비 없이 만홀한 생각으로 설교하면 죄를 범한 것이다. 혹자는 예수님이나 사도들이 원고 없이 설교했기에 자신도 그렇게 하고자 하나 이것은 심히 불가한 말이다. 이는 하나님을 기쁘시게 하기는 고사하고 오히려 만홀히 여김이다. 무원고 설교의 장점도 있다. 그것은 회중과 자연스러운 시선과 감정의 교환, 예기치 않던 시간에 설교를 할 수 있는 능력 배양, 원고를 작성하는 시간의 절약 등이다. 무원고 설교는 설교인이 마음을 총집중하고, 절박한 호소력을 발하고, 회중의 심중을 잘 이해하는 효과가 있다. 물론, 그 효과는 성령님의 인도하심에 전적으로 의존할 때이다. 이 형태의 설교는 원고 설교보다 더 철저한 준비를 하여 연습을 많이 해야 한다. 그리고 회중의 형편을 잘 파악하고 태연하고 겸손한 자세를 유지하면서 정선된 언어와 질서를 잘 지켜야 한다. 언제나 하나님을 가까이하는 신령한 설교인이 되어야 힘 있는 설교를 할 수 있다. 무원고 설교는 횡설수설하고 장황하기 쉬우니 준비를 철저히 하여 설교의 용어와 표현과 진지성에 실수가 없어야 한다. 무원고 설교는 아무나 할 것이 아니고 원고에 충실한 설교 경험을 많이 쌓고, 성경의 지식이 가득하고, 설교자료가 될 만한 세상의 지식과 경험이 많은 설교인들이 할 것이다.

대지 2. 설교를 원고화하여 읽는 형태의 설교이다. 아직 한국교회에서는 보이지 않으나 장차 교회가 흥왕하고 교인들의 성경 지식이 향상될 때는 원고 설교가 일반화될 것이다. 그때 원고를 문어체로 읽는 모습을 보이는 것보다 구어체(口談)로 해야 회중의 환영을 받게 된다. 원고 작성에 심취되다 보면 학문성이 높아지면서 가르치려는 것보다 깊이 연구하려는 경향이 생기게 된다. 그러나 주제를 쉽게 풀어 실수하지 않도록 하면서 대지와 소지에 시간 배열을 잘 해야 한다. 문장은 장문보다 짧은 문장으로 하라. 눈이 원고에 얽매이면 설교인의 몸 또는 몸짓의 움직임이 자유롭지 못할 뿐만 아니라 회중과의 시선교환을 자유롭게 하지 못함으로 회중의 반응을 알 수 없게 됨을 유의하라.

대지 3. 작성된 원고를 온전히 외워서 하는 설교이다. 역사적인 유명한 웅변가들이 보여주었던 설교형태로서 지금도 많은 설교인들이 이 형태를 취하고 있다. 이 형태는 회중과 대면(對面)을 하면서 원고의 내용을 실수 없이 전하는 장점이 있다. 반면에 원고를 외우는 데 힘이 들기도 하고, 순간적으로 떠오르는 영감 어린 메시지를 하지 못하는 단점이 있다.

대지 4. 이상의 3가지 형태 중에 설교인이 한 가지에만 치중하지 말고 회중의 형편과 환경과 주제에 따라 형태의 다양성을 갖추는 것이 유익하다. 특별히 유의할 것은 무원고 설교를 자주 하게 되면 설교 준비가 온전하지 못한 채로 설교하는 습관이 생기기 쉽다. 그러므로 한 달에 두 번 정도는 원고 설교를 할 것이며, 남은 시간은 철저히 준비를 마치고 무원고 설교를 하는 것도 좋을 것이다.

데 십사 공과 : 강도데목을 엇더케 틱할 것 (講道題目如何擇)

대지 1. 설교의 주제 선정에 다음의 3가지를 유의하라. 먼저, 설교인의 직분은 말씀의 증거인일 뿐 제 뜻대로 자신의 말과 생각을 진전시킬 수 없다. 오직 하나님이 주신 말씀만 가지고 해석할 의무와 권리가 있으므로 하나님의 진리 외에는 가르치지 못한다. 둘째, 설교인은 예수님의 명령(마 28:19-20)을 그대로 수행해야 하므로 주제는 하나님의 말씀인 성경에서 나와야 하며 세상의 어떤 학문이나 비유에서 나올 수 없다. 셋째, 설교의 주제는 설교인의 어떤 주장이 아니라 죄에서 심령을 구원하는 데 우선적인 목적을 두고 선정되어야 한다.

대지 2. 자신이 원하는 주제를 성경에서 확실히 찾을 수 없으면 무리하지 말라. 모든 말씀이 설교의 주제가 될 수 없으므로 의미가 빈약한 것을 주제로 선정하지 말아야 한다. 신령하지 못한 세상의 어떤 진리도 설교의 주제로 가져오지 않도록 주의해야 한다. 주제는 오직 하나님의 말씀에서 나오도록 함이 가하다. 성경의 말씀이라도 쟁론(爭論)이나 항변(抗辯)을 불러일으킬 수 있는 주제는 자주 택하지 말 것이다.

대지 3. 아무리 좋은 주제라도 설교에 너무 자주 가져오지 않도록 주의하라. 모든 설교주제는 원천적으로 기존 신자를 대상으로 그들을 가르치고 은혜 가운데 성장하게 하는 것과 불신자를 구원시키는 것으로 분류해야 한다. 이러한 기본 원칙을 가지고 좀 더 세분하면 다음과 같다.

먼저, 교리에 관한 것으로서 진리를 터득하여 자신의 사고와 감정과 행위에 대한 반성과 평가를 하라. 둘째는 행함을 강조하는 것으로서 하나님의 사람들로 올바른 생활의 법칙(禮義)을 따르게 하라. 이것은 십자가의 도를 깨닫고 감사함으로 예수님을 찬송하고 예배하는 기본질서이다. 셋째는 성경의 역사적 인물과 그 언행록(言行錄)에서 가져온 주제들이다. 회중에게 역사적 인물과 사건을 이야기식으로 가르치는 것은 좋으나 너무 장황하지 않도록 정리를 잘해야 한다. 넷째는 국가와 사회에 관한 것이다. 나라에서 주일성수를 방해하거나 부정이 있을 때 지적할 수 있으나 집권자나 관직의 임명 여부와 같은 정치 문제는 언급하지 않도록 하라. 다섯째로, 연보에 관한 것이다. 전도회와 노회와 전도국과 같은 기관을 위한 연보(헌금)에 관한 설교는 두 달이나 석 달에 한 번씩 할 수 있으나 그 필요성과 효과에 관하여 흥미를 유발하도록 하라.

대지 4. 주제를 다양하게 설교함이 좋다. 그러나 교인들의 신앙과 지적인 수준을 잘 살펴서 다양하게 하도록 하라.

대지 5. 다양한 주제 중에 기존 교인들에게는 가르치고 위로하는 내용으로 하나님의 사랑을 깨닫고 실천하도록 할 것이다. 그다음으로 불신자를 위한 설교로서 구원받지 못한 그들의 현실을 알리면서 조심스럽게 권고하고 초청하는 설교가 있도록 하라.

대지 6. 주제를 선정하는 데 논쟁을 불러일으키는 것보다 교육하는 설교가 유익하다. 대항이나 변론이 따르는 주제는 드물게 하고 성경에 있는 중대한 주제를 선정하기에 힘쓰라.

데 십오 공과 : 강론강도(講論講道)

대지 1. 설교에는 본문설교와 강해설교가 있는데 강해설교는 여러 성경구절이나 여러 장을 가지고 자세하게 해석해 나가면서 회중의 공감을 가져오도록 하라.

대지 2. 주석은 구구절절 해석하는 데 중점을 두고 음정의 큰 변화 없이 잠잠한 모양으로 진행하도록 하라. 강해설교는 주석과 같은 성격이면서 여러 구절을 통하여 하나의 주제를 이루고 다양하게 접근하면서 설교체의 음정을 활발하게 활용한다.

대지 3. 강해설교는 율법책을 낭독하고 그 뜻을 해석하여 백성으로 깨닫게 했던 느헤미야(8:8)와 예수님을 비롯하여 어거스틴, 루터, 칼뱅으로 이어지는 매우 유명한 설교형태이다.

대지 4. 강해설교 때 설교인은 설교의 기본을 성경에 둠으로 자신의 지혜나 말이나 세상 이야기로 장식하지 않도록 하라. 오직 성경의 영광을 나타내고 설교자와 회중이 온전히 말씀에 굳게 서게 하라. 이렇게 되면 주제만을 찾는 설교인이 달라지고, 회중은 본문 강해를 통하여 배부르게 진리를 먹을 수 있다. 또한, 말씀의 세미(細微)한 뜻을 깨닫게 되고 그 뜻에 불평 없이 진리를 받아들인다.

대지 5. 강해설교는 설교인이 공부를 많이 한 본문을 택함이 지혜롭다. 연속 강해를 하는 경우는 주석과 한문성경을 반복하여 읽고 이해하도록 하라. 그리고 강해 분량을 정하고 강해의 목적과 주제를 미리 설정하며 반복을 피하라. 강해 때 사용할 구절의 수는 문맥에 따라 길고 짧을 수 있으며, 부분적인 뜻을 세분한 후 종합하는 방법을 택할 수 있다. 의미 파악이 정확할 때까지 연구를 계속할 것이며, 강해설교에 필요한 전달방법을 늘 연습하라.

대지 6. 강해설교를 잘하기 위해서는 연속적이고 통일된 본문을 택하고, 기도하는 마음으로 연구에 집중하고, 본문의 핵심적인 뜻의 순서를 정하고 효율적인 전달 규칙을 준수하도록 하라.

뎨 십육 공과 : 강도의 합의(講道의 合意)

대지 1. 설교인이 적절한 본문으로 때와 환경에 맞게 설교하여 회중에게 은혜를 끼칠 수 있다면 그것은 성공적인 설교이다. 설교인의 임무는 회중이 진리를 깨닫고 감동을 하게 하는 데 있으므로 이 목적을 달성하는 데 최선을 다하도록 하라.

대지 2. 설교인은 언제나 기쁨이 넘치는 자세로 설교의 사명을 수행하라. 주제의 선정도 회중에게 유익을 끼칠 수 있는 진리인지를 언제나 점검하라.

대지 3. 회중의 형편에 맞게 적합한 진리를 절절하게 설교하는 것은 설교인이 깊은 관심을 두어야 할 부분이다. 무례히 책망하거나 죄는 일절 언급하지 않고 귀만을 즐겁게 해 주는 균형 잡히지 않은 설교들은 적절하지 않다. 회개를 촉구하되 복음의 진리를 가르침으로 깨닫게 하는 수용성에 관심을 기울이도록 하라.

대지 4. 설교의 적절성은 여러 가지로 다양하게 나타난다. 사람에 따라 직선적인 설교나 토론식 설교를 좋아하는 경우가 있으므로 여러 사람이 수용할 수 있는 설교를 하도록 하라.

대지 5. 설교인이 회중의 보통 형편과 특별한 형편을 잘 구분해야 한다. 일반적인 형편에서는 시대의 변천에 따르는 지적인 수준의 차이와 성경 지식의 정도 차이가 있게 된다. 어떤 교회에서 미신적인 가르침으로 교인들을 미혹하는 행위를 발견하면 설교와 교육으로 그들을 바로잡도록 하라. 설교인은 이러한 경우에 성령님께 의지하여 진리와 비진리를 분간하는 지혜를 구할 것이다. 특수한 형편에 있는 신도 중에는 게으른 이들이 있다. 이들에게는 직선적인 설교보다는 예수님이 얼마나 열심히 일하고 게으른 자에게 섭섭하게 대하셨는지를 가르침이 효과적이다. 또는 몹시 슬픈 환경에 처한 교인들에게는 그들에게 적절한 설교를 하면서 위로하고 그들이 전도와 같은 일에 집중하도록 함도 좋은 방법이다. 또는 교인들이 시비가 나서 마음에 상처를 안고 있을 경우는 모르는 체하면서 용서와 인내의 진리를 가르치도록 하라. 회개하지 않는 교인이 보이면 그 까닭을 말씀으로 매우 조심스럽게 가르치도록 하라.

대지 6. 교인이 이해하고 수용할 수 있는 설교를 하는 데 유념해야 할 것은 교인의 심성을 잘 파악하는 일이다. 또한, 성경을 잘 알아야 한다. 성경은 심령을 치유하는 진리가 가득함으로 형편에 적절한 말씀을 줄 수 있도록 성경의 진리에 깊이 젖어 있어야 한다.

대지 7. 적절한 설교시간의 길이는 30분이다. 한 해에 한 번 정도 45분 설교도 할 수 있으나 매주의 설교 길이는 30분을 초과하지 않도록 하라. 마귀가 설교를 길게 하게 시켜 설교를 무익하게 할 수 있나니 설교를 길게 하는 죄를 범하지 말라.

뎨 십칠 공과 : 어린ᄋ히의게 ᄒ는 강도

대지 1. 설교인이 여러 설교 가운데 어린이를 위한 설교에 관심을 두어야 할 근거는 예수님께서 보여주신 어린이들에 관한 사랑과 관심이다. 예배당 안에서 어린이에게 하나님의 말씀을 전하는 것은 하나님께 영광 돌리는 일로서 결실을 제일 많이 거두는 일이다.

대지 2. 어린이들만을 위한 시간과 공간을 별도로 하는 경우 예배당과 자신들과는 무관하다고 생각하기 쉬우니, 장년들과 함께 예배를 드리면서 장년 설교 전에 5분 정도 어린이 설교를 함이 유익하다. 이럴 때 어린이들이 공동체 의식을 갖게 된다. 설교인이 5분의 짧은 설교를 경시할 수 있음을 유의하라. 어떤 설교인은 장년 설교 중에 어린이들을 위한 메시지를 포함하는 경우가 있다. 이런 경우 어린이들은 본 예배당에서 예배하는 기쁨과 어른 설교에 함께 한다는 긍지를 가지고 성수주일에 힘쓰게 된다.

대지 3. 어린이 설교는 특별한 재능을 소유한 설교인만이 하는 것이 아니고 누구나 노력하면 다 할 수 있다. 설교인이 어린이 설교의 중요성과 그들이 원하는 것을 잘 이해하고 공부하면서 다양한 형태를 시도하면 감당할 수 있는 설교이다.

대지 4. 여기서 말하는 어린이는 9-11세를 칭하는데, 그들의 언어 세계를 생각하면서 준비할 뿐만 아니라 실없는 말을 삼가 조심하라. 이 설교에는 성경의 진리를 흥미롭게 가르치는 것이 중요하나 회개나 욕심이나 교만과 같은 부분은 다양한 표현과 설명으로 접근하라. 그러기 위해서는 알아듣기 쉬운 예화를 그림을 그리는 것처럼 들려주어야 한다. 거기에 더하여 목적한 주제를 다양하게 설명하면서 귀한 증거와 동기를 예화 속에서 보여주도록 하라. 이때 사용하는 비유는 어린이들의 수준을 고려하고 장황하지 않도록 할 것이며 산만하지 않도록 하라. 예화에 설교와 유관한 부분은 강조하고 기타는 생략하도록 하라. 아이들을 웃기는 중에도 진리가 담기도록 하라. 시간은 15-20분으로 하되 지루함이 없도록 하라. 주일마다 같은 설교는 삼가도록 하고, 평소에 아이들과 함께 지내면서 그들의 관심을 파악하는 것이 유익하다.

뎨 십팔 공과 : 예슈를 강도홈(耶蘇를 講道)

(제18공과는 설교의 이론이 아니라 복음의 핵심인 예수님에 대한 핵심적인 메시지를 상술하고 있다. 지금의 기독론과 같은 내용이다.-편자)

설교인이 예수님에 관한 설교를 할 때 기초로 삼아야 할 핵심단어들은 다음과 같다.

예수님의 진리는 독일무이(獨一無二)하다. 예수님은 우리의 경배와 찬송을 받으실 천지 만물의 주재이시다. 설교인의 최우선 주제는 십자가의 고난을 받으시고 우리를 구원하신 예수님이시다. 그분만이 참 신이요, 참 인간으로서 우리의 길, 진리, 생명이시다. 예수님이 이 땅에 오신 목적은 죗값으로 사망에 이른 인간을 구원하시기 위함이기에 예수를 구원의 주님으로 믿어야 구원을 받는다. 그럴 때 예수님만을 알고 의지하고 그 뜻대로 행하게 된다.

이러한 예수님을 설교하려면 성부 성자 성령 삼위일체 하나님의 도리를 깨달아야 한다. 그리스도인이 예수님을 본받아야 할 항목을 정리하고 예수님의 사람이 되는 것을 설교해야 한다.

모본 도형

(모본 도형은 앞에서 제시한 설교의 형태를 부록의 형태로 제시하고 있다. 여기에 제시된 형태는 ① 주제 강해설교, ② 주제 세분화 설교, ③ 주제 토론설교, ④ 본문 강해설교, ⑤ 본문 세분화 설교, ⑥ 본문 토론설교이다. 본보기로 형태마다 필요한 설교 윤곽을 대지와 소지를 작성하여 제시하고 있다.-편자)

III. 맺는 말

1884년 미국 북장로교회 선교사 알렌(H. N. Allen) 의사가 이 땅에 온 지 26년, 1901년 평양신학교가 시작된 지 9년 만에 나타난 최초의 강도학 교과서 『강도요령』(1910)을 일독하고 맺은 결론은 '감사'이다. 그 이유는 오늘의 한국교회 설교사역에 있어서 올곧은 이정표를 세워주었기 때문이다. 당시는 설교에 대한 원리와 실제에 대한 가르침이 거의 없었기에 "예수 믿고 천당 가라"는 메시지가 주종을 이루면서, 어떻게 하는 것이 설교의 바른길인지 알 수 없어 당황하던 때였다. 초기 선교사들은 한국말을 말하거나 듣는 데 지극히 제한적이었기에 자신들이 알고 있는 설교이론의 교육을 감당하기에는 실로 역부족이었다. 바로 이때 설교의 원리와 실제를 다루는 강도학 교과서가 신학 교육에 등장한 것은 참으로 반갑고 고마운 사건이었다.

그리스의 철학자 플라톤이 그의 『국가론』(The Republic)에서 "교육이 어느 방향으로 인간을 출발시키느냐에 따라 그 사람의 장래가 결정된다"라고 했던 말은 지금도 교육의 현장에서 금언 중에서 금언으로 전해지고 있다. 한국교회 최초의 설교학 교수 곽안련은 설교학 교육이 어느 방향으로 진행되느냐에 따라 한국교회의 장래가 결정됨을 철저히 인식한 보기 드문 선구자적인 혜안을 가진 선교사였다.

그는 교육의 중요성을 어느 선교사보다 철저히 이해하였기에 교육의 내용을 언어라는 도구로만 전달하는 데 만족하지 않았다. 참된 교육은 당대 피교육자들의 한시적인 기억력보다는 후대에 전수할 수 있는 활자의 활용이 있어야 한다는 원칙을 가지고 있었다. 그래서 그는 실천신학 분야와 주석서와 『신학지남』을 통하여 한국교회에 시급한 교재들을 펴내는 데 타의 추종을 불허하는 기록을 남겼다. 그가 남긴 『강도요령』을 비롯한 51권의 저서는 한국교회가 미래에 올바른 행진을 하는 데 시급한 지침서들로서 깊은 감동을 주었다. 한국교회가 그의 소원대로 오늘날 건전한 교회가 될 수 있음은 그의 수많은 저술이 놀라운 공헌을 하였다는 데 아무도 이의를 달지 않는다.

본 글을 마무리하면서 필자는 일반논문의 형식을 벗어나 그를 이 땅에 최초의 설교학 교수로 보내주신 하나님의 섭리 앞에 감사하면서 다음의 항목들을 정리하여 결론에 갈음하고자 한다.

(1) 그의 설교의 우선된 목표는 영혼 구원이었다. 그가 활동하던 시기는 대부분 종교가 기복신앙으로 군림하였고, 국민은 나라 잃은 설움으로 깊은 절망에 잠겨 있었다. 거기에 더하여 가난과 질병이 일상화되어 있던 환경이었다. 당연히 육적인 필요를 채워 주는 메시지가 우선해야 하는 시대였다. 그러함에도 불구하고 영혼 구원이라는 그리스도교 본래의 사명을 설교의 최우선 임무로 삼았다.

(2) 교육 수준이 낮았던 민중을 향한 메시지는 구수한 인간적인 경험담을 들려주면서 복음의 카드를 비춰줘야 효과를 가져올 수 있는 여건이었다. 거기에 더하여 예언이나 치유를 통한 복음의 전달을 권장하는 설교학 교육이었다면 지금과 같은 말씀 중심의 건전한 설교가 정착

될 수 없었을 것이다. 그러나 그의 설교학 교육은 철저히 성언운반일념(聖言運搬一念)이었다. 오직 하나님의 말씀만이 돋보이고 회중의 가슴에 깊이 스며들어야 한다는 점을 사명으로 알고 설교학 교육에 임하였다.

(3) 이러한 사명감을 설교자가 깨달았을 때 설교자가 순수한 말씀의 사자로서 적합한 인성의 준비와 말씀의 연구에 몰두해야 하는 전통적인 개혁주의 신앙과 신학을 심어 주는 설교사역을 철저히 교육하고 훈련했다. 특별히 그가 승동교회를 비롯한 150여 교회 개척을 통한 경험을 토대로 설교자가 메시지와 일치된 삶을 살아야 함을 강조함은 설교자의 정체성을 확립하는 데 큰 기본이 되었다.

(4) 『강도요령』이 비록 자신의 스승인 혜릭 존슨의 설교학 강의에서 발췌해 온 이론이었으나 그의 목회 경험을 통하여 터득된 한국교회의 현장이 잘 반영되었기에 한국교회 설교인들이 수용하는 데 아무런 무리가 없었다. 환언하면, 한국 초기 교회의 목회자로서 얻은 경험과 개혁교회 설교의 원리와 실제가 접합된 교과서라는 평가를 할 수 있다.

(5) 그가 본 교재를 통하여 강조한 설교의 정신과 구조와 전달의 이론은 자신이 받았던 설교학 교육의 수준을 기준으로 삼았다. 즉, 선진국 교회의 설교 수준과 형태와 내용을 고수하여 한국교회 설교사역의 미래의 방향을 올바로 이끌어주었다. 그의 이러한 노력은 복음의 올바른 선포와 해석과 적용이라는 설교의 기본 요소의 뿌리를 이 땅에 활착시키는 매우 소중한 설교학 교육이었다.

(6) 그가 평양신학교 실천신학 교수로서 섬기던 시기(1908-1941)는 일제의 침략과 강점과 만행이 극성을 부리던 시절인데 대사회적인 예언적 설교(prophetic preaching)의 강조가 없었다는 지적이 있다. 그러나 그에게는 대한민국의 독립보다 백성들의 영혼 구원이 시급하였으며, 실천신학 분야를 통한 교회의 정착과 성장이 시급하였기에, 그는 오직 교육과 집필과 교회 개척에 전념하였음을 보게 된다.

그가 『강도요령』을 펴낸 지 15년 후에 펴낸 『강도학』(1925)이 『설교학』 (1954)으로 출판될 때 한국교회를 깊이 동경(憧憬)하면서 "재판(再版)에 대 (對)한 저자(著者)의 서한(書翰)"을 앞에 실었다. 거기에 언급한 그의 애절 한 당부는 그의 후임이 된 필자의 가슴에서 언제나 떠나지 않고 있다. 그래서 필자는 졸저 『한국교회의 설교학개론』의 첫 쪽에 내 선임 교수 의 소중한 당부를 옮겨 놓고 그분의 얼과 숨결을 전하고 있다.

나는 다음의 메시지를 그리스도 예수 안에서 내 아들이 된 여러분 의 아버지들에게 준 것과 같이 내 손자 곧 여러분에게 주고자 합니 다. 즉, [하나님의 말씀을 설교하여라. 순풍에 힘을 내고 역경에도 분투하여라. 오래 참음과 교훈으로써 견책하고 설복하고 권고하여 라.] 그리고 모든 것을 항상 사랑으로, 더 많은 사랑으로, 끝까지 더 욱 크고 많은 사랑으로 열심을 품어 하여라![117]

117　졸저, 『한국교회의 설교학개론』, 13.

제5장
한국교회 설교 100년의 회고와 성찰과 전망

우리 사회는 달라지는 세상에서 선진국의 대열에 서기 위하여 몹시 분주한 발길들이 오간다. 새로운 차원의 세계를 설계해 보려는 의지가 어느 때보다 진하게 움직이고 있다. 일터마다 4차원의 산업혁명의 도래 앞에 각양각색으로 노력을 기울이고, 그 결과 우리나라는 세계의 주목을 받고 있다.

그런데 지난 세기와 새로운 세기를 소유하고 주관하시는 하나님을 예배하는 공동체는 이렇다 할 변화의 움직임이 보이지 않는다. 특별히 한국교회는 회고와 성찰의 소리가 미약하다. 달라져야 할 어두운 그늘을 묵과하고 구태의연한 길을 걷고 있다. 오히려 첨단의 세속 문화에 예속되고, 새롭고 거듭남의 그리스도교 본질이 퇴색되고 있다.

날로 새로워짐이 없는 교회는 언제나 개혁의 대상이 된다. 사회의 질타가 끊이지를 않는다. 그리고 마침내는 몰락이라는 무서운 종말을 보게 된다. 이 평범한 공식은 역사가 증명을 한다. 그래서 하나님은 바울을 통하여 "우리의 겉사람은 낡아지나 우리의 속사람은 날로 새로워지도다"(고후 4:16b)라는 말씀을 들려주신다.

특별히 과거의 관습이라는 침상에서 오수를 취하고 세속에 젖어 무질서의 주역들로 교회가 시들어질 때 하나님은 종교개혁이라는 새로운 교회를 일구어 주셨다. 그러나 500년이 지난 지금 개혁을 목이 쉬도록 외쳤던 교회에는 개혁의 불길이 사라지고 현상 유지에 급급해하고 있다.

무엇을 믿고 의지하고 있기에 그렇게도 덤덤한 인상과 힘을 잃은 자세를 취하고 있는지 이해되지 않는다. 오는 세월도 그저 이끌어 주신 대로 따라갈 뿐이라는 절대 믿음 때문인지, 아니면 시대적 감각이나 도전의 의혹을 상실했기 때문인지, 아니면 첨단문화에 편승하다 모든 기력이 다 쇠잔해진 탓인지는 알 길이 없다.

그래도 이것만은 생각해야 한다. 한국의 개혁교회가 지난 한 세기 반을 어떻게 살아왔는지를 살피는 성찰의 눈은 있어야 한다. 그리고 앞으로 남은 길을 헤쳐 나갈 슬기만은 모아야 한다. 그중에서도 교회의 존재 목적이요 일차적인 사명으로 모두가 수긍하는 설교사역만은 필연코 걸어온 길을 되돌아보아야 한다. 반성의 시각으로 살펴보아야 한다. 그리고 미래를 향하여 눈을 뜨고 우리의 그림을 새롭게 그려야 한다. 그럴 때 부끄러운 기록은 재생되지 않고 새로운 항해의 희열을 경험하게 된다.

I. 한국교회 설교 100년의 회고

1. 조선인에 의한 설교가 자리잡기까지

갈보리 산정에서 십자가 위에 달려 죽으시고 다시 부활하신 예수님이 이 땅의 개인과 민족을 구원할 주님이시라는 복음의 선포는 한민족에게는 실로 금시초문의 소식이었다. 수천 년의 문화와 전통과는 전혀 다른 외침인 데도 귀를 기울이고 듣는 사람에게는 가슴이 설레는 의미와 내용이 가득하였다. 나라의 운명이 기울어지고 백성마다 절망만이 가득하던 그 시절에 처음으로 들린 그리스도교의 진리였으나 그 내용은 그렇게 생소한 것은 아니었다. '하느님'을 상제(上帝)라 부르면서 섬겨 오던 우리의 민족이기에 그 진리를 선포하고 풀어주고 구체적으로 삶의 장에 맞추어 이야기해 줄 때 '귀 있는 자들'의 귀에는 기이한 메시지로 들렸고 '들어볼 만한 말씀'으로 관심을 끌게 되었다.

그러나 생김새와 피부색이 다른 사람들이 서툴기 이를 데 없는 한국어로 한국인에게 진리를 선포한다는 것은 그리 쉬운 일이 아니었다. 아무리 목이 메고 때로는 눈물을 흘리면서 그리스도이신 예수님의 말씀을 외쳐도 감동을 주기에는 역부족이었다. 오히려 구경거리로 한국인의 눈에 비친 일은 어찌할 도리가 없었다. 1889년 우리의 땅에 들어와 솔내에서 초라한 한국 집을 구입하여 거기에 기거하면서 한국인의 이웃으로서 언어와 풍습을 배우며 열렬한 전도자로서 지냈던 말콤 펜위크 (Malcom C. Fenwick)는 그가 펴낸 책에서 다음과 같은 말을 남기고 있다.

주일마다 매일 애쓰고 호소하고, 눈물로써 하나님의 아들 그리스도의 사랑을 증언하고, 예수님께서 내 영혼에 가져다주신 평화, 죄 씻고 난 다음의 평화를 외쳤으나 … 저들은 소리높이 웃고 있었다
(The Church of Christ in Corea, 49-51).

이러한 쉽사리 해결할 수 없는 설교의 상처를 안고 있던 펜위크는 어느 날 김씨 성을 가진 전도사가 설교할 때 회중이 감동에 젖어 있는 모습을 목격하였다. 그때 그는 복음 선포는 그 나라 사람이 그 나라 백성들에게 외치는 것이 가장 효과적이라는 말을 서슴없이 남기게 되었다.

한 세기가 훨씬 지난 지금 돌이켜보면 펜위크와 같은 선교사는 복음의 커뮤니케이션 원리를 누구보다 신속하게 몸으로 깨달은 사람이었다.

그러나 모든 선교사가 그러한 것은 아니었다. 대부분의 선교사는 한국인이 그리스도인이 되어 진리를 깨닫고 뜨거운 신앙을 지니고 있다 하더라도 진리의 선포에는 유아적 수준을 넘기지 못한 설교자로 취급을 하고 있었다. 비록 자신들이 한국 언어 구사에 제한이 있다 하더라도 "한국인은 서양 선교사를 하나님처럼 믿는다"는 우월감으로 '복음의 진정한 커뮤니케이션'을 우선으로 취급하지 않았다. 이럴 때마다 우리의 설교자들의 가슴에는 깊은 상처만 더해갔다. 1920년경 이러한 상처를 안고 설교단에서 외쳤던 이화학당의 신준려의 울먹임은 조선인에 의하여 조선인을 위한 설교가 있기까지의 깊은 갈등과 상처를 생생하게 보여준다. 이 여성 설교자의 외침은 지금도 우리의 가슴을 찡하게 만든다.

> 선교사(宣敎師)들이 물론(勿論) 조선(朝鮮)에 대(對)ㅎ야 종교(宗敎)로나 교육방면(敎育方面)으로나 만흔 영향(影響)을 주엇고 여러 가지 방침(方針)으로 지도(指導)ㅎ야 준 사실(事實)은 감사(感謝)합니다. 그러나 저들이 다 그럿타고는 몰으나 인격(人格)을 무시(無視)하고 천대(賤待)하난 생각(生覺)하면 무엇보다도 실슴니다. 참으로 눈물나요 가삼암흠니다. 여러분! 저들의게 전부(全部) 책임(責任)을 지우지 마시고 그들을 의뢰(依賴)마셔요. 외국인(外國人)은 압흔 사정(事情)을 모릅니다 (『백목강연』 1집-자성〈自省〉을 촉〈促〉함-).

조금만 발길을 멈추고 반복하여 음미해 보면 나의 자존심이 짓밟힘을 당한 것 같은 감정에 사로잡힌다. 그는 이러한 아픔이 그대로 지속되어서는 안 된다는 모진 마음을 먹고 계속하여 호소한다.

> 그러면 엇지 그들의게만 책임(責任)을 지우고 우리는 뒤만 따라 다니겠슴니가? ㅅ도는 언어(言語)와 풍속(風俗)이 갓고 살색(色)이 갓흔 우

리는 울 일이 잇스면 갓치 울고 고생(苦生)을 당(當)ㅎ면 함께 당(當)ㅎ고 낙(樂)을 누리면 갓치 누리게 되어야만 해요. 내 사롬 내일 보도다. 외국인(外國人) 수하(手下)에 잇는거시 죠흐심니가? ᄆᆞ음이 편(便)ㅎ신지요?(『백목강연』 1집-자성〈自省〉을 촉〈促〉함-)

이러한 울부짖음과 함께 한국교회가 "한 사람이라도 어서 배우고 어서 알아야 되겠다"는 호소를 하고 있었다. 여기서 다시 한 번 우리의 초대교회 지도자들은 비록 가난하고 일제의 마수에 시달리기 시작한 민족이었으나 오랜 역사와 문화 속에 심어진 민족의 긍지만은 누구에게도, 심지어 선교사들에게도 굽히고 싶지 아니하였다.

돌이켜보면 조선사람이 조선말로 조선의 그리스도인들을 위하여 복음을 외치는 설교를 하기까지는 그리 쉬운 과정이 아니었다. 한국의 초대교회의 지도자들이 눈물과 땀방울로 옷깃을 적시면서 밤을 지새우는 기도와 진리를 닦았던 노력이 있었기에 우리의 강단은 이처럼 우뚝서게 되었다.

2. 민족의 개화와 슬픔을 달래던 설교시대

19세기 말, 복음이 들어왔을 무렵에는 이미 국운이 기울고 있던 시대였다. 이 복음을 받아들인 사람들의 가슴에는 나의 구원으로 만족하려 하지 않고 나라의 구출을 희구하였다. 그 결과 한국교회는 어느 나라보다 강한 민족교회로서의 특징을 갖추고 있었다. 그러한 현상은 주일이 되면 그리스도인들의 개인 집이나 예배당에 태극기를 달고 있었다는 기록에서도 입증되고 있다.

이 무렵에 남긴 설교의 기록들은 찾기가 힘들다. 한국교회 최초의 설교집이라고 일컫는 『백목강연』(百牧講演)에 실린 설교들도 모두가 1920년대의 설교들로서 19세기 말의 설교들은 아니다. 그러나 이때의 한국교회 설교가 나라의 운명이 기울어져 감을 보면서 하나님의 보호만이 살 길임을 선포하고 애국심을 고취했던 것은 의심할 여지가 없다. 그 구체적인 예는 1905년 을사늑약이 강제로 체결되던 날 "교회가 울음바다가 되었다"는 기록을 비롯하여 "양주군의 홍태순 목사가 대한문 앞에 와서 약을 먹고 자살을 하였다"는 기록 등은 이때의 교회가 어떤 심정에 있었는지를 잘 알게 한다. 그뿐만 아니라 그리스도교 청년회가 매월 가졌던 강연회에서는 언제나 애국가를 봉창하고 기도로 폐회했다는 기록 등은 모두가 기울어져 가는 나라에 대한 슬픔을 간직하고 나라의 구원을 가장 시급한 과제로 여겼다는 증거이다.

그러나 우리의 초대교회 설교는 단순히 애국만을 부르짖는 설교로 특징지을 수는 없다. 먼저, 초기 설교자들은 유교의 문화권에서 형성된 도덕률과 윤리를 그리스도교적으로 설명하면서 접근하는 데 많은 어려움을 경험하였다는 사실 또한 설교의 중요한 부분이었다. 그 예로서 조상숭배와 효의 사상을 그리스도교적으로 재해석하려는 노력이 교육과 설교에서 활발하게 전개되었다. 둘째로, 나라의 패망이 눈에 보이는 시점에서 교회의 지도자들은 바깥세상을 알지 못한 상태에서 폐쇄된 우리 민족의 무지함에 가슴 아파하였다. 글은 상류계층의 전용물이 되고 문맹은 일반 백성의 당연한 현상으로 여기는 시점에서 설교자들은 먼저 민족의 개화와 나라 사랑의 메시지를 전하는 데 열중하였다. 셋째로, 성경에 대한 지식의 빈곤이 뚜렷한 유아기의 교회이기에 그리스도교 교리의 가르침이 설교의 주종을 이루고 있었다. 넷째로, 많은 설교자가 민족의 장래를 염려한 나머지 때로는 비 복음적인 설교가 애국심을 등에 업고 회중과 호흡을 함께하는 결과를 초래한 경우가 적지 않았다. 끝으로, 나라에 어두운 그림자가 다가오는 시대적 현실을 두고 많은 설교가 현실 도피적이며 내세 지향적인 종말론적 메시지가 서서히 등장하였다. 그 결과 "예수 믿고 천당 가라"는 메시지가 보편화되기도 하였다.

3. 부흥이라는 명제(命題)와 메시지의 변화

일본이 을사늑약을 앞세워 취한 만행은 우리 민족을 좌절과 절망으로 몰아치고 있었다. 군대의 해산을 비롯하여 외교권과 경비권의 박탈은 이미 한 나라로서의 형성요건을 다 잃어버린 상태였다. 한국교회가 가졌던 "나라 사랑, 나라 구원"이라는 대명제가 지속하기에는 한계점에 도달하였다. 통한의 눈물과 함성만이 말 없는 기도 속에서 터져 나왔다.

오직 이스라엘 백성들이 하나님의 도우심으로 애굽을 탈출한 출애굽기의 기록은 한국교회가 가슴 깊이 간직한 소중한 메시지였다. 벌써부터 우리의 설교는 일제의 극심한 검열과 잔인한 핍박에 의하여 방향을 달리할 수밖에 없었다. 알 듯 모를 듯한 해석으로 검열을 피해 가면서 상처받은 민족의 가슴에 파고들고 있었다.

그러나 복음의 선포를 목적으로 이 땅에 있던 선교사들은 일찍부터 한국교회가 개인의 회개와 예배하는 공동체로서 하나님 나라의 구현보다 '애국하는 집단'처럼 발전해 가는 데 깊은 우려를 표명한 바 있다. 이들은 "교회의 예배당은 나랏일을 보는 곳이 아니기에 이곳에서 나랏일을 의논하거나 공론화해서는 안 된다"는 우려를 1901년 그리스도인 회보를 통하여 표명하였다.

선교사들이 바라던 대로 1907년 한국교회는 새로운 전환기에 접어들었다. 국가의 비운을 슬퍼하면서 통회할 것과 하나님의 도움만이 유일한 소망임을 강조하는 길선주 목사의 절규에 가까운 새벽기도회의 설교는 한국교회에 새로운 방향을 이미 제시하고 있었다. 평양을 비롯한 곳곳의 부흥회를 통하여 들린 메시지는 과거와는 달리 각자의 가슴을 파고드는 성령님의 임재가 뚜렷하였다.

이러한 대변화의 역사는 설교가 사회와 개인을 향하여 가던 방향을 개인에게만 초점을 맞추는 설교로의 변화를 가져왔다. 그리고 지금까지 교리적으로 알고 믿었던 성령님의 존재를 체험하면서 신앙의 강도는 차원을 달리하고 있었다. 이때부터 설교사역 자체도 설교자 단독의 사역이 아니라 성령님의 도구로서의 성스러운 사역임을 모두가 깨닫게 되었다.

여기서부터 설교의 섭시(攝示)사상이 출현하게 되었다. 섭시란 글자 그대로 성령님이 설교자에게 속삭여 보여주시는 메시지를 설교자가 받아 전달하는 것을 의미한다. 이 설교사상은 설교자가 성실한 도구로서의 모든 것을 갖추었을 경우 참으로 소중한 설교신학이다.

이러한 사상은 설교자로서 갖추어야 할 지적인 요소와 준비는 뒤로 하고 영감만을 추구하여 기도에만 집중하는 설교자들이 등장하게 하였다. 이러한 설교자들에 의하여 설교의 탈선은 심각한 지경에 이르렀다. 성경의 영적인 해석이라는 주장과 함께 은유적 해석이 남발되었다. 이와 같은 결과는 후에 설교자가 받은 계시와 연계되어 설교는 예언과 같은 신유의 은사로 변질하였고, 때로는 이단의 집단을 형성하여 교회를 혼란하게 만들기도 하였다.

4. 분열과 상처 속에서 이어진 한국교회 설교

광복의 기쁨이 채 가시기도 전에 밀어닥친 6·25 동란은 이 땅을 온통 흑암과 혼돈의 세계로 만들었다. 하나님이 주신 광복의 기쁨을 안고 미처 감사를 표현할 겨를도 없이 밀려온 민족의 또 다른 비극은 교회의 강단에 지대한 영향을 끼쳤다. 이러한 소용돌이 속에서 설교의 세계는 다양한 정황에 직면하고 그 양태 또한 다양하였다.

먼저, 광복의 기쁨과 함께 두 동강이 난 우리의 땅은 남과 북이라는 두 개의 정권이 들어서면서 북한의 교회는 전혀 다른 길을 걸어야 했다. 일제의 탄압보다 더 무서운 공산주의자들의 핍박은 신앙의 자유마저 인정하지 않았고, 교회의 설교는 공산주의의 선전도구로 전락하였다. 여기에 응하지 않은 설교자들은 모두가 투옥과 강제 노동과 추방으로 또 다른 순교의 대열에 서게 되었다.

둘째로, 일제의 잔인한 핍박을 받으면서도 신사참배를 거부한 출옥 목사들의 메시지가 남한의 교회에서는 돋보이고 있었다. 50여 명의 순교자들을 감옥에서 배출하고 나온 20여 명의 준순교자들의 출옥은 그 메시지부터 달랐다. 이들은 한국교회의 재건이라는 기치를 들고 모든 교회 지도자들과 일제의 그늘에서 살아온 성도들의 회개를 촉구하고 있었다. 이러한 메시지의 결과는 목사들이 2개월간 또는 40일간 설교를 할 수 없도록 하는 결정을 몇 노회가 결의하기에 이르렀다.

셋째로, 동족상잔의 6·25 동란이 발생하자 많은 설교자는 이구동성으로 국가와 교회의 지도자들이 회개하지 않은 연고임을 외치는 설교가 전쟁의 와중에서 널리 선포되고 있었다. 그 대표적인 인물로 손양원 목사가 남긴 절규에 가까운 설교의 한 부분을 1951년 10월에 펴낸 『파수꾼』에서 만나게 된다.

> 국가적으로는 수도를 빼앗기고, 교회적으로는 성전을 잃었으니 이 어찌 한심사가 아니리요! … 내가 오늘에 이 죄악상을 말하면 우익에게나 좌익에게나 정치가에게나 경관에게나 교역자 혹은 교인에게 욕먹고 매맞고 죽임을 당할지 모르나 하나님의 대명(大命) 주시니 전하다가 죽드레도 내 어찌 안전할 것이겠느냐? 나는 네가 큰 죄악의 원인을 말하겠으니 각각 자기 죄에 비추어서 회개하기를 바란다. 이는 나의 소원이라기보다도 하나님의 원하시는 바일까 한다.

넷째로, 해방된 교회의 부흥을 외치면서 뜨거운 기도의 회복과 함께 성경의 진리를 깨닫고 그 진리를 외치는 설교의 시대를 구가할 것을 호소했던 설교의 한 줄기가 있었다. 그 대표적인 예는 김응조 목사의 설교에서 찾아볼 수 있다.

종교 교육기관에서는 신신학이니 고등비평이니 하여 쥐꼬리 같은 자기 지식을 자랑하고 숭엄한 전통적 성경 중심 진리를 파괴하며 … 교리나 학설로서 성경을 대신하여 논쟁자찬으로 일삼아 왔다. … 우리는 교파 자랑이나 교리 자랑이나 인물 자랑을 그만두고 상하가 다 회개하고 뜨거운 눈물을 뿌리면서 삼천만 구령운동에 진출할진저.

다섯째로, 1953년 조선신학교의 설립과 함께 부상한 보수적인 신학과 진보적인 신학의 논쟁은 강단의 메시지에 지대한 영향을 주고 있었다. 뿐만 아니라 교파의 분열이라는 또 하나의 부끄러운 기록이 역사에 남게 되었다. 이러한 결과로 성령님의 역사 아래서 사랑으로 하나가 되어야 한다는 메시지보다 자신들의 신학 노선의 정당성을 합리화하는 메시지가 들리는 기현상이 발생하였다.

여섯째로, 개신교의 첫 순교자 토마스 목사의 순교가 있은 지 100년이 되던 해인 1965년 민족 복음화 운동은 한국 설교에 새로운 문제점을 제기하고 있었다. 100만 명을 상회한 교인들을 대상으로 400명이 넘는 설교자들이 도처에서 설교하는 동안 설교의 형태와 내용에 급격한 변화를 가져오고 있었다. 말씀 중심의 전통적인 사경회와는 성격을 달리한 설교가 등장하기 시작하였다. 주일예배와 같은 엄숙함을 고집할 필요가 없는 순수한 집회로 이어지는 현장이기에 설교자는 자유로웠고, 메시지의 전달은 설교자의 뜻대로 달리고 있었다.

5. 성찰이 필요한 부분들

한국의 대부분 개신교회는 설교 중심의 교회로 출발하여 오늘에 이르고 있다. 그 설교가 시대에 따라 변화를 가져오고 있기에 설교의 역사는 한 시대를 말해 주는 생생한 증언이기도 하다. 설교는 하나님의 말씀을 전한다는 근본에 있어서는 하나이지만, 그 내용과 형태와 전달의 모습은 시대의 흐름과 함께한다. 그러나 설교는 시대라는 강물에 떠다니는 부표식물이 아니다. 오히려 설교는 혼탁한 시대의 강물을 정화시키고 그 방향을 하나님이 원하시는 대로 잡아주는 거대한 힘과 역할을 발휘해야 한다. 그 이유는 설교란 하나님 말씀의 선포요, 해석이요, 적용이기 때문이다.

이토록 중요한 우리의 설교가 지난 한 세기를 지속해 오면서 보여준 자랑스러운 부분이 적지 않다. 그 험난한 역경 속에서도 교회를 오늘까지 지탱하고 부흥시켜 온 우리의 설교사역은 분명히 하나님의 교회를 위한 '말씀의 전달' 또는 '말씀의 운반' 사역을 감당한 것임에 틀림이 없다. 그러나 100년이 넘은 한국교회의 설교 역사를 살펴볼 때 적어도 다음의 부분만은 반성의 시각으로 우리 모두의 관심을 모아야 한다.

먼저, 설교사역을 위한 신학 교육의 빈곤이 한국교회 설교 현장을 어둡게 하고 있다. 평양신학교에서 1917년부터 1943년까지 있었던 곽안련 교수 외에는 설교학을 전공하여 신학 교육에 사역한 교수가 1980년까지 없었다. 이러한 사실은 설교의 신학과 이론을 터득하지 못한 설교자들이 모방과 창작으로 이 막중한 설교사역을 이어갔다는 결론이다. 이러한 결과는 때로는 성공하기도 했으나 탈선도 많아 한국교회를 혼탁하게 하는 원인이 되었다.

둘째로, 설교는 예배 가운데서 가장 중요한 부분으로 행해지는 것이 원칙이다. 회중이 마음과 뜻과 정성을 다하여 하나님을 예배하면서 하나님의 말씀으로 경청하게 되는 것이 설교이다. 그런데 한국교회는 예배는 없고 설교만 있는 현상을 보인다. 이것 또한 예배학 교육을 받지 못한 한국교회 목회자들의 문제이다. 또한, 우리의 예배는 주일예배나 일반집회가 분간되지 못한 상태이다. 예배라는 이름은 있으나 실상은 언제 어디서나 집회로 일관되고 있다.

셋째로, 한국교회만이 갖는 특유한 모습은 교회의 모든 모임이 예배라는 이름을 사용하고 그곳에서는 반드시 목사의 설교가 있어야 한다는 고정관념이다. 주일예배를 비롯하여 추도예배, 개업예배, 돌예배에 이르기까지 어느 한 곳이라도 예배라는 이름을 사용하지 않는 행사가 없다. 그때마다 목사는 필요한 성경말씀만 봉독하는 것이 아니라 반드시 설교해야 한다. 세계의 어느 교회에서도 볼 수 없는 기현상이다. 이제 설교자의 설교는 주문을 외우는 행사처럼 전락의 위기를 맞고 있다.

넷째로, 초대교회 때부터 지적해 온 문제 중의 하나는 설교자가 강연과 설교를 구분하지 못하는 문제이다. 지금도 우리의 강단에서는 성경의 본문을 읽어 놓고 모두가 자신의 분석과 경험과 지식을 나열하는 형태가 너무 많다. 봉독한 말씀을 해석해 주고 그 말씀이 필요한 회중의 삶의 장을 들추면서 거기에 적용해 주는 설교의 본분을 지키지 못한다. 마치 설교자가 구상한 그날의 신앙 수필 한 편을 들려주는 형태이다.

다섯째로, 설교에 있어서 가장 중요한 문제는 설교가 하나님의 말씀의 선포요, 해석이요, 적용이기에 그 말씀의 주인은 분명히 성 삼위 하나님이시다. 그러므로 설교의 현장에 하나님, 예수님, 성령님이 말씀의 주인으로 등장하여야 한다. 그런데 우리의 설교에는 언제나 설교자만이 등장하여 자신의 경험과 견해로 일관하면서 이상한 악센트를 사용하여 "주님의 이름으로 축원합니다", 또는 "… 줄로 믿습니다", "…기를 바랍니다"로 끝을 맺어 회중의 "아멘"을 유발(誘發)시키는 기이한 설교 현상을 연출하고 있다.

끝으로, 설교자에게 가장 시급하게 성찰을 구하는 문제는 설교의 도용(盜用) 문제이다. 소설가를 지망하는 사람들이 수천 권의 남의 소설을 읽어야 함은 당연하다. 그러나 소설가로 문단에 등장하여 자신이 소설을 쓸 경우는 단 한 문장이라도 남의 소설에서 가져올 수 없다. 한 문장이라도 그대로 베끼면 그는 형사범으로 고발을 당하게 된다. 그런데 우리의 설교자들은 어찌된 영문인지 마음 놓고 남의 설교를 그대로 복사하여 설교단에 가지고 올라간다. 그리고 더 거룩한 목소리로 자신의 설교인 양 외치는 참으로 부끄러운 연출을 하고 있다.

II. 한국교회 내일의 설교

이제 우리 모두는 새 세기의 문턱을 넘어선 지 20여 년이 된다. 떠오른 햇살이 이 땅의 예배당 종탑마다 골고루 비추어 준다. 지금은 고요한 강산에 울려 퍼지던 예배당의 종소리가 멈추었다. 그러나 주일마다 우리의 예배당 안에서는 새벽부터 밤까지 찬송과 기도의 함성이 터지고, 하나님의 말씀은 설교라는 이름으로 그리스도인들의 가슴을 찾아든다.

새 세기에는 모든 분야가 거대한 변화를 가져온다는데 설교의 세계는 어떻게 될 것인지 궁금해진다. 에밀 브루너(Emil Brunner)의 말대로 지구가 존속되는 한 설교는 지속될 것이 틀림없다. 그러나 설교가 오늘의 형태로 일관할 것인지, 아니면 변화의 어떤 물결을 탈 것인지 알고 싶다. 여기에는 아무도 정확한 대답을 할 수 없다. 그 이유는 설교란 인간의 사역이 아니라 하나님의 사역이기 때문이다. 그분이 토기장이로서 토기 그릇인 설교자들을 어떻게 사용하실 것인지 아무도 예측할 수 없다. 오직 그분의 손에 있을 뿐이다. 오직 세미(細微)한 예상이 있을 뿐이다.

1. 신령한 은사에 머문 설교자

지난 한 세기 동안 교회가 동서양에서 지속해 오는 동안 우리의 관심을 끌어온 것은 설교를 비롯한 모든 교회의 활동을 오직 성령님의 신령한 은사에 초점을 맞추면서 이어온 교회이다. 그 결과 이 계열의 교회들은 왕성하게 움직이고 양적인 부흥을 가져왔다. 이름하여 오순절 계열의 교회이다. 이 계열의 설교 특징은 뜨거운 기도와 명상 가운데서 얻어진 환상이나 설교의 구상을 그대로 가지고 와서 성령님의 인도에 따라 설교단에서 외친다.

이러한 설교 현상은 오는 세기에도 결코 중단되지 않을 것이다. 오히려 구원의 완성기에 접어들면서 종말론적 신학과 설교의 내용이 성령님의 지시 또는 계시와 연결되어 한국교회에 많이 등장하리라 본다. 거기에 더하여 새로운 세기에 주님의 재림이 임박해 옴을 강조하는 메시지에 많은 회중이 움직이게 될 가능성이 충분히 있다.

여기에 대한 부정이나 평가는 매우 위험한 일이다. 이러한 설교자들에게 매우 큰 문제는 설교자 개인의 생각과 성령님이 주시는 설교의 구상 또는 환상과의 구분을 정확하게 구별하기 힘들다는 문제이다. 수많은 설교자가 성령님의 이름으로 권위 있는 설교를 구사했으나 훗날 그것이 모두가 한 인간의 환상에 불과하였음을 알게 된 적이 많았다. 그러므로 설교자는 뜨거운 기도 생활에 열을 쏟는 것만큼 활자를 통한 진리의 터득에도 땀을 흘려야 함이 마땅하다.

2. 개혁자들의 설교형태 고수

종교개혁자들은 대부분 회중이 자신들의 성경을 가지고 있지 못하였기에 하나님의 말씀을 읽어주고 풀어주는 데 깊은 관심을 기울였다. 그러한 까닭에 개혁자들은 대부분이 강해설교자였다는 말을 하게 된다. 실질적으로 모든 설교는 강해설교여야 한다. 즉, 하나님의 말씀을 회중에게 읽어주고 풀어주고 그들의 삶에 적용시키는 것이 설교이기 때문이다.

다가오는 세대에도 이 설교의 원칙을 지키려는 설교자들이 한국 강단에 대단히 많으리라 예상한다. 그리고 이 형태의 설교가 가장 쉽고 준비의 부담도 적다고 생각하는 경향이 있을 것이다. 그러나 하던 로빈슨(Hodon W. Robinson)이 말한 강해설교의 정의를 새 세대에 설교를 지속할 설교자들은 가슴에 언제나 안고 있어야 한다. 설교학 교수인 그는 강해설교란 선택한 성경구절을 문맥에 비추어 역사적, 문법적, 문학적으로 연구함으로 얻어진 말씀의 개념을 전달해야 한다고 말한다. 그리고 이러한 과정을 거칠 때 성령님은 본문말씀에 나타난 개념을 먼저 설교자의 인격과 경험에 적용시키시고, 그다음에 설교자를 통하여 회중에게 적용시키신다는 주장을 펴고 있다. 이러한 정의를 받아들인다면 오는 세대에도 강해설교의 길을 걷기를 희망하는 사람은 모두가 땀 흘리는 기도와 말씀의 연구가 있어야 한다는 결론에 도달한다.

3. 종교 수필을 설교와 혼동하는 설교자들

지난 세기에 많은 설교자들은 종교개혁이 있을 당시와 같이 환경의 변화가 많았고 설교를 듣는 사람들의 차이도 뚜렷하기에 설교에 새로운 형태를 구사하는 데 노력하였다. 그것이 바로 주제설교(Topical Preaching)이다. 한때는 이 설교가 비성경적 설교라고 하여 비난의 대상이 되기도 하였다. 그 이유는 설교자가 말하고자 하는 주제에 따라 성경의 본문을 정하고 제 생각을 자유롭게 전개했기 때문이다.

오는 세기에도 회중은 성경을 마음껏 읽고 연구할 수 있다. 성경이 회중의 손에 없었던 개혁자들의 시대와 설교의 형태가 동일할 필요가 없다고 주장할 수 있게 된다. 그래서 많은 설교자는 회중의 삶의 장과 가까운 문제를 주제로 하여 그 주제를 자신의 지식과 경험의 시각으로 분석하였다. 그리고 흥미 있는 예화를 연결하고 어느 부분에서 본문과 연결하면 한 편의 설교가 될 수 있다고 판단한다. 이러한 설교는 냉정하게 따지면 성경의 개념에 근접해 있는 한 편의 종교 수필로 한정하기에 적당하다. 그러나 새로운 세대의 설교사역자들은 다음의 사항만은 마음에 간직해야 한다. 그것은 아무리 시대가 바뀌어도 회중은 설교자가 시사평론가나 재미있는 이야기를 들려주는 만담가이기를 거부할 것이다. 스튜어트(James Stewart)의 말대로 하나님께 예배하기 위하여 나오는 회중은 언제나 하나님의 말씀에 허기가 져 있다는 사실이다. 그래서 살아있는 하나님 말씀의 푸른 초장을 갈망한다. 새로운 시대에는 결코 최신 시사 뉴스나 사건이 설교가 되어 회중을 먹이는 애처로운 일이 발생되어서는 안 될 것이다.

4. 첨단의 전자 문화에 승선한 설교자

끝으로, 설교의 전달형태의 변화를 전망해 본다. 현대 커뮤니케이션의 선구자 마샬 맥루한은 커뮤니케이션의 시대를 셋으로 분류한다. 하나는 얼굴과 얼굴을 맞대고 메시지를 교류하는 형태이다. 둘째는 얼굴과 활자를 맞대고 메시지를 받는 시대이다. 셋째는 얼굴과 전자매체가 마주 대하고 메시지를 주고받는 시대이다. 현대는 분명히 전자시대임에 틀림이 없다. 그러므로 커뮤니케이션이 필요한 거의 모든 기관은 인터넷이나 영상매체를 도구화하는 경향이다.

새로운 세기에도 설교사역은 여전히 얼굴과 얼굴을 서로 쳐다보면서 메시지를 교류할 것인지, 아니면 전자매체를 통하여 설교사역이 지속될 것인지에 대한 관심이 쏠리고 있다. 이미 지금도 설교자가 앞에 서 있는 데도 거대한 스크린을 앞에 펼치고 설교하고 있다. 또는 화면에 메시지를 띄우는 컴퓨터의 프레젠테이션 시스템을 활용하는 경우를 본다. 이러한 현상이 확산될 가능성이 많다. 서로가 자신의 교회가 현대화의 물결에 뒤지지 않았다는 모습을 보이려는 의도와 함께 새로운 시도를 하게 되리라 본다.

그러나 이것 또한 커뮤니케이션의 이론에 비추어 볼 때 문제성을 가지고 있다. 그것은 입을 통한 언어는 45%의 효과를 거두고 신체 언어인 얼굴을 보면서 소통하는 메시지는 55%에 이른다는 연구보고는 많은 의미를 던져준다. 설교자의 감정의 교류는 영상이나 기타의 전자매체로서는 감소한다는 사실이다. 또한, 설교는 예배 가운데서 발생하여야 한다는 원칙이 살아있는 한, 하나님의 존전에서 설교의 행위는 엄숙히 지속되어야 한다. 이러한 원칙과 환경을 지키면서 이어나갈 수 있는 전자매체의 활용은 과거와 다른 효과를 거두게 되리라 전망한다.

III. 맺는 말

한 세기를 넘기면서 생각해 본 한국교회 설교의 회고와 성찰과 전망이라는 주제는 분명히 소중한 것임이 틀림없다. 그러나 이 장에서는 그러한 만족을 주지 못한 채 끝을 맺으려 한다. 한국교회는 그 초창기부터 하나님의 말씀을 성언(聖言)이라 일컬었고, 설교는 그 성언의 전달이라 이해하고 있었다. 그러한 설교사상 때문에 한국교회는 지금도 설교사역을 가장 소중한 사역으로 우러러본다. 그러나 새로운 시대에 들어선 설교자들이 성언운반일념(聖言運搬一念)의 설교 정신을 갖추지 못한다면 한국교회의 장래는 어두워진다. 포사이드(Forsyth)의 말대로 교회는 설교와 함께 일어서든지, 아니면 쓰러지든지 하기 때문이다.

칼뱅이나 바르트가 말한 대로, 설교란 설교자라는 한 인간을 통하여 그날의 회중에게 들려주는 하나님의 말씀이다. 그래서 개혁자들은 교회를 "말씀이 바르게 선포되고 성례전이 진지하게 집례되는 곳"으로 풀이하고 있다. 이러한 두 기둥이 되는 사역은 당연히 성령님의 힘으로 이어져야 함을 그들은 강조한다. 교회란 성령님의 역사 아래서 이루어졌고 진행되기 때문이다. 이러한 교회에 대한 기본 원칙이 시대에도 살아있어야 한국교회는 건재할 수 있다.

한국교회는 숱한 역경 속에서 솟아오른 교회이다. 이미 타고 있는 교회의 촛대가 옮겨지지 않고 오는 세기에도 하나님의 말씀을 비추어 주면서 계속 타올라야 한다. 이것은 우리 모두의 소망이며 기도의 제목이다.

제6장
설교사역과 성령님의 역할 :
장 칼뱅의 신학을 중심으로

한국교회의 성장을 보면서 부러워하고 하나의 모델로 자신의 나라로 가져가려는 교회의 지도자들을 종종 본다. 그러나 설교사역에 관하여는 아무도 부러워하거나 모방을 시도하는 지도자를 아직 만나보지 못하였다. 굳이 설명이 필요하지 않다고 본다. 우리의 설교 현장은 어느 나라의 교회보다 더 뜨겁고 '아멘'의 함성이 예배당을 메아리친다. 그리고 성령님의 호칭을 제일 많이 사용하는 설교 현장이다.

그러나 진정한 말씀사역의 질과 내용이 자랑스럽지를 못하다. 그리고 설교의 사역과 성령님의 역사를 바르게 연관짓지 못하고 있다. 자신의 목회적인 수단으로 성령님의 이름을 남발하고 있으나 설교 준비의 주변에는 성령님을 의지하는 흔적이 보이지 않는다. 설교의 순간에는 성령님을 부르짖는 소리가 요란한데 그 손에는 남의 설교집을 들고 있는 비양심적인 설교자가 속출하고 있다. 그리고 말씀의 현장에서는 말씀의 주인이신 성 삼위일체 되신 하나님이 그 설교의 어디에 있는지 도저히 찾을 길이 없다. 때로는 과연 설교가 무엇인지를 저분은 이해하고 저렇게 외치고 있는지의 질문을 하게 된다.

이럴 때마다 신학적으로 우리의 교회에 절대적인 영향을 끼치고 있는 장 칼뱅과 같은 종교개혁자들은 어떤 설교신학을 소유했는지를 찾아보고 싶은 충동을 심하게 느낀다. 다행스럽게 필자의 은사님이신 로날드 월리스(Ronald Wallace) 박사께서 펴내신『장 칼뱅의 말씀과 성례전 신학』을 우리말로 옮기는 과정에서 깊은 감명을 받았다. 거기서 장 칼뱅의 주석과『그리스도교 강요』를 비롯하여 그의 수많은 설교들을 모두 읽어야 하는 수고를 절약하면서도 그 주옥같은 글에서 나타난 장 칼뱅의 일차적인 자료수집이 가능했다.

I. 하나님 말씀으로서의 설교사역

> + 장 칼뱅은 설교자의 정체성을 어떻게 정의하고 있는가?
> + 한국 장로교회에 절대적인 영향을 주고 있는 장 칼뱅의 설교사역의 신학적 견해는 어떤 것인가?
> + 장 칼뱅은 설교자의 말이 왜 하나님의 말씀이 된다고 주장하는가?

1. 설교자의 정체성[118]

설교자는 누구인가? 그 정체(正體)를 우리는 어떻게 이해하여야 할 것인가? 이러한 질문은 우리의 설교사역에서 소중하게 생각해야 할 부분이다. 여기에 대한 장 칼뱅의 해석은 오늘의 설교사역자들에게 적지 않

---

118 앞으로 계속적으로 장 칼뱅의 주석을 비롯하여『그리스도교 강요』및 그의 설교에서 인용될 모든 자료
    는 대부분이 다음의 책에서 재인용한 것이다. Ronald S. Wallace, *Calvin's Doctrine of the Word and Sacrament*
    (Edinburgh: Tweeddale, 1953). 이 책은 필자에 의하여『칼뱅의 말씀과 성례전 신학』(서울: 장로회신학대학교
    출판부, 1996)으로 출간된 바 있으며, 본 글에서는 이 역서를 기준으로 재인용하고 있다.
    본 "설교자의 정체성"에 대한 자료는 위의 책, 6-10장에서 주로 재인용하였다.

은 부담을 주기도 하거니와 자신의 정체성을 확립할 수 있는 확고한 신학적 바탕을 제시해 주고 있다. 무엇보다도 그는 설교자란 "하나님의 장중에만 존재하고 그분의 주관하에 있는 실존"[119]으로 규정하고 있다.

장 칼뱅은 설교자들의 뿌리를 구약의 예언자들에게 두면서 그 예언자들은 성령님의 발성 기관으로서 오직 위탁된 말씀을 외치는 도구의 역할만을 수행하였음을 다음과 같이 강조하고 있다.

> "예언자들은 그들이 말하고 싶을 때 말하지 않았으며 … 오직 하늘로부터 선포하도록 위임받은 것만을 전한 성령님의 발성 기관이었다."[120]

그러나 장 칼뱅은 황홀경에 빠져서 제정신을 잃고 신들린 몸으로 예언을 하는 이방 종교의 예언자들과는 철저히 구분을 짓고 있다. 구약의 예언자들은 비록 성령님을 그들의 인도자로 알고 순종하여 따랐고 성령님이 주신 영감을 받아 하나님의 말씀을 전하였지만, 그들은 자신의 이성을 잃지 않고서 충분히 맑은 정신으로 말씀의 발성 기관으로서 의 임무를 다하였음을 강조한다.[121]

이처럼 성령님의 인도 속에 전체의 생을 맡기고 살았던 예언자들에게는 하나님이 그들의 눈을 열어서 그들이 결코 이해할 수 없는 것들을 깨닫게 하셨고,[122] "성령님이 주시는 통찰력을 가지고 성령님의 능력으로 백성들의 마음속으로 파고들어 가서 그 안에 숨겨져 있는 것을 파헤치도록 하였음을 강조하고 있다."[123]

장 칼뱅은 오늘의 설교자들이 정상적으로 하나님의 부름을 받고 훈

---

119 장 칼뱅의 주석, 마 13:37.
120 주석, 딤후 3:16.
121 주석, 벧후 1:20, *Corpus Reformation*(C.R.) 55:458.
122 주석, 사 1:1, C.R. 36:27.
123 주석, 암 6:13, C.R. 36:27.

런을 받은 가운데 설교사역을 감당하게 된다면, 이들 역시 구약의 예언
자들과 같게 되기를 바라는 기대 속에 말씀의 사역에 임할 수 있어야
함을 주장한다. 오늘의 설교자들이 이미 예수 그리스도에 의하여 복음
의 선포를 위한 도구로 고용된 말씀의 대리자임을 스스로 확인할 때,
그 사용권이 고용주에게 예속된다는 사실 또한 확인되어야 함을 다음
과 같이 강조한다.

> 예수 그리스도는 우리를 그분의 밭을 경작하기 위한 도구로 고용하
> 신다. 이와 마찬가지로 그분만이 우리와 함께 우리 안에서 행하시
> 기 때문에 … 복음은 그리스도의 명령으로 선포될 뿐만 아니라 하
> 나님의 권능과 가르침에 의해서 선포된다는 사실을 우리는 기억하
> 자.[124]

이처럼 장 칼뱅은 현대 설교자의 뿌리를 하나님에 의하여 소명을 받
고 하나님의 장중에서 활동하였던 구약의 예언자들에게 두고 있다. 그
리고 그 예언자들이 자의적으로 하나님의 말씀을 전한 것이 아니라 철
저하게 주어진 메시지에 국한된 사역을 감당하였음을 강조한다. 예수
그리스도께서 주신 명령의 수행자인 오늘의 설교자들도 그분의 밭을
경작하는 도구로서의 소명된 존재들임을 되새겨야 한다.

이러한 장 칼뱅의 주장은 어느 특정 교단에서만 수용할 수 있는 교리
로 끝나는 것들이 아니라고 본다. 이상과 같은 설교자의 정체성은 설교
사역의 존엄성을 인정하고 있는 현대의 설교자들이면 누구나 수용해야
할 소중한 주장이다. 설교자가 자신이 누구이며 자신의 소임이 무엇인
지를 알아야 한다. 그럴 때 자신의 사역은 강하고 담대할 뿐만 아니라
존엄성을 가지고 수행하게 된다.

---

124 주석, 마 13:37.

2. 하나님의 말씀이라 일컫게 되는 설교자의 말

예수 그리스도의 승천 이후 설교는 언제나 인간의 말을 통하여 이루어졌다. 그리고 하나님 말씀의 대언(代言)이라는 거대한 표현을 서슴없이 사용해 오고 있다. 그리고 설교자들은 자신들을 말씀의 사자(使者)라는 실로 거창한 신분으로 회중 앞에 나타낸다. 여기에 대하여 회중의 반응은 다양하다. 설교자가 성스러운 삶의 길을 걸으면서 순수한 하나님의 말씀만을 전할 때는 비록 성정(性情)이 같은 인간이지만, 그의 특별한 소명과 거기에 따른 말씀의 사역에 경의를 표하고 있다. 그러나 현대의 회중의 수준도 미치지 못한 낮은 지성과 저질적인 인간 언어와 불쾌한 인격을 소유한 설교자에게는 다른 반응을 보인다. 비록 자신이 하나님 말씀의 대언자 또는 말씀의 사자라고 이름하면서 존경을 강요할지라도 회중의 마음은 좀처럼 움직이지 않는다.

설교자의 말을 통하여 하나님의 말씀이라 일컬어야 하는 사역자가 자신의 부족한 부분들로 인하여 성스러운 도구로 합당하지 못한 몸이 된다면, 이 문제는 매우 심각하고 당혹스러운 문제이다. 우선적으로 이 문제의 해결이 선행되어야 설교자의 설교 행위가 정당화되고 도구의 역할을 감당하게 된다.

장 칼뱅은 말씀의 사역자들이 보여주는 교만과 패역과 무례함을 치료받을 수 있는 길은 하나님과 마주치는 것밖에는 없다고 한다. 거기서 자신을 하나님께 굴복시킬 것을 요구한다.[125]

설교자가 하나님과 만남을 경험하고 자신을 모두 굴복시켰을 때, 하나님은 그 설교자의 말을 매체로 하여 하나님 자신의 말씀을 전하게 된다고 한다. 그리고 하나님은 자기 자신의 말씀을 설교자의 말과 밀접하게 동일시함으로써 설교자의 입을 통하여 나오는 말이 하나님 자신

---

125 주석, 겔 1:28.

의 말씀이 되도록 한다는 주장을 다음과 같이 펼치고 있다.

> 인간의 입으로부터 나온 말은 하나님의 입을 통하여 나온 말씀과
> 동일하다고 할 수 있다. 왜냐하면 하나님께서는 하늘로부터 직접
> 말씀을 선포하시는 것이 아니라 인간을 도구로 사용하시기 때문이
> 다.[126] … 하나님께서는 그분의 사역자들의 음성을 통해 말씀이 전
> 파되기를 원하신다.[127]

이상과 같이 설교자의 설교 행위가 성령님 능력으로 행하여지는 말
씀이 되기 위해서는 설교자와 하나님과의 성례전적인 특별한 관계가
엄숙히 계약되어야 한다. 그럴 때 하나님께서 인간 설교자의 말 속에
함께하셔서 그분의 존재하심과 권능을 나타내시게 되며, 그 순간에 신
적인 행위와 인간적인 행위 사이에 일체감이 형성된다. 이토록 하나님
이 자신의 도구와 완전히 접목되는 관계 형성은 설교자의 필수적인 부
분임을 강조한 장 칼뱅은 다음과 같이 설명하고 있다.

> 하나님의 말씀이 선지자의 말과 구별될 수 없으며[128] … 하나님께서
> 는 또 사역자와 분리되지 않는다.[129] … 말씀의 주인이신 하나님께
> 서는 도구와 결합하시며, 성령님의 감화력은 인간의 애씀과 결합한
> 다.[130] … 이러한 일체감이 아주 밀접해서 그 결과 설교자들은 진정
> 한 성령님의 도구라 불릴 수 있게 되고 그의 일들은 가장 고귀한 말
> 로써 행해진다.[131]

---

126 주석, 사 55:11.
127 주석, 사 50:10.
128 주석, 학 1:12.
129 주석, 고전 3:7.
130 주석, 고전 9:1.
131 주석, 고전 3:7.

도구가 주인의 손에 있게 되고 주인이 그 도구를 통하여 원하는 소리를 발하게 된다는 것은 가장 보편적인 상식이다. 그러므로 하나님이 선택된 설교자를 자신의 도구로 삼으시고 성령님께 결합되어 필요하신 말씀을 외치게 함이 바로 설교사역이다. 바로 이 지점에서 설교자의 말은 그 자신의 말이 될 수 없고 하나님의 말씀이 된다는 결론에 도달하게 된다.

II. 성경 해석과 성령님

+ 하나님의 말씀인 성경의 해석은 설교자 지성의 기능으로 모두 이룩될 수 있는 문제인가?
+ 설교자는 운반해야 할 하나님의 말씀인 성경을 앞에 놓고 어떤 자세를 취하는 것이 당연한 일인가?

1. 말씀의 이해를 돕는 성령님 역사

설교자에게 가장 무거운 부담이 있다면 그것은 자신이 전하고자 하는 본문에서 하나님이 무엇을 말씀하시는지를 시원스럽게 이해하는 문제이다. 설교자가 본문을 이해하는 과정은 하나님이 이 말씀에서 무엇을 의도하고 계시는지를 파악하는 가장 기본적인 출발이다. 만일 여기서 설교자의 태만과 무지로 하나님의 뜻과 상반된 의미를 자기 생각으로 설정하여 회중에게 나아간다면 이것은 설교자의 거대한 실수이다. 이 지점에서부터 설교자는 하나님과는 거리가 멀어지는 행보를 걷기 시작하게 된다. 그리고 "하나님이 이르지도 명하지도 않은" 메시지를 자의적으로 만들어 전하는 실수를 범하여 하나님의 뜻을 어기는 말씀의 탈선자로 전락하게 된다.

하나님의 메시지를 이해하는 가장 중요한 시점에서 장 칼뱅은 성령님의 도우심과 그 역사하심을 강조하면서 "성령께서 설교자의 앞에 놓인 말씀을 이해할 수 있는 생각을 주시고 우리의 마음이 그 가르침의 멍에가 될 때만 하늘의 가르침은 우리에게 유용한 능력이 된다"[132]고 주장하고 있다. 장 칼뱅에 따르면, 설교자들은 철저하게 성령님의 가르침이 동반되도록 간구해야 한다. 그리고 그 설교자가 가지고 있는 지식이란 지극히 제한된 것이므로 하나님의 진리를 모두 정확하게 꿰뚫어볼 수 있는 길은 오직 성령님의 동행에 의해서만 가능하다.

그러면서 그리스도 안에서 하나님의 영광을 인식하고 그 말씀의 뜻을 정확하게 파악하는 모든 능력은 결코 설교자의 능력이 아니라 "성령님의 조명으로부터 흘러나오는 능력"[133]이어야 함을 말한다. 거기에 더하여 성령님의 역사에 따라 우리의 귀가 뚫어지고 눈이 열려야 우리가 주님의 말씀을 정확하게 듣고 이해할 수 있음을 강조한다. 실질적으로 우리는 인간의 오성이 지극히 유한하다는 사실을 인정할 필요가 있다. 인간은 감각적이고 지성적인 기능을 최상의 것처럼 여기고 만족하고 살아가지만, 사실은 가지고 있는 것보다 가지지 못한 것이 훨씬 더 많다는 사실에 유의해야 한다. 이러한 면에서 장 칼뱅의 다음의 주장은 타당성을 가진다.

우리는 우리의 모든 감각적인 능력이 얼마나 약한 것인가를 실감할 수 있다. 하늘로부터 내려오는 능력이 계속해서 우리의 감각 기능과 교제하지 않는 한 눈과 귀는 본연의 기능을 감당할 수 없기 때문이다.[134] … 우리는 하나님의 거룩한 영의 가르침을 받을 필요가 있으며, 그의 도움이 없이는 주의 말씀 속에서 우리에게 보여주신 것을

132 주석, 눅 24:45.
133 주석, 요 17:26.
134 주석, 눅 24:16.

전혀 이해할 수 없다는 사실을 인지해야 한다.[135]

이상과 같은 장 칼뱅의 주장들을 종합하면서 오늘의 한국교회 설교자들이 전해야 할 본문을 앞에 놓고, 그 말씀의 정확한 이해를 위하여 얼마나 절박하게 성령님의 도움을 간구하는지에 대한 자성적인 관찰을 할 필요가 있다. 일반적으로 한국교회의 설교자들이 자신의 말을 도구로 삼아 운반해야 할 본문말씀을 앞에 두고 취한 단계는 다음의 세 부류로 분류된다.

하나의 부류는 본문을 읽고 자신이 느끼고 생각한 것을 본문의 뜻으로 정해 버리는 지극히 경망스러운 설교자들이다. 이들은 때로는 자신의 뜻을 펴기 위하여 거기에 맞는 본문을 찾는 경우가 많다. 이러한 부류의 설교자들에게는 성령님의 도움으로 말씀의 뜻을 이해하려는 노력의 필요성마저 느끼지 못한다.

두 번째 부류는 가장 간단한 방법으로 주석 성경 한 권으로 말씀의 뜻을 채우려는 단순 노력형의 설교자들이다. 그리고 더이상 석의의 필요성을 느끼지 못한 채 대충 넘기는 경우이다.

세 번째 부류에 속한 사람은 설교의 이론을 충실히 따르는 형태이다. 먼저, 장 칼뱅의 말대로 성령님의 동행을 간구하고 자신의 오감을 깨우쳐 말씀을 깨닫게 해 달라는 기도를 한다. 그리고 시간의 제한을 받지 않고 자신이 찾아볼 수 있는 각각 달리 번역된 성경과 원어사전과 성서사전을 비롯한 각종 사전류를 펴고 말씀의 뜻을 찾기에 골몰한다. 그리고 다수의 성경 주석을 가지고 다른 사람은 어떻게 이 말씀을 해석했는지를 찾아 땀을 흘린다. 여기에서 미래의 설교자들이 가야 할 바른길이 어떤 길인지를 다시 점검하게 된다.

---

135 주석, 딤전 3:8-10.

2. 말씀 앞에 선 설교자의 겸손

우리의 깊은 관심은 설교자가 가지고 있는 지적인 기능은 무가치한 것인가의 문제를 제기하게 된다. 장 칼뱅의 주장은 결코 그러한 차원의 뜻을 의미하지 않는다. 설교자가 자신의 지식과 분석으로 말씀을 왜곡하는 실수를 막기 위하여 성령님의 동행과 그의 도움을 강조하고 있다고 본다. 설교자가 가지고 있는 지식에 따른 분석을 앞세우는 것을 경계하고 무엇보다도 성령님에게 그 주권을 의뢰하는 것을 의미한다.

여기서 장 칼뱅은 또 하나의 의미 깊은 충고를 오늘의 설교자들에게 주고 있다. 그것은 하나님의 말씀으로 기록되어 있는 성경에 대한 경외심의 문제이다. 장 칼뱅은 성경을 앞에 놓고 있는 설교자는 누구보다 겸손한 자세로 하나님의 말씀을 펼 것을 강조한다. 그 주된 이유는 하나님과의 만남은 성경을 통해서만이 가장 정확하고 가능하기 때문이다. 성경이 바로 하나님과 대면하게 되는 관문이기에 성경을 접하기 전에 설교자의 마음은 하나님을 뵙기 위한 마음의 준비가 필요함을 알게된다. 장 칼뱅은 성경을 내려놓고 하나님을 만나려고 시도하는 것은 눈을 감은 채로 주님의 얼굴을 바라보려고 하거나, 시력이 무척 나쁜 사람이 안경을 벗은 채로 주님을 보려고 하는 것과 다를 바 없다는 이론을 펴면서 다음과 같은 말을 하고 있다.

> 우리가 하나님께 하듯 성경을 똑같이 존중해야 하는 것은 성경이 하나님으로부터만 나오고 성경을 모르는 사람에게 속한 것은 하나도 없기 때문이다.[136] … 우리가 성경을 보려고 할 때에 듣고 읽은 모든 것을 쉽게 이해할 수 있다고 생각하는 어리석은 교만을 부려서는 곤란하다. 그러나 우리는 경외감을 가지고 하나님을 온전히 섬

---

136 주석, 딤후 3:16.

겨야 한다.[137]

장 칼뱅은 이상과 같은 경외심을 가지고 말씀을 대하는 설교자는 자연적으로 성령님의 계시에 자기를 맡기고, 그분이 말씀의 해석자가 되어 주기를 간절히 구하는 겸손한 자세가 있어야 함을 주장한다. 결코, 자신의 지식과 관찰력으로 모든 것을 해결하려고 하지 않는다는 의미이다. 그래서 그는 성경의 참 해석자는 말씀 앞에 겸손한 자들에게 보내진 성령님이시라고 다음과 같이 갈파하고 있다.

> 우리가 우리의 모든 지각을 뛰어넘는 것은 바로 저 위에 있는 지혜라는 사실을 인정할 때 성경을 진심으로 존중하게 된다. 그럼에도 불구하고 여전히 우리는 성경을 멀리하지 않고 열심히 읽으면서 성령님의 계시에 나를 맡기고 우리에게 해석자가 주어지기를 소망한다.[138] 이 성경의 해석자는 말씀 앞에서 겸손한 자들에게 보내진 성령님이다. … (성경의) 예언들은 먼저 인간 정신의 통찰력으로 구성할 수 없듯이 지금 그것으로 말미암아 이해할 수도 없다. … 우리는 예언이 가지고 있는 순수한 의미를 하나님의 영에 의하여 우리에게 활짝 열려지도록 기도해야 한다. 인간적인 야망에 대해서는 아무것도 주어질 수 없다. 교만한 마음은 말할 것도 없다.[139]

여기서 오늘의 설교자들은 하나님 말씀으로서의 성경을 접하는 자세를 다시 한 번 확인하게 된다. 그리고 자신의 지적인 바탕을 의지하는 것보다는 그것을 단순한 도구로 여기는 겸손한 자세의 필요도 중요한 교훈으로 우리 앞에 주어지고 있다. 특별히 설교자가 운반해야 할 말씀

---

137 주석, 딤전 3:8-10.
138 주석, 행 8:31.
139 C.R. 7:613.

을 앞에 놓고 그것을 단순히 학문적인 차원으로 다루지 않고 성령님의 도우심에 의하여 스스로 메시지를 듣는 겸허한 자세의 필요성은 하나님의 말씀을 성언(聖言)으로 운반하는 필수 조건이다.

III. 성령님이 동반한 성언운반

+ 설교는 인간 단독의 행위인가? 왜 성령님의 동반이 필수적인가?
+ 설교는 설교자의 노력으로 확신을 심어줄 수 있는가?
+ 진정한 말씀의 확신은 어디서부터 발생하는가?

1. 성령님의 동반이 필요한 이유

설교가 성언의 운반이라는 개념을 쉽게 무너뜨리는 것은 바로 설교 사역장에 설교자가 홀로 서 있기 때문이다. 설교자가 자신의 신앙적인 경험이나 지식을 펼치는 데 급급하기 때문이다. 때로는 훌륭한 신앙 수필을 낭독하고 있기 때문이다. 이러한 것은 그리스도인들의 모임에서 강의로 행하여질 수 있는 행위들이다. 그러나 오늘의 한국교회는 강의와 신앙 간증을 성언운반의 설교사역과 혼동하고 있다는 데 문제의 심각성이 대두된다.

설교는 순수한 하나님의 말씀을 회중에게 운반하는 사역이다. 이 성언운반의 사역은 어떤 경우도 설교자라는 한 인간의 단독으로 이룩될 수 없다는 것이 설교학의 이론이며 그리스도교 설교 역사의 기록이다. 설교는 듣는 사람으로부터 공감을 받아 내는 것이 목적이 아니라 그 말씀을 듣는 사람의 마음에 성령님에 의하여 감동이 생기고 삶에 변화를 가져오는 것이 주 목적이다. 이러한 감동과 변화는 설교자가 홀로 감당할 수 없다.

장 칼뱅은 성령님께서 설교자와 동행하여 주시고 회중의 마음속에서 활동하시지 않는다면 이상과 같은 감동과 변화는 기대할 수 없다고 말한다. 사실 설교사역에 있어서 성령님의 가르침이 동반되지 않는다면 밖으로 울려 퍼지는 설교는 공허하고 아무런 도움이 되지 못한다. 다시 말해서 성령님께서 말씀을 받아들이도록 회중의 마음의 문을 열지 않는 한, 하나님의 말씀도 능력을 발휘할 수 없다는 사실이다. 그래서 장 칼뱅은 "놀랍고 특별한 힘을 소유한 성령님께서 들을 수 있는 귀와 깨달을 수 있는 마음을 주셔야만 한다"는 사실을 강조하고 있다.[140]

여기서 다시 한 번 성령님의 동반이 설교사역에 있어야 할 필요성을 갖게 된다. 즉, 인간인 설교자는 한계성을 가지고 있기에 자신의 말은 어떤 형태로든지 외칠 수 있으나 "듣는 사람들의 귀와 깨달을 수 있는 마음"을 조정할 능력을 가지고 있지 못하다는 사실에 깊은 주의를 요구한다. 이것은 설교자 자신이 감당할 수 있는 일이 아니라 성령님만이 할 수 있는 일이기에 그분의 동반이 없이는 조금의 효력도 발생시킬 수 없다.

또 하나 유의해야 할 것은 성령님의 동반에 대한 증거에 관한 문제이다. 설교자 대부분과 회중이 설교의 현장에서 찾는 성령님 역사는 즉각적인 것에만 초점을 맞추고 있다. 성령님의 동반이라는 개념을 동시적인 사건으로 믿고, 그러하지 못할 때 성령님 역사가 동반되지 않는 현장으로 믿는 심각한 오류를 범하고 있다. 그러나 그것은 한시적인 개념을 벗어나지 못한 인간 사고의 결과이지 결코 사실이 아니다. 이러한 문제에 대한 장 칼뱅의 대답은 다음과 같다.

하나님은 두 가지 방식의 가르침을 보여주시는데, 먼저 주님은 사

---

140   John T. McNeill (ed.), *Calvin: Institutes*..., Book two 2:20.

랑의 입술로 우리의 귀에 들려주신다. 그리고 다음으로 성령님을 통하여 내적으로 우리에게 말씀하시며 이것을 주님이 적당하다고 생각하는 시간에 동시에 하시거나 아니면 따로따로 행하신다.[141]

그러기 때문에 성령님 동반의 결과는 가시적으로 인간이 원하는 시간과 장소에 국한되지 않는다. 그 결과는 결코 인간이 조절하는 것이 아니라 그분의 자의적인 계획과 판단에 따라 이룩된다는 사실을 우리는 알아야 할 것이다.

2. 최종적인 성령님의 결실

한 인간이 설교의 현장에서 설교를 경청하고 그리스도를 영접하는 일이 발생하고 삶의 변화를 이룩하는 사건들이 인간의 오성으로 이룩된 것으로 이해한다면, 그것은 대단한 오류를 범한 이론이다. 만일 인간의 지성적인 기능만으로 설교사역이 이룩되고 회중이 설득되어 그리스도인의 수효가 증가하고 있다면, 그것은 그리스도교를 인간 중심의 방향으로 이끌고 가는 위험한 발상이다.

설교사역이 가져온 결과들은 인간으로서는 도저히 이룩할 수 없는 결과들이 있는데, 장 칼뱅은 이것이 바로 "하나님의 말씀을 듣는 회중의 마음속에서 역사하시는 성령님의 초자연적인 행동"[142]이라고 일컫는다. 실질적으로 설교란 성령님의 초자연적인 역사에 의하여 발생한 결과들이 비일비재(非一非再)하다. 장 칼뱅은 이러한 초자연적인 성령님의 능력이 인간의 능력을 초월한 결과임을 밝히고 있다.

우리는 우리에게 들려주시는 말씀을 모두 완전하게 들을 수 있지

---

141 주석, 요 14:25.
142 칼뱅의 설교, 사 53:1-3.

만, 하나님께서 우리의 타락한 본성 가운데 하나인 무감각한 성질을 제거하기 전에는 나뭇가지에 대고 말하는 것이 더 나을지 모른다. 이러한 역사가 일어날 때 비로소 우리는 주님께서 우리에게 말씀하시는 것을 조금이라도 깨달을 수 있게 되는데, 그것은 주님의 말씀이 우리 인간의 능력을 초월하기 때문이다.[143]

이처럼 성령님의 역사와 위력은 "인간 정신의 능력 위에 있다는 것이며, 우리 안에 하나님께서 말씀으로 약속하신 것을 확신시키는 것은 성령님의 역할이다." 이러한 성령님의 초자연적인 역할은 그리스도가 통치하는 교회를 세우시며, 그 교회는 그리스도가 통치하는 하나님을 예배하는 공동체로서 새로운 활기를 갖게 된다. 그리고 성령님 역사 안에서 이룩된 교회는 그리스도를 머리로 하여 그의 법 아래서 통치를 받게 된다.

그러나 성령님의 역사 아래서 이룩된 교회라고 하더라도 교회는 말씀을 떠나서는 존재할 수 없다는 것을 장 칼뱅은 역설하고 있다. 즉, 성령님의 역사만을 노래하고 표적만을 구하는 교회란 너무나 불안정하므로 말씀이 있어야만이 교회가 생명을 이어갈 수 있음을 강조한다. 그리고 교회 안에서 외쳐진 말씀은 순수한 하나님의 말씀만이 운반되어야 하기에 설교자들은 정직한 말씀사역을 위하여 성령님 뜻을 따르고 그 뜻에 순종하는 것이 타당하다고 말하고 있다.

사도 바울은 직접 교회를 하나님의 순수한 말씀으로 감독하기 위하여 하나님으로부터 받은 것만을 전하였다.[144] … 그들은 모두 그들 자신의 말은 조금이라도 감히 나타내려고 하지 않았고, 그들의 인도자로서 성전에서처럼 그들의 입술을 주관하시는 성령님께 순

---

143 칼뱅의 설교, 행 1:6-8.
144 주석, 고전 15:3.

종하며 따랐다.[145]

말씀의 사역에 동반한 성령님의 역사의 최종적인 결실은 그리스도가 머리가 되어주시는 교회가 세워지는 것이며, 그 교회가 그리스도의 법에 따라 존속하는 것이다. 그리고 그 안에서 택함을 받은 설교자가 그 시대의 언어 감각과 환경을 익히게 하고, 하나님의 말씀인 성경의 진리를 바르고 정확하게 선포하고 회중의 삶에 적용하도록 독려하시고 함께 역사하심이, 오늘 우리 앞에 보이는 성령님의 역사이다. 그러므로 교회가 주님의 교회로서 말씀 위에서 흔들림 없이 굳건하게 뿌리를 내리고 성장해야 하며, 하나님이 원하시는 결실을 맺어야 한다. 여기에는 하나님의 말씀을 운반하는 사역이 오직 성령님의 가장 으뜸가는 역사라는 사실을 깊이 인식해야 한다. 이것이 21세기의 문전에서 구원의 완성을 지상목표로 삼으신 성령님의 최종적인 결실을 익히는 역사이다.

IV. 맺는 말

한국교회는 일찍부터 1907년의 대각성 부흥 운동을 가시적으로 경험하면서 성령님의 역사가 어떤 것인지를 이미 알고 있다. 한국인이 아직 정확하게 익히지 못한 설교사역이었지만 그 서투른 설교 말씀을 통하여 역사하셨던 성령님의 역사를 우리의 교회는 생생하게 보존하고 있다. 그러나 시대의 흐름에 따라 이 소중한 경험은 퇴색되어 가고 있다. 순수하게 회개의 함성이 교회의 안팎을 울리고, 울부짖는 눈물이 성도들 서로의 옷깃을 적시던 아름다운 경험이 우리의 곁을 떠난 지 오래다.

---

145 주석, 벧후 1:20.

금세기에 들어 성령님의 역사를 기사 이적의 세계에서만 찾으려는 탈선된 신앙의 모습이 난무한다. 단상에서 넘어지고 병을 고치는 역사에서 환호성을 지르고, 말씀 앞에서는 형식적인 '아멘'을 고수처럼 외치다가 교회의 문전을 벗어나면 아무런 흔적을 보여주지 못하는 현실로 우리의 교회는 달리고 있다.

　이러한 정황에서 본 글은 말씀의 사역과 성령님의 연계성을 새롭게 찾아보았다. 특별히 본 연구에서는 우리의 설교 실정과 개혁자 장 칼뱅의 신학을 연관지어 새롭게 성령님의 역사를 연구하였다. 최종적으로 오늘 성령님의 역사는 교회를 통하여 운반되는 성언의 사역에 가장 밀접한 관계성을 가지고 있음을 확인하였다. 이제 이러한 관찰이 하나의 학문으로 끝나지 않고 우리의 설교사역에 바로 적용이 되어야 한다고 본다. 그동안의 미숙했던 설교사역에 새로운 성령님의 관여와 동적인 역사와 아름다운 결실이 연계되어 이제부터 우리의 주변에서 일어나야 미래에도 이 땅의 교회에 촛대가 꺼지지 않게 될 것이다.

제7장
강해설교

요즈음에 이르러 한국교회에 강해설교(Biblical Preaching/Expository Preaching)라는 용어가 빈번히 사용되고 있다. 강해설교만이 진정한 설교인 양 이해하는 경향이다. 그리고 이 주제를 위하여 이곳저곳에서 활발하게 설교자들이 모이고 있다. 물론 그러한 모임에서 펼쳐지는 강의의 내용은 적지 않은 강사들이 자신이 체험한 현장에서 익힌 자신의 방법을 말하고 있다.

최근에 설교를 교회의 생명으로 여기는 개혁교회 설교학계에서는 강해설교라는 이름보다는 성경적 설교(Biblical Preaching)라는 이름을 애용하는 편이다. 그들은 여기서 어떻게 하면 인간의 말로 가득한 설교대에서 순수한 하나님의 말씀만이 가득하게 하고, 설교자가 감추어지고 성삼위일체이신 하나님만이 보일 수 있도록 할 것인지를 집중적으로 연구하고 있다. 이러한 연구는 강해설교를 추구하는 많은 설교자에게 절대적인 호응을 받으면서 설교사역의 새로운 이정표를 세워 가고 있다.

이 글에서는 필자의 강해설교 지식과 주장을 단순하게 펼치는 것을 자제하려고 노력하였다. 여기에 대한 가장 모범답안을 찾아 독자들에게 주는 것이 현명한 일이라 생각했다. 그 결과 강해설교의 가장 모범적인 교재로 알려진 달라스 신학교의 하든 로빈슨(Haddon W. Robinson) 교수의 *Biblical Preaching*을 택하였다. 이 책은 필자가 유학 시절에 강해설교의 기틀을 잡는 데 절대적인 영향을 받았기에 일찍이 『강해설교의 원리와 실제』로 번역 출간한 바 있다. 본 글의 전반부는 1장과 4장을 발췌하여 작성하였음을 밝힌다.[146] 그는 복음주의에 입각한 설교학 교수이기에 누구보다 한국 강단이 수용하기에 매우 적절한 이론을 펼친 설교 신학자라는 평가를 받고 있다.

로빈슨의 이 책은 순수한 말씀의 전달만이 중심이 될 수 있는 설교사역을 위해 이정표를 제시하였다. 그러나 제시된 이론들이 너무 학구적이고 이론적이라는 평을 받기도 하였다. 그러한 이유에서 이 글에서는 필자의 견해를 첨가하여 강해설교의 이론을 좀 더 쉽고 실천적으로 정리하는 데 노력하였다. 그러나 강해설교의 모든 것을 다룰 수 없는 형편이기에 본 글에서는 강해설교가 필요한 이유를 간단히 서술하고, 이어서 강해설교의 기본적인 성격을 파악하려 한다. 그리고 실천적인 차원에서 강해설교의 준비 단계와 설교로 옮기는 과정을 요약하여 정리하고자 한다.

I. 강해설교가 필요한 이유

설교단에 선 사람 가운데는 성경은 봉독하되 그 본문이 주지 않는 다른 메시지에 심취된 이들이 있다. 설교자는 흔히들 정치체제, 경제학 이론, 새로운 종교 철학, 진부한 종교적인 문제, 사회의 실상들을 다룬

---

146 Haddon W. Robinson, 『강해설교의 원리와 실제』, 정장복 역 (서울: 대한그리스도교출판사, 1987).

슬로건이나 심리학상의 어떤 경향 등을 전하고 싶은 강한 유혹에 직면한다.

설교자는 하나님으로부터 오는 말씀을 가지고 회중을 대하는 것이 아니라 인간사에 관한 자신의 견해를 전하는 데 열을 올리고 있다. 그러나 회중은 자기 삶의 현장에서 발생한 이야기보다는 사회 속에서 들을 수 없는 하나님의 말씀을 듣기 위하여 주님의 날에 육신의 안식을 취하지 않고 하나님 전에 나와 예배한다.

하나님은 성경말씀을 통하여 사람과 만남을 이룩하시고 그들을 구원에 이르게 하신다(딤후 3:15). 그리고 풍성하고 성숙한 그리스도인의 인격을 갖추게 하신다(딤후 3:16-17).

오늘의 설교 현장에서 발생한 설교의 실태는 강해설교라는 이름으로 전혀 강해설교가 아닌 설교를 진행하고 있다. 설교자가 성경말씀을 바르게 풀어 전해주지 못할 때 그는 스스로 권위를 상실하게 된다. 인간이 인간의 말을 가지고 목이 쉬도록 외치는 것은 오히려 회중을 피곤하게 만드는 결과를 가져온다.

II. 강해설교의 재 이해

강해설교는 어떤 본문의 문맥에 맞는 역사적, 문법적, 문학적 연구를 통하여 얻어지고 전달되는 성경의 메시지를 전달하는 것이다. 성령님은 그것을 먼저 설교자의 인격적 경험에 적용하고, 그다음에 그를 통하여 청중에게 적용시킨다.

1. 진정한 강해설교는 본문이 설교를 지배한다

한국 강단의 많은 설교는 자기 생각과 판단과 견해가 본문을 지배하는 현실이다. 그러나 진정한 설교는 본문이 설교 전체를 지배하고 본문에서 설교가 나온다. 강해설교는 방법보다는 원리를 더 강조한다. 어떤 사람이 강해설교를 할 수 있는지는 다음과 같은 질문에 정직하게 대답할 수 있는 사람이어야 한다. 즉, "설교자가 자기 생각을 성경말씀에 복종시키려고 하는가?"이 질문에 대한 대답에 따라 설교의 방향과 목적이 뚜렷하게 설정된다.

2. 강해설교는 하나의 주안점을 설정해야 한다

성경을 대할 때 우리는 먼저 각각의 단어가 무엇을 의미하는지에 관심을 가지기보다는 그 본문을 기록한 성경 기자가 그 단어를 통하여 무엇을 제시하고 있는지에 관심을 가져야 한다. 한 단어의 뜻을 본문 전체의 개념으로 보는 것이 아니라, 그 단어들을 통한 전체의 뜻을 파악하려는 노력을 기울여야 한다.

흔히들 설교자가 자신이 관심이 있는 단어를 가지고 시간을 다 소비하는 현실을 본다. 그러나 진정한 강해설교자는 단어들의 뜻을 풀고 그것을 종합하여 하나님이 본문 전체를 통하여 무엇을 말씀하시는지에 대한 하나의 개념을 설정해야 한다. 거기서 하나님이 주신 진정한 메시지를 찾게 된다. 개체 단어는 전체의 맥을 지탱하는 메시지를 위하여 존재한다. 결코 단어 몇 개가 전체의 뜻을 펼 수는 없다.

3. 메시지는 본문으로부터 나와야 한다

설교자라는 매개체를 통하여 나오는 설교는 설교자의 것이 아니다. 그 모든 권위와 참뜻은 모두 성경본문에서 나와야 한다. 그래서 설교자는 봉독한 성경본문에 대한 해석을 다룸으로써 듣는 사람들의 주의를 성경에 집중하도록 해야 한다. 설교자가 자신이 이해하고 있다고 판단한 사실을 전하려고 할 때 설교의 기본 뜻은 흐려지게 된다. 그리고 설교에서 설교자만 보이는 모순을 범한다. 강해설교자는 설교의 기본 메시지를 본문으로부터 먼저 듣고 그것을 자신이 소화하고 회중에게 전해야 한다.

4. 주어진 메시지는 설교자 자신에게 먼저 적용해야 한다

설교자가 본문으로부터 발견한 메시지를 들고 회중의 특정한 부류의 사람들에게만 적용하려는 생각은 매우 위험한 발상이다. 주어진 진리는 설교자 속에서 먼저 적용되어 거기서 승화되는 경험이 있어야 한다. 메시지는 설교자라는 매개체를 통하여 나오기에 그 매개체의 정결함과 신실함은 메시지의 순수한 도구이다.

그러므로 "성경은 설교자를 향한 최상의 설교자"이다. 여기서 설교자는 한 편의 설교를 얻기 위하여 성경을 연구하는 것이 바로 본인의 영혼을 위한 양식을 얻기 위함임을 깨달아야 한다. 불행한 것은 많은 설교자가 설교자로서 실패하기 이전에 이미 그리스도인으로서 실패하고 있다는 사실이다.

5. 주어진 메시지를 회중에게 적용해야 한다

강해설교자는 먼저 주석가로서 본문의 깊은 뜻을 찾는 데 전념하여야 한다. 그리고 하나님이 그의 메신저로서 오늘의 말씀을 통하여 자신에게 어떻게 인격과 신앙에 변화를 주시는지를 파악해야 한다. 마지막으로 하나님이 자신을 통하여 회중에게 무엇을 외치고자 하시는지를 알아야 한다. 다음의 말씀은 바로 이러한 문제를 정확하게 언급한 것이다.

"모든 성경은 하나님의 감동으로 된 것으로 교훈과 책망과 바르게 함과 의로 교육하기에 유익하니 이는 하나님의 사람으로 온전하게 하며 모든 선한 일을 행할 능력을 갖추게 하려 함이라"(딤후 3:16-17).

III. 강해설교의 준비단계

1. 설교할 본문을 확정한다

강해설교를 위한 본문의 확정은 역사적으로 두 가지의 방법으로 제시되어 있다. 하나는 창세기 1장 1절부터 계시록 22장 21절까지를 연속적으로 이어가는 방법(lectio continua)이다. 또 하나는 메시지를 중심으로 하거나 교회력을 따르면서 거기에 해당하는 본문을 택한 성서정과를 따르는 방법(lectio selecta)이다. 어떤 형태가 되었든지 설교의 본문은 말씀의 자연스러운 단락에 따라서 선택해야 한다. 자신의 목표량을 채우기 위한 무리한 선택은 금물이다.

2. 설교의 길이에 유의해야 한다

설교는 예배 안에서 주어진 시간에 하는 것이 원칙이다. 그 시간을, 자신이 발견한 메시지를 모두 주겠다는 의욕에 따라 연장하는 것은 무리이다. 그러므로 설교자는 준비하는 동안, 주어진 시간에 줄 수 있는 메시지를 선별하는 지혜를 갖추어야 한다. 또한 주어진 시간을 메꾸기 위하여 예화를 늘리고 자신의 경험과 지식을 나열하는 일은 삼가야 한다. 여기서 설교자는 꼼꼼한 분석과 전체를 개관하는 방법의 양면성을 활용할 수 있는 지혜를 갖추어야 한다.

3. 설교자는 본문의 봉사자가 되어야 한다

강해설교를 하면서 설교자가 가장 쉽게 범하는 오류는 자신이 정한 주제를 위하여 본문을 활용하는 경우이다. 강해설교는 최대한 말씀을 말씀으로 풀어주어야 한다. 본문의 문맥이나 그 뜻은 적당히 넘기고 자신의 주장과 원하는 것을 위하여 시간을 다 보내고 시간의 맨 끝에 "오늘 본문에서도…", 또는 "예수님께서도…"라고 말한다면 그는 본문의 봉사자가 아니라 지배자가 되는 실수를 범하게 된다. 자신이 말한 것처럼 본문도 말한 바 있고 예수님도 말씀한 바 있다는 자세와 표현은 경거망동의 행위임이 틀림없다. 이것은 자기주장이 바르다는 것을 입증하기 위해 본문을 각주로 만드는 행위이다.

4. 본문의 철저한 석의를 의무화한다

설교자는 무엇보다도 본문이 들어있는 전후의 기록을 반복하여 읽고 연관시켜야 한다. 이 일을 위하여 각각 달리 번역된 성경을 읽으면서 먼저 문맥을 이해해야 한다. 여기서 설교자는 본문을 거시적으로 읽고 전체를 파악하는 노력을 기울여야 한다.

그다음 단계로서 본문의 주석을 시도한다. 이때 원어사전, 성구사전, 성서사전, 어휘 연구서 등을 펼치고 그 말씀의 뜻을 파악해야 한다. 그리고 최종적으로 주석들을 펴서 이 말씀을 어떻게 해석하고 이해하고 있는지를 자신의 것과 비교한다.

5. 이해된 분문에서 주제를 찾고 다음의 질문에 답해야 한다

철저한 석의과정을 거친 설교자는 오늘의 본문이 주고자 하는 핵심적인 주제가 무엇인지를 알게 된다. 그때 설교자는 우선으로 이 본문이 언제(when) 어떤 환경에 있든 사람(who)에 의하여 어떤 대상(whom)을 위하여 기록하였는지를 알게 된다. 그리고 그 주제의 기본 뜻은 무엇이고 (what) 그 말씀을 주신 목적(why)과 제시된 실천 방안(how)에 대한 대답을 정확하게 찾는다. 그럴 때 본문은 정확하게 파악되고 메시지의 진의는 현장화될 수 있다.

IV. 본문에서 설교로 나아가는 단계

1. 오늘의 말씀으로 임한다

주어진 성경본문은 분명히 시간상으로는 먼 옛날에 있었던 말씀이다. 그리고 공간적으로는 다른 지역이었다. 그러나 오늘 그리스도인들의 공동체는 그 역사적 말씀을 현재의 실재(實在)로 경청하고 경험한다. 그래서 본문은 옛날의 설화에서 따오는 단순한 이야기가 아니라, 하나님이 오늘 여기에(here and now) 회중의 한복판에 서서 하시는 말씀으로 받아들인다. 여기서 유의해야 할 것은, 강해설교자는 단순히 말씀만을 풀어주는 존재가 아니라 그 말씀 앞에 서 있는 회중을 정확히 파악하는 사람이어야 한다는 점이다. 그래서 설교자는 말씀과 회중의 중간에 서서 매체의 임무를 수행하게 된다.

2. 세 가지 발전적 질문을 요구한다

앞에서 열거한 준비단계에서는 본문이 기록된 그때로 돌아가 그 시대와 환경을 충분히 이해하고 나서 그 말씀의 뜻을 찾는 데 집중하였다. 그러나 여기서는 먼저 그 말씀이 오늘 여기의 이 회중에게 무엇을 의미하는지를 설명할 수 있어야 한다. 다음에는 그 사실의 진실성과 정당성, 그리고 그 말씀에 대한 확고한 믿음을 찾아야 한다. 마지막으로 그 말씀의 중요성이 무엇을 위함인지를 본다. 그리고 그 함축된 의미와 적용을 시도한다.

3. 설교는 문장화 되어야 한다

설교자가 사용하는 언어는 진리를 바르게 선포하고, 정확하게 해석하고, 효율적으로 회중의 삶에 적용하는 소중한 매체이다. 이 매체는 결코 즉흥적으로 나오는 언어로 채울 수 없다. 언어는 선별하면 할수록 아름답게 엮인다. 흥미 없는 일상용어보다 좀 더 고상하게 수식하고 문학적이고 시적 감각이 넘치는 문장을 언어화하는 설교는, 모든 사람의 주의를 집중시키고 보다 큰 감명을 줄 수 있다. 설교자가 아무런 선별의 노력도 없이 길가의 약장사들처럼 즉흥적으로 쏟아내는 언어는 소중한 진리를 값싸게 뿌리는 것에 불과하다. 그러한 까닭에 설교자는 자신의 최선의 노력을 기울여 설교 원고를 광채가 빛나는 문장으로 정리하여야 한다.

4. 전달은 설교의 운명을 좌우한다

아무리 훌륭한 설교의 내용과 정리된 원고일지라도 효과적인 전달을 수반하지 못한다면 거기는 실패만이 기다리고 있다. 설교의 성공은 내용 60%, 전달 40%로 이룩된다는 분석은 매우 의미심장하다. 정확한 발음, 효과적인 음폭과 음색 관리, 언어의 속도와 음정의 리듬을 적절히 조율하는 것 등은 설교단에서 실질적으로 필요한 요소이다. 그에 더하여 설교자의 열정과 호소력은 설교의 효과성을 좌우하는 또 하나의 소중한 방편이다. 회중은 메시지의 내용을 듣기 전에 설교자의 자세와 음성과 몸가짐에 시선을 집중한다. 이 만남이 회중에게 설교를 계속하

여 흥미진진하게 듣게 하든지, 아니면 포기하게 만든다는 사실에 유의
해야 한다.

V. 맺는 말

설교는 인간의 노력만으로 되는 사역이 아니다. 설교자의 노력을 지
켜보시며 동참하시는 성령님의 도움이 있어야 한다. 이러한 도움은 설
교단에 섰을 때만 필요한 것은 아니다. 본문을 정하고 그 말씀을 연구
하고 오늘의 의미를 찾고 전달하는 전 과정에서 필요하다. 회중이 설교
자를 통하여 듣게 되는 설교에서 하나님과 만남을 경험하고, 그 앞에서
진리를 경청하게 되는 이 거대한 역사의 장은 설교자의 인위적인 힘만
으로는 이룩될 수 없다. 설혹 설교자가 그 순간 감명을 주었더라도 이
는 한시적인 것에 불과하다. 오직 성령님의 역사가 설교의 준비부터 전
달의 과정, 그리고 경청하는 회중의 가슴까지 함께할 때만 설교는 완성
된다.

그러므로 진정한 강해설교자는 자신의 정체성을 정확하게 '순수한
도구'로 확정하여야 한다. 그리고 겸허하게 말씀 앞에 무릎을 꿇고 땀
을 흘리면서 성령님의 도움을 구해야 한다. 설교자들이 이러한 근본적
인 자세를 확립하고 말씀을 운반할 때만 설교사역의 결실이 가득하게
맺히게 될 것이다.

제8장
설교와 신앙간증을 동류화하는 개념의 문제점

설교라는 이름 아래 펼쳐진 메시지의 전달은 날이 갈수록 다양한 형태를 취하고 있다. 그러한 다양한 형태를 통하여 뜻밖의 효과를 거두는 경우가 있는가 하면, 반면에 심각한 부작용도 없지 않다. 이 중에서도 신앙간증(信仰干證)이라는 방편을 취한 메시지 전달의 형태는 한국교회 안에 대단하게 편만되어 가고 있다. 그러기에 특수한 경험을 가지거나 흥미로운 직업의 전선에서 살아간 성도들의 체험적인 신앙 경험담을 듣는 일들이 교회의 중요한 행사로 도입되는 사례가 빈번하다. 이러한 행사들이 한계성을 넘어 설교보다 더 우위성을 확보하고, 거기에 더 많은 관심을 두는 교회들의 등장으로 교회의 강단이 흔들리고 새로운 문제의 싹이 트고 있음을 보게 된다.

바꿔 말하면, 오늘의 신앙간증 집회는 설교와 동일한 효과와 권위를 가지고 진행되며, 회중은 진부한 설교의 장보다 부담없이 듣고 즐길 수 있는 간증 집회를 찾는 현실이다. 그리고 그 간증의 주인을 은사를 받은 특유한 인간 혹은 보내진 사자로 여기면서 허다한 무리가 추종하는 그릇된 모습들이 보이기 시작한다.

여기에서 신앙간증을 다니는 주인공들은 어느덧 유명한 설교자의 위치에 서게 되었다는 착각을 일으키게 된다. 따라서 교회의 설교자들은 적지 않은 긴장을 하게 되고, 자신들이 행하고 있는 설교사역에 불쾌한 도전을 받으면서 염려하는 현상이 대두되고 있다. 이러한 실상은 신앙간증에 대한 근본적인 이해를 재촉하게 되고, 거기에 대한 바른 방향의 제시가 시급함을 요청받게 된다.

I. 설교의 전통적인 이해

설교는 그리스도교의 바탕(根幹)을 이루는 부분으로서 그 출발부터 있어 온 사역이다. 역사적으로 이 설교사역이 살아있고 활발하게 전개될 때는 그 시대가 진취적으로 발전을 하였다. 그러나 설교가 시들고 설교의 세계가 혼돈과 무질서로 침체되었을 때는 한 시대가 암흑의 세계로 침몰한 것을 쉽게 볼 수 있었다. 그 실례로서 중세의 암흑기를 들 수 있다. 어거스틴과 크리소스톰과 같은 설교가들이 지나간 후 서서히 시들기 시작한 설교사역이 마침내는 설교의 가치를 모르던 설교가들이 경험담이나 들려주고 과거의 설교문이나 읽어줌으로써 설교의 세계는 탈선을 거듭하게 되고 마침내는 교회를 멍들게 하였다. 그리고 한 시대를 깊은 암흑의 세계로 몰고 갔던 것을 우리는 역사에서 확실하게 읽을 수 있다.

한국교회에서는 역사적으로 부흥 사경회와 같은 연례적인 집회를 통하여 신앙을 가다듬고 집중적인 성경과 교리를 학습하는 일들을 가져왔다. 이때마다 강사에 따라 자신의 메시지 전달에 도움이 된다고 판단이 될 때 자신이 알고 있는 사람들의 특별한 신앙의 경험을 간증하도록 하는 사례가 종종 있었다. 이러한 방법들은 실질적으로 회중에게 감동을 주었고 자신의 경험처럼 받아들이면서 은혜를 나누기도 하였다.

이렇게 선의의 방편으로 쓰이던 신앙간증의 행위가 뜨거운 환영을 받으면서 어느새 우리의 교회에서는 간증 설교라는 이름으로 탈바꿈을 하게 되고 그 주인공이 마치 오늘의 현장에 보내진 위대한 말씀의 사자처럼 우대를 받는 실정이 되어가고 있다. 그러한 신앙의 간증은 설교와 같은 개념으로 승화되어야 한다는 주장과 함께 혼돈을 가져오고 있다.

여기서 우리는 설교에 대한 정확한 이해를 다시 한 번 서두를 필요를 느낀다. 그 이유는 그리스도교가 지난 2천 년의 역사 속에서 지속해 온 설교사역을 설교자나 회중이 정확하게 이해할 수 있다면 설교와 신앙간증을 혼동하지 않고 살아갈 수 있기 때문이다.

설교는 근본적으로 인간의 경험이나 사건을 신앙적으로 해석하고 전하는 것이 아니다. 또는 어떤 개인의 놀라운 사건을 성경말씀에 맞추어 마치 하나님이 그를 통하여 하나님의 말씀을 입증시켰다고 외치는 것도 아니다. 더욱이 설교란 어느 특정한 인간이 특수한 경험이나 수난을 통하여 주어진 은혜를 받았기에 회중에게 전해야 하는 사명자로 등장해야 하고, 그 사실을 온 천하에 다니면서 외쳐야 하는 것이 아니다.

그리스도교가 지난 2,000년 동안 지켜온 설교에 대한 바른 이해는 부름을 받은 설교자가 선지생도로서 입문하고 훈련을 쌓은 후에 성령님의 역동적인 역사 아래서 성경에 기록된 하나님의 말씀을 바르게 선포하고, 그 말씀을 정확하게 회중의 언어로 해석하고, 그 말씀을 효율적으로 그들의 삶에 적용하는 것이다. 이러한 설교의 정의는 다음과 같은 몇 가지의 요구를 끊임없이 추구해 왔으며 오늘도 요구하고 있다.

먼저, 설교자 자신의 정체성 확인을 위하여 하나님으로부터 부름을 받은 사자로서의 충실함에 대한 자기 점검을 쉬지 않아야 한다는 사실이다. 온전히 하나님께 바쳐진 진정한 도구(Instrument)로서 훈련을 받아 사용된 사자(使者)인가를 거듭하여 확인하는 삶은 설교자로서 살아가는 첫째의 요소이다.

둘째로, 기록된 하나님의 말씀을 충분히 터득할 수 있는 지적인 능력이 있어야 그 말씀을 맡겨진 양들에게 선포하고 해석하고 적용할 수 있다. 설교는 단순히 느껴지고 경험한 사건의 진열이나 전달이 아니기에 더욱 이 부분은 설교자에게 부담을 주고 있다.

셋째로, 설교자 앞에 앉아 있는 양들에게 자신이 받아 준비한 메시지를 전달할 수 있는 의사소통(Communication)의 구체적인 능력의 문제이다. 주어진 시대의 언어와 표현에 익숙하여 그 순간을 찾아오신 하나님과 만남을 가져다줄 수 있는 설교자여야 한다는 점이다.

넷째로, 자신의 모든 준비와 외침이 인간 자신에 의한 것이 아니라 성령님의 역동적인 감화의 역사 아래서 행해지는가를 확인하는 일이다. 설교의 사역은 언제 어디서나 최선을 다한 말씀의 운반자라는 사실을 확신한다면, 설교에서는 자신의 이상과 주장을 펼칠 수 없다는 원칙을 지켜야 한다. 그리고 거기서는 성령님의 손에 온전히 붙잡히고, 그가 입혀준 두루마기를 입은 종만이 단에 서게 된다는 원칙을 고수해야 한다.

이상과 같은 그리스도교의 설교에 대한 전통적인 이해는 아직도 변함이 없다. 이러한 원칙은 설교사역에 몸을 바친 말씀의 종들에게 깊이 가르쳤으며, 오늘도 설교의 변질에 설교자가 접근할 때마다 이 원칙은 말씀의 강단 앞에 서 있다.

II. 설교가 될 수 없는 신앙간증의 실상

그리스도교 신앙은 언제나 두 바퀴에 의해서 오늘을 지속해 오고 있다. 그것은 지성과 영성으로서 어느 것 하나 그 가치를 평가하면서 차이를 둘 수 없다. 지성으로 이해할 수 없는 것들이 그리스도교의 고유한 진리 속에 자리잡고 있다. 개인의 신앙은 이론으로 설명할 수 없는 경험 속에서 오히려 강건하게 굳혀진다는 것이 보편타당한 말이다. 이런 차원에서 신앙간증은 많은 성도의 공감대를 형성하고 있다. 그러기 때문에 신앙간증을 그리스도교의 신앙생활에 해로운 것으로 보는 것은 대단한 오류를 범하는 견해이다.

단지 여기에서 문제는 신앙간증을 설교와 동일한 것으로 여기고 특유한 경험을 소유한 사람을 설교자와 같은 위치에 올려놓는 그릇된 이해이다. 이러한 잘못된 이해가 초래한 부작용은 우리의 교회에 실로 막중한 결과를 가져온다. 때로는 교회를 갈라지게 하는가 하면, 간증자를 교주화(敎主化)하여 새로운 종파의 설립을 서두르는 무서운 사례도 우리의 교회 역사에서 무수히 볼 수 있다.

그러므로 오늘의 교회에서 성행하는 신앙간증 집회의 효율성과 문제점을 통한 그 실상이 우선하여 분석되어야 한다고 본다. 먼저, 신앙간증이 가져올 수 있는 효율성을 다음 몇 가지로 분석해 본다.

(1) 신앙간증은 경험적인 신앙의 결핍을 채우는 도구로 사용될 수 있다. 전술한 바와 같이 지적인 기능만을 사용한 진리의 연구와 터득은 우리의 감정을 적시고 깊은 감동의 세계로 몰고 가는 데는 대단한 거리를 가지고 있다. 그러므로 자신과 같은 인간이 체험한 경험적 신앙을 자신의 경험으로 승화시켜 그것을 자신의 것으로 도입할 가능성을 가지고 있다.

(2) 하나님의 말씀이 구체적으로 현장화되는 느낌을 주어 말씀의 진리성을 시각화 내지 감각화시키는 효과를 가져온다. 성경에 기록된 말씀의 선포와 해석은 먼저 지각의 기능을 사용하기에 진리의 구체적인 적용에 시간이 필요하다. 그러나 신앙간증은 깊은 경지를 경험한 인물과 그의 간증을 통하여 적용된 말씀의 진리성과 그 현장성을 바로 듣고 느낄 수 있다.

(3) 신앙간증은 동일한 처지에 놓여 있는 무리에게 용기와 비전을 심어 줄 가능성을 가지고 있다. 대체로 간증할 정도의 신앙 경험을 가진

사람들은 순탄한 삶을 살지 않았다. 모두가 한결같이 인간이 해결할 수 없는 어려운 순간에 만난 소중한 경험들을 가지고 있다. 그러므로 불확실한 오늘과 내일을 살아가는 사람들에게는 간증으로 들려주고 보여주는 사연들이 언제인가 자신의 것이 될 수 있고, 그때 자신들도 그 용기와 비전을 갖게 될 수 있다는 기대감을 소유할 수 있게 된다.

이제 이상과 같은 긍정적인 면을 가지고 있는 신앙간증이 성행할 때 발생하기 쉬운 부정적인 문제점들은 어떤 것들이 있는가를 본다.

(1) 무엇보다도 신앙간증에 있어서 과장된 묘사와 표현은 진실성의 문제가 제기된다. 사실의 설명과 사건의 묘사에 대한 기준이 회중과 함께 설정되어 있지 않은 것은 언제나 허구와 과장이 있을 수밖에 없다.

설교는 성경에 기록된 말씀을 본문(text)으로 해야 하는 구속력이 있기에 그 텍스트가 바로 기준이 된다. 그 기준은 설교자가 어떤 경우라도 지나친 탈선을 할 수 없도록 모두가 주시하는 가운데서 말씀을 선포하고 해석하고 적용해야 한다. 그러나 신앙간증은 소개할 경험의 사실(Fact) 여부를 간증자인 개인만 알고 있기에 밖으로부터의 간섭이나 주시를 받을 기준이 없다는 데서 문제가 발생한다. 그러기에 간증 내용에 있어서 허구적인 면과 과장의 여지가 충분히 발생할 수 있게 된다.

(2) 간증의 주역이 자신의 경험한 바를 증언함에 있어서 성경말씀을 첨가하고, 그 말씀이 바로 자신이 경험한 사실을 입증해 주고 있음을 언제나 말한다. 이러한 과정은 조금도 오류가 없으며 또 그렇게 해야 함은 당연하다. 그러나 문제는 성경말씀이 간증자 자신의 지나친 주관적 판단으로 해석된다는 데 우려를 하지 않을 수 없다. 성경 해석을 위한 과정이나 연구를 거치지 않은 사람이 성경에 기록된 말씀의 정황이나 어휘의 깊은 뜻을 헤아리지 못한 채, 이 말씀은 바로 이런 경우를 위한 말씀이라고 하면서 회중을 오도(誤導)하는 사례는 신앙간증이 범하기

쉬운 또 하나의 위험한 부분이다.

(3) 신앙간증으로 일관한 집회를 참여하고 돌아온 사람들의 마음에 메시지의 주인이 바뀌게 되는 경우가 적지 않다. 특수한 경험을 하고 그 경험을 들려줄 때는 분명히 하나님의 놀라운 은총을 전하려는 목적이 있기 마련이다. 그러나 사실에 있어서는 간증자의 모습이 회중의 마음에 새겨지는 결과가 발생한다. 이러한 결과는 은총의 주인을 보여주어 하나님과의 수직적인 관계를 맺는 것보다 한 인간의 모습을 수평적으로 비추어 주는 결과에 끝나는 모순을 창출하게 된다.

(4) 끝으로, 가장 중요한 것은 간증자에게 찾아든 공명심(空名心)에 대한 유혹을 들 수 있다. 설교자를 쳐다보고 말씀을 듣던 인간이 어느 날 설교자가 선 그 자리에 서게 되고, 회중이 호기심으로 가득한 눈길로 자신의 말에 주의를 기울일 때 그 감정은 흥분하게 된다. 그리고 우월감에 가까운 생각과 더불어 공명심을 불러일으키는 유혹이 다가옴을 경험하게 된다. 여기서 다수의 신앙간증자들은 또 다른 기회가 주어지기를 기다리게 된다. 그리고 기회가 주어질수록 자신이 인기 있는 설교자가 된 것 같은 착각을 불러일으키게 된다.

이상과 같은 신앙간증의 실상 가운데서 찾아지는 그 효율성과 문제점은 아직도 분명하게 우리 교회 안에서 분석되지 않고 있다. 실질적으로 앞에서 논한 분석의 내용들 이외에도 허다한 시와 비를 논할 수 있다. 그러나 여기서 언급한 몇 가지 분석은 신앙간증이 설교가 될 수 있는가의 문제 제기에 대한 대답으로서 단순하게 제시하였다.

솔직히 지적한다면 설교자로서의 훈련을 받지 못한 비성직자가 회중 앞에 계속 서서 간증하다 보면 어느새 자신이 말씀의 선지자인 듯 착각을 일으키고 탈선을 하는 사례가 적지 않다. 간증을 하다 보면 사람이 따르고, 그 사람들 앞에 서다 보면 공명심(空名心)이 발동되어 설교와 신앙간증의 혼동을 가져오는 사례가 적지 않다. 그러나 신앙간증은 설교와 동일한 개념으로 이해해서는 안 된다. 그 이유는 설교란 성경에 기록된 하나님의 말씀을 오늘의 회중의 언어로 전하고 풀어주는 일이며, 신앙간증은 단순히 한 개인이 체험한 사실을 신앙으로 받아들이고 그것을 이웃 성도에게 보고하는 것이기 때문이다.

신앙간증	설교
인간 경험	성경의 진리
자신의 신앙표현	하나님의 말씀
신비한 해석과 풀이	본문 메시지의 적용
자기 말의 합리화	말씀의 적용
신앙 경험 사용	말씀의 선포, 해석
간증의 주체-인간	말씀의 주체-성 삼위 하나님

III. 건전한 신앙간증을 위한 제언

설교가 아닌 신앙간증은 교회에서 영원히 추방되어야 할 소재인가에 대한 의문을 제기한다면 필자는 단연코 부정적인 자세를 취한다. 신앙의 뿌리와 진리의 터득은 반드시 예배와 설교만을 통하여 이룩되는 것이 아니기 때문이다. 삶의 현장에서 전혀 예기하지 않은 순간에 성령님의 역사는 발생하고 그 역사를 통하여 하나님의 위대한 진리는 조명되는 경우가 많다. 그러므로 초자연적이고 인간 지성의 한계를 벗어난 하나님의 역사는 얼마든지 발생할 수 있다. 그것이 비록 개인에게서 발생하였더라도 겸허히 인정하고 거기에 함께 감사하는 것은 성도들의 바른 자세라고 본다.

그러나 그러한 특유한 경험의 발표와 보고가 보배로운 사건으로 깊숙이 간수되지 못하고 한 개인을 돋보이게 하는 수단으로 사용되었을 때 문제는 심각해진다. 문제는 어떤 원칙을 세우고 신앙에 도움을 주는 간증 집회를 가져야 할 것인가에 대한 깊은 주의와 관심이 있어야 한다. 여기에 필자는 다음의 두 가지 원칙을 간증자와 회중에게 제시하고자 한다.

첫째는 자신이 받은 놀라운 환상과 계시를 부득불 보고하면서도 자신의 나타남을 매우 조심했던 사도 바울의 경우를 본다. 남달리 신비한 순간의 경험을 하였으면서도 "나를 위하여는 약한 것들 외에 자랑하지 아니하리라"(고후 12:5b)고 고백하고, 자신의 경험을 반복하여 말하지 않았던 그의 자세이다. 더 나아가 그는 자신의 신비한 경험을 듣는 무리를 염두에 두면서, "내게 듣는 바에 지나치게 생각할까 두려워하여 그만두노라"(고후 12:6b)는 고백을 남겼다. 이러한 바울의 자세는 하나님이 원하시는 자세라고 일컬어도 조금도 잘못이 없다. 오늘도 간증하면서 많은 성도를 만나야 하는 사람은 바울과 같이 겸손한 마음과 두려움의 마음을 소유할 수 있어야 한다. 그리고 자신의 간증을 듣는 무리가 보여줄 반응도 깊이 생각하면서 진지한 표현의 준비도 있어야 한다.

둘째는 간증을 할 수 있는 신비한 경험들은 대체로 건강을 잃고 죽음 직전까지 임하였을 때를 비롯하여, 너무나 불우한 처지에서 또는 사업의 실패로 좌절과 실망의 늪에서 헤맬 때 하나님과의 만남이다. 그러기에 누구나 그 만남의 사건과 놀라운 결실만을 보고하려는 충동을 느낀다. 그러나 성경에 기록된 말씀에 비추어 이상이 없는 신앙의 체험이어야 그 진리성이 인정받게 된다. 말씀과 무관한 신비한 신앙의 체험은 자칫 허탄한 환상이나 우연의 일치로 끝나는 값없는 간증이 되기 쉽고 사탄의 도구화로 전락할 가능성을 보유하게 된다. 그러므로 언제나 말씀에서 이탈되는 자신의 경험은 함부로 보고하는 우를 범하지 말아야 한다.

끝으로, 자신의 신앙간증에 사람들이 구름같이 몰려오더라도 자신의 행위를 설교사역으로 착각하는 우를 범하여서는 안 된다. 앞에서도 언급한 대로 설교사역은 부름을 받은 종이 정상적인 훈련을 받고 성경에 기록된 하나님의 말씀을 전하고 해석하고 현대인들의 삶에 적용하는 사명을 감당한다. 그러나 간증이란 개인에게 주어진 특별한 경험과 은혜를 이웃의 성도와 나누는 것이 주된 목적이다. 그러므로 자신의 간증을 극대화해 설교와 동일화시키거나 자신을 위대한 설교가로 착각하는 탈선은 위험한 행위임을 알아야 한다.

IV. 맺는 말

교회의 역사에서는 언제나 정상적으로 훈련과 교육을 받지 못한 사람들이 강단에서 회중을 혼동하게 할 때 그 교회는 혼돈과 무질서로 변하게 되고, 교회는 새로운 교주의 등장과 함께 파멸의 길로 들어갔음을 명심할 필요가 있다.

그러므로 오늘의 한국교회는 간증 집회의 자극적인 내용과 신비한 세계의 경험을 성경에 기록된 하나님의 말씀보다 우선으로 여기는 비극적인 사실들을 속히 정정하는 용단을 내려야 할 것이다.

비범한 경험을 남과 함께 나누려는 성도들의 아름다운 뜻은 소중히 여겨야 한다. 그러나 소중한 경험을 갖게 했던 하나님의 은총이 자신이 우월한 성도가 되고 특수한 은총의 소유자가 되는 방편으로 사용이 된다면 그것은 비극을 향한 발길이 될 수밖에 없다.

이러한 부정적인 면에 깊은 자성의 시간을 갖지 않는 신앙간증의 주역들은 자칫 하나님을 만나야 할 회중에게 자신을 만나게 하는 결과를 가져온다. 그리고 그 결과는 인간 중심의 신앙으로 동료 성도들을 이끄는 커다란 실수를 범하고 슬픈 종말을 고하는 비극을 초래한다. 그러기에 언제나 자신이 받은 환상과 계시에 지극한 주의를 기울였던 바울의 자세가 바로 오늘 한국교회가 따라야 할 간증 집회의 바른 표본이라 하겠다.

제9장
한국교회 설교사역과
커뮤니케이션 환경 이해

하나님의 말씀을 선포해야 하는 설교자는 그 위치가 일반적인 대화나 강의의 현장에 서 있는 주역과는 근본적으로 다르다. 그 이유는 설교자란 말씀의 주인과 그 말씀을 받아야 할 그의 백성들 사이에 서 있는 중간 존재이기 때문이다. 그러기 때문에 설교자는 말씀의 커뮤니케이션에 있어서 이중적인 부담을 안고 있다. 즉, 설교자는 하나님과 자신의 사이에서 막힘이 없는 커뮤니케이션을 이루어야 하고, 회중과 자신의 사이에서 전달해야 할 진리의 커뮤니케이션을 성공적으로 이루어야 하는 중대한 사역을 감당해야 한다. 바꿔 말하면, 설교자가 하나님 앞에서나 인간 앞에서 장애물을 갖지 않고 시원스럽게 메시지를 받아 그 것을 성공적으로 전해 줄 수 있다면, 이는 선포의 사역에서 자신의 임무를 성공적으로 수행한 말씀의 운반자(Deliver)이다.

한국교회의 설교자들은 분명히 '말씀의 운반자'의 위치에서 오늘을 살아간다. 그러나 하나님의 존엄한 말씀을 손상 없이 받아 사실적으로 전달하고 있는지에 대하여는 많은 의문을 제기하게 된다. 솔직히 선포의 사역을 수행하면서 부담이 되는 부분이 없다는 고백은 어느 시대, 어느 환경에서도 들을 수 없다. 오히려 시대가 흐르면 흐를수록 설교자란 많은 시간 하나님 앞에 설 때마다 부끄러운 모습 때문에 고민한다. 그리고 말씀을 기다리고 있는 하나님의 백성들 앞에 설 때마다 자랑할 것이 없는 자신의 초라한 모습을 보면서 고민한다. 때로는 틸리케(Helmut Thielicke)의 표현대로 "쓸모없는 솔로이스트(Helpless Soloist)"[147]로서의 깊은 고독의 늪에서 신음하기도 한다. 이럴 때 우리는 흔히들 신앙 양심의 고민이 으뜸가는 문제라는 결론에 도달한다. 이러한 기초적인 문제 이외에도 현대의 설교자는 한국의 땅에서 커뮤니케이션을 이룩함에 필요한 우선적인 요건들이 무엇인지를 살펴보는 지혜가 필요하다.

문제는 모든 학문과 사회적인 구조가 커뮤니케이션에 새롭게 초점을 맞추고 있는 현대에서 한국교회의 선포사역도 이제는 신학함의 그 내용과 그 방법도 이러한 시대적 요구에 귀를 기울여야 한다. 특히 한국의 문화적인 커뮤니케이션의 토양을 생각하면서 더욱 나은 선포의 결실을 거둘 수 있는 미래 지향적인 방편의 발굴에 이제라도 한국의 선포자들이 눈을 떠야 한다는 당위성이 제기된다.[148]

I. 하나님과 설교자 사이에서부터 풀리지 않은 커뮤니케이션

하나님은 커뮤니케이션의 문제를 가지고 있는데 바로 그 문젯거리가 우리 인간이기에 우리가 이 문제 해결의 동역자가 될 수 있다고 체스터 페닝톤은 그의 책 서두에서 밝힌 바 있다.[149] 이 땅이 창조되고 그 안에

---

147 Helmut Thielicke, *The Trouble With The Church*, trans. by John W. Doberstein (New York: Harper & Row, Publishers, 1965), 25.
148 커뮤니케이션의 이론에서는 반드시 전달자와 수용자의 책임과 의무를 함께 묻고 그 분담된 역할을 서술해야 한다. 그러나 본 글에서는 전달자의 역할과 그 주어진 환경과 과제만을 다루게 됨을 아쉽게 생각한다.
149 Chester Pennington, *God Has a Communicaation Problem* (New York: Hawthorn Books, Inc, 1976). 이 책은 필자가 『말씀의 커뮤니케이션』 (서울: 대한그리스도교서회, 1990)으로 편역한 바 있다.

인간이 존재하면서부터 하나님의 성스러운 역사는 인간에 의하여 방해를 받고 에덴의 낙원은 영영 우리를 멀리 떠나게 되었다는 사실을 인정할 때 하나님은 분명히 그 자신과 인간 사이에 적지 않은 커뮤니케이션의 문제를 안고 있다는 사연이다.

이러한 커뮤니케이션의 기본적인 문제는 창조주와 인간 사이에서만 발생하고 있는 것이 아니다. 신과 인간 사이에서부터 풀리지 않은 커뮤니케이션의 문제는 인간이 사는 삶의 장에서는 너무나 보편화되고 있다. 더욱이 이 땅에 들어온 복음의 선포가 굳어진 언어의 노예 상태에서 벗어나지 못한 오늘의 상황에서는 갖은 장해 요소에 의하여 그 막힘이 더욱 심각하게 재현되고 있다.

겸허한 자세로 돌아보면 기독교의 생명인 복음의 선포사역은 지금까지 외치는 데에만 주안점을 두어 온 케리그마(kerygma)의 테두리를 벗어나지 못하고, '듣든지 말든지' 선포만 하면 자신의 사명을 다한다는 고정관념으로 이어오고 있다. 그리스도와 그의 구속의 대업이 선포될 때 그 사건을 복음으로 수용하는 자는 "귀가 있는 자"요, 그렇지 못한 자는 "귀가 없는 자"로 쉽게 넘겨 버리는 선포자의 양상은 현대의 소통의 입장에서 볼 때 참으로 어이없는 모순이다.

진정한 개신교의 선포사역이 추구하는 길은 단순히 외침의 단계가 아니다. 커뮤니케이션의 어휘가 뜻한 대로 주어진 메시지가 선포되었을 때, 회중이 바로 말씀의 주인과 호흡을 함께하면서 가슴속에 함께 공유(共有)되고, 통화(通話)되고, 소통(疏通)되어야 한다. 즉, 진정한 선포의 의미는 듣는 자가 주어진 메시지를 이해(comprehension)하고 수용(Acceptance)하여 자신의 것으로 만드는 것(Internalization)에 있다. 이러한 설교사역의 커뮤니케이션 이론에 비추어보면, 한국교회의 선포사역에는 수직적인 관계성만이 강조되는 현실이다. 즉, 메아리 없는 선포자의 외치는 소리만이 한국의 강산(江山)에 일방통행(One Way) 되고 있다는 사실을 발견하게 된다.

설교사역은 기계적이고 상습적인 고차원의 기술로 해결될 수 없는 문제이다. 자신의 철학과 삶의 지혜를 자신의 유창한 언어와 정교한 설득력으로 이어가는 현상은 진정한 의미에서 설교사역이 아니다. 이것은 고대 그리스의 궤변가(Sophist)들이나 수사학도들이 살아가는 방편이었다. 이들은 메시지의 근원이나 주인을 찾는 것보다는 자신들이 알고 있는 지식을 정확한 논전(論戰)에 의지하여 외치는 데 급급할 뿐이었다.[150] 여기서는 말하는 사람이 청중의 대상이 되어 그의 질서정연한 논리와 설득이 높은 평가를 받을 때는 영웅이 되기도 하고, 그렇지 못할 때는 천박한 인간으로 평가되기도 하였다.

그러나 설교 현장은 어떤 경우도 자신의 논리와 설득이 앞설 수 없는 엄격한 규율이 있다. 즉, 설교자가 메시지의 주인이 되고 설교자의 생각과 말이 메시지 자체가 되는 중세의 수사학도들의 발길을 답습할 수 없다는 사실이다. 설혹 수사학도들의 형태가 성공적으로 적용되어 설교자와 회중과의 커뮤니케이션이 성공하더라도 메시지의 주인과 만남이 없이는 그 커뮤니케이션은 무가치하다.

진정한 설교의 사역과 그 출발은 메신저와 메시지의 주인이신 하나님과의 관계성이 가깝게 이어져야 한다. 그리고 66권의 성경을 통하여 이미 주어진 말씀에 풍부한 지식과 이해를 하고 있어야 한다. 그리고 선포의 현장을 위하여 말씀의 주인에게 메시지를 구하는 경건한 삶의 실제(實際)가 있어야 한다. 즉, 메시지를 요청하는 설교자와 메시지의 주인과의 커뮤니케이션이 무엇보다도 우선하여 순조롭게 성립되어야 한다는 사실이다. 이러한 문제에 누구보다 깊은 관심을 표현한 워드(Ronald A. Ward)는 그의 『고귀한 성례전』이라는 책에서 다음과 같이 서술하고 있다.

---

150 Chaim Perelman, *The Realm of Rhetoric*, trans. by William Kluback (Northdame: University of Northdame Press, 1982), 1.

만약 설교자의 마음이 성경의 지식으로 풍요롭다면, 설교자의 지식은 계속하여 향상될 것이다. 만약 하나님과의 관계에 근접하게 지속하고 그와 매일 동행할 수 있다면, 만약 그가 영적인 활기를 지속할 수 있다면, 그는 언제나 하나님이 그에게 말씀하시는 것을 지체없이 받게 될 것이다. 그리고 나서 그는 그 메시지가 전해져야 할 생생한 삶의 장을 발견하게 될 것이다.[151]

하나님은 끊임없이 그의 백성들과의 진리의 커뮤니케이션을 원하신다. 그러나 그 말씀을 기다리는 회중보다는 그 진리를 전달해 주어야 할 메신저와의 사이에서 커뮤니케이션이 먼저이다. 소통의 통로를 가로막고 있는 것이 무엇인지에 우리의 관심을 일차적으로 모아야 한다. 여기서 설교사역자는 말씀의 주인이신 하나님 앞에 성례전적 삶(Sacramental Life)을 지속하면서 그와의 성공적인 커뮤니케이션 관계를 우선적으로 수립해야 한다는 당위성을 갖게 된다.

II. 커뮤니케이션으로 본 그리스도교의 기본 신학

아리스토텔레스(Aristoteles)의 저서를 통하여 학문화되기 시작했던 수사학(Rhetorike)은 언어와 글의 생활을 좀 더 윤택하고 효과 있게 사용하여 상대를 설득하는 데 그 기본 목적을 두었다. 이러한 수사학은 후에 어거스틴에 의하여 그 이론이 말씀의 선포를 위한 설교학에 대폭 수용되는 과정을 거쳤다. 특별히 어거스틴은 설교자들의 비논리성에 대하여 예리한 지적을 하면서 설교에서도 '가락이 맞는 끝맺음(rhythmic closings)'

---

151 Ronald A. Ward, *Royal Sacrament: The Preacher and His Message* (London: Marshall, Morgan & Scott, 1958), 86.

이 필요함을 강조하였다.[152] 이러한 설교학과 수사학의 상관관계는 제2차 세계대전의 종식과 함께 새롭게 시대적인 총아로 등장한 커뮤니케이션 이론과 만남을 가져왔다. 전쟁을 수행하는 동안 심리전의 하나로 사용하였던 인쇄와 방송을 통한 메시지의 커뮤니케이션 시도는 효과적인 결과를 가져오기에 이르렀다. 여기서부터 커뮤니케이션의 중요성과 그 효과성은 인정을 받고 별개의 학문의 총아로서 등장하게 되었다.

여기서 유의해야 할 것은 커뮤니케이션이란 인간의 효과적인 의사 전달을 위한 기술적인 개발의 산물로만 이해할 수 없다는 것이다. 오늘의 인간들 앞에 나타난 커뮤니케이션의 근본 원리는 인간이 창안한 이론의 결실이 아니라는 데 놀라지 않을 수 없다. 이것은 성 삼위 하나님의 창조 역사와 그 계시의 과정에서 일찍이 사용된 방편(Means)이었고, 오늘도 그의 나라와 의를 펼치는 도구로서 소중하게 사용되고 있다.

웨버의 주장대로 하나님은 커뮤니케이션의 궁극적인 기초(The Ultimate Basis for Communication)임을 쉽게 볼 수 있다.[153] 하나님의 삼위일체 위격(persons)들이 서로 함께하면서 인격적이고 관계적인 방법으로 친밀한 사이를 유지하면서, 공통적인 신적 성격을 공유하는 것에서부터 커뮤니케이션의 바탕을 찾을 수 있다. 즉, 성경에서 표현되는 성부 성자 성령의 위격의 교류는 하나님은 관계의 하나님이시며, 따라서 그 본질상 커뮤니케이션에 의해서 특정지어지는 분이라는 결론을 내리게 된다. 오르(James Orr)의 표현대로 하나님 자신이 커뮤니케이션의 주체로서 창조와 구속의 역사가 바로 "성 삼위 상호 간의 완전한 교제 안에서 이룩되었다."[154] 그리고 그 하나님은 이 '완전한 교제'의 본성을 피조물인 인간과의 관계를 유지하는 데 활용하고 있다.

---

152 Aurelius Augustinus, *On Christian Doctrine*, trans. by D. W. Robertson, Jr. (New York: The Bobbs-Merrill Co., 1958), 149.

153 Robert E. Webber, 『그리스도교 커뮤니케이션』, 정장복 역 (서울: 대한그리스도교 출판사, 1985), 63-67.

154 James Orr, *The Christian View of God and the World, as Centering in the Incarnatio*n, 3rd ed. (Edinburgh: Andrew Elliot, 1897), 274. 위의 책, 66에서 재인용.

이러한 속성의 주체이신 하나님이 그의 형상대로 만든 인간은 필연적으로 하나님의 커뮤니케이션 대상이 될 수밖에 없다. 이러한 사실은 성경의 66권 전체에서 볼 수 있는 하나님과 그의 백성과의 관계성에서 명백하게 나타나고 있다. 즉, 하나님의 명령과 인간의 응답이 때로는 순조롭게, 때로는 역겹게 이어지는 것 자체가 하나님과 그 피조물과의 커뮤니케이션이 이어지고 있다는 표현이다. 그 구체적인 실례로서 인간의 타락과 에덴에서의 추방은 모두가 하나님과 인간과의 커뮤니케이션의 단절에서 발생하였다는 사실을 볼 수 있다. 그리고 지금도 하나님과 어떠한 소통도 거부하고 독자적으로 공중 권세를 펼치면서 파멸을 즐기는 사탄의 존재와 그 권세를 하나의 실례로 들 수 있다.

가장 분명한 실례는 하나님과 인간 사이에 막힌 담을 헐고 원천적인 소통의 관계성을 회복하기 위하여 육신의 몸을 입으시고 이 땅에 찾아오신 예수 그리스도에게서 찾을 수 있다. 그가 처절한 십자가 위에서 희생의 제물이 되면서 이룩한 구원의 사건이 바로 하나님과 인간 사이의 새로운 소통의 역사를 만들었다. 즉, 하나님과 커뮤니케이션이 되어 그 뜻을 이해하고 수용하고 자신의 것으로 공유한 사람은 다시 하나님과의 관계성을 회복하여 구원에 이른다는 진리가, 커뮤니케이션 신학의 절정을 이룬다.

그뿐만 아니라 성경의 모든 기록이 하나님은 인간을 통하여 인간에게 오늘도 선포의 사역을 감당하게 하시고, 길과 진리와 생명에 이르는 성공적인 커뮤니케이션을 시도하고 있다는 점이다. 여기서 깊은 주의를 필요로 하는 것은 성경의 커뮤니케이션은 말하는 존재의 부상이 목적이 아니다. 그 매체를 이용하는 주체자의 뜻이 명백하게 전달되고 나타나야 한다는 특유한 요구이다. 이러한 그 위대한 뜻의 성취를 위하여 하나님은 역사와 언어와 환상과 성육신의 형태를 통하여 인간과의 커뮤니케이션을 시도하셨다. 그리고 하나님은 이러한 커뮤니케이션의 방편을 과거의 것으로 거두지 않으시고, 오늘의 말씀의 사역자들에게 이러한 기본 원칙을 소통하도록 하셔서 세상에서 그의 말씀이 전파되도록 명령하신다. 이 지점에서 기독교 선포의 신학이 출발하게 된다.

III. 어제의 한국 강단과 커뮤니케이션의 문제

어제까지 이어온 한국교회의 강단은 지극히 안일한 커뮤니케이션의 감각을 지니고 있었다. 말씀을 손에 들고 나아가서 선포하는 설교자는 설교를 듣는 상대의 세계보다 설교자의 세계만을 생각하는 일방통행의 길을 걸어오고 있었다.

벌로(David K. Berlo)가 일찍이 제시한 커뮤니케이션의 모델에 의하면, 커뮤니케이션이 발생되는 현장에는 전달자와 수용자가 기본적으로 존재해야 한다. 그리고 전달자는 자신이 전하고자 하는 메시지를 기호화(encoding)하여 적절한 채널을 통하여 발신해야 하고, 수신자는 자신에게 주어진 암호화된 메시지를 먼저 해독(decoding)하고 수용 여부를 결정하게 된다고 말한다.[155] 커뮤니케이션의 분야에서 보편화된 이 모델에서 우리가 유의해야 할 것은 전달자의 기호화 작업이다. 전달자는 자신의 교육, 사상, 문화적인 배경만을 고려하여 메시지의 구성이나 언어가 있어서는 안 되며, 수용자의 문화와 삶의 형편과 그 교육의 정황들을 고려하여 기호화가 준비되어 있어야 한다. 그럴 때 수신자는 자신에게 주어지는 메시지의 기호를 손쉽게 해독하고 이해와 수용을 신속히 이룩하는 커뮤니케이션을 가져오게 된다.[156]

이상과 같은 커뮤니케이션의 기본 이론은 이 땅에 복음을 전파했던 19세기 초기 선교사들에게는 익숙하지 않았던 이론이었다. 그들은 자

---

155 David K. Berlo, *The Process of Communication* (New York: Holt, Rinehart and Winston, 1960), 30-38.
156 Chester Pennington, 『말씀의 커뮤니케이션』, 62-74. 이 부분에서는 커뮤니케이션의 사건을 룰 하우의 입장에다가 자신의 목회 경험을 첨가하여 상세하게 설명하고 있다.

신의 교육환경에서 이해되고 자신의 문화권에 접목된 메시지를 최상의 것으로 알고 믿고 되었고, 그것을 이식(transplant)하는 작업에 오직 열중할 뿐이었다. 이러한 결과는 반만년의 역사와 고유한 문화 속에서 생성되고 익혀진 이 땅의 언어의 개념, 사회적인 통념, 그리고 심리적인 성향 등이 전달자의 기호화 작업에 전혀 합류되지 못하게 만들었다. 또한, 이들의 선포의 작업은 철저히 일방적이었고, 수신자였던 국민은 해독화의 작업을 위한 여유도 없이 맹종을 요구받기에 이르렀다. 그러기에 "그리스도교 신앙에 대한 미국적인 문화적 이해를 비서구적인 문화에 이식하려 했을 때 수많은 문제점을 낳았다"[157]는 웨버의 지적은 공감대를 형성하기에 충분하다.

이상과 같은 선포사역의 형태는 이 땅의 설교사역자들에게 그대로 전수되어 모두가 서구의 문화와 언어의 개념에 종속된 결과를 초래하게 되었다. 이 땅의 언어와 모습, 심성에 대한 고려가 없이 선포되었던 기독교의 진리는 드디어 한국 설교자들의 모습과 예화와 음정을 비롯하여 설교의 스타일과 비언어적인 표현에 이르기까지 모두가 모방과 답습의 형태에서 한 세기를 넘기게 만드는 결과를 가져왔다. 초창기의 한국교회는 여기서 우뚝 솟은 설교자가 카리스마 있는 지도자가 되었고, 교인들은 그에게 만사를 맡기고 마는 정적(情的)인 약점으로 기울어지게 되었다.[158] 더욱이 절대 권위만을 내세우는 이들의 선포의 장에서는 특정인의 교회로 정착은 될 수 있었으나 이성과 주관이 있는 한국의 그리스도교로 정착을 시도하기는 너무 어려웠다.

이상과 같은 초기의 정상적인 커뮤니케이션의 결여는 한국의 기독교가 수입된 종교로서의 옷을 오랫동안 벗지 못하였다는 평가를 가져오게 되었다. 거기에 더하여 오도된 메시지 앞에서도 이성의 기능을 가진 수용자들이 수용을 위한 해독화(解讀化)의 단계에서 당연히 펼칠 수 있

---

157 Robert E. Webber, 『그리스도교 커뮤니케이션』, 32.
158 지명관, 『한국인과 기독교』 (서울: 기독교교육협회, 1969), 65.

는 비판 의식마저 허용하지 않았다. 이토록 외길로 달려간 선포의 장은 드디어 허다한 이단 집단들의 출현을 가능하게 하였고 막대한 피해를 한국교회에 안겨 주기도 하였다.

이러한 어제의 한국 강단에서 발생한 선포와 그 문제점은 모두가 하나님이 사용한 커뮤니케이션의 양태를 파악하지 못했던 연고로 돌릴 수밖에 없다. 하나님의 커뮤니케이션은 그가 인간 세계를 찾아오시고, 인간의 죄악이 극성을 부리는 삶의 장을 찾아오셔서 인간들의 언어를 사용하셨다. 그리고 그들의 문화와 역사가 뿌리내린 그 사회의 구조 속에서 몸으로 원하신 메시지의 실현을 보이셨다. 바로 그것이 그리스도의 커뮤니케이션 결정체로서 보여준 십자가 사건이었다.

지금까지 이어온 한국교회의 선포사역은 바로 이 특유한 기독교의 커뮤니케이션이 적용되지 못한 선포사역이었다고 지적을 받아 마땅하다. 그리스도가 보여주었던 참여를 통한 커뮤니케이션이 없이 수입된 언어 위주로 일관된 복음의 커뮤니케이션을 시도했던 우리의 어제는 실로 부끄러운 기록이 아닐 수 없다. 듣고 이해하기 위하여 만들어져야 할 수신자의 기호가 없는 커뮤니케이션 시도는 허공에 던져지는 외로운 함성에 불과하다는 분석을 가능하게 하였다.

IV. 한국 강단의 문화와 커뮤니케이션 환경

남인도의 마드라스에는 사도 도마의 무덤이 세인트 토마스(St. Thomas) 성당 안에 안치되어 있다. 그 교회의 강단 중앙에 세워 놓은 예수님의 모습을 보는 순간 누구나 쉽게 예수 그리스도와 그가 전파된 땅의 사람들이 소유한 문화와의 관계를 쉽게 이해할 수 있다. 그 모습은 예수님이 인자한 미소로 팔을 벌리고 서 있는데, 그 발은 연꽃 위에 놓이고 두 마리의 공작새가 양옆에 예수님을 향해 있다. 힌두 문화의 대표적인 연꽃과 공작새가 보좌와 부활의 상징으로서 그리스도와 함께 조각된 상징이었다. 도마가 사도의 신분으로 복음을 선포하고 순교를 당했던 땅에 세워진 교회에서 볼 수 있는 이 예수님의 모습은 한국교회에서는 상상할 수 없는 한 폭의 그림이었다.

복음이 수용되는 문화의 영역과 그 중요성을 인정하지 않는 사람은 이 모습을 보면서 한마디로 힌두 문화와의 '타협' 또는 '혼합'이라는 혹평을 하면서 의미 부여를 하지 않을 것이다. 그러나 복음의 효과적인 커뮤니케이션을 염두에 둔 사람은 무릎을 치면서 감탄할 수 있다.

복음을 선포하는 거대한 작업에는 언제나 문화적인 커뮤니케이션을 생각하지 않을 수 없다. 전달자의 문화적인 구조 속에서 굳혀진 메시지를 일방적으로 타 문화권에서 자신들의 방법과 이해대로 옮기려는 시도를 이제는 어떤 수용자도 환영하지 않는다. 비록 그리스도교의 고유한 복음과 수용자의 문화가 완벽하게 부합될 수 없다 하더라도 적어도 접촉점을 발견하려는 시도의 과정은 필요하다. 그리고 그 문화 속에서 생성된 사고의 구조와 언어의 의미들을 교량화(橋梁化)시키려는 기본적인 노력은 커뮤니케이션의 필수적인 과정이다. 간혹 이러한 과정에서의 접촉을 손쉬운 타협주의나 혼합주의로 단정하는 것은 현대 커뮤니케이션의 이론을 외면하는 행위이다. 나이다(Eugene Nida)의 표현대로 그리스도교 신앙을 한 문화권에서 다른 문화권으로 옮겨 해석하는 참된 목적은 내용의 변화가 아니라 똑같은 내용을 메시지 전달의 수단에 맞도록 문화적으로 의미 있는 형식에 맞추는 것이다.[159]

이상과 같은 기본적인 커뮤니케이션의 환경을 중요하게 생각하면서 한국 땅에서 선포사역이 성공적으로 커뮤니케이션 되기 위해서는 오늘 이 땅의 '말씀을 듣는 자'들의 마음의 바탕과 사고의 구조와 고유한 언어에 대한 다음 몇 가지의 문제만은 선포의 사역자가 추려 보아야 할

---

159   Eugene A. Nida, *Message in Mission* (New York: Harper & Brothers, 1960), 180.

것이다.

먼저, 윤태림의 서술대로 이 땅에 사는 민족은 정치적으로 불안과 위축의 심성으로 가득하다.[160] 연속된 왕정들의 흥망성쇠를 비롯하여 사색당파의 치열한 싸움, 그리고 일제의 잔인한 식민정책과 한국전쟁의 동족상잔은 이 민족에게 안주(安住)보다는 불안의 정서를 너무 깊이 심어주었다. 더욱이 이 땅의 현대사가 두 차례의 군사 쿠데타에 의하여 지배되었다는 사실은 이 민족의 정서를 더욱 어렵게 만드는 결과를 가져왔다.

이러한 불안 심리는 민주 정부가 들어선 지금도 이 땅의 국민은 안정을 찾지 못하고 적폐청산과 개혁이라는 바람결에 숨을 죽이고 무엇이 어떻게 발전되고 달라지게 될지 적지 않은 불안과 위축의 국민적 정서를 보인다.

특별히 지난 70년을 넘긴 남과 북의 분단이 창출한 국민의 심성은 지극히 위험한 이분화 현상을 정착시키게 되었다. 남쪽에서의 왕성한 기독교의 활동이 세계의 이목을 끌고 있는가 하면, 북에서는 시들어져 간 공산주의 사상을 끝내 버리지 못하고 세계가 조소하는 특유한 국가로서 남아있다. 통일이 실현되더라도 이러한 이분화된 민족의 사상적 차이는 적지 않은 방해물로서 복음의 커뮤니케이션에 어려움을 남겨 주리라고 본다. 지상에서의 완전한 태평성대를 기대한다는 것은 불가능하지만, 한반도의 정치 환경은 다른 나라들과 비교해 볼 때 끝없이 불확실의 미래가 조성되고 있다. 바로 이러한 불안정의 세계가 설교사역자들이 복음을 그치지 않고 선포해야 할 커뮤니케이션의 첫째가는 환경이다.

룰 하우(Reuel L. Howe)는 한 사회와 그 구성원들이 가지고 있는 불안은 커뮤니케이션의 진행에 장애 요소로 등장하게 됨을 지적하면서 다음과

---

160 윤태림, 『한국인』 (서울: 현암사, 1987), 104.

같은 의미 깊은 분석을 하고 있다.

> 상황이 안겨 주는 불안은 생활 환경과 생활의 안정에 관계되는 것
> 으로 사람들이 인공두뇌학(cybernetics)과 같은 기술 발전이나 인플
> 레이션 또는 전쟁의 영향을 얼마나 입을 것이냐 하는 데서 생기는
> 불안이다. … 이러한 불안은 또한 우리를 방어적이 되도록 할 수 있
> 으며, 이러한 방어성이 이번에는 우리의 말을 혼란시키고 우리가
> 듣는 것을 방해할 수도 있다.[161]

둘째는 한국의 종교인 심성은 윤리적이고 철학적인 것보다는 재앙을 피하고 복을 비는 현재적인 것이 지배적이다. 그래서 지금까지 교회가 신자를 모으는 데 있어서 이성적인 이론 전개보다는 오히려 신비적이고 이성으로는 판단할 수 없는 감성적인 신의 존재와 그 가르침에 초점을 두고 있다. 유일신 하나님을 절대 신으로 받아들인 한국의 기독교는 모든 문제성과 미지의 세계를 그의 손에 무조건 맡기고 그의 계명만을 지키려는 보수적 경건주의에 깊숙이 빠져들어 있었다. 민경배가 주기철의 신앙을 서술한 대로 "성서의 말씀대로, 세상을 보지 않고 압제든 축복이든 현상에는 무관하고, 다만 믿고 '기도'하였을 따름이었던"[162] 신앙의 성격은 한 개인의 것이 아니라 한국의 기독교인 다수의 신앙형태로 보아도 무리가 아니다. 이러한 한국인의 종교 심성은 사이비 이단들의 감언이설(甘言利說)이 난무하고 기승을 부리게 된 원인을 제공하는 결과도 초래하였다. 그러나 복음의 초고속 확산이라는 거대한 효과도 이룩하였다.

현대의 커뮤니케이터들이 이상과 같은 종교 심성을 한국 기독교인들의 전체적 성격으로 보기에는 무리가 따른다. 향상된 교육의 수준과 사

---

161 Reuel L. Howe, 『설교의 파트너』, 정장복 역 (서울: 양서각, 1982), 68.
162 민경배, 『일제하의 한국기독교 민족 신앙운동사』 (서울: 대한기독교서회, 1991), 24.

고 구조의 변화는 이 땅의 사회를 복합적인 세계로 만들었기 때문이다. 그리고 오늘의 커뮤니케이션 과정에서는 수신자들이 엄격히 자신이 이해하고 수용할 수 있는 기호화(encoding)를 중요하게 여기는 수준에 도달하였기 때문이다.

셋째는 한국인의 언어생활은 사물의 표현과 시제의 활용, 그리고 논리적인 전개 등에 충분하지 못하다는 것이 일반적인 평가이다.[163] 사실 우리의 말은 부담 없는 대화체로 이어져 왔고, 수사학적인 구조나 발전과는 거리가 먼 것을 쉽게 알 수 있다. 이규호의 『말의 힘』에 따르면, 우리의 언어는 술어 중심으로서 주어의 생략이 보편화되고 있다. 특히 일인칭 주어의 생략 습관은 신언의 전달보다는 선포자의 등장으로 각색되는 현상을 가져온다. 그뿐만 아니라 우리의 언어 논리는 나와 너와 상황의 삼각관계에서 일어나기 때문에 메시지 그 자체보다 듣는 사람에 대한 관심이 많다. 그리고 직선적인 추리보다는 우회적인 논리를 선호하기에 때로는 메시지의 구심점을 잃어버리는 경우가 많다.[164]

여기서 한국의 설교사역자는 중요한 오류의 함정에 빠지게 된다. 즉, 비공식 석상에서 나눈 대화체의 문장 구성을 그대로 설교에 도입하여 실로 어려운 혼돈을 가져온다. 이러한 현상은 특별히 일인칭 단수의 생략에서 심각하게 대두된다. 그 결과 설교의 모든 문장을 엄격히 분석하면 모두가 거의 설교자 자신이 주어로 등장하고, 설교는 설교자의 견해, 분석, 지식, 그리고 경험으로 일관된 기이한 현상을 본다. 이러한 언어 문화는 설교사역에서 신언(神言)과 인언(人言)이 혼동되는 무서운 결과를 초래한다. 이런 차원에서 언어란 커뮤니케이션의 "장애 요소도 되고 의미 전달의 수단도 된다"[165]는 룰 하우의 말이 설득력이 있게 된다. 한국의 설교사역자들은 여기서 특별한 주의를 기울이지 않으면 진리의

---

163 윤태림, 『한국인』, 94-102.
164 이규호, 『말의 힘』, 101-111.
165 Reuel L. Howe, 『설교의 파트너』, 65.

커뮤니케이션은 이 땅에서 심한 변질을 가져오게 된다는 사실 또한 중요한 과제이다.

넷째는 이 땅의 고유한 수직 문화가 서구의 수평 문화와 접목이 되면서 '우리'라는 복수적인 개념보다는 '나'라는 단수적 개념이 확산하여 전통적인 권위의 인정과 대화의 양태가 급속도로 달라지고 있다. 개인의 성장과 행복이 문화의 목표가 되고 '나'라는 개인이 어떤 힘에 종속되기를 거부하는 서구적인 문화의 물결이 이 땅에 스며들어 전통적인 이 땅의 가치관에 급속한 변화가 일고 있다. 그리고 도시화와 산업화의 사회구조의 변화는 가족제도에 있어서 대가족제도에서 핵가족제도를 도입할 수밖에 없는 현실로 바뀌었다. 여기서 커뮤니케이션 환경의 중요한 변화를 이 땅에서 발견하게 된다. 즉, 집안의 어른에게 전달된 메시지는 곧 온 가족에게 당연히 소통되어야 한다는 통념(通念)이 더이상 활용되지 않는다.

그러므로 수직적인 개념을 가지고 진리를 외치던 시대는 이미 이 땅에서 사라졌다. 이제는 개체의 인격을 존경하고 거기에 가치성을 부여하면서 진리의 커뮤니케이션을 시도해야 하는 시점에 와 있다. 그리고 새로운 가치관에 대한 선이해와 수용의 융통성도 오늘의 선포사역자들은 소유해야 한다.

끝으로, 이 땅의 커뮤니케이션 심리구조를 본다. 서구의 문화권에서는 자신을 노출하고 표현하려는 심리와 이를 구조화하는 사회의 제도가 있기에 그 세계를 가리켜 개방사회라고 이름한다. 그러나 우리의 사회는 남 앞에 자신을 드러내는 것을 언제나 삼가는 것이 도덕적 수양이라고 고정한다. 이런 우리의 특유한 사회의 커뮤니케이션 특징은 오세철의 『한국인의 사회심리』에서 말한 대로 "직접적으로 의사 전달을 하는 것보다는 돌려서 이야기함으로써 남더러 알아차리게 하는 우회적인 표현을 쓰는 것"이 우리의 특성이다. 그래서 우리의 사회가 직접 표현이나 전달보다는 '눈치'가 발달되었고, 바로 이 눈치는 자기방어적 행동요령이 되었다.[166] 이러한 결과는 권위 있는 자의 눈치만 보면서 언행을 할 뿐, 진정한 의사소통을 하지 못하는 커뮤니케이션의 심리구조를 가져오게 되었다.

여기서 말씀의 커뮤니케이터들에게 어려운 과제가 되는 것은 이 민족의 성격이 흑백을 분명히 갈라 그 성취를 단숨에 가져오기를 원하지만, 언어의 표현은 대단히 우회적인 방법을 찾고 있다는 데 적지 않은 혼돈을 가져온다는 점이다. 여기서 설교사역자는 때와 장소에 따라 적용해야 하는 커뮤니케이션의 적절성을 주의 깊게 다루어야 할 것이다.

에밀 브루너의 말대로 인간이란 가면들(Masks)을 쓰고서 그 가면들을 통하여 남과 자신을 보는 실존들이다.[167] 실질적으로 커뮤니케이션 현장에서 사용된 가면들은 여러 가지의 형태를 가지고 있다. 그중에서도 가장 영향력이 큰 가면이란 그 땅의 토양에서 생성된 문화의 가면이다. 그 이유는 문화란 그 땅에 사는 사람들의 사고구조와 삶의 형태를 고착시킨 가장 큰 위력을 쉼 없이 발하기 때문이다. 그러기에 한반도에서의 진정한 설교자는 대대손손 이어져 내려온 커뮤니케이션의 문화적인 환경과 급변하는 시대적인 커뮤니케이션의 변천에 깊은 관심을 기울여야 성공적인 진리의 커뮤니케이션을 이룩하게 된다.

V. 커뮤니케이터로서의 선포자와 그 과제

앞에서 본 커뮤니케이션의 환경은 선포의 사역을 순탄케 하는 길을 조성해 주는 것만은 아니다. 때로는 그것들이 도움이 되는 경우도 있으나 변천하는 사회에서는 효과적인 의사소통에 장애물로 등장하는 경우가 적지 않다. 특별히 한국의 강단에서 하나님의 말씀을 선포하는 사역

---

166 오세철, 『한국인의 사회심리』 (서울: 박영사, 1982), 47.
167 Emil Brunner, *The Mediator*, trans. by Olive Wyon (Philadelphia: The Westminster Press, 1947), 318.

에 수반된 커뮤니케이션의 환경은 긍정적인 요소보다 부정적인 요소가 더 많은 현실이다. 그러나 선포의 장에 선 사역자는 언제나 왜곡되지 않은 복음을 순수하게 선포해야 하고, 정확하게 해석해야 하며, 효율적으로 회중의 삶에 적용해야 한다. 이러한 모든 과정의 성패는 효과적인 커뮤니케이션에 있다. 이 선포가 단순한 인간의 사고나 정보를 던지는 사역이 아니라 신의 성언(聖言)을 전달하는 것이기에 그 책임은 어떤 인간 세계의 사역(使役)과도 비교할 수 없다.

이러한 막중한 책임의 수행을 위하여 필자는 커뮤니케이션의 기초적인 이론의 제시보다는 그 기술(技術)을 끌고 가는 선포자의 기본 요건을 다음과 같이 정리해 본다.

첫째, 선포자의 머리에 에토스(Ethos)가 정립되어 있어야 한다.[168]

에토스는 기술적이거나 현상적인 것이 아니다. 이것은 한 집단을 이끌어 가는 정신 세계를 의미한다. 사전의 풀이에 의하면, 에토스란 "한 공동체나 사람들의 특성, 정서 혹은 기질을 통칭하는 것으로서 그들이 따르도록 강요당하는 태도나 관습의 정신, 특히 도덕적 태도나 관례, 이상들"[169]을 의미한다.

이것을 말씀의 사역자들에게 적용하면 선포자의 가슴에 메시지의 준비 이전부터 발생하여야 하는 사명적인 정신이요 신실한 심장을 말한다. 이것은 말씀을 전하지 않고서는 견딜 수 없는 의무감과 더불어 선포의 장에 와 있을 무리의 영혼을 이끄는 성스러운 혼이다. 그리고 이때의 에토스는 이들에게 진리의 말씀으로 영양을 공급하고 그들의 삶을 책임져야 한다는 의무감이다. 더 나아가 설교자 자신에게는 말씀의 사역자인 자신이 "몇 줌의 보리와 몇 조각의 빵 때문에"[170] 일하지 않음을 스스로 확인할 수 있는 가장 아름다운 신념이다.

---

168 설교자의 에토스 문제는 졸저, 『한국교회의 설교학개론』, 제1장에서 상술한 바 있다.
169 *Webset's New International Dictionary of the English Language* (Mass.: G. & C., Merriam Co., 1952), 878.
170 겔 13:19 참조.

그러한 에토스가 살아있을 때 자신의 양들을 섬세하게 살필 수 있는 깊숙한 통찰력이 발생하고 그들을 구원시키고 살찌게 하는 메시지의 수령(受領)에 진지한 태도를 갖게 된다. 그리고 그 수령된 메시지의 해석을 위하여 신실한 노력을 기울이게 된다. 이러한 입장에서 로마의 유명한 수사학자였던 퀸틸리아누스(Quintilian)는 에토스를 "정직한 심장(honest heart)"으로 표현하고, 그것이 공중연설가로서의 성공에 첫째요 가장 우선적인 공헌을 하는 것이라고 일찍이 설파한 적이 있다.[171]

둘째는 설교자의 가슴에 자리잡은 파토스(Pathos)이다.

말씀의 선포자는 자신이 준비한 교안을 가지고 와서 단순히 강의를 진행시키는 전달자가 아니다. 선포의 사역자는 설교라는 특유한 과정을 통하여 진리를 뭇사람들에게 공유하게 하는 존재이다. 그러기에 여기에 종사하는 사역자의 가슴과 손에는 그동안의 깊은 명상과 기도와 연구를 통하여 받은 메시지가 있다. 그리고 그 메시지가 회중에게 나아가기 전에 자신의 지정의(知情意) 속에 농축되어 화신(Incarnation)의 과정을 거치게 된다.

이러한 메시지는 자연적으로 공명공감(共鳴共感)을 불러일으킬 감동적인 표현과 확신을 수반한다. 이것을 설교자의 열정 또는 농축된 심혈의 합류라고 이름한다. 회중은 비록 커뮤니케이터의 기술이 빈약하다 하더라도 이 파토스의 열기에 흡수를 당하여 선포된 메시지에 깊은 감동과 함께 설득을 당하게 된다. 이러한 입장에서 평생을 설교학 교수로 살았던 도날드 매클라우드(Donald Macleod)는 파토스를 가리켜 다음과 같은 말을 남겼다.

말씀을 듣는 인격체의 비밀의 요새까지 파고드는 생각과 느낌을 전달하는 도구요 능력이다. 그 결과 말씀을 듣는 인격체는 자신의 도

---

171 J. Jeffery Auer (ed.), *The Rhetoric of Our Times* (New York: Meredith Corporation, 1969), 123.

덕륜과 영성에 필요한 것을 드디어 말하게 된다.[172]

　실질적으로 회중이 설교자의 가슴이 얼마나 뜨겁게 자신들을 사랑하는가에 관한 관심은 대단하다. 그들이 이러한 설교자의 파토스를 발견하면 지체없이 설교자에게 경의를 표하면서 성공적인 커뮤니케이션이 이룩되었다고 만족한 고백을 남기기도 한다.[173]

　이토록 중요한 설교자의 파토스가 있을 때 선포는 힘 있는 커뮤니케이션을 이룩할 수 있게 된다. 그리고 뷔를랭(Homer K. Buerlein)의 말대로 이 파토스가 선포자의 가슴에서 우러날 때만이 메시지는 생동감을 주며 그 언어의 성실성과 자부심이 운반된다.[174]

　설교자가 자신의 육체와 정신을 지탱하기도 힘든 모습으로 아무리 뜨겁게 메시지를 외친다고 하더라도 현대의 회중은 파토스의 진정성을 쉽게 구분하게 된다. 그 이유는 피부에 와 닿은 사랑의 세계로부터 심한 소외감을 느끼면서 사는 현대인들이 이 파토스에 너무나 민감하기 때문이다. 비록 메시지의 구성이 빈약하고 표현이 약하다고 하더라도 자신들을 사랑하고 아끼는 뜨거운 심장이 설교자에게서 보일 때 그들은 만족하고 새로운 위로를 얻게 된다.

　끝으로, 로고스(Logos)의 구성이다.

　선포의 장에서는 커뮤니케이터가 아무리 훌륭한 정신과 뜨거운 열정을 가지고 있다고 하더라도 로고스가 모자랄 때 그것은 소리로 끝날 뿐, 더이상의 효과를 가져올 길이 없다. 화려한 화술과 열정의 연사가 유창한 말을 그토록 쏟아도 감동이나 설득이 없는 연설의 현장은 바로 이러한 견해를 뒷받침하고 있다.

　일반적인 수사학에서 로고스는 이성적으로 수긍할 수 있는 논리의

172　Donald Macleod, "The Creative Preacher" in *Southwestern Journal of Theology*, Vol. 3, 22.
173　설교자의 파토스에 관한 설명은 아우어(Auer)의 *The Rhetoric of Our Times*, 152-164에 상술되어 있다.
174　Homer K. Buerlein, *How to Preach More Powerful Sermon* (Philadelphia: The Westminster Press, 1986), 112.

형성을 말한다. 그러나 설교신학에서 로고스는 설득력이 있는 논리 위에 선포되는 메시지 그 자체를 의미한다. 여기서 말한 메시지란 설교자가 의도한 대로 작성한 설교를 말하는 것이 아니라 메시지의 주인으로부터 받은 섭시로 구성된 메시지를 말한다. 다시 말하면, 하나님과의 진지한 커뮤니케이션의 과정을 거쳐서 눈과 가슴에 들어온 성경의 진리를 말한다. 비록 이 메시지는 자신이 섬기는 회중에게 운반해야 할 것이지만 운반자인 설교자 자신에게 비추어지는 섬광(閃光)을 경험해야 한다. 그럴 때 그 메시지는 로고스로서 설교자의 지적인 오감(五感)의 기능을 통하여 풀이되고 운반되어야 할 살아있는 현장을 찾게 된다.

최근에 이르러 한국의 강단에서는 이 로고스가 날카로운 비판의 시선을 받고 있다. 그 이유는 순수한 메시지의 전달이 아니라 전달자의 경험담과 잡다한 예화 등이 나열됨으로 인하여 로고스의 상실이 심각하기 때문이다. 순간적으로 회중이 눈물을 흘리고 함성을 지르고 난 후 스스로가 무슨 메시지를 받았는지를 말하지 못하는 경우가 많다. 그리고 어느 단계에 가서는 자신이 최면에 걸린 듯했다는 고백은 이 땅의 선포사역을 너무나 어둡게 만드는 사연들이다. 그러기에 선포의 주역은 언제나 말씀의 주인으로부터 메시지를 받고 정직한 석의를 진행하고 무게 있는 적용을 시도해야 살아있는 로고스가 전달될 수 있게 된다.

특별히 한국의 설교사역자들이 유의해야 할 것은 로고스는 단순히 설교자의 이성 작용을 통하여 형성되거나 전달될 수 없다는 점이다. 여기서 말하는 로고스는 설교자에게서 화신(化身)이 된 것을 말한다. 즉, 그 메시지가 설교자의 언행심사(言行心思)에 농축된 후에 선포된 것을 말한다. 이럴 때 회중은 귀만을 통하지 않고 그들의 오감을 통하여 메시지를 수용하면서 새로운 세계를 발견하게 된다.

VI. 맺는 말

설교사역자는 언제나 균형의 조화를 앞에 두고 깊은 고민을 한다. 이 균형의 조화는 여러 분야에서 요구되는 것들이다. 예를 들어, 설교자가 외치는 메시지의 내용과 자신의 삶의 균형을 비롯하여 지적인 기능의 개발과 영성의 개발이 갖추어야 할 균형까지 모두가 설교자의 어깨를 무겁게 하는 것들이다.

그중에서도 고민스러운 부분은 메시지와 커뮤니케이션 기술의 조화이다. 선포사역에 몸을 던져 살아간 사람이 현대 커뮤니케이션의 기술에 너무 관심을 가지려고 할 때, 메시지는 그 의미를 상실하게 되어 의미 없는 수사학도로서 선포의 장에 서는 모순을 범하게 된다. 또 한편으로는 메시지를 수용해야 할 회중의 변천하는 주변 환경과 그들의 새로운 문화적인 요소들, 그리고 커뮤니케이션의 환경을 도외시하는 경우 메시지 자체의 소통이 단절되는 위험이 따른다. 그러기에 선포의 사역자는 순수한 메시지가 왜곡되지 않게 현대의 커뮤니케이션이라는 운반선(conveyer)에 성공적으로 승선되도록 깊은 관심을 기울여야 한다.

솔직히 오늘의 회중은 선포자가 이해하고 외치는 현장에서는 고개를 들고 경청은 해 주고 있으나, 동일한 의미로 수용하지 않는 때가 적지 않다. 때로는 주어진 메시지가 그들의 색다른 배경과 문화적 환경 속에서 다른 의미로 해석되고 수용되는 경우가 허다하다. 여기에서 바로 선포와 커뮤니케이션의 갈등, 그리고 비극이 발생한다.

2차 세계대전의 종반에서 경험과학으로서 등장한 커뮤니케이션의 연구는 거의 모든 학문과 연결을 맺고 있다. 이 학문과의 접목과 수용이 이루어진 세계는 선진의 대열을 달리고, 그렇지 못한 세계는 상대적으로 퇴보하고 있다. 바로 교회의 선포사역도 이러한 차원에서 진지한 노력이 요구된다. 수평적인 커뮤니케이션과는 거리가 먼 우리의 문화적 요소와 사회적 구조, 그리고 언어의 특성들은 이 땅의 선포사역에 더 많은 관심과 노력이 필요하다. 특별히 선교의 선두적인 역할이 주어진 한국교회이기에 이 분야의 관심과 노력은 남다른 것이라고 본다.

하나님은 지금도 말씀하시고 계시는데 인간이 그 소통과정에 장애물이 되고 있다는 평가를 한국교회만은 받지 말아야 한다. 그러기 위해서 설교사역자들은 한국의 문화를 비롯한 커뮤니케이션 환경에 유달리 깊은 관심과 예지(銳智)를 발휘해야 할 것이다.

제10장
설교의 성패를 가름하는 설교 준비의 절차

설교의 성패를 가름하는 기준은 어디에서 찾을 것인가? 여기에 대한 답은 다양한 측면에서 논할 수 있다. 그중에서 설교의 준비가 가장 우선으로 꼽힌다. 설교자가 설교를 얼마나 성실히 준비했는가에 따라 하나님의 말씀이 온전히 운반되기도 하고, 설교자의 언어 속에서 좌초되기도 한다.

이러한 초기 설교학 교육의 정신은 21세기에 와서 많이 시들어지고 있다. 오직 새로운 이론의 도입에 급급하면서 뿌리가 보이지 않는 설교학 교육에 열을 올리고 있다. 그러나 설교신학은 하나님이 하신 말씀이나 섭리를 회중에게 들려주고 삶의 자리에 적용되도록 하는 본질을 가지고 있다.

본 글은 성언운반일념의 에토스(Ethos)를 품고 설교사역을 평생의 사명으로 알고 살아가는 한국교회의 설교자들을 위한 글이다. 인간의 찬사는 뒤로하고 하나님을 기쁘시게 하는 말씀의 종으로 걸어야 하는 말씀의 종들에게 주고 싶은 가이드라인이다. 설교자가 언제나 품고 있어야 할 질문은 "오늘 나의 설교는 하나님의 찬사를 받았는가?"이다. 회중으로부터 "아멘"의 함성이 없더라도 말씀의 주인에게서 "잘하였도다" 하는 칭찬을 받을 수 있다면 그것은 설교자의 최고의 영광이다. 그 영광의 길은 설교자의 땀과 눈물이 고인 '설교 준비'에 있다. 필자가 32년 동안 설교학 교수로서 선지생도들에게 엄하게 훈련시켰던 부분이 바로 '성실한 설교의 준비'였다.

본 글은 설교신학자들이 제시한 설교 준비론을 다시 정리하는 데 있지 않다. 학술적인 접근보다 한국 문화권에서 생성된 한국교회에서 경험하고 교육한 내용을 정리하는 데 그 주안점을 두고 있다. 이제 퇴역의 몸이 되어 지난 강의 노트를 보면서 한국교회 설교자들이 유념해 주었으면 하는 설교의 준비 절차를 다음과 같이 정리해 본다.

I. 설교 준비의 원초(原初)는 설교자이다

1. 소명(召命)의 다짐을 매일 가다듬어야 한다

설교자들로부터 쉽게 들을 수 있는 말은 "내가 나 된 것은 하나님의 은혜로 된 것"(고전 15:10)이라는 고백이다. 이러한 고백을 하는 사람은 설교자로 오늘을 살게 된 것이 자신의 의지보다 하나님으로부터 받은 소명에 기초해 있다. 설교자란 소명에 의하지 않고서는 움직일 수 없는 매우 특수한 사역자이다.

하지만 이러한 소명의식이 고정된 사고나 생활의 틀에 갇히고 기계적인 생활로 이어질 때 가장 무서운 함정이 된다. 그래서 필자는 강의실에서 선지생도들에게 시간마다 되새기는 말이 있었다. 그것은 아무리 확고한 소명을 받았더라도 언제나 Fresh(신선)하고, Creative(창의적)하고, Dynamic(역동적)한 정신과 몸을 갖추고 사역에 임해야 한다는 강조였다.

헌국교회는 새벽제단을 쌓은 매우 독특한 특성이 있다. 이 제단을 지키는 주역은 그 교회를 섬기는 목회자이다. 하루를 시작하기 전에 하나님의 존전에 무릎 꿇은 목사가 가장 먼저 생각하고 간구해야 할 항목은 자신이 받은 소명이 날로 새롭게 호흡하고 활기차게 움직이기 위하여 성령님의 동행을 간구하는 일이다.

특별히 말씀의 종으로 소명받은 몸이 소명하신 지존자의 뜻을 따르는 데 충성을 다하겠다는 다짐이 있어야 한다. 이 다짐은 일회적인 것이 아니다. 이 다짐은 영속적으로 이어져야 한다. 그럴 때 소명의식이 살아 움직이고 뿌리를 내리고 꽃이 피고 열매를 맺게 된다.

2. 목사로 임직받을 때의 서약을 늘 상기(想起)하라

말씀을 선포하고 성례전을 집례할 수 있는 자는 목사로 안수를 받은 성직자이다. 이들이 목사로 안수를 받을 때 매우 엄숙한 서약을 다음과 같이 한다.[175]

(1) ○○○씨는 예수님을 구세주로 영접한 사람으로서, 지금 이 시간에 하나님과 교회를 섬기는 종으로 부름을 받았다는 사실을 확신합니까?

(2) 신·구약성경은 하나님의 말씀이요, 신앙과 행위에 대하여 정확무오한 유일의 법칙임을 믿습니까?

(3) 본 교단의 교리는 신·구약약성경에서 교훈한 진리를 총괄한 것으로 알고 성실한 마음으로 믿고 따르기로 서약하십니까?

(4) 주님 안에서 같은 회원 된 형제자매들과 협력하여 아름다운 주님의 공동체를 이룩하기로 서약하십니까?

---

175   이 서약문은 『대한예수교장로회 예배·예식서』(서울: 한국장로교출판사, 2008), 255-256에서 인용하였다.

(5) 목사의 성직에 부름 받음은 하나님을 사랑하는 마음과, 그 독생자 예수 그리스도의 복음을 전파하여 하나님의 영광을 나타내고자 하는 순수한 마음에서 응답해야 함을 다짐합니까?

(6) 주님의 몸 된 교회와 사도적 정통성을 보존하기 위하여 순교의 각오로 성직을 받겠습니까?

(7) 목사로서 하나님의 말씀을 선포하고 성례전을 집례하는 임무를 성실히 수행하기로 서약합니까?

이 서약문을 반복하여 읽어 보면 그 뜻이 매우 깊다. 그런데 이 서약에 "예"라고 대답하고 다짐한 서약자가 목사가 되고 난 다음에 이 서약문을 거의 읽지 않고 있다는 데 문제가 있다. 이 서약의 내용이 안수예식을 위한 일회적인 절차로 끝나고 생활 속에서 실천되지 않는다면, 그것은 하나님과 사람들 앞에서 약속을 저버리는 무서운 범죄행위에 속한다.

목사가 이 서약문을 매일 암송하고 그 뜻을 음미하면서 자신의 소명을 다짐하고 살아간다면 목사의 위상이 달라질 것이다. 특별히 하나님의 말씀을 선포하고 해석하고 성도들의 생활에 현장화시키는 설교사역은 더욱 성스럽고 정직하리라 본다.

3. 말씀의 종으로 주종관계를 공고히 하라

한국교회 강단에서 울려 퍼지는 목사의 설교를 들을 때마다 가장 아쉬운 점 하나를 지적하라고 한다면 그것은 '목사의 정체성'에 관한 것이다. 그 이유는 하나님의 말씀을 전하는 말씀의 종으로 설교단에 서서 외치는 설교는 그 주어가 모두 설교자이기 때문이다. 내용은 66권의 성경에 있는 말씀인데, 표현은 그 주인이 설교자이다. 즉, 신언(神言)이 인언(人言)으로 변용되어 나온다.

그 원인은 설교자가 자신의 정체성을 확고히 하지 않기 때문이다. 찬송가의 가사대로 나의 생명, 손과 발, 나의 음성, 나의 보화, 나의 시간을 모두 주님께 바치고 사는 순수한 종이다. 모든 영광을 주님께 바치기 위해 사는 존재이다. 그러하기에 설교자의 삶의 주체가 주님이어야 한다. 그리고 전하는 말씀의 주어도 내가 아니라 하나님, 예수님, 성령님이 되어야 마땅하다.

그럴 때 설교자의 생활에서는 "모든 것이 주님의 은혜입니다", "주님께서 원하시기 때문입니다", "이 모두가 하나님이 주신 감사의 항목입니다"라는 언어가 잇따라 나온다. 그리고 설교하는 순간에도 설교자가 감추어지고 말씀의 주인이 나타난다. 예언자들과 사도들의 입을 통해 나온 말도 이사야의 말이 아니고, 하나님이 이사야를 통하여 주신 말씀으로 표현된다. 사도 바울의 말이 아니고 하나님이 사도 바울을 통하여 주시는 말씀으로 거침없이 표현하게 된다.

이러한 변화가 있어야 성도들이 설교를 통하여 들려주신 말씀 가운데서 하나님과의 만남을 이룩하게 된다. 설교자와의 만남보다 성 삼위일체 되신 하나님과의 만남이 전부가 되도록 해야 한다. 그럴 때 참된 길과 진리와 생명의 길을 걷는 하나님의 백성들이 힘찬 행진을 하게 된다.

4. 설교 도구를 닦고 정비하라

설교의 일차적 도구는 사무용품을 말하지 않는다. 또한, 설교 준비에 필요한 PC나 각종 소프트웨어를 일컫는 말이 아니다. 여기서 말하는 설교의 도구는 설교 준비의 원초가 되는 설교자를 말한다. 강의나 연설을 하는 곳에는 잘 구성된 원고와 전달의 웅변술만 있으면 얼마든지 기대치를 이룰 수 있다. 그 현장에서 말하는 사람의 실체에 대한 부정적 평가가 가득해도 강의나 강연의 내용과 노련한 전달의 기술만 갖추면 소기의 목적을 이룰 수 있다. 그곳에는 말하는 사람과 듣는 사람만이 있는 인간 현장이기에 능수능란한 화술과 술수가 의도한 대로 작동할 수 있다.

그러나 설교는 인간의 사상과 지식을 전달하는 강의나 강연이 아니다. 보기에는 예배 현장에도 화자(설교자)와 회중의 양대 요소만이 존재하는 것처럼 보이나 그곳에는 3대 요소가 있다. 즉, 메시지의 주인이 있고, 그 메시지를 전하는 운반자가 있고, 그 메시지를 기다리는 회중이 있다. 여기에서 운반자, 곧 설교자는 하나의 도구로서 성령님의 두루마기를 입고 그 사역을 감당해야 하는 매우 특수한 사역을 감당하게 된다.

그러므로 말씀을 운반해야 하는 설교자가 맑은 영성을 가지고 말씀의 주인을 찾아 메시지를 받아야 하는 중차대한 절차가 먼저이다. 그러기 위해서는 거룩하신 하나님 앞에 언제나 나아갈 정결한 영육이 갖추어져 있어야 한다. 이것은 설교해야 하는 순간에만 필요한 것이 아니다. 언제 어디서나 맑고 오염되지 않는 심령의 방을 갖추어야 한다. 또한, 녹슬거나 오염이 되지 않도록 끊임없이 마음을 갈고 닦는 정성어린 도구의 관리가 있어야 한다. 때와 장소를 가리지 않고 "내가 여기 있나이다. 말씀하시옵소서"를 떳떳이 말할 수 있는 설교자가 설교 준비의 가장 우선적인 자리에 있어야 한다.

5. 깨끗한 양심이 숨 쉬도록 하라

하나님은 바울을 통하여 오늘의 설교자들에게 매우 심각한 명령을 내리고 있다. "깨끗한 양심에 믿음의 비밀을 가진 자라야 할지니"(딤전 3:9)라는 말씀이다. 인간이 가진 모든 기능 가운데 하나님의 형상을 가장 많이 닮은 것은 양심이라는 말을 종종 듣는다. 실질적으로 깨끗하고 선한 양심은 하나님과의 소통에서 매우 중요한 요건이다. 설교자의 양심이 혼탁해지면 비참한 결과를 초래한다. 이 양심이 설교자에게서 외면을 당하게 되면 그의 신앙생활마저 사탄이 몰고 다니는 풍파를 만나거나 암초 등의 장애물에 부딪혀 파선을 당하게 된다(딤전 1:19). 그럴 때 설교사역자로서 불치의 상처를 입게 된다.

　설교자의 양심은 성령님이 거하시는 방이다. 하지만 첨단을 달리는 이 시대에는 그 방을 정결하고 향기가 나도록 간수하기에 힘이 든다. 실질적으로 못된 성질과 사고와 언어와 행동이 양심을 이겨내는 기현상이 설교자의 세계에서 난무하고 있다. 하나님의 속성에 속한 선한 양심이 흔들리고 불량할 때 세속의 탁한 오수가 설교자에게 다가온다. 마침내는 사탄과 함께 춤을 추면서 탈선의 길을 걷게 된다. 그럴 때 설교준비는 정도(正道)를 잃게 되고, 설교는 고유한 기능을 발휘하지 못하게 된다. 그래서 설교자의 양심은 언제나 선하시고 인자하신 하나님의 모습을 담고 살아야 한다. 그럴 때 하나님은 설교자를 말씀의 종으로 활용하신다.

II. 설교자의 일상생활과 설교 준비

1. 수백 편의 설교를 듣거나 읽도록 하라

　인간의 사고와 지혜와 지식과 행동은 모두가 태어나면서부터 가지고 세상에 나온 것이 아니다. 모두가 오랜 시간 일구어 놓은 길을 걸으면서 하나둘 모방하고 터득한 것이 자신의 지적 향상의 근원이다. 그래서 언제 어디서 어떤 훌륭한 교육을 받으면서 성장하느냐에 따라 한 인간의 성숙은 절대적인 영향을 받는다고 한다.

　설교자도 예외가 아니다. 예수 그리스도님을 구원의 주님으로 영접한 후에 평신도로 머물지 않고 말씀의 종으로 일생을 산다는 것은 매우 특수한 일이다. 이 특수한 임무 수행은 하나님의 소명에 의한 순종의 의미로 해석한다. 이 소명은 한 인간의 선천적인 재능보다는 후천적인 결단과 노력으로 그 결실이 나타나게 된다. 선지동산에서 아무리 훌륭한 설교의 이론과 실제에 관한 교육을 받았다 하더라도 설교자 자신의 노력이 일상생활에서 이어지지 못한다면 성공적인 설교사역을 기대하기 힘들다.

설교자가 진심으로 뜨거운 설교의 열정을 가지고 있다면 무엇보다 남의 설교를 읽고 경청하는 일에 많은 시간을 내놓아야 한다. 문학 소년이 소설가가 되고 싶어 할 때 그들에게 수백 편의 소설을 끊임없이 읽도록 한다. 설교 지망생 또는 현재의 설교자들도 같은 과제를 수행해야 한다. 역사적인 설교 거성들의 설교를 비롯하여 평범한 설교자들의 설교를 읽고 경청하는 일은 설교인으로서 꼭 해야 하는 중요한 절차이다. 남의 설교 내용을 가져오는 데 목적을 두지 않고 본문의 접근과 해석, 본문으로부터의 메시지 발굴, 설교의 구성과 전개, 자료의 적절성과 배열, 서술과 표현 등을 세심히 살피면서 취사선택의 훈련을 쌓는 것은 매우 중요한 설교 준비의 기본이다. 지금은 인터넷을 통하여 마음만 먹으면 언제 어디서나 이러한 설교 학습과 과제를 이행할 수 있다. 설교자가 남의 설교를 경청하고 읽는 것은 유능한 설교자로 쓰임 받는 데 필요한 지름길이다.

2. 보고 듣고 읽은 모든 것을 설교의 자료로 만들라

설교자 세계는 매우 다양하다. 어떤 이는 설교를 아주 쉽게 생각한다. 본문과 예화만 있으면 한 편의 설교를 무난히 해 낼 수 있다고 자랑한다. 그래서 어떤 설교자들은 66권에 수록된 하나님의 말씀보다 예화 수집에 열을 올리고 산다. 그리고 거기에 맞는 본문을 선정하고 단상에 오른다. 30분이라는 한정된 시간에 5, 6개의 예화를 잘 늘려서 유창한 화술로 설교를 장식한다. 거기에 더하여 강요한 '아멘'의 응답이 크게 들리면 그날의 설교가 성공했다고 스스로 흡족하게 여긴다.

이러한 설교를 반복하는 설교자는 설교의 실상을 잘 모르는 사람이다. 설교는 그렇게 단순하고 쉬운 사역이 아니다. 설교자는 성령님에 이끌리어 사역하는 도구이다. 이 도구가 자신에게 주어진 지적인 바탕 위에서 경험한 삶의 각종 사연과, 자신이 터득한 지성과 영성을 통하여 습득한 지식이 어우러져 메시지를 더욱 빛나게 하는 데 최선을 다해야 한다.

이러한 원칙을 가슴에 품고 사는 설교자는 매우 특별한 습관을 가지고 있어야 한다. 그것은 수첩이나 모바일 기기를 들고 메모하는 습관이다. 시간과 장소를 구분하지 않고 언제나 설교에 필요한 장면이나 사연을 기록한다. 설교자가 어느 순간 떠오른 생각이나 깨우침을 지체 없이 메모하는 것은 매우 고상한 생활습관이다. 이러한 습관이 정착된 설교자는 그 설교가 매우 알차게 구성된다. 같은 메시지를 전하는 데도 차별화가 뚜렷하다.

회중은 이러한 설교를 들을 때 전하는 메시지에 공감대를 형성한다. 그리고 깊은 은혜에 젖어든다. 전하는 메시지에 적절성도 빈약하고, 불요불급(不要不急)한 설교자의 잡다한 말들이 없음에 경의를 표한다.

실질적으로 설교는 적용이 효과를 거두어야 성공한다고 말한다. 삶의 장에서 예사롭게 넘겼던 것들이 설교자를 통해서 메시지와 연관되어 다시 들릴 때 회중은 현장화된 메시지의 진가를 새롭게 느끼게 된다.

3. PC의 하드에 설교자료 폴더(Folder)를 만들고 십분 활용하라

오늘을 사는 설교자들은 참으로 행복한 말씀의 종들이다. 그것은 전자 기기의 혜택을 가장 많이 누리는 시대에 살기 때문이다. 그동안 본문의 석의 작업과 참고자료의 열람을 위해 바쳐야 했던 시간을 단축할 뿐만 아니라, 도서관을 찾아갈 필요 없이 이제는 인터넷으로 모두 해결할 수 있는 시대이다. 그래서 혹자는 PC의 워드와 프로그램 활용과 인터넷 사용은 설교자에게 주신 '신의 선물'이라고 말한다.

설교자가 앞에서 언급하는 과정에서 발견한 설교자료가 어떻게 분류되고 정리되어야 하는가를 고민하는 설교자는 이제 거의 없다. 1980년대 중반까지 PC가 일상화되기 전에 필자는 설교학개론 시간에 선지생도들에게 300개 이상의 주제를 주고 자신과 온 가족이 거기에 맞는 예화를 비롯한 명언 등 설교자료를 모아 학기말에 바인더로 만들어 제출하게 하였다. 지금은 은퇴 전후에 이른 그때의 제자들을 만나면 한결같이 그때의 설교자료 바인더를 가져와 온 가족이 고생했던 옛이야기를 나누면서 감회에 젖는다.

이제는 시대가 달라졌다. 설교자료를 모으는 일이나 보관의 방법이 달라졌다. PC에서 주제별로 폴더를 만들고 그 폴더 안에 개체의 자료를 파일로 정리하는 것이 가장 최상의 방법이다. 어떤 설교자들은 자료가 필요할 때 인터넷을 검색하여 찾아 사용하면 된다고 한다. 가능한 이야기이다. 그러나 이렇게 찾아 활용된 자료는 나만의 것이 아니라 수많은 설교자가 이미 사용했을 가능성이 크다는 점에 주의를 기울여야 한다. 그래서 자신이 보고 듣고 느끼고 메모한 자료들을 독자적으로 정리하고 보관함이 유용하고 값지다.

4. 나의 설교가 나의 생활에서 입증되도록 하라

설교자가 자신이 설교한 대로 산다는 것은 어려운 일 중에 가장 어려운 일이다. 인간이기에 설교 따로, 생활 따로 사는 일이 많다. 그러나 그것을 당연시하거나 예사롭게 생각하는 것은 설교사역을 지속하는 데 매우 위험한 발상이다.

사실 설교자처럼 자유를 누리지 못하는 세계는 없다. 내가 섬기는 성도들이 실질적으로 가장 부담이 되는 심판자들이기 때문이다. 그들은 설교자가 설교한 내용을 얼마나 준수하는지를 말없이 지켜본다. 설교자는 설교한 대로 살면 존경을 받고, 그렇지 못할 때는 외면을 당한다. 그래서 자유롭게 사는 나의 삶의 장에서 성도들을 만나는 것이 그리 반갑지 않다는 말을 종종 한다.

그러나 진정한 말씀의 종은 거룩하신 말씀의 주인을 가장 두려워하고 무서워하는 기본자세가 있어야 한다. "내가 거룩하니 너희도 거룩할지어다"(레 11:45b)라는 말씀은 설교자의 평생을 따라다니는 명령이다. "그분만이 너희가 두려워할 분이시고, 그분만이 너희가 무서워할 분이시다"(사 8:13, 새번역)라는 말씀 역시 설교자는 인간의 찬사보다 주인의 찬사에 집중해야 하는 도구의 신분인 종임을 입증한다.

설교의 메시지를 설교자가 생활화하지 못하면 힘을 잃게 된다. 설교자를 지켜보는 심판자는 수직으로는 하나님이시고, 수평으로는 내가 섬기는 성도들이다. 설교자는 자신이 운반한 메시지의 일차적 실천자로 살아야 한다. 환원하면, 자신이 외치는 메시지가 몸에 배게 되어 체화(體化)되는 모습이 보일 때 설교사역의 능력이 꽃을 피우게 된다.

5. 설교자에게는 근면한 생활습관이 필요하다

설교 역사의 거성들로 후대에 절대적인 영향을 끼친 설교자들의 공통점이 있는데 그중에 가장 으뜸가는 항목은 근면이다. 충성을 다하기 위하여 그들이 땀과 눈물을 흘린 기록들은 대단한 수준이다. 하루에 18시간이 넘도록 읽고 쓰고 외치고 다녔던 스펄전은 "열심을 내라. 열심이란 꾸밀 수 없다. 열심을 대신할 수 있는 것은 아무것도 없다. 열심이란 사라지기 쉽다"라는 말을 남겼다. 그러면서 설교자가 자신의 "삶을 소진(消盡)시키는 것은 의무이며 특권이다"라고 의미심장한 말을 당부하고 있다.

실질적으로 충성된 설교자의 삶에서는 게으름, 나태, 태만과 같은 용어를 찾아볼 길이 없다. 특별히 한국교회 설교자들은 새벽 제단부터 주일 낮과 저녁 예배와 수요기도회, 금요철야기도회를 비롯한 심방과 각종 행사에 쉴 틈이 없다. 진정 세계 어느 나라의 목회자들보다 근면한 삶으로 충성을 다하고 있다. 이토록 감당하기에 버거운 짐을 다 소화하지 못하고 건강을 잃게 되는 경우가 비일비재하다.

어렵지만 땀과 눈물을 흘리면서 감당해야 하는 것이 소명받은 종이 걸어야 할 길이다. 눕고 싶을 때 걷고, 틈새의 시간이 날 때 육체의 건강을 살피면서 흔들림 없이 행진해야 한다. 말씀의 종은 오수(午睡)를 취할 여유가 없다.

설교사역은 진인사대천명(盡人事待天命)을 실감하는 현장이다. 말씀의 종이 할 수 있는 일을 다 하고 주인의 뜻을 기다리는 것이 일반적으로 널리 알려진 통념이다. 확실히 설교자의 근면한 생활습관은 설교를 바르게 준비하는 데 절대적인 요소이다.

III. 한 해를 위한 설교 준비

1. 다음해의 목회 계획을 미리 구상하라

다가오는 해의 계획을 수립한다는 것은 순간적인 작업으로 이룩될 수 없다. 한 해를 넘기기 전에 시간을 두고 정신을 집중하여 기도하는 가운데 성령님의 인도하심이 있어야 한다. 명석한 목회자의 두뇌와 지혜만 의지한다면 그것은 목회의 주체를 망각한 행위이다. 목회는 목회자의 단독의 구상과 행위로 진행하는 것이 아니라 교회의 주체이신 성령 하나님의 깊으신 뜻을 찾아 따르는 데 있다. 그것이 섬기는 종의 바른 자세이다.

새해에 섬기는 교회의 성장과 성숙을 위해 설정한 방향은 자동적으로 거기에 따른 큰 틀의 설교 계획이 수립되어야 한다. 거기에는 각종 필요한 프로그램도 당연히 있어야 한다. 그러나 최우선의 관심은 그들에게 필요한 메시지의 구상이다. 성도들은 언제나 하나님이 주시는 메시지에 깊은 주의를 기울이기 때문이다.

예를 들어, 지난 몇 년 동안 회중이 코로나19라는 팬데믹으로 입은 상처가 막심하다. 그런데 이 역병이 일반 독감처럼 삶의 한복판에 자리잡아 예방을 하면서 일상생활을 이어가야 하는 위드 코로나(With Corona19)라는 새로운 시기가 도래한다. 뜻이 있는 성도들은 하나님을 원망하는 것보다 이러한 때 하나님이 무엇을 원하시고 말씀하시는지에 깊은 주의를 기울일 것이다.

이처럼 미래를 바라보면서 새해의 설교 계획을 미리 구상하고 적절한 메시지를 찾는 지혜로운 설교자가 되어야 한다. 설교의 빈도가 너무 높고, 목회의 짐이 매우 무겁다는 이유로 그때그때 처한 환경에 맞추어 즉석에서 결정하는 임기응변의 설교사역은 설교 준비에 힘이 들 뿐만 아니라 비효율적이다. 그러나 새해의 목회 방향을 적어도 반년 전에 확정하고 거기에 따른 메시지를 찾아 여유 있게 준비하는 것은 지혜 있는 설교자가 걷는 지름길이다.

2. 교회력에 따른 성서정과를 설교 준비에 적극 활용하라

교회력은 중세 교회에 이르러 그 순수성이 보전되지 못하고 무질서하게 되었다. 이들은 1년의 모든 주일을 성자 축일로 채우면서 교회력의 기본 뜻마저 시들게 하였다. 그 결과 이들의 교회력은 종교개혁자들에 의하여 외면당하고 그 중에 부활절과 성탄절 정도만을 지키는 결과를 초래하였다.

1940년 장로교회 원조인 스코틀랜드 교회가 교회력의 가치와 기본정신을 바르게 이해하고 다음과 같이 정리하면서 현대교회가 지켜나가야 할 교회력의 실제를 다음과 같이 제시하였다. 구원의 주님 강림을 고대하는 대강절, 하나님이 세상을 사랑하시기에 보내주신 독생 성자의 오심을 반기는 성탄절, 복음을 전하는 공생애의 출발을 기리는 주현절, 예수 그리스도님의 영광스러운 부활을 경축하는 부활절, 주님의 승천을 기리는 승천일, 보혜사 성령님을 보내주셔서 교회를 이룩하심을 강조하는 성령강림주일, 성부 성자 성령 하나님이 일체 되심을 찬양하는 삼위일체주일을 교회력의 기본으로 새롭게 정리하였다. 그 외에 모든 성자의 날과 교회 봉헌의 날을 첨가하였다.

이러한 교회력의 기본 목적은 제정한 절기의 회상과 재현에 끝나지 않고, 거기에 맞는 성서정과(Lectionary)를 만들어 메시지가 적시에 선포되도록 하는 데 있었다.

전통적인 교회력과 성서정과는 1984년부터 지금까지 필자가 집필한 『예배와 설교 핸드북』을 통해 한국교회의 현장에서 적용되고 있다. 그 주된 목적은 52주의 설교 준비를 돕는 데 있다. 여기서 제시한 성서정과는 필자의 작품이 아니다. 이것은 스코틀랜드 교회에서 시작한 성서정과를 기초로 하여 세계교회의 성서학자들이 모여 정성을 기울여 배열한 성경본문이다. 이 성서정과는 신·구교를 가리지 않고 동일한 주일에 같은 본문으로 메시지를 듣는 진정한 '하나 된 교회'를 형성하는 데 큰 도움을 주고 있다.

3. 국경일과 섬기는 교회의 주요 행사 주일을 설정하라

우리나라는 국가와 종교가 분리되어 있는 민주주의 사회이다. 그러나 교회는 국가의 안전과 발전을 하나님께 구하고, 국가는 교회의 신앙의 자유를 보장하고 보호해야 할 의무를 가진다. 그러므로 한국교회와 같은 경우 3·1절 기념주일이나 8·15 광복 기념주일을 지킨다는 것은 단순히 역사를 상기하는 차원이 아니다. 하나님을 외면한 일제나 공산주의자들 틈새에서 오늘의 성장을 가져온 것은 모두가 하나님의 은총임을 재확인하는 주일로서 그 의미가 크다. 우리의 애국가처럼 "하나님이 보우하사" 오늘을 이룩한 것을 늘 다짐하는 것은 교회가 확고하게 지켜나가야 할 의무이다. 나라 사랑은 구약의 모세나 신약의 예수님을 통하여 보여주신 고결한 그리스도인의 정신이다. 국가를 하나님이 만들어 주셨다는 신념이 있을 때, 애국애족의 메시지는 교회에서 살아 움직이게 된다.

여기에 더하여 연중 계획은 섬기는 교회의 창립주일이나 교단이 제정한 주일을 배정하고 거기에 맞는 설교의 주제를 정해야 한다. 해마다 반복해야 하는 구별된 주일들이기에 절기설교는 매우 부담이 될 수밖에 없다. 이 부담은 설교자에게 주는 고통임에 틀림이 없다. 그래서 절기설교의 계획과 준비는 매우 중요한 일이다.

어떤 설교자들은 절기마다 행한 자신의 설교 폴더를 따로 만들어 반복을 피하고 신선한 메시지가 되게 하려는 노력을 기울인다. 그러기 위해서 평소에 보고 듣고 읽은 자료 중에 절기에 필요한 것들을 별도로 작성하는 습관을 키우는 사례가 많다. 절기설교를 위한 특별한 준비가 필요한 또 하나의 이유가 있다. 그것은 설교를 경청하는 회중이 이 특수한 절기를 맞을 때마다 하나님이 설교자를 통하여 무슨 말씀을 주실는지 기대를 하게 된다는 사실이다.

4. 52주를 위한 세부적인 주제를 설정하라

52주의 설교 계획을 교회력과 성서정과를 바탕으로 하고, 국경일과 교회의 연례행사를 우선으로 배정한 경우이다. 이때 비어있는 주일에 설교의 주제와 본문을 정해두는 것은 연중 설교 준비에 매우 유익한 방법이다. 이러한 주제 설정을 한 다음에 그 주제에 속한 자료가 발견되면 바로 그 주제 밑에 보관하는 일이다. 이러한 과정을 따른다면 해당 주일을 맞아 설교 작성을 할 때 매우 유익함을 실감하게 된다.

이러한 과정을 거치면서 설교자가 유의해야 할 것이 있다. 설교자가 한 주제를 가지고 완벽한 내용을 갖추려는 과욕을 부려서는 안 된다는 점이다. 이것은 거의 불가능한 일이다. 그 미완성의 일이 조금씩 쌓이면서 축적될 때 완성을 향한 서광(曙光)이 비추기 시작한다.

예를 들어, '예배'를 설교 주제로 하고 싶다면 '예배'라는 큰 개념을 안고 있는 세분화된 주제를 만들어야 한다. 그리해야 예배에 관한 설교를 상세하게 여러 번에 걸쳐 할 수 있다. 설교 주제의 다변화를 위한 조언과 그 실제는 졸저 『설교는 만나이다』 38강에서 상세하게 설명하였다. 즉, '예배'라는 주제를 '예배의 필요성', '예배의 가치', '예배의 문제점', '예배와 신앙'과 같이 25개 이상으로 세분화했을 때 포괄적인 주제보다 세분화된 주제가 설교 준비를 훨씬 더 수월하게 진행할 수 있음을 알게 된다. 이럴 때 설교자는 예배에 관한 설교를 5년 동안 해마다 5회씩 해도 그 내용이 중복되지 않고 신선함을 유지할 수 있게 된다.

5. 66권의 말씀을 균형 있게 설교하는가? 지난 설교기록을 점검하는가?

설교의 역사에서 거성의 자리를 차지한 설교자들은 신·구약 66권의 성경을 통달하면서 하나님의 메시지를 들려주는 데 특별한 주의를 기울였다. 현대의 매우 많은 설교자는 취향대로 본문을 선택하고 설교를 하는 경우가 많다. 그러다 보면 한 번도 열어보지 않은 성경이 있게 되고, 거기에 따른 균형 잡히지 않은 설교를 진행하게 된다.

이것은 자신의 단순한 실수로 끝나지 않고, 그가 섬기는 교회의 성도들을 오도(誤導)하는 결과를 초래한다. 하나님은 66권을 통해 들려주시고 보여주신 말씀이나 사건을 균형 있게 그 백성들이 듣기를 원하신다. 설교자란 하나님 말씀을 온전히 운반해야 할 종이다. 그러기에 주인이 원하는 바를 온전히 수행한다는 것은 피할 수 없는 절대명령이다. 교회력에 따른 성서정과는 바로 이러한 편협한 성경의 진리를 골고루 들려주고 보여주는 데 일차적인 목적을 두고 있다. 그러기에 세계의 교회가 이의를 제기하지 않고 따르고 있다는 점을 눈여겨볼 필요가 있다.

위에 언급된 내용에 기초하여 연중 설교 계획을 세우면서 가장 먼저 살펴보아야 할 일은 자신이 하고자 하는 설교 주제가 언제 어떤 내용으로 진행되었는지를 알기 위해 설교기록을 점검하는 일이다. 특별히 예화의 중복은 설교의 권위를 잃게 하는 주범이다. 회중은 본문이나 메시지보다 예화를 더 잘 기억한다. 만약 설교자가 같은 예화나 금언을 재차 사용하면 여지없이 '설교의 재탕'으로 부정적 평가를 하게 된다. 그러하기에 설교자는 가급적 예화는 1회 사용하는 것을 원칙으로 해야 한다. 그리고 사용한 예화 파일을 만들어 언제 어디서 사용했다는 기록을 남기는 것이 매우 현명한 설교자의 지혜이다.

이러한 점검의 작업은 해당 주일설교를 준비할 때 할 수도 있다. 그러나 연중 설교 계획을 세울 때 이러한 절차를 미리 거친다면 그만큼 설교는 한쪽으로 치우치는 불균형을 이루지 않게 된다. 그리고 설교의 중복을 피하여 메시지의 신선함을 회중이 느끼게 된다.

IV. 한 편의 설교가 태생하는 종착역에 꽃이 피게 하라

1. 축자영감(逐字靈感)을 음미해 보라

설교 준비의 종착역은 원고화된 설교를 들고 설교단에 서는 단계이다. 지금까지 해 온 설교를 위한 예비적 준비가 이제 한 편의 설교로 태생(胎生)하는 최종단계에 임하였다. 이 순간은 인간의 말을 받아쓰는 순간이 아니라, 성령님이 나에게 섭시(譖示-속삭여 보여주심)하신 말씀을 온전히 선포하기 위하여 문장화하는 순간이다. 이때 설교자는 주시는 말씀을 받아쓰는 자의 신분으로 임해야 한다. 아무것이나 생각나는 것을 적어 설교단에 서는 것이 결코 아니다.

이제는 진심으로 모세가 하나님으로부터 십계명을 받기 위해 시내산에 올라가는 심정으로 옷깃을 여미고 말씀 앞에 앉아 있는 순간이다. 이때의 설교자는 속세에서 묻어온 오염들을 씻어버리고 정결한 몸으로 운반해야 할 말씀을 받아야 한다. 바짝 긴장한 가운데 최선의 정신과 영의 눈을 뜨고 나의 시내산에 올라가야 한다.

이 순간에 상기할 것은 목사로 임직받을 때 서약한 내용이다. 내 앞에 놓인 "신·구약 성경은 하나님이 말씀이요, 신앙과 행위에 대하여 정확무오한 유일의 법칙"임을 재다짐해야 한다. 그러할 때 설교자의 심장에서 말씀에 대한 신뢰와 경외심이 발동되고 흐트러짐이 없는 심정으로 주시는 명을 받을 수 있다. 그리고 "복음을 전파하여 하나님의 영광을 나타내고자 하는 순수한 마음"이 작동된다.

그러므로 성경의 구절 하나하나가 모두 하나님의 영감에 따라 이루어졌음을 가리키는 '축자영감'이라는 어휘를 음미하면서, 자신이 메시지를 받아야 하는 엄숙한 순간임을 자각해야 한다. 그럴 때 설교의 최종단계에서 흔들림 없이 설교자로서 메시지를 받을 수 있으며, "내가 여기 있나이다 날 보내소서"(사 6:8)를 높이 외칠 수 있다. 그리고 메시지를 정리하는 특권을 누리는 말씀의 종으로서 그 정체성이 확립된다.

2. 무엇 때문에 이 설교를 해야 하는지를 정확히 인식하라

설교를 듣는 순간에 느끼는 중요한 모순은 무엇 때문에 저 설교를 이 시점에 해야 하는지를 도무지 파악할 수 없는 때이다. 설교마다 분명한 목적이 있어야 한다. 병든 사회를 향한 예언적인 설교인지, 여러 방면에서 상처받은 회중을 위로하는 설교인지, 그리스도인의 질적인 향상을 위한 교훈적인 설교인지, 또는 복음의 진수를 선포하는 설교인지를 선명하게 보여야 한다.

설교의 목적은 비타민 A, B, C, D와 같다. 한 편의 설교에 모든 것을 포함하는 것은 무리이다. 한 편의 설교를 종합비타민으로 만들려는 것은 설교자의 과욕이거나 또는 설교의 이론을 잘 모르는 소치이다. 목적이 불분명할 때 설교의 내용과 전개도 갈피를 잡지 못하고 이리저리 헤매는 모양새를 나타낸다. 그러한 설교 앞에 있는 회중도 정확한 방향성을 잃게 된다.

그러한 까닭에 설교의 윤곽을 설정할 때부터 한 편의 예화를 사용하는 데까지 메시지의 목적과 방향이 분명한 설교 구성을 해야 한다. 여기서 설교자가 유의해야 할 것이 있다. 그것은 설교자가 회중이 위로의 설교를 선호함을 알고 그런 부류의 설교만을 계속하여 회중을 편식하게 만드는 오류를 범하지 않아야 한다는 점이다.

활이나 총 따위를 쏠 때 표적으로 만들어 놓은 것을 과녁이라고 한다. 그 과녁을 향한 선수들의 집중력을 볼 때마다 설교자는 다음의 질문을 해야 한다. 나는 무엇을 이 설교의 과녁으로 삼고 있는가? 이 질문은 설교자가 설교 원고를 탈고할 때까지 그 마음에 품어야 한다. 그럴 때 설교는 뚜렷한 메시지로 회중의 가슴에 스며든다.

3. 본문과 주제를 확정하고 그 울타리를 넘지 말라

설교에는 본문과 주제가 필수적으로 있어야 하며, 본문은 오직 66권에 기록된 말씀이어야 한다. 개인적인 계시나 성현들의 말이 어떤 경우도 본문의 자리에 있을 수 없다. 설교라는 이름이 붙은 교회의 행사에는 어떤 경우도 반드시 66권에 주어진 말씀을 근거로 하기에 본문(本文)이라는 명칭을 사용한다. 그리고 설교란 본문 안에서 메시지를 받아 회중에게 전하는 것을 원칙으로 삼아야 한다. 이러한 설교의 원칙이 어김

없이 지켜지는 설교는 열광적인 환호성이 높지 않을지라도 차분하고 진지하고 성스러운 메시지로 회중의 가슴을 적신다.

그런데 가장 마음 아픈 것은 본문의 울타리를 넘어 곁길에서 헤매는 설교이다. 설교 전에 본문만 읽고 그 본문에 대한 설명이나 핵심 어휘의 해석, 눈여겨보아야 할 정황은 전혀 언급이 없는 경우가 많다. 그리고 자신의 경험과 생각을 본문보다 우선시하면서 진행하다가 설교를 마무리해야 할 시간이 되면 그때야 뒤늦게 몇 마디로 본문을 언급하며 설교를 끝맺는다. 참으로 큰 탈선의 모습이다. 설교자는 최선을 기울여 본문의 울타리를 넘어가려는 유혹을 이겨내야 한다. 어떤 경우도 본문은 설교의 근본이 되고 내용이 되는 울타리가 되어야 한다.

설교의 주제는 구체적으로 무엇에 대하여 말할 것인지를 간결한 어휘로 표현하는 것을 말한다. 예를 들어, 사랑, 진리, 인내 등과 같은 형태이다. 그 출처는 본문이 될 수도 있고 삶의 자리일 수도 있다. 설교자가 성경을 읽다가 전하고 싶은 메시지가 주어질 때 거기서 설교의 주제를 만들 수 있다. 또는 독서나 세속의 한복판을 거닐다가 보고 듣는 과정 중에서 주제를 정할 수 있다. 언제 어디서 주제를 정하였든지 간에 본문의 울타리 안에서 거기에 해당하는 설교 메시지가 구성되어야 한다.

교회력과 성서정과에서 제시된 본문에서 설교의 주제를 찾는 것이 일상적인 설교 준비의 형태이지만, 이미 연중 설교 계획에서 초안으로 만든 설교 계획을 따를 수 있다. 이것은 "무슨 말씀을 어떻게 전하오리까?"를 연발하면서 고민하는 설교자가 정해야 하는 절차이다.

4. 석의와 주해와 적용의 계단을 반드시 오르라

설교자가 범하기 쉬운 오류는 결정된 본문을 임의로 해석하여 그것을 표준으로 삼고 설교를 전개하는 일이다. 그래서 석의와 주해는 하나님의 말씀인 본문이 함유한 깊은 뜻을 정확히 파악하는 가장 중요한 절차 중의 하나이다. 만약 하나님의 말씀을 좀 더 진지하고 자세하게 연구하려는 의지가 결핍된 설교자가 된다면, 그것은 구약에서 하나님이 진노하셨던 거짓 선지자의 후예가 된다. 이 길은 오늘의 설교자가 빠지기 쉬운 함정이기에 필자는 선지생도들에게 설교학을 강의하기 전에 매시간 예레미야 14장 14절과 에스겔 13장 19절을 암송하도록 하였다.

석의(Exegesis)란 본문의 정확한 이해를 위해 유용한 사전과 주석 등을 통해 원문의 뜻을 이해하려는 작업이다. 이 과정에서 본문의 원어 분석과 기록되었을 때의 시대적 정황 등을 찾아보면서 말씀의 깊은 뜻을 정확히 알아내는 작업을 한다.

주해(Exposition)란 이 말씀이 지금 여기(Here and Now)의 역사 속에서 무엇을 말씀해 주고 있는지를 찾아내는 일이다. 이 과정은 지적인 기능보다는 설교자의 명상과 기도를 통하여 하나님의 진리를 볼 수 있는 눈과 귀를 갖추는 데 각별한 주의를 해야 한다. 바로 이 지점이 성령님의 섭시를 듣고 볼 수 있도록 하는 설교자의 맑은 영성이 작동하는 과정이다. 이 과정에서 본문의 메시지가 오늘의 양식으로 자리를 잡으며 진리와의 만남을 가져온다.

다음으로 적용(Application)이다. 이 과정은 말씀의 현장화를 의미한다. 성경의 모든 진리는 그 시대를 사는 인간들의 삶의 장에 살아 움직이는 원동력이 되어야 한다. 그래서 진정한 설교는 적용이 시작될 때 불꽃이 솟는다. 나단이 다윗의 면전에서 비유로 말을 할 때 알아듣지 못한 다윗에게 "당신이 그 사람이라"(삼하 12:7)고 했을 때 다윗 왕이 "내가 여호와께 죄를 범하였노라"(삼하 12:13)고 했던 기록은 메시지의 현장화를 가장 돋보이게 보여주는 장면이다.

본문의 석의와 주해, 그리고 적용은 설교자가 가장 많은 시간을 할애해야 하는 단계이다. 이 계단을 최선을 다해 성실히 오른 설교자만이 하나님의 찬사를 받게 된다.

5. 요약된 설교를 작성하고 설교개요를 만들라

설교 준비의 최종단계인 설교의 원고화 작업에 도달하기 직전에 넘어야 할 과정이다. 목사가 설교학(homiletics)적으로 잘 작성된 원고(sermon)를 가지고 회중 앞에서 설교(Preaching)할 때 말씀의 선포가 완성된다. 그래서 원고는 내용이 본문에 충실하고 논리 정연해야 한다. 그러기 위해서는 단번에 원고 작성에 진입하는 것이 아니라, 요약된 설교를 작성하고 설교의 윤곽을 만드는 작업을 해야 한다. 요약된 설교란 한 편의 글을 읽고 아주 간결하게 정리하는 것을 말한다. 이것을 설교의 명제라고도 한다. 이처럼 핵심적인 점만을 골라 간략하게 정리한 명제를 앞에 놓고 어떻게 전개할 것인지를 깊이 명상하면서 다음 단계인 설교의 윤곽을 만든다.

설교의 윤곽은 서론과 본론과 결론이라는 3대 기초 뼈대를 설정한 후 서론에 이어 본론에 이르기 전에 본문의 접근, 주제 부상, 주제의 정의와 필요성이 제시되어야 한다. 그리고 본론에서는 주제의 실천 방안으로 3~4개의 주안점(major points)을 제시한다. 그리고 결론 전에 주제를 실천했을 때 거두게 되는 효능을 보여주고 결론에 들어간다. 이상과 같은 설교의 골격을 세우고 난 다음에는 지금껏 PC의 폴더에 저장된 자료들을 필요한 부분에 배정하고 원고 작성에 진입한다.

설교는 어떤 대중 연설보다 훨씬 논리정연하고 효율적인 전달로 설득하고 그 목적을 달성해야 한다. 그러기 위해서는 누구나 공감하고 경청할 수 있는 논증의 형식이 갖추어져야 한다. 교육 수준이 높은 한국교회에서는 설교자가 중언부언하거나 비논리적일 때 회중으로부터 쉬이 외면당하게 된다.[176]

---

176   여기에 대한 상세한 안내는 졸저, 『한국교회의 설교학개론』 제9장에서 제시하고 있다.

6. 설교 전문을 작성하고 그 말씀을 체화(體化)시키라

현대인들이 누리는 전자 문화의 특징은 신속 정확이다. 여기에 익숙해진 사람들, 그중에 설교자들까지 거의 모두가 많은 시간을 소요해야 하는 일들은 외면하려 한다. 설교의 준비에서 가장 힘들고 시간이 많이 걸리는 부분은 마지막 단계인 설교의 원고화 작업이다. 정치나 경제 분야나 연구 결과의 발표는 그 주체가 모두 화자(speaker)이다. 그래서 작은 실수나 착오는 개인적인 문제로 간주되고 허용이 되는 편이다.

그러나 설교는 전혀 차원이 다르다. 설교의 주체는 성 삼위일체이신 하나님이시다. 그리고 전해야 하는 메시지는 66권의 말씀으로 제한되어 있다. 설교자는 하나의 도구로 쓰임 받아 설교단에 서 있게 된다. 그래서 설교자의 실수나 착오는 한 치도 허용되지 않는다. 그러기에 설교는 원고 작성을 원칙으로 한다.

메시지의 원고화 작업에 필요한 주의사항이 있다. ① 축자영감의 뜻을 상기하면서 기도하고 주님의 말씀을 받아쓰는 정신과 자세를 갖추라. ② 설교 문장의 주어가 성 삼위 하나님으로 분명하게 드러나고 설교자가 등장하지 않도록 하라. ③ 인간의 잡다한 언어로 혼잡을 피하고 정선(精選)된 언어를 사용하여 메시지에 감동이 일게 하라. ④ 수준 낮은 구어체(口語體)보다 함축된 의미와 진지한 감각을 담은 문어체(文語體)를 활용해 보라. ⑤ 단번에 서론부터 결론까지 원고를 작성하려 하지 말라. 진전이 안 되면 펜을 잡은 채 성령님의 섭시를 간구하는 기도를 순간마다 드려라.

최종적으로 원고를 설교하는 심정으로 소리내어 반복하여 읽는다. 외우기 위한 목적이 아니라, 그 내용을 체화시키는 다리를 건너야 하는 강한 의지의 행진이어야 한다. 체화가 이룩될 때 설교의 내용이 자기 것이 되는 것에 끝나지 않는다. 체화된 설교만이 말씀의 능력을 발산한다. 그리고 언제 어디서나 원고 없이 준비된 설교를 회중과 눈을 마주치며 소통하게 된다. 이것이 성언운반일념(聖言運搬一念)으로 사는 가장 아름다운 설교자의 모습이다.

V. 맺는 말

'설교인들의 설교가'로서 명성을 떨쳤던 존 브로더스(John A. Broadus)가 1870년에 펴낸 *Preparation and Delivery of Sermon*은 한 세기가 넘도록 영어권의 신학교에서 설교학 교과서로 절대적인 영향을 끼쳤다. 그는 500쪽에 이르는 책을 펴내면서 설교사역은 올곧은 설교의 준비와 효율적인 전달이 관건이므로 설교학도는 여기에 최선을 다 기울일 것을 서문에서 당부하였다. 그러면서 책명까지 『설교의 준비와 전달』로 하면서 설교의 신학과 모든 이론을 '설교의 준비'로 규정하고 있다.

이러한 초기 설교학 교육의 정신은 21세기에 와서 많이 시들어가고 있다. 오직 새로운 이론의 도입에 급급하면서 뿌리가 보이지 않는 설교학 교육에 열을 올리고 있다. 그러나 긴 세월의 설교학 교육의 초점은 설교의 준비에 모여 있다. 그 이유는 설교가 세상의 어떤 분야에서도 찾아볼 수 없는 '하나님 말씀의 운반'이라는 특수한 심부름이기 때문이다. 즉, 인간의 일이 아니라 하나님이 주관하시는 거룩한 영역에 몸담은 사명자들이 수행하는 사역이기 때문이다.

제11장
한국교회에 필요한 설교 전달의
10대 요건에 대한 분석

"설교의 실제" 시간에서 발생한 일이다. 어느 학생이 제출한 설교 원고가 매우 우수하였다. 메시지의 바른 석의를 비롯하여 설교의 구성이나 문장의 표현이 거의 흠 잡을 곳이 없는 원고였다. 교수는 대단한 기대를 하고 그의 설교를 경청하였다. 그러나 그는 안타깝게도 그 메시지의 전달에는 아무런 노력을 기울이지 않고 원고를 손에 들고 서서 그대로 읽고 있었다. 실망한 교수는 평가시간에 다음과 같은 말로 호된 책망을 하였다.

> "김 군! 그대는 3대 독자의 신부가 되어 옥동자를 잉태하였는데 자
> 네의 나태와 부주의로 사산(死産)하였네. 이 천추에 씻을 수 없는 실
> 수를 어떻게 보상하겠는가?"

설교란 언제나 하나님의 말씀인 성경의 진리와 그 말씀을 전하도록 부름을 받은 설교자와 그 말씀을 들어야 할 회중이 만나는 지점에서

발생한다. 이때 설교자는 자신이 받아 깨달은 진리를 회중이 이해할 수 있도록 해석과 적용의 도구를 활용하여 정리한다. 이 정리가 끝났을 때 설교자는 회중 앞에 나아가 준비된 메시지를 정확하게 운반(delivery)해야 한다. 이 운반의 과정에서 성공적인 커뮤니케이션(communication)이 이루어질 때 진정한 의미에서의 설교가 완성된다.

그런데 문제는 많은 설교자가 전해야 할 메시지를 담은 원고 정리가 끝나면 준비가 완료된 것처럼 생각한다는 데 있다. 반면에 어떤 설교자는 전해야 할 메시지에 대한 준비는 소홀히 하고 전달의 기교에만 깊은 관심을 둔다. 이러한 현상들은 한국교회의 설교자들에게서 볼 수 있는 매우 흔한 현상들이다. 그러나 진정한 설교를 위해서는 메시지의 내용과 전달의 두 축이 바르게 형성되어야 한다.

설교학 교육에서는 한 편의 설교가 완성되기까지의 과정에서 내용이 60%, 전달이 40%를 차지함을 지적한다. 비록 전달이 내용보다 적은 비율을 차지하고 있으나 실질적으로 성공적인 운반이 그 설교의 성패를 좌우하는 가장 중요한 기능을 수행한다. 아무리 옥동자를 잉태하였다 하더라도 분만에서 실수가 발생했을 때는 그 생명이 상하거나 기형을 가져오는 상처를 남긴다.

진정, 설교의 현장에서 하나님의 말씀만은 전달을 소홀히 여기는 설교자에 의하여 그 내용이 상처를 받거나 손실되어서는 안 된다. 설교자의 부주의로 하나님의 진리가 바르게 운반되지 못한다면 그 책임은 실로 무거운 것임에 틀림없다. 이 무거운 책임을 수행하는 데 필요한 기본적인 요건들이 무엇인지를 탐색해 보는 노력은 모든 설교자에게 주어진 과제이다.

I. 설교 전달의 10대 요건

1. 설교 전달의 심장으로서의 파토스(Pathos)

최근에 설교 전달에 있어서 가장 기초적인 요소로 파토스라는 단어를 많이 사용하고 있다. 이 말의 뜻은 매우 다양하다. 원래 이 말은 헬라어의 파체인(pachein)에서 유래된 말로서 고통스러워하고 괴로워하는 마음을 뜻하였다. 철학에서는 욕정, 성냄, 미움, 슬픔, 기쁨 따위처럼 일시적이고 지속성이 없는 감정에서 일어나는 생각의 작용이라고 말하고 있으며, 미학에서는 예술 작품의 감정적·주관적 요소를 가리키고 있다. 우리말 사전에서는 일반적으로 파토스를 정념(情念) 또는 정사(情思)라고 하여 감정과 연결된 생각을 일컫고 있다. 이 어휘가 대중을 향한 연설이나 웅변의 세계에 등장한 것은 수사학(修辭學)자였던 아리스토텔레스 때부터였다. 그는 말하는 순간에 있어야 할 3대 요소를 에토스(Ethos), 파토스(Pathos), 로고스(Logos)라고 말하였다.[177]

이 용어들 가운데 파토스라는 어휘는 설교의 전달과 밀접한 관계를 맺고 있다. 그 관계성은 그 의미의 해석에서부터 달리하고 있다. 설교의 전달에서 파토스는 두 가지 면에서 깊은 뜻이 있다. 먼저는 하나님의 말씀을 거룩한 말씀(聖言)으로 가슴에 품고 그 말씀에 혼신의 정신을 쏟는다는 뜻이다. 또 하나는 그 말씀을 필연코 들어야 할 하나님의 백성들을 뜨겁게 사랑하는 가슴을 말한다.[178]

철학에서는 파토스를 지속성이 없는 감정의 작용이라고 풀이했으나 우리의 설교에서는 정지된 감정의 상태가 아니라 동적인 감정의 상태로서의 파토스를 강조한다. 전해야 할 말씀을 흠모하고 말씀을 들어야 할 사람들을 사랑하는 열정(熱情)이 설교자의 심장에서 박동하지 않으면

---

177 George A. Kennedy, *Aristotle on Rhetoric* (New York: Oxford University Press, 1991), 37-38
178 졸저, 『한국교회의 설교학개론』, 302-303.

설교의 현장에서 설교자는 차가운 기계로 전락하기 쉽다.

문제는 어떻게 해야 이 중요한 파토스를 소유하고 성공적으로 지속할 수 있는지를 아는 데 있다. 파토스가 물리적으로 해결할 수 없는 요소이기에 그 소유의 방법 또한 특별하다.

먼저, 역사적으로 위대한 설교자는 언제나 말씀 앞에 긴박한 심정을 갖추었다. 설교자는 안일한 생각이 아니라 한 생명의 생과 사를 좌우하는 말씀의 필요성을 가슴에 안아야 한다. 그럴 때 정성어린 열정이 향상된다.

둘째, 설교자가 열정이 때로는 지나치면서 인위적인 열기를 발하는 능변가나 웅변가로 등장하는 경우가 흔히 발생한다. 그러나 우둔한 언변을 소유한 설교자이더라도 하나님의 말씀을 바르게 전하기 위하여 노력하고, 신령한 은혜를 사모하는 설교자로서 가슴의 불길을 지속한다면 참된 파토스는 살아 움직이게 된다. 이때 설교자의 언어 속에서는 성실성과 자부심이 나타나게 된다.[179]

셋째, 한 편의 설교를 위해 흘리는 설교자의 땀과 눈물에 비례하여 파토스는 상승한다. 설교자가 설교를 너무 쉽게 생각한다거나 영특한 머리만으로 말씀을 분석하는 인상이 보일 때 회중은 그 메시지가 설교자가 갖추어야 할 파토스와 무관함을 느끼게 된다. 그럴 때 그 설교는 메시지에 진지성이 결여되는 것은 물론이거니와 성도들에게 아무런 감화도 줄 수 없다. 설교자가 메시지에 깊숙이 몰입되어 감화된 땀과 눈물을 보일 때 그 설교는 확신이 가득하게 되고 파토스는 절정에 이른다.

파토스는 진정한 의미에서 설교 전달의 일차적 요소일 뿐만 아니라 설교자의 기본자세에 속한다. 그러므로 파토스는 설교의 전달에서만 필요한 것이 아니라 설교를 위한 메시지의 발굴과 구성의 과정까지 내

---

179 Homer K. Buerlein, *How to Preach More Powerful Sermon*, 112.

내 이어져야 할 요소이다.

2. 파장(波長)을 몰고 와야 하는 설교자의 감정과 그 표현

설교에서 파토스를 하나님의 말씀과 그 말씀이 필요한 사람들을 사랑하는 열정이라고 정의하였다. 이 열정은 설교자 자신이 그 말씀에 몰입되고 이 말씀에 만족하여 거기에 깊이 빠져 심취되는 사건을 발생시킨다. 그리고 그 말씀을 전하지 않고는 견딜 수 없는 충동이 일어나서 설교를 기다리는 회중이 자신과 같은 경지에 이르지 못함이 불쌍히 여겨지는 연민이 설교자 자신에게서 생겨난다. 이러한 현상을 가리켜 파토스라고 말한다. 이것은 회중에게 보이는 것이 아니라 설교자 안에 머물고 있는, 논리로 입증될 수 없는(non-logical proof) 기본적인 바탕이다.[180]

거기에 반하여 여기서 언급하고자 하는 설교자의 감정은 설교자의 심리 상태를 말한다. 그것은 바로 설교자 자신의 심장이 요동치는 상태를 말한다. 설교자 자신의 감정이 전하고자 하는 메시지에 함께하여 상쾌하고 불쾌하고 기뻐하고 슬퍼하는 감정의 표현을 의미한다. 그 감정은 피리를 부는 현장에서는 함께 춤을 출 수 있고, 애곡을 하는 현장에서는 가슴을 칠 수 있는 설교자의 정서(emotional appeal)이다.[181] 설교자에게서 이 감정의 파도가 보이지 않으면 설교의 전달에는 심각한 문제가 발생하게 된다. 설교자가 바른 파토스를 가지고 감격스러운 메시지를 운반하는 은혜의 도구로서의 자세와 모습과 감정을 발동시켜야 함이 설교가 설득력을 가져오는 데 있어서 가장 기본적인 요소이다.

필자가 영화나 드라마의 배우들이 보여주는 연기 중에 가장 깊은 관심을 가지고 보는 부분은 배우들이 눈물을 줄줄 흘리면서 연기를 발

---

180 J. Jeffery Auer, ed. *The Rhetoric of Our Times*(New York: Meredith Corporation, 1969), 158.
181 위의 책, 159.

하는 순간이다. 그 감정의 표현은 그 연기자 자신이 처한 순간의 사건을 시청자가 동참하도록 만든다. 필자는 그때마다 옆에 있는 사람에게 꼭 묻는다. 저 배우의 눈물은 눈에 보조물을 넣고 조작한 것인지, 아니면 실제로 자신의 감정에 복받쳐 나오는 눈물인지를 묻는다. 질문을 받은 사람은 그의 눈물은 조작이 아니라 참이라고 일러준다.

대답을 듣고 나면 다음의 질문들이 생겨난다. "어떻게 저 연기자는 꾸며낸 이야기(fiction)를 가지고 저렇게도 사실화(事實化)시켜 시청자를 끌고 갈 수 있을까?" "어떻게 그 이야기의 주인공으로 자신이 그토록 깊이 몰입되어 자신의 이야기로 이어갈 수 있을까?" 이러한 질문은 바로 우리의 설교자들에게 이어진다. "왜 우리의 설교자들은 살아계신 하나님의 말씀이며 실화(nonfiction)인 본문을 가지고 회중에게 가상된 이야기(fiction)처럼 들리게 할까?" "왜 설교자들은 진리를 가지고 말하는데 설교자와는 무관하게 들리며 회중은 옛날 옛적의 이야기를 듣는 것처럼 구경하는 자세를 갖게 될까?"

생각하면 연기자는 하나의 시나리오 작가에 의하여 연출된 연기를 할 뿐이다. 그러나 그 연기자가 얼마나 최선을 다하느냐에 따라 그 작품은 사실보다 훨씬 더 진한 효과를 가져온다. 거기에는 연기자의 감정뿐만 아니라 혼신의 열정이 모이고 있기에 그처럼 시청자를 자신들이 원하는 데로 끌고 간다. 목적을 달성하기 위하여 연기자들은 발성과 발음을 비롯하여 긴장과 이완의 연습과 상상력을 동원하는 훈련을 받는다. 그뿐만 아니라 연기를 수행할 수 있는 신체 훈련과 감각 기능을 회복시키기 위한 연습과정을 철저히 거치게 된다.[182]

철저한 훈련과정을 거쳐 시청자 앞에 나타난 연기자들의 열연(熱演)을 보다가, 메마른 감정을 가지고 머리만을 작동하면서 설교단에 서서 하나님의 말씀을 전하는 설교자를 볼 때마다 답답한 마음으로 그 설교

---

182 http://user.chollian.net/~khi403/Studydata/93/eventmaking.htm

자의 미래를 염려하게 된다.

예를 들어, 십자가의 도를 전하는 설교자 앞에서 느끼는 일들이다. 그 십자가 위에서 우리를 위해 처절한 희생을 당하신 구원의 주님이신 예수님을 설교자는 전하고 있다. 그런데 설교자 자신이 그 십자가의 사건에 도취하여 끝없이 감격하고 그 감정이 복받쳐 올라 눈물을 흘리면서 외치는 모습이 보이지 않는다. 거의 모두가 하나의 지식으로 십자가 사건을 전하는 설교로 끝을 맺는다.

다시 말하면, 설교자가 두뇌만을 이용하여 설교하게 되면 회중도 머리만을 굴리면서 설교를 듣는다. 설교자가 머리를 거쳐 가슴으로 설교를 하면 회중도 머리를 통하여 깨닫고 가슴 속 깊이 그 설교를 간직하게 된다. 아리스토텔레스도 일찍이 머리에 호소하는 언어는 사실과 논리와 논쟁을 통하여 나아가고, 가슴에 호소하는 언어는 설교자의 감정을 통하여 이룩된다는 점을 강조한 바 있다.[183] 진정한 설교는 설교자의 살아 움직이는 감정이 수반되어야 생명력 있는 설교가 되고, 그 설교는 회중의 가슴에 파고들게 된다.

여기서 유의해야 할 것은 감정(emotion)이란 특수한 물체와도 같다는 사실이다. 조용할 때는 그 흔적마저 보이지 않다가 열이 붙으면 마구 쏟아져 나오는 특성이 있다. 조용하게 이어지던 설교가 진행을 거듭하면서 설교자가 열이 일기 시작하면 걷잡을 수 없는 소리를 지르면서 상승하는 현상을 본다. 이 지점에서 흔히들 발견되는 문제는 감정이 풍부한 설교자의 설교에서는 메시지의 지적인 바탕이 빈약하고 지성적인 느낌의 교류가 형성되지 못한다는 점이다. 오직 감정만 부추겨 올려서 흥분의 도가니로 몰고 가는 오류를 범하기 쉽다.

이러한 문제가 한국 강단을 위기로 몰고 온 주범(主犯) 중의 하나이다. 사실 우리의 설교 역사는 불과 한 세기를 넘길 정도로 짧다. 한국교회

---

183 Lester De Koster, "The Preacher as Rhetorician" in Samuel T. Logan, Jr. ed., *The Preacher and Preaching* (Phillipsburg, New Jersey: P&P Publishing, 1986), 306.

초기의 설교자들은 하나님의 말씀을 사랑하고 그 말씀을 외치는 열심은 대단했으나 지적인 바탕은 빈약했다. 사실 그때는 회중의 교육 수준이 낮았기에 설교자의 높은 지적 수준도 필요하지 않았다. 그래서 메시지의 지적인 바탕이나 지성적인 논리의 형성 등이 설교에서 필요하지 않았다. 그러한 경우는 이성적인 호소보다는 느낌과 경험과 감정을 유발하게 하는 요소가 훨씬 큰 효과를 가져왔다. 특별히 성령님의 역사라는 이름으로 많이 나타난 사례였다.

그러나 지금은 상황이 많이 달라졌다. 즉, 설교를 듣는 회중의 삶의 환경이나 교육 수준의 변화는 놀라운 속도로 급진전하고 있다. 이는 단순히 교육 제도에 의한 것이 아니다. 전파를 타고 동시에 보고 들을 수 있는 전자매체의 발달은 도시나 농촌의 구별 없이 우리의 사회를 평준화하는 데 큰 작용을 하고 있다.

문제는 이러한 시대의 변화를 외면하고 강단에 서게 되는 설교자이다. 회중의 감정만을 이용하려는 설교자들이 지금도 허다하다. 자신의 모자란 성경 지식을 비롯하여 빈약한 설교 내용을 감출 수 있는 유일한 방편으로 경건한 음성(holy voice)이나 경험이나 각종 예화를 나열하면서 회중의 감정을 흥분시킨다. 이 가운데 회중은 설교자의 의도대로 웃기도 하고 울기도 하면서 그 가운데 젖어 내용 없는 감정의 정화(catharsis)를 경험하고서는 "은혜 많이 받았다"라는 반응을 보인다. 그러나 귓갓길에 그러한 회중을 붙잡고 그날의 설교 메시지를 물을 때는 그날의 본문이나 내용은 전혀 기억하지 못하는 기현상을 나타낸다.

이러한 설교 현장은 설교의 공동화(空洞化) 현상을 나타내고 설교는 순간의 뜨거움으로 끝날 뿐 말씀으로 뿌리를 내리는 데 어려움을 겪게 된다. 그래서 현대를 살면서 지성의 틀을 잘 갖추고 있는 설교자들은 감정의 유발을 억제하고 이성을 통한 진리의 전달에만 관심을 두는 경향을 보인다. 반면에 설교자의 풍부한 감정의 활용을 비지성적인 설교자들의 전유물로 여기는 경향이 최근에 서서히 보이고 있다.

3. 강의로 머무를 수 없는 설교

앞에서 본 대로 지적인 수준이 낮은 설교자들이 보여주는 열정 일변도의 설교에 환멸을 느끼는 설교자들은 전혀 상반된 설교의 형태를 시도하고 있다. 최근에는 교육 수준이 높은 설교자들이 등장하면서 전통적인 설교의 감각보다는 강의실에서 듣는 강의와 같은 감각을 진하게 풍기는 것을 종종 본다. 어떤 교인들은 그러한 형태의 설교를 좋아하는가 하면, 어떤 교인들은 설교시간만 되면 졸음을 이기지 못하여 어려움을 겪는다.

강의에 대한 사전적 의미는 학문이나 기술의 일정한 내용을 체계적으로 설명하여 가르치는 것을 말한다. 강의는 설정된 주제에 대하여 자신이 알고 있는 바를 대상에게 알려주는 행위이다. 강의의 현장에서는 필요성을 느낀 사람은 경청하고 필요하지 않은 사람은 귀를 기울이지 않는다. 사실 강의실에서는 주어진 시간에 자신이 가지고 있는 지식을 들려주는 것 이상의 책임이 없다. 다시 말하면, 강의는 절대 진리가 아니다. 강의하는 사람의 지식과 판단과 경험을 들려줄 뿐이다. 자신의 주장에 필요한 자료들을 소개하면서 자신의 주장을 합리화하는 데 그 목적이 있다.

그러나 설교는 그 성격과 내용이 강의와는 근본적으로 다르다. 설교는 인간의 말을 하는 시간이 아니다. 하나님이 택하신 말씀의 종을 통하여 하나님의 자녀들에게 절대 진리인 하나님의 말씀을 선포하는 시간이다. 이때의 설교는 단순히 성경말씀을 가르치는 시간이 아니다. 예배를 받으시는 하나님이 그 백성들에게 필수적으로 먹여야 할 영의 양식을 공급해 주는 시간이다. 이 영의 양식인 성경말씀을 선포할 때 설교자는 그 회중이 제대로 이해할 수 없는 경우 그 말씀의 뜻을 해석해 주고 그들의 생활 현장에 손쉽게 적용해 주어야 한다. 설교자는 강의하는 사람과는 달리 선포된 말씀을 회중이 잘 먹고 소화할 수 있도록 해야 하는 책임까지 갖게 된다.

결론적으로, 강의는 말하는 사람이 주체가 되지만 설교는 말씀의 주인이신 성 삼위 하나님이 주체가 되고 설교자는 그 운반자에 불과하다는 점이 구분되는 부분이다.

> 설교자는 자신을 나타내거나 자기주장을 교인들에게 펴기 위해서
> 설교단에 서는 것이 아니라, 가능한 한 인간적인 설명은 적게 붙이
> 고 성경에 담겨 있는 하나님의 진리를 드러내고 표현하기 위해서
> 설교단에 서야 한다.[184]

여기서 강조하고자 하는 것은 설교자가 어떻게 하면 한 가지 형태에만 빠지지 않을 것인가의 문제이다. 어떤 설교자는 언제나 단에 서면 우렁찬 목소리로 예배당이 떠나갈 정도로 소리를 지르면서 땀을 흘린다. 회중은 그러한 설교를 듣는 초기에는 함께 열을 품으면서 반긴다. 그러나 시간이 흐를수록 그 열정의 함성은 피곤을 몰고 오는 소음으로 들리게 된다. 그리고 정신적인 혼란이 온다. 마음이 안정되지 않는다. 판에 박힌 듯한 제한된 어휘의 남발은 곧 싫증을 느끼게 한다. 그때마다 회중은 설교자가 낮은 음정으로 차가운 강의식 전달도 활용해 주기를 바라는 마음을 갖게 된다.

그와 반대로 차가운 강의식 설교로 일관하는 설교자 앞에 있는 회중은 신앙의 열기에까지 영향을 받게 된다. 지성적인 감각만이 높아질 뿐 뜨거운 가슴을 소유한 그리스도인들로서의 열기는 서서히 사라지게 된다. 이러한 지성은 결코 메시지의 현장에만 멈추지 않는다. 교회생활 전반에 대해 예리한 지성의 잣대를 가지고 살아가게 된다. 모든 것을 합리적으로만 풀어 가려는 심성이 자리잡게 된다. 적극적인 믿음이 머리

---

184 C. K. Barret, *Biblical Problems and Biblical Preaching* (Philadelphia: Fortress Press, 1964), 30.

에만 머물 뿐 행동에는 좀처럼 나타나지 않는 결과를 가져온다. 머리만을 움직이면서 설교사역에 임하는 사람들에게 브라운(Steve Brown)이 주고 있는 다음의 말은 매우 유용한 충고가 된다.

> 여러분이 조용하게 논리적으로 말하는 강연자라면, 이따금 목소리를 크게 지를 수 있는 법을 배우시오. 자주는 아니라 할지라도 가끔씩 소리를 질러야 할 필요가 있습니다. 만약 여러분이 사실들을 중심으로 이야기를 이끌어 가는 강연자라면, 가끔씩 감성을 자극하는 이야기를 말하는 법을 배우시오.[185]

오늘의 설교자들이 강단에서 필연코 보여주어야 할 것은 뜨거운 가슴과 풍요로운 지성의 머리이다. 땀과 눈물을 흘리는 열정은 설교자의 뜨거운 가슴에서 나와야 한다. 말씀을 전하라고 불러 주신 그 하나님의 놀라운 사랑에 대해 감격해야 한다. 그리고 내게 맡겨 주신 양들을 향한 깊은 애정이 가득한 가슴이 있어야 한다. 이때만이 강하고 담대하게 설교사역을 수행하게 된다. 그리고 땀 흘리는 열정이 행복의 조건이 된다. 설교자가 하나님 앞에 부끄럽지 않게 준비한 설교는 언제나 확신과 자신감이 차고 넘친다. 이때 설교는 단순한 강의가 아니라 감격의 선포로 승화된다.

4. 명령형으로 일관할 수 없는 설교

인간이 사용하는 언어는 그 언어가 생성된 문화의 가장 으뜸가는 표현이다. 어느 문화권에서 사느냐에 따라 어감과 표현의 차이는 뚜렷하게 나타난다. 서구의 문화권에서 보여준 언어의 표현은 지적인 바탕 위

---

185 Steve Brown, *How to Talk so People Will Listen*, 김일우 역, 『청중의 귀를 사로잡는 사람은 말하는 것이 다르다』 (서울: 아가페출판사, 2001), 279.

에서 전개된다. 그래서 차분한 전개와 이지적이고 합리적인 내용을 가지고 그들은 진지하게 대화를 나눈다. 심각한 다툼을 계속하는 동안도 승자와 패자는 누가 질서를 잃지 않고 차분하고 낮은 음정으로 자신의 주장을 펴는가에 따라 그 승패를 가름한다. 이것이 바로 수평적인 문화가 지속되고 있는 민주사회의 한 단면이다.

한국의 문화권에서 보게 된 언어생활은 이와는 차이가 난다. 무엇보다도 말소리가 크다. 매운 음식을 즐기는 우리 민족과 같은 문화권에서는 누가 큰소리로 자기주장을 펴서 남을 더 압도하는가에 따라 승패를 가름한다. 비합리적인 주장을 하더라도 소리만 크면 승자로 자리를 잡는 경우가 많다. 나이나 지위가 높은 사람은 언제나 명령형적인 언어로 장식한다. 이것은 수직 문화에서 나타나는 현상이라고 보아야 한다.

설교 전달에서도 이러한 현상은 매우 뚜렷하게 나타나고 있다. 설교의 내용은 이론적으로나 신학적으로 그 내용이 매우 허술한 데도 거대한 음성을 사용하면서 명령 일변도의 음정을 사용하는 경우가 한국교회 설교 전달에 많이 나타난다.

무속 종교로부터 이 땅에 자리잡은 불교나 유교, 천도교와 같은 종교들은 모두가 수직 문화를 고수하는 종교들이다. 한국의 그리스도교 역시 이러한 종교들과 함께 일구어진 문화권에서 존립해야 하기에 매우 비슷한 양상을 보이는 경우가 많다. 모든 종교가 그들이 섬기는 신의 이름으로 축복과 저주를 하고, 필요하다고 생각되는 사실을 명령하는 것이 상례로 되어 있다. 그리스도교에서는 설교자나 기도를 많이 하면서 예언을 하는 사람들이 이러한 범주에 빠져들기가 매우 쉽다.

그러나 유의해야 할 것은 그리스도교는 설교자의 감정이나 느낌으로 설교하는 것이 아니라는 점이다. 그리스도교는 성경의 66권을 통하여 주신 하나님의 말씀에 철저히 근거하고 있다. 설교자란 자신의 감정과는 무관하게 66권의 말씀 중에서 그날에 주어진 본문을 전하고 해석하고 적용하는 데 있어서 도구의 기능을 할 뿐이다. 특히 "주님의 이름으로…" 명령하는 것은 각별한 주의를 기울여야 한다. 냉철한 이성을 가지고 깊이 생각한 후에 명령형을 사용해야 한다. 어떤 경우도 목회적 수단으로 주님의 이름을 빌려서 명령형을 함부로 사용하는 오류를 범하지 않도록 해야 한다.

설교의 전달에 '명령형적인 분위기'와 '사실적인 분위기'에 대한 본격적인 토론은 1980년대 중반에 북미 설교학회에서 진행된 바 있다. 이 토론은 개신교의 설교가 개신교 신학의 줄기인 은총론을 따르고 있는지, 아니면 펠라기우스의 엄격한 도덕론을 따르고 있는지를 평가하면서 개신교 설교의 신학과 형태가 이제 은총론에 입각하여 이루어져야 한다는 합의점을 낳게 하였다.

여기서 주로 논의된 것은 죄의 지적과 회개의 촉구가 명령형의 설교 분위기(Imperative Mood)에서만 가능한가이다. 설교는 설교자와 그가 속해 있는 문화권의 언어구조와 사고에 따라 많이 달라진다. 우리 문화의 경우 설교자는 명령자의 위치에 서 있는 것처럼 착각을 일으킨다. 그래서 어느 나라 교회보다 한국교회가 가장 명령형을 많이 사용하는 설교를 해 왔다.

여기에 대해 반론으로 제기된 것이 바로 설교자가 겸허하게 말씀의 봉사자가 되어야 한다는 주장이다. 설교자는 회중에게 오직 말씀의 진리를 보여주고, 그 진리의 주인 되신 하나님을 회중이 만나도록 하는 데 주안점을 두어야 한다는 것이 이 주장의 핵심이다. 즉, 하나님의 말씀을 사실 그대로 조명해 주는 분위기(Indicative Mood)를 형성해야 한다는 이론이다.[186]

먼저, 명령형 분위기를 가져오는 표현들을 예로 들어본다.

죄는 사단의 권세 아래 있습니다. 죄를 지은 여러분은 사단의 손에

---

186 설교의 명령형 분위기와 사실적인 분위기에 대한 연구는 본서의 부록에 실린 Wade Huie Jr.의 "은총의 방편으로서의 설교"를 참고하라.

잡혀 있는 몸들입니다. 거기서 빨리 나오시오. 회개의 열매를 맺고 하나님의 자녀 된 신분을 회복하시오. 그리고 하나님의 용서를 받으시오. 그렇지 않으면 그 죽음의 길에서 벗어나지 못합니다. 지금 당장 가슴을 치며 회개의 눈물을 흘리시오. 그리고 죄악으로부터 벗어나 자유자가 되시오.

또 하나는 진리의 주인을 보여주는 사실적인 분위기를 가져오는 표현이다.

여러분은 참된 목자의 뒤를 따르다가 아차 하는 순간 목자를 멀리한 양이 되었습니다. 그동안 죄로 얼룩진 삶의 장에서 신음하셨습니다. 그러나 우리의 하나님 아버지는 한 번도 우리를 버리거나 잊지 않으십니다. 지금, 이 순간도 대문을 열어 놓고 우리가 돌아오기만을 기다리고 계십니다. 우리가 그 품에 들어갈 때까지 우리의 하나님은 그 문을 닫지 않고 내내 서서 기다리십니다.

위의 두 예는 같은 목적이 있으나 첫 부분은 명령형의 분위기로 회중을 압박하고 있다. 그리고 설교자가 주관적으로 명령하고 있다는 인상을 풍긴다. 그러나 두 번째의 표현은 말씀의 주인이 우선 등장하여 회개하고 돌아오기를 기다리고 계시는 인자한 어버이의 모습을 보여준다. 사람들은 위압적으로 이어지는 설교자의 명령 앞에서는 주춤하게 된다. 그러나 인자한 하나님이 팔을 벌리고 안아 주시려는 모습을 볼 때는 눈물을 흘리면서 그 위대한 사랑에 굴복하게 된다.

현대의 설교자들은 이 시대를 사는 회중의 심성을 먼저 알아야 한다. 자유의 세계에서는 남의 명령과 비판적인 간섭보다는 부드러운 격려와 위로와 칭찬을 기대한다. 설교의 장에서도 오늘의 회중은 날카로운 책망보다는 굶주린 영혼에게 설교자가 은혜의 방편으로 등장하는 도구이

기를 바란다.[187]

5. 언어의 표현보다 앞선 설교자의 표정

설교는 여러 요소가 복합적으로 얽혀 이룩되는 소중한 사역이다. 단순히 언어와 관계가 있는 기능들뿐만 아니라 외형적인 모습까지 모두가 입체적으로 동시에 움직이게 되는 종합적인 행위에 따라 완성된다. 그러한 까닭에 설교자의 외형적인 복장이나 인상까지도 설교 전달의 과정에서는 중요하게 여긴다. 설교자의 복장이나 인상 등이 설교자의 겉치레나 진실을 감추는 행위로 활용될 때 설교자의 장래는 매우 어둡게 된다. 반면에 이러한 외형적인 요소들을 설교자가 전달해야 할 메시지가 손상받지 않고 온전히 회중의 가슴에 스며들게 하는 보조적인 것으로 선용한다면 그것은 설교사역에 대단한 도움을 주게 된다.

언어는 크게 두 가지로 분류된다. 하나는 성대와 입을 통하여 나오는 음성 위주의 언어이다. 이 언어는 자음과 모음을 결합하여 말을 만들어 의사 전달을 하게 된다. 자신들의 공동체에서 계약된 표기들을 각자 따로 만들어 그 공동체 안에서만 사용하는 특성이 있다. 언어학에서는 이것을 삶의 양태를 함께하는 공동체의 언어라고 한다. 또 하나는 신체 언어이다. 이것은 아무런 음성도 사용하지 않고 몸의 부분들을 사용하여 의사를 소통하는 또 하나의 언어이다. 모두가 음성 언어만 가지고 살기에 이것만이 최고의 의사 전달의 도구라고 이해하고 있다. 그러나 커뮤니케이션 이론에서는 음성 언어보다는 신체 언어가 인간의 의사 전달에 더 많은 부분을 차지한다는 통계가 있다.[188]

다시 말하면, 우리의 음성 언어보다는 말하는 사람의 표정에서 전달

---

187 C. M. McMahon, "The Pulpit: A Moment for Self-Reflection," http://www.apuritansmind. com/ Pastoral/ McMahon Pulpit Reflection.htm

188 Flora Davis, "How to Read Body Language," *Readers's Digest* (December, 1969), 10.

하고자 하는 의사(意思)가 훨씬 정확하게 나타난다는 뜻이다. 그러므로 설교자는 이러한 신체 언어의 중요성과 효과성에 깊은 관심을 기울여야 한다. 설교자의 표정 관리는 자신이 전하는 메시지의 진실성과 연계될 뿐만 아니라 설교자가 강조하고 싶은 부분과도 관련이 있다. 왜냐하면 설교자가 강조하고 싶은 표현도 얼굴의 표현을 통하여 언어보다 먼저 상대에게 나타나기 때문이다.

이토록 설교자의 표정은 매우 중요한 몫을 감당하기에 그 사용에 있어서 매우 진지해야 한다. 어떤 경우도 습관화되거나 속임의 장치로 사용되어서는 안 된다. 자기감정과는 무관한 눈물짓는 표정을 비롯하여 너무 가볍고 다양하게 변하는 표정은 설교자에게 오히려 손실을 준다. 우리의 문화에 절대적인 영향을 주었던 공자는 그의 『논어』 "학이편"(學而篇)에서 달콤하고 감미로운 말이나 좋은 얼굴빛을 꾸미는 사람은 어질고 순결함이 결여된다는 말을 남기고 있다.[189] 이러한 가르침은 우리의 문화권에 일찍 자리를 잡아, 무표정한 우리 국민들의 얼굴 표현이 보편화된 현실이다. 남과 눈을 마주칠 때도 우리 민족은 무표정해야지 서양인들처럼 미소를 지으면 그것은 어울리지 않은 표정으로 간주하는 현실이다.

이러한 문화적 요구는 설교자에게도 서양 문화의 설교자와는 사뭇 다른 형편을 제공한다. 한국의 설교자가 강단에서 문장마다 표정을 바꾸는 것은 권할 만한 일이 못 되는 것이 현실이다. 우리의 문화권에서 기대하는 설교자는 어딘가 묵직하고 진지한 인간형이다. 가볍게 기쁨과 슬픔의 감정을 표현하는 연기자들과는 차이가 있기를 바라는 것이 한국교회 회중의 심성이다. 그러한 기대에 설교자가 미치지 못할 때 회중은 아쉬움을 갖게 되고, 때로는 경멸의 눈길도 보낸다.

그렇다고 설교자의 표정이 슬픔을 말할 때나 십자가의 수난을 말할

---

189 우현민 역해, 『四書五經: 論語』 (서울: 한국교육출판공사, 1985), 24.

262 · 설교의 신학

때도 미소를 띠고 계속 있어야 한다는 말은 아니다. 설교자의 표정은 그 메시지의 내용과 동행해야 한다. 그러나 그것이 너무 자주, 그리고 진하게 그 얼굴에서 표현된다면 오히려 역효과가 나타나게 된다. 언어의 고저와 속도가 바뀔 적마다 표정이 달라진다면 회중은 우선 안정을 잃게 된다. 그리고 설교자는 회중에게 경솔한 인상을 풍기게 된다.

인간이란 누구나 좋은 인상을 소유한 사람과 이야기를 나누기 원한다. 험상궂은 인상의 소유자가 자기 앞에 나타날 때 모두가 경각심이나 거부감을 느끼게 된다. 그래서 몽테뉴는 그의 『수상록』에서 "좋은 외모는 인간사에 훌륭한 추천장이다"라는 말을 남겼다. 설교자만을 쳐다보고 그 입에서 나오는 메시지를 기다리는 설교 현장의 '관객'들은 그들의 눈을 설교자의 표정을 비롯한 외모에 집중하고 있다. 그가 주고 있는 표정이나 인상에서 호감을 주지 못하는 설교자는 그만큼 '관객'과 거리를 두게 된다.[190]

누구나 과일을 하나 살 때도 겉모양을 세심히 관찰한다. 그 세심한 관찰은 좋은 알맹이를 찾기 위한 과정이며 노력임에 틀림이 없다. 오늘의 회중은 설교자의 입을 통한 언어가 있기 전에 그의 인상과 표정을 통하여 우선적인 안정감을 느끼기를 원한다. 설교자의 잔잔한 미소 앞에서 회중도 얼굴에 미소를 짓는다. 이러한 양자의 미소 출발은 의사소통을 가져올 수 있는 비옥한 옥토가 된다. 그 옥토에 발을 들여놓았을 때 설교자와 회중은 기쁨과 감사와 슬픔과 고통의 감각을 함께 경험하면서 말씀의 깊은 세계에 진입(進入)하게 된다.

6. 자신을 말해 주는 몸가짐

설교란 단순한 언어로 진행되는 것이 아니다. 설교의 권위가 그 언어

---

190 Roy DeBrand, "The Visual in Preaching" in Michael Duduit (ed.), *Handbook of Contemporary Preaching* (Nashville: Broadman Press, 1992), 398-399.

와 내용만으로 이루어지는 것이 아니라 설교자의 몸가짐과도 절대적인 관계를 맺고 있다. 연출을 맡은 사람들은 연기자들이 대중 앞에 나타날 때 어떤 마음가짐과 몸가짐을 갖추어야 할 것인지를 먼저 훈련한 후에 그 다음 단계의 교육을 하고 있다.

주일예배가 시작될 무렵 설교자가 등단하는 모습이나 앉아 있는 모습에서 안정감을 주지 못할 때가 너무 많음을 본다. 설교자가 무엇을 잊었는지 다시 내려왔다가 다시 오르는 모습이나 옆에 있는 전화를 들고 통화를 하는 모습들을 많이 보았다. 그리고 고개를 좌우로 돌려가면서 회중을 살피는 모습도 본다. 이러한 모습들은 단에 오른 설교자로서 적절한 몸가짐이 아니다.[191]

한국의 문화권에서는 종교지도자가 언제나 그 몸가짐이 정숙하기를 기대한다. 자신들은 세상 속에서 흐트러진 삶을 살았어도 종교지도자만은 모범 된 삶의 내용과 몸가짐을 갖추기를 원하고 있다. 그러한 요구는 오랜 전통의 종교를 문화의 바탕으로 하는 곳에서는 더욱 심하다. 이러한 문화권에 있는 한국교회 역시 자신들의 설교자에 대하여 그 삶의 질과 몸가짐에 남다른 관심을 기울이고 있다. 그러한 현상은 설교자가 성단에 오를 때부터 정숙한 분위기를 그 몸가짐에서 풍겨 주기를 기다린다. 그들은 어떤 경우도 설교자의 경망스러운 언어나 몸가짐을 환영하지 않는다.

일반적으로 많은 설교자들은 성단에 오르면 바로 무릎을 꿇고 기도하는 모습을 갖춘다. 이 점은 매우 좋은 출발이라고 생각한다. 설교자가 그 시간에 예배를 인도하는 일이나 설교를 하는 일에 성령님의 손에 잡힌 도구로서 성직을 수행하게 해 달라고 기도하는 것은 너무나 당연하다.

사실 설교자가 차분한 몸가짐에서부터 안정감을 주지 못한다면 설교

---

191 위의 책, 399.

그 자체가 막대한 손상을 입게 된다. 그래서 설교자의 안정된 인상과 몸가짐은 매우 중요하다. 설교자가 의도적으로 몸을 흔들고 있다든지 본래의 위치를 자주 벗어나는 것 등은 삼가야 할 자세이다.

우선으로 설교자에게 권하고 싶은 것은 설교대에 몸을 연결(connection)하라는 부탁이다. 몸의 연결이란 몸의 본체를 설교대에 붙이라는 뜻이 아니고 양손 또는 한 손을 설교대에 올려 중심을 잡으라는 말이다. 두 손이 필요한 몸짓을 쓸 경우를 제외하고는 두 손 중에 한 손이 설교대를 붙잡든지, 아니면 올려놓든지 하는 자세를 갖추는 것이 좋다. 회중이 바라볼 때 설교자가 두 손 모두를 내리고 있으면서 설교대와 연결을 맺지 않고 있을 때 비록 설교자는 흔들림이 없다고 생각해도 회중은 안정감이 결여된 것을 쉽게 느낀다.

역사적으로 그리스도교의 설교는 신성한 사역이며 지금도 말씀 중심의 교회들은 설교를 가장 신성하고 소중한 사역으로 여긴다. 그런데 이러한 신성한 설교를 누가 어떤 형태의 몸가짐으로 어떻게 하느냐에 따라 그 양상은 달라지기 마련이다. 설교자가 회중 앞에 섰을 때는 그의 말이 있기 전에 그의 몸가짐을 먼저 보게 된다. 그의 정숙한 인상과 몸가짐 등은 일차적인 만남의 출발이다.

설교가 진행되는 동안 설교자의 감정이 극도에 이르렀을 때 보여주는 설교자의 몸가짐은 매우 다양하다. 그 몸 전체가 설교대를 벗어나 뛰고 있는 모습을 보이는가 하면 안정감이 없는 여러 형태를 취하고 있다. 어떤 경우에는 앞에서 지적한 대로 석고상처럼 움직임이 없는 설교자의 모습을 보이기도 한다.

설교자가 개인적으로 가지고 있는 몸가짐은 누구로부터의 모방이라기보다는 자신의 성격과 감정 표현의 방법에 따라 각각 다르게 보인다. 누구도 완벽한 설교자의 몸가짐을 갖추고 설교대에 서는 사람은 없다. 그러기 때문에 설교자마다 바로잡아야 할 부분들을 가지고 있다. 이러한 부분들은 누구의 충고보다는 비디오를 통하여 자신의 모습을 냉정하게 점검하는 것이 필수적이다. 일반적으로 설교자들은 자신의 몸가짐을 보면서 거의 불만을 가진다. 그 이유는 제 생각대로 자신의 몸가짐이 보이지 않기 때문이다. 그래서 설교의 진정한 발전은 설교의 내용뿐만 아니라 신체 언어에 관한 관심과 커뮤니케이션에서 그 신체 언어가 갖는 역할이 무엇인지를 찾는 데서 이룩된다.[192]

또 하나 설교자가 특별히 유의해야 할 것은 어느 순간 모순된 자신의 몸가짐의 습관을 발견하고 바로잡았으나 얼마 후에 자신도 모르는 사이에 재발한다는 점이다. 그러하기에 버렸다고 생각되는 그릇된 신체 언어는 영원히 설교자를 떠난 것이 아니라 잠복해 있을 뿐이다. 이러한 것들은 설교자가 조금만 주의를 게을리하면 바로 등장할 채비를 갖추고 있다는 것을 설교자는 유의해야 한다.

7. 메시지의 효율성을 높이는 설교자의 몸짓

설교자가 사용하는 신체 언어 가운데 가장 많이 사용되는 것이 바로 손을 이용한 몸짓이다. 이 몸짓이 잘 사용되면 매우 효과적이지만, 그렇지 못한 경우는 거부감을 일으키는 동작이 된다. 많은 설교자가 생각 없이 사용하고 있으나 설교의 전달에서는 현명한 준비가 필요하다. 사실 몸짓이란 감정과 직결된 행위이다. 설교자의 감정이 메시지와 함께 절박감을 가지고 있을 때 가장 잘 사용된다. 그러나 객관적인 서술이나 차가운 가슴에서 나오는 서술들은 거의 몸짓이 수반되지 않는다. 또 하나의 경우는 설교의 원고를 완전히 소화하지 못하고 단에 올라가 원고를 읽거나 원고를 생각해 내는 데 정신이 집중되면 몸짓은 전혀 발동하지 않는다. 그러나 설교의 내용을 완전히 소화하고 그 설교 내용에 확신이 있을 때는 몸과 손의 움직임이 달라진다. 특별히 자신이 신념을

---

192 Alvin C. Rueter, *Making Good Preaching Better* (Collegeville, Minnesota: The Liturgical Press, 1997), 173.

가지고 상대를 설득해야 할 메시지가 있을 때는 감정이 뜨겁게 상승하면서 신체 언어는 작동한다. 그래서 몸짓은 뜨거운 감정의 소유자들에게는 빼놓을 수 없는 '설교의 도구'라고 말하게 된다.

설교의 이론에서는 손을 쓰는 몸짓을 크게 네 가지로 분류하여 내놓았다. 비록 그 민족이 가지고 있는 고유한 문화에 따라 설교자가 사용하는 몸짓에 차이가 있다 하더라도 설교 현장을 연구하는 설교학자들에 의하여 분류된 일반적인 설교의 몸짓은 다음의 몇 가지로 정리된다.[193]

먼저, 검지를 사용하는 몸짓이다. 이 경우는 검지 이외의 손가락은 모두 모아서 무엇을 가리키는 듯한 형태를 취한다. 이때는 말씀의 위치를 가리킬 때나 보통의 강조점을 말할 때 사용한다. 그러나 설교자는 어떤 경우도 검지가 회중 가운데 특정한 개인을 향하지 않도록 조심해야 한다. 약간 위를 향한 각도를 취할 것을 권한다.

둘째, 주먹을 사용하는 몸짓이다. 이 몸짓은 극적인 문제를 말하거나 크게 강조할 때 강한 어조와 함께 사용한다. 이 형태 역시 주의를 요하는 부분이 있다. 그것은 설교자가 이 몸짓을 너무 많이 씀으로써 강한 성향을 비추지 않도록 유의해야 한다.

셋째, 손바닥을 펴서 위로 하는 몸짓이다. 이러한 몸짓은 긍정적인 표현을 하고 싶을 때나 절실한 설득을 하고 싶을 때 사용한다. 그리고 하나님을 향하여 탄원이나 기도의 감정을 표현할 때도 많이 사용한다. 이때는 손바닥에 힘을 주지 않고 자연스럽게 펼치는 것이 좋다.

넷째, 손바닥을 밑으로 하는 몸짓이다. 이 형태는 반대 의사를 나타낼 때나 불명예스러운 것을 말할 때 사용한다. 때로는 경멸 또는 비난의 표현을 나타낼 때도 사용한다. 이 몸짓은 자주 사용하지 않도록 유의해야 한다. 설교자가 이 몸짓을 자주 쓰면 부정적인 인상을 회중에게

---

193   H. C. Brown Jr., H. Gordon Clinard & Jesse J. Northcutt, *Steps to the Sermon*, 정장복 역, 『설교의 구성론』 (서울: 도서출판 엠마오, 2000), Ste.

심어주기 쉽기 때문이다.

설교를 진행하는 동안 적절하게 사용되는 몸짓이 인위적이지 않고 자연스럽게 보이는 것이라면 회중의 마음을 사로잡는 데 매우 효과적이다. 그리고 이 설교자의 몸짓은 회중과의 적절한 커뮤니케이션을 이룩하는 데 필요한 도구가 된다. 인간 언어는 음성에 실린 언어만이 전부가 아니다. 그 언어보다 나의 표정과 몸의 움직임과 손의 움직임을 사용하는 신체 언어가 의사소통에 훨씬 더 큰 힘을 가지고 있음을 설교자는 언제나 마음에 두어야 한다.

설교자가 기억해야 할 것은 몸짓은 선포와 함께 조화를 이루어서 나타나야 한다는 점이다. 말씀의 선포와 조화를 이루지 못한 몸짓은 매우 어색할 뿐만 아니라 회중에게도 설득력이 없게 됨을 인식해야 한다. 예를 들면, 몸짓이 먼저 나오고 언어가 뒤따르는 경우가 많은데 이는 퍽 자신이 없는 표정이고 선포와 조화를 이루지 못하는 어색한 표현이다.

설교자가 강조해야 할 순간에 자신의 선포에 힘을 주고 강력한 결단의 선포를 위해 적절하게 사용하는 몸짓은 매우 효과가 있다.[194] 그러나 너무 자주 습관적으로 사용되는 몸짓은 회중에게 산만함을 줄 뿐 선포의 효과에는 아무런 영향을 미치지 못하고 오히려 방해하는 결과를 가져오게 된다. 동시에 거의 몸짓을 쓰지 않고 선포하는 설교자는 열정도, 선포에 대한 의욕도 없는 듯한 인상을 회중에게 주게 된다.

8. 교정이 필요한 설교자의 말투와 발음

우리나라는 지형이 시원스런 평야가 아니다. 수평적으로 언제나 교류할 수 있는 열린 지리적 조건이 아니라 가까운 거리임에도 높은 산과

---

194 A. Duane Litfin, *Public Speaking, A Handbook for Christians* (Grand Rapids, Michigan: Baker Book House, 1981), 310-312.

산맥에 막혀 닫힌 집단의 형성을 가져왔다. 그래서 우리의 민족은 이곳 저곳의 골짜기에 집단을 이루어 살면서 자신들만이 소통하고 통용되는 삶의 양태와 언어문화를 생성시켰다. 그 결과 풍속과 언어에서 서로 이질감을 쉽게 느낄 수 있었다.

이러한 지역적 조건을 군사 쿠데타의 주역들은 최대한 활용하여 집권하고 지역감정을 부추겨 왔다. 그 결과 지역적 우월주의가 등장하게 되었다. 패권을 누리는 지역인들은 자기 고장의 어투를 자유롭게 어디서나 사용하고, 그렇지 못한 지역 출신들은 자기 지역을 벗어나면 자신들의 고유한 어감과 악센트를 감추는 현상을 보여 왔다. 이러한 갈등은 반목의 골을 깊어지게 하였다. 그 결과 말씨를 통하여 나의 지역 출신이 아님을 아는 순간에는 시원스러운 교류의 문을 열지 못하였다.

설교자가 자신의 고유한 지역 언어 감정과 그 형태를 고집하는 것은 회중을 한 지역 출신으로 국한하는 지극히 어리석은 일이다. 아직도 지역 우월주의나 향토애에 집착하여 지역 악센트와 어감을 고치지 못한 설교자는 바람직하지 못하다. 그러기에 한국의 지역감정과 배경을 잘 아는 지혜 있는 설교자는 표준어를 사용하는 데 대단한 노력을 기울이고 있다. 사실 어감이나 발음이나 악센트까지 회중을 하나로 묶을 수 있는 표준어 사용은 설교자의 절대적인 의무이다. 이익섭에 의하면, 표준어를 구사한다는 것은 말하는 사람이 정상적인 교육을 받았다는 것을 의미할 뿐만 아니라 지도자가 지녀야 할 자질을 갖추었음을 의미한다고 설명한다. 그리고 표준어는 언어생활의 규범으로서 이를 지키지 못하는 사람은 "일종의 범법자임을 드러내 주는 구실을 하는 것"임을 강조한다.[195]

고유한 언어문화의 보호는 또 하나의 문화유산으로 남겨져야 할 필요가 있다. 그러나 사람의 마음은 언제나 공적인 세계의 언어로 표준어

---

195 이익섭, "표준어의 기능", http://members.tripod.lycos.co.kr/~dongwonman/ndata/pyojun.htm

가 활용되기를 바라는 기본 심성을 가지고 있다. 지성인은 대부분이 다 바르고 고운 표준어를 사용하는 사람의 말을 듣기를 좋아한다. 이러한 심성은 뉴스를 전해주는 아나운서들의 어감과 용어와 말씨를 들으면서 부담이 없는 안정감을 가지게 된다. 이것이 바로 표준어의 위력이다.

오늘의 회중은 어느 특정 지역뿐만 아니라 어디서든지 설교자가 아나운서처럼 밝고 맑은, 그리고 고운 어감의 표준어를 사용해 주기를 바라는 마음을 가지고 있다. 내가 그리지 못한 아름다운 언어의 그림을 나의 설교자가 그려 주기를 바라는 것은 너무나 당연하다. 냉정히 말하면, 설교자의 일생은 말과 함께하는 생애이다. 설교는 음성 언어라는 매체를 통하여 이어진 사역이기에 그 언어를 떠나 존재할 수 없는 생명체이다. 그러하기에 누구보다 언어에 대한 깊은 관심을 가져야 한다. 단순한 인쇄 매체를 통한 언어의 활용이 아니라 눈과 눈을 마주치고 입에서 귀로 전달되어야 하는 현장의 언어이다. 이러한 상황의 언어란 무엇보다도 분명한 표현과 발음이 문제가 된다. 여기에 관심을 기울이지 않는 설교자는 숱한 실수를 범하고 설교자로서의 위상까지 문제가 된다.

설교자가 이상과 같은 중요성을 깨닫게 된다면 하나의 토씨에서 문장의 끝말까지도 섬세하게 챙겨야 한다. 입의 구조에서 혀의 움직임까지 바른 위치를 찾도록 해야 한다. 이러한 목적을 달성하기 위해서 설교자는 부지런히 자신의 설교를 녹음하여 듣기를 반복해야 한다. 그리고 거울 앞에서 입의 모양을 보면서 반복적인 연습을 해야 한다. TV에서 뉴스를 들려주는 아나운서의 언어와 발음, 그리고 입의 모양 등을 섬세하게 살펴볼 필요가 있다. 그들은 선천적으로 좋은 음정, 음색, 음폭을 갖추고 정확한 발음을 가지고 세상에 태어나지 않았다. 남몰래 쌓은 언어 훈련이 있었기에 수백만의 시청자 앞에 서서 바른 언어를 구사하게 되었다.

설교자는 아나운서보다 더 막중한 책임을 가진 말씀의 종들이다. 하나님의 말씀이 더욱 분명히 들려지고 그 진리가 더욱 선명하게 회중의 가슴에 파고들게 하려면 설교자들도 말씨와 발음에 대한 남다른 관심과 자기 훈련이 있어야 함을 마음에 간직해야 한다.

9. 메시지를 교류하는 시선의 마주침

미국 교회가 1800년 초기에 일으켰던 1차 대각성 부흥 운동은 조나단 에드워드 목사의 설교로 시작되었다. 그분이 그 당시에 했던 "분노하신 하나님의 손에 있는 죄인들"이라는 설교를 할 때, 그분은 두꺼운 돋보기를 가지고 원고를 주로 보면서 설교를 했다는 기록이 있다. 회중을 바로 바라보지 못했어도 그러한 위대한 역사가 발생하였음이 분명하다.

그러나 200년 전의 설교 전달의 형태를 오늘의 것으로 활용하려는 것은 비발전적인 생각이다. 예전에는 귀로만 듣던 라디오가 지금은 보이는 라디오로 바뀌는 시대이다. 우리의 민족은 옛날부터 백문이 불여일견(百聞而 不如一見)이라는 말을 자주 사용하여 백 번을 들어도 한 번 보는 것만 못함을 강조하면서 눈을 통하여 얻게 되는 지식을 중요하게 생각해 왔다.

현대의 커뮤니케이션은 메시지를 보내는 사람은 입과 눈을 통하여 메시지를 동시에 보내고, 듣는 사람은 귀와 눈을 통하여 동시에 받아야 함을 강조한다. 그래서 설교자는 회중의 눈동자에 자신의 눈동자를 일일이 맞추어가면서 설교를 해야 한다. 설교의 전달에 설교자와 회중의 눈이 마주치는 것은 가장 중요한 부분이다. 이토록 중요한 시선의 교환을 통하여 설교자와 회중이 호흡을 함께하지 못한다면 메시지의 전달에 심한 손상을 입게 된다. 브라운은 대중을 향하여 말하는 사람이 청중과 시선을 마주치지 않으면 그가 거짓말하고 있다고 청중이 생각하게 된다고 지적하고 있다.[196] 이러한 지적은 바로 오늘의 설교자들이 귀

---

196 Steve Brown, 『청중의 귀를 사로잡는 사람은 말하는 것이 다르다』, 278.

를 기울여 들어야 할 부분이다.

흔히들 설교자가 고개를 들고 회중을 보기는 하지만 직접적인 눈길을 피하는 경우가 많다. 설교자가 회중을 바라보면서 눈을 지그시 감는다거나, 회중을 바라보지 않고 허공을 바라보는 것은 절대 금물이다. 또는 좌우의 모든 회중을 바라보지 못하고 어느 한쪽만을 집중하여 그곳만을 계속적으로 주시하는 것도 버려야 할 습관이다. 거기에 더하여 설교자가 회중을 바라보는 시선이 너무 급하게 주어져서 회중에게 공격적인 인상을 준다거나 회중에게 진지함이나 성실성이 모자란 모습으로 비추어지게 되면 그것 또한 심각한 문제이다. 언제나 부드럽고 진지하고 지속적인 눈길이 필요하다. 이러한 눈길은 어느 개인에게만 반복적으로 주어지는 것이 아니라 회중 모두에게 주어져야 한다. 어떤 경우도 형식적으로 갖는 시선의 교환이 없도록 각별한 유의를 해야 한다.

설교자와 회중이 시선을 교환하면서 자연스러운 메시지의 전달이 진행되었을 때 나타나는 효과는 우선적으로 다음 몇 가지를 들 수 있다.

첫째, 앞에서도 언급한 대로 회중의 주의력을 집중시키는 절대적인 힘이 발휘된다. 상대의 눈을 주시하고 말한다는 것은 상대가 다른 생각이나 행동을 하지 못하도록 붙잡는 방편이다.

둘째, 회중의 반응을 확인하는 길이다. 최근에는 설교자들이 자신의 말을 잘 듣고 공감하는지를 확인하기 위하여 '아멘'을 유도하고 있다. 그러나 그것은 강제로 반응을 끌어내는 행위이다. 설교자의 구령과 같은 "…줄로 믿습니다", "주님의 이름으로 축원합니다", "바랍니다"에 어쩔 수 없이 따라 나온 '아멘'일 뿐이다. '아멘'이라는 응답의 진정한 의미를 찾기 힘든 현장이다.

진정한 반응은 회중의 눈에서 확인해야 한다. 아무런 소리를 내지 않아도 그들의 눈에서 자신의 메시지가 전달되고 공감대가 형성되고 그들이 은혜를 받는지를 뚜렷하게 알게 된다. 그뿐만 아니라 자신의 설교에 전혀 관심을 두지 않고 있는 회중을 앞에 두고 설교자 홀로 열을 내면서 공중에 공허하게 울려 퍼지는 메아리로 진행하는지도 잘 알게 된다.

셋째, 설교자가 자신의 눈동자를 상대의 눈동자에 맞추면서 설교를 하게 될 때 회중은 설교자가 자신에게 관심을 두고 있다는 생각을 하게 된다. 이런 경우는 졸음이 와도 그것을 억제하면서 경청의 자세를 취하게 된다. 그리고 설교자에게 훨씬 친근감을 느끼게 된다.

끝으로, 이러한 시선의 교환이 이루어지면 설교자는 설교 전달의 진수를 알게 된다. 즉, 자신의 설교가 드디어 원고를 읽고 있는 것이 아니라 사람에게 선포하는 것임을 실감하게 된다. 거기에 더하여 설교를 경청하고 있는 사람들의 눈길에서 자신이 전하는 메시지와 회중과의 관계를 지체없이 파악하고 긴급한 조치를 취할 수 있다. 자신의 설교가 갖고 있는 장점과 단점을 쉽게 발견하게 된다. 이러한 발견이 거듭될 때 설교자는 더욱더 알찬 준비를 하게 되고, 설교 전달의 지혜를 터득하게 된다.

설교 전달이라는 책임을 수행하는 데는 단순히 원고에 수록된 내용만으로는 그 소임을 다할 수 없다. 또 그것을 읽는 것만으로는 해결할 수 없다. 언어라는 매체는 언제나 소리에 첨가된 말과 신체를 통한 비언어의 수단을 필요로 한다. 신체 언어라고도 하는 이 비언어의 방편에서 가장 우선적인 것이 바로 눈의 움직임이다. 이 눈은 언어로 표현할 수 없는 의미를 표현하는 데 가장 효율적이다. 언어만으로는 슬픔과 기쁨과 감사와 분노의 감정을 충분하게 표현하지 못한다. 그러나 두 눈을 통하여 상대가 충분히 느끼고 알도록 한다. 이러한 눈의 마주침을 리트핀(Litfin)은 커뮤니케이션의 가장 핵심적인 요소로서 다음과 같이 지적하고 있다.

말하는 사람과 듣는 사람 사이에 시선의 마주침이 잘 이루어질 때 효과적인 커뮤니케이션이 이룩된다. 그러나 어설픈 시선의 마주침은 오히려 커뮤니케이션을 방해한다. 이처럼 커뮤니케이션의 성패

를 좌우하는 시선의 마주침은 전적으로 말하는 사람의 책임 하에
이루어진다.[197]

10. 설교 전달에 생명인 원소로서의 리듬

설교 전달에서 소중히 다루는 '설교의 리듬'이란 간단하게 말하면 언
어 속도의 빠름과 느림을 말하고 음정의 높낮이를 말한다. 그러나 좀
더 확대하여 말한다면 그 뜻은 매우 광범위하다. 그것은 메시지의 동적
인 구성을 비롯하여 설교자의 몸짓을 포함한 신체 언어의 움직임과 음
색, 음폭의 고정화의 탈피까지 실로 광범위하다. 거기에 더하여 열정의
강함과 약함까지 모두 이 개념에 포함된다. 다시 말하면, 언어의 속도와
음정의 고저, 그리고 몸과 감정의 움직임이 가져다주는 메시지의 동적
인 상태를 말한다.

인간의 귀는 어느 일정한 음정에 고착되기를 거부한다. 인간의 감정
도 동일하다. 정지된 상태를 거부하는 것은 인간의 살아 움직이는 본성
때문이다. 음정의 높고 낮음이 분명하게 이어질 때 듣는 사람의 감정
은 함께 움직인다. 노래란 언제나 기본음에서 필요한 지점을 향하여 상
승했다가 다시 내려오는 것을 반복하고 있다. 그래서 노래하는 현장에
서는 듣는 사람들이 함께 손뼉을 치거나 몸을 움직이면서 동화된 물결
을 이룬다. 설교의 현장도 예외가 될 수 없다. 설교 역시 인간이 말하고
인간이 듣고 있는 현장이다. 인간의 감정이 움직이지 않는 설교 현장은
실패할 수밖에 없다.

설교의 전달에 있어서 리듬이 가장 필요한 부분은 바로 음정의 고저
와 말의 속도이다. 말의 속도가 빠른 것 자체는 문제가 없다. 그러나 그
빠른 속도를 멈추고 느리게 조절하는 능력이 문제이다. 적지 않은 설교

---

197 A. Duance Litfin, *Public Speaking, A Handbook for Christians*, 314.

자들이 자신이 가지고 있는 언어의 속도에 깊은 관심을 가지고 있다. 어떤 설교자는 언제나 고속으로 달리는 자신의 언어 속도에 대해 고민을 하는가 하면, 어떤 설교자는 그 반대로 언제나 저속으로 이어지는 자신의 언어 습관을 괴로워하기도 한다.

설교자가 숨도 쉬지 않고 빠르게 말을 이어갈 때는 듣는 사람 역시 숨을 쉬지 못하고 따라가다가 피곤과 싫증을 쉽게 느낀다. 또한 안정감을 찾지 못한다. 어떤 설교자는 회중이 긴장하고 자신의 질주하는 설교를 숨을 멈추고 경청하는 것은 좋은 것이라는 착각을 한다. 그러나 이러한 착각은 바로 설교사역을 실패의 지점으로 이끌어가는 무서운 오해이다.

미국의 달라스 제일 침례교회에서 1898년부터 1944년까지 설교가로 명성을 떨쳤던 트루엣(George W. Truett) 목사가 언어의 속도가 느릴 때는 1분에 80단어를 구사하다가도 메시지의 심장부에서 열정이 솟구칠 때는 1분에 180단어까지 구사했다는 기록은 매우 흥미로운 사실이다.[198]

설교 문장은 단어와 단어들이 엮여서 문장을 이루고, 문장이 이어져서 문단을 이루고 있다. 설교 원고에는 분명히 단어와 단어가 떨어져 있고, 문장과 문장이 구분되어 있다. 설교자는 이 문장의 구조에 깊은 관심을 두어야 한다. 단어와 단어 사이를 일일이 구분하여 말로 옮긴다는 것은 어려운 일이다. 그러나 단어가 뒤엉켜 의미를 상실하지 않을 정도의 수준은 반드시 지켜야 한다. 그리고 한 문장이 끝났을 때 지켜야 할 기본적인 쉼표를 사용할 줄 알아야 한다.

무엇보다도 시급한 것은 설교자의 감정 조절의 문제이다. 언어의 속도는 말하는 사람의 성격과 깊은 관계를 가지고 있다. 그래서 열정을 지속하다가도 차분하게 진정시키는 조절의 능력이 급선무이다. 이러한 문제를 효과적으로 치유하는 방법으로 권할 수 있는 것은 원고 중심의

---

198 Joel Gregory, "The Voice in Preaching" in Michael Duduit (ed.), *Handbook of Contemporary Preaching* (Nashville, Tennessee: Broadman Press, 1992), 394.

설교이다. 원고에 빠른 속도로 이어갈 부분과 천천히 말할 부분을 표시하는 것도 하나의 방법이다. 거기에 더하여 순수한 대화체적인 전개를 해야 할 곳들을 표시하여 그 부분에서는 일상생활에서처럼 아주 차분하게 이야기하는 형태를 활용하는 노력이다. 이러한 노력을 기울이다 보면 어느새 언제나 빠르게 달리던 자신의 언어 습관에 변화가 오게 된다. 조금만 노력하면 리듬을 담은 언어 속도를 지킬 수 있다.

1700년대 러시아의 과학자요 문학가였던 로모노소프(Mikhail V. Lomo-nosov)가 각 나라의 언어에 대하여 흥미로운 분석을 한 바 있다. 스페인어는 그 웅장함 때문에 신과의 대화에 적합하고, 불어는 경쾌하기에 친구들과의 대화에 좋고, 독일어는 무뚝뚝하기에 적과의 대화에 적당하고, 이탈리아어는 부드럽기에 여성들과의 대화에 적합하다는 말을 남겼다.

변화의 파도가 빠른 속도로 밀려오는 오늘을 달리는 설교자들은 위의 말을 음미해 볼 필요가 있다. 말이 가지고 있는 웅장함과 경쾌함과 무뚝뚝함과 부드러움의 리듬이 그 대상마저 달리한다는 사실이다. 설교자는 자신의 음정과 언어에서 풍기는 리듬이 있어야지만 상대가 귀를 열고 감상한다는 것을 마음에 두어야 한다. 한 번 오른 높은 음정에서 내려오지 못하고 소리를 지르면서 시간을 보내다가 설교를 끝맺는 현상을 바로잡아야 한다. 반면에 한 음도 오르내리지 못하고 조용히 베이스만을 지속하는 음정 역시 달라져야 한다. 리듬이 없는 소리, 즉 제자리에서 벗어날 줄 모르는 음정은 하나의 소음에 불과하다. 이 소음은 회중의 정신을 혼미하게 하고 귀를 닫게 만드는 결과를 가져온다.

II. 맺는 말

설교는 언제나 만족이나 완전에 도달하지 못한다. 한 설교자의 최선이 있을 뿐 결코 만족한 결과나 반응은 기대하기 힘든 항목이다. 그래서 설교자는 설교의 발전을 위해 최대한의 노력을 설교사역을 끝낼 때까지 진행하여야 한다. 이것이 설교자의 바른길이다.

일리온 존스의 말대로 설교자가 자신의 설교에서 만족을 느낀다면 그 설교자는 내리막길을 걷게 된다. 그 만족은 바로 교만과 이어지고, 그 교만은 바로 패망과 직결된다. 이 패망은 교회를 암흑의 세계로 몰고 가는 주원인이 된다. 그래서 죄 중에서 가장 무서운 죄가 설교의 교만이라는 말이 성립된다.

한국교회의 설교 현장에서 보여준 설교자의 자세는 대단한 카리스마를 가지고 있다. 거기에는 조금의 흠도 없는 것처럼 보인다. 마치 하늘에서 보내진 사신(使臣)처럼 그 음성과 자세와 어감이 이어진다. 거기에 더하여 회중은 "아멘"의 함성을 자의 반 타의 반으로 터트린다. 그러나 그 현장에서 냉정한 머리로 설교를 듣고 있노라면 설교자마다 많은 결점을 보인다. 그때마다 저 설교자에게 자신이 행한 설교의 문제점을 들려주고 조언을 해 줄 수 있다면 얼마나 좋을까 하는 생각을 해 본다. 그러나 한국의 문화권에서는 설교 평가의 모임이나 시간은 찾아보기 힘들다. 사실 수직 문화권에서 사고와 행동이 성장해 온 한국인에게는 참으로 어려운 일이다. 감히 윗사람의 위치에서 내려준 말씀을 평가하고 거북스러운 부분들에 대한 솔직한 의견을 진술한다는 것은 엄두도 낼 수 없는 사항이다.

문제는 여기서부터 발생한다. 고작 설교자의 배우자가 지적해 주는 것을 설교 평가의 전부로 삼고 살아가야 하는 상황이 설교자들의 현실로 굳어져 가고 있다. 설교에 대한 넓은 가슴은 갈수록 좁아져 간다. 대부분이 큰소리로 "아멘" 하고 응답해 주기를 바랄 뿐 조용히 찾아와 설교에 대한 쓴 말을 들려주기를 원하지 않는다. 용감한 교인이 찾아와 진솔한 평가를 해 줄 때 밝은 미소를 짓고 환영하는 설교자가 드물다는 데 오늘 한국교회 강단의 문제가 있다. "나의 설교가 싫으면 다른 교회로 옮겨 가라"는 말만이 들릴 뿐, "나의 설교를 솔직하게 평가하고 기도해 주세요" 등의 말은 들리지 않는다.

이제는 설교의 내용과 함께 전달에 있어서 갖추어야 할 요소들을 생각하고 수용할 때가 되었다. 주변의 모든 것이 변화되어 새로운 시대의 창을 열고 있는데 우리의 설교만이 제자리에 그대로 서서 발전을 외면한다면 설교의 장래는 어두울 수밖에 없다. 설교의 밝은 미래를 위하여 먼저 나의 설교 전달부터 점검하고, 필요한 원칙들을 받아들이는 겸허한 자세와 꾸준한 노력이 요구된다. 그럴 때 설교자는 아름다운 메시지의 운반자로서 그 몫을 성공적으로 감당하게 될 것이다.

제12장
한국교회 설교사역의 위기요소들에 관한 분석과 성찰

___

한국의 개신교회가 100년을 넘기면서 새로운 도약을 선언한 지도 벌써 반세기에 가까이 이르고 있다. 100년의 역사를 회고하면서 느꼈던 감격과 새로운 다짐들은 벌써 시들기 시작하여 그 함성과 발길을 찾기 힘들다. 교회의 갱신이 필연코 있어야 한다는 젊은 결단들은 다 시들어져 가고, 오히려 교회의 무기력이 이 땅 위에 서서히 나타나고 있다. 도덕성의 퇴보와 윤리의 실종 현상은 이 민족의 25%를 점유하고 있다는 그리스도교의 무기력함이 얼마나 극심한지를 잘 나타내 주고 있다.

시대의 정신 세계는 언제나 물질문명의 발전과 반비례한다. 과학의 기술과 경제적 발전이 거듭되는 세계일수록 그 땅의 엄격했던 도덕성과 정신적인 전통성은 퇴색하기 시작한다. 한국사회도 예외가 되지 못한 채 심각한 진통을 앓고 있다. 특별히 이 땅의 엄격한 유교의 윤리사상과 접목되어 활발한 행군을 계속했던 그리스도교는 어느 시대에서도 경험하지 못했던 심한 수렁에 빠지게 되었다.

이 땅의 교회의 구성원들도 평범한 시민으로서 삶의 향상과 현대의 문명을 즐길 수 있어야 한다는 사실은 너무나 타당한 말이다. 그리고 거기에 설교자도 이 시대에 사는 인간이기에 문명의 이기(利器)를 십분 활용하면서 현대의 특권을 누릴 권리가 있다. 그러나 문제는 상대적으로 시들어져 가는 설교사역자의 고유한 정신(Ethos)과 사려 깊은 노력의 결핍이 문제이다. 한국의 개신교는 청교도의 신앙에 뿌리를 둔 선교사들에 의하여 복음을 이어받았다. 그들은 설교사역의 중요성을 강조하였고, 소명의 철저한 다짐과 거기에 따르는 설교자의 철두철미한 생활을 가르쳤다. 그런데 한국교회가 한 세기 반에 이르자 너무나 심한 변화가 일고 있다. 하나님의 말씀을 전달하는 종으로서의 그 고결한 땀과 눈물이 서서히 메말라가고, 이 시대의 혼탁한 물결에 휩싸이지 않으려는 몸부림이 사라져가는 현실이다.

이제는 한국교회 설교의 단에 불이 꺼져가고 있다는 지적이 일기 시작한다. 그토록 좋은 음향 장치와 화려한 영상이 가득한 데도 오늘의 설교가 무기력하다. 설교자를 통하여 전달되어야 하는 하나님의 말씀이 외면을 당하고 있다. 솔직히 표현한다면 오늘의 교인들은 예배를 드리기 위하여 예배당을 찾아갈 수밖에 없으나, 오히려 설교 때문에 실망하고 돌아오는 경우가 적지 않다.

이런 현상을 가리켜 설교학계에서는 '설교의 위기'가 도래했다는 진단을 내리고 적신호를 켜게 되었다. 세계의 어느 교회에서나 발생했던 이러한 설교의 적신호를 보면서 자기를 점검했던 설교자는 살고, 그렇지 못한 설교자는 설교의 몰락과 임종이라는 비극의 종점에 이른다.

I. 성찰을 요구하는 시대적 변화

회고해 보면, 한국의 그리스도교는 이 민족이 고통의 눈물을 흘리던 시절에 들어와 한 세기를 넘긴 종교이다. 이 땅에 그리스도교가 상륙하기가 무섭게 바로 이어서 한일합방의 민족적 비극이 일어났다. 그때부터 식민지 교회로서의 울부짖음이 하나님을 향하여 터지기 시작했으며, 순교를 부르는 핍박의 마수(魔手)가 한국교회를 박해하고 있었다.

일제의 극심한 착취는 계속되어 이 땅의 가난은 절정에 이르렀다. 이러한 비극이 끝나기가 무섭게 남과 북으로 나누인 이 민족은 동족살상(同族殺傷)이라는 더욱 무서운 전쟁의 참화를 겪어야 했다. 이 무섭고 부끄러운 역사의 장이 끝나자 우리 민족은 이 땅의 공산화를 막기 위해 갖은 노력을 기울였고, 곧 등장한 군사정권과 함께 가난의 탈피를 가져오는 데 함께하였다. 그리고 터무니없이 등장하여 칼을 휘두른 정권이 인권을 짓밟을 때는 심각하게 저항하는 기록을 남기면서 '백담사의 귀향'이라는 희귀한 기록을 남기기도 하였다.

사실 우리의 지난 한 세기는 한일합방의 비극에서부터 80년대의 군사 정치의 횡포에 이르기까지 숱한 변혁을 겪어야 했고, 때로는 잔혹한 삶에 시달려야 했다. 이러한 아픔의 역사는 어느 민족에게서도 쉽게 찾아볼 수 없는 고난의 연속이었다. 그러기에 우리의 교회는 어느 민족보다 강한 종말론적 신앙을 가지고 뜨겁게 주님을 찾았다. 그리고 말씀에 깊은 뿌리를 둔 신앙의 불을 피우면서 그의 재림을 고대하였다. 한국교회의 한 사가(史家)는 이때의 신앙적 특징을 다음과 같이 서술하고 있다.

> 이러한 종교의 특징은, 철저하게 내세적이요 현실 부정적이면서도 가혹할 정도로 경험적이고 감각적인 생태에 접속하게 되어 있어서, 축복과 열복의 상징인 내세의 천국이 여기, 이 땅에서 그 종말의 아련한 대망의 자리에, 물리적으로 체험 가능하게 이르기를 줄기차게 갈망하는 데 있었다.[199]

---

199 민경배, 『한국그리스도교회사』(서울: 대한그리스도교서회, 1972), 355.

지난 한 세기를 돌이켜보면 한국교회는 이상과 같은 연속된 불운의 늪에서 헤매는 이 땅의 백성들에게 소중한 피난처였고 도피성이었다. 그러기에 이 피난처에서 들려지는 말씀은 위로와 힘이 되었고, 삶의 방향을 지배하는 막중한 능력을 발휘하였다. 더군다나 그 말씀이 단순히 인간의 발상이나 지혜에 근본을 두지 않고 하나님의 말씀으로 옷을 입었을 때 아무도 감히 그 말씀을 향하여 고개를 들 수 없었다. 오직 감사와 감격으로 일관하면서 눈물을 흘렸다. 그리고 거기에는 순종하는 길만을 걷기를 스스로 다짐하는 무리로 행렬을 이었다. 자신의 건강에 이상이 와도 병원보다는 손쉽게 주의 종을 찾았고, 사업이 무너지는 아픔을 당하여도 예배당의 문전을 찾아 엎드려 기도를 드렸으며, 정치와 사회로부터 상처를 받아도 오직 말씀으로 위로받기를 바라는 성도들로 예배당은 가득히 채워졌다.[200]

이러한 신앙으로 가득한 교회에서 설교사역은 절대 권위를 부여받게 되었고, 그 강단의 주역은 언제나 거룩한 권위와 반신적(半神的)인 존재로 군림을 하였다. 그리고 메시지의 구성이나 전달에 별로 어려움을 겪지 않고서도 특유한 음성과 태도와 영성의 권위만으로 우뚝 솟은 교회의 주인으로 등장하는 것이 한국교회사에 나타난 일반적인 현상이다.

바로 이때의 설교자는 쉽게 카리스마가 가득한 존재로 등장하여 절대 영향을 주는 위치를 쉽게 확보할 수 있었다. 그럴 뿐만 아니라 설교의 준비를 위한 큰 부담 없이 자신의 경험이나 예화의 진열로 설교의 시간을 메꾸어도 아무도 그 설교자에게 도전장을 내미는 교인들은 없었다. 이러한 교회의 양태를 가리켜 흔히들 혼돈과 수난의 교회라고 이름하며, 설교자에게는 이러한 교회의 강단이 오히려 안일하게 느껴진다. 그리고 자신도 모르는 사이에 계속하여 그 세계에 머물고 싶어 하는 타성에 젖게 된다.

---

200 한국교회의 성격과 그 성장의 원인에 관한 서술과 연구는 유동식 교수의 『한국종교와 기독교』 (서울: 대한그리스도교서회, 1965) 제5장에서 상술되고 있다.

그러나 21세기의 중반에 도달한 한국사회는 놀라운 변화의 궤도에 진입하였다. 세계의 변화를 몰고 온 4차 산업혁명의 대열에서 선두를 달리고 싶어 땀을 흘리고 있다. 이제 인간과 사물과 공간 등 모든 것이 인터넷으로 연결되어 정보를 쉽게 생성하고 수집하고 공유하는 시대에 접어들었다. 바로 사물 인터넷(IOT) 기술, 방대한 데이터를 연결하는 빅데이터, 그리고 인간 두뇌 작용을 하게 되는 AI 첨단기술의 개발이 바로 우리 사회에서 전개되고 있다.

이제는 설교도 엄격한 심판대를 거쳐야 하는 시대에 임하였다. 설교단에서 외친 설교자의 말을 비판 없이 하나님의 말씀으로 맹종하는 시대는 이미 끝이 났다. 내 교회 목사의 설교만을 바라보던 시대도 이제는 끝이 났다. 코로나19의 유물로 '온라인 예배'라는 응급조치의 예배수단이 성도들의 '예배 탈선과 설교 비교'라는 예상치 않았던 부산물로 우리 교회에 정착하게 되었다.

그뿐만 아니라 세계적으로 우수한 우리의 의료보험 제도는 아주 작은 병이라도 목사의 치유 기도와 말씀에 의존했던 모습들을 옛이야기로 만들었다. 전쟁과 기근과 질병에 시달리던 시절에 있었던 종말론적인 신앙은 거의 찾아보기 힘들다. 오히려 주님의 재림이 연기되기를 바라는 그리스도인들의 모습이다. 그리고 틀에 박힌 설교에 대한 환멸이 노골적으로 표출되고, 취향에 맞는 설교자를 찾아 헤맨다.

이제는 설교자들이 이러한 시대의 변화를 직시하고 성찰과 대안을 마련해야 한다. 특별히 자신의 설교사역이 침몰되지 않기 위하여 챙겨야 할 항목들은 어떤 것들이 있는지에 대한 성찰이 있어야 한다.

II. 한국 강단을 침몰시키는 요소들

시대의 변천이나 개인의 발전이 어떤 단계에 이르든지 한국의 그리스도인들은 인간이 빵으로만 살 수 없는 피조물임을 스스로 알고 하나님의 말씀을 경청하기 위해서 예배하는 공동체인 교회를 찾고 있다. 특별히 '하나님 신앙'은 그 표현에 있어서 문제는 있었으나 그리스도교나 천도교만이 소유한 것이 아니라 한국인 전체가 공유한 아득한 예부터의 신앙임[201]을 인정할 때, 하나님의 말씀을 전달하는 사역은 이 땅의 종교 문화로부터 거대한 고지를 점유하고 있다.

이런 종교 문화에 발판을 둔 한국 그리스도인들의 특별한 심성은 신의 말씀을 전하는 메신저에 대해 대단한 존경을 하게 되고, 주어진 메시지에 관하여는 최우선적인 경의를 표하면서 오늘에 이르렀다. 여기서 깊은 주의를 필요로 하는 것은 첨단의 문화에 승선(乘船)한 현대의 그리스도인들은 선포된 메시지에 맹종의 경청이나 추종을 하지 않고 나름대로 판단을 거쳐 소화 또는 거부를 한다는 현실이다.

이제 우리는 중요한 문제를 제기하지 않을 수 없다. 그것은 목이 쉬도록 외친 설교자 앞에 앉아 있는 성도들이 그 설교에 만족하고 있는가에 대한 문제이다. 현대 커뮤니케이션의 이론대로 전달한 메시지가 의도한 대로 회중에 의하여 공유(共有-Sharing)되고 있는지에 대해 질문해야만 한다.[202]

솔직히 설교자가 자신이 전한 메시지에 대한 메아리가 최소한 다음의 것들이기를 바라는 것은 조금도 이상하지 않다.

"목사님, 감사합니다. 오늘의 설교에서 은혜 많이 받았습니다. 주신 메시지를 저의 생애에 소중하게 간직하겠습니다."
"목사님, 하나님이 목사님을 통하여 들려주신 메시지에서 깊은 감

---

201 한국사상연구회 편, 『한국사상』 (1972) 제6집, 95-96.
　　여기에 대한 논쟁은 한국의 전통적인 종교문화가 그리스도교를 쉽게 접목할 수 있었다는 긍정적인 면과 그리스도교를 한국적으로 왜곡하였다는 부정적인 면을 가지고 있다.
202 설교자의 설교가 커뮤니케이션되기를 바라는 구체적인 실례의 연구는 필자가 번역한 Reuel L. Howe의 『설교의 파트너』, 11-21에 잘 게재되어 있다.

명을 받고 새 힘을 얻었습니다."

"목사님, 오늘의 말씀을 통하여 제가 고민해 온 문제의 해답을 받았습니다."

아직도 이러한 주옥같은 반응을 받는 설교자들이 한국의 땅에 분명히 있다. 그리고 그들의 교회가 성장을 거듭하면서 생명이 차고 넘치는 말씀으로 가득한 현장을 본다.

그러나 대부분의 한국교회 강단에서 위와 같은 응답을 듣는다는 것은 설교자의 희망사항일 뿐 실질적으로 설교자의 귀에는 좀처럼 들리지 않는다. 오히려 설교자의 가슴을 너무나 아프게 하는 다음과 같은 속삭임이 설교자의 귀에 훨씬 쉽게 들려온다.

"오늘도 설교가 예화의 진열장으로 끝이 나고 말았군."

"아까운 시간에 설교자의 경험과 세상 이야기만 듣고 말았군."

"감동은커녕 자장가처럼 들렸어. 졸음 참느라 힘들었어."

"이제는 설교가 지겹고 짜증만을 불러일으켜 인내에 한계가 온 듯해."

이러한 반응을 접할 때 설교자들은 깊은 성찰을 해야 한다. 나의 설교가 무엇 때문에 이런 슬픈 반응을 일으키며, 침몰의 위기에 직면해 있는가? 여기에는 분명한 원인이 있기 마련이다.

예배 현장 안팎에서 설교를 비판하고 불평하는 것은 금기사항처럼 여겨져 왔다. 설교에 대한 고언을 설교자에게 하는 날, 그는 '불평분자' 또는 '믿음이 없는 자'로 지목받는다. 이것이 바로 수직 문화의 비극이요, 더 나은 발전을 저해하는 요소이다.[203] 이러한 설교의 절대 권위에

---

[203] 유교의 수직 문화에 따르는 계층의식에 관한 서술은 윤태림의 『한국인』, 84-99를 참조하라.

눌려 아무 평가를 할 수 없는 분위기가 계속된다면 그것은 바로 '설교의 몰락'을 자초하는 일이다. 이제라도 무엇이 성스러운 설교사역을 병들게 하는 요소인지를 살펴야 한다. 겸허히 다음의 항목이라도 냉정하게 분석하고 경청하면서 수용과 성찰을 이어가야 한다.

1. 설교자의 정체성이 흔들리지 않아야 한다

(1) ○○○ 씨는 예수님을 구세주로 영접한 사람으로서, 지금 이 시간에도 하나님과 주님의 몸 된 교회를 섬기는 종으로 부름을 받았다는 사실을 확신합니까?

(2) 신·구약성경은 하나님의 말씀이요, 신앙과 행위에 대하여 정확무오한 유일의 법칙임을 믿습니까?

(3) 본 장로회 교리는 신·구약성경에 교훈한 진리를 총괄한 것으로 알고 성실한 마음으로 믿고 따르기로 서약합니까?

(4) 주님 안에서 같은 회원이 된 형제자매들과 협력하여 아름다운 주님의 공동체를 이룩하기로 서약합니까?

(5) 목사의 성직에 부름을 받음은 하나님을 사랑하는 마음과 그 독생자 예수 그리스도의 복음을 전파하여 하나님의 영광을 나타내고자 하는 순수한 마음에서 응답해야 함을 다짐합니까?

(6) 주님의 몸 된 교회와 사도적 정통성을 보존하기 위하여 순교의 각오로 성직을 받겠습니까?

(7) 목사로서 하나님의 말씀을 선포하고 성례전을 집례하는 임무를 성실히 수행하기로 서약합니까?[204]

이상의 질문들은 모든 개신교 교단에서 목사로 세우면서 안수하기

---

204 총회예식서개정위원회 편, 『대한예수교장로회 예배·예식서』 (서울: 한국장로교출판사, 2011), 255-256.

전에 매우 엄숙하게 받은 서약문이다. 그런데 매우 안타까운 것은 이 서약문이 임직 예식에서만 보일 뿐 현장에서는 종적을 감춘다는 사실이다. 이 순간이 지나면 이 서약문을 다시 읽으면서 음미하고 다짐하는 목사는 매우 드물다. 이 서약문은 평생 몸담을 '목사의 성(城)'에 입성하여 변함없이 준수해야 할 항목인데 너무 거리가 멀어져 가고 있다.

이 서약은 소명의 확신, 하나님 말씀으로서의 성경의 권위와 법칙, 성경에 따라 작성된 소속 교단의 교리, 예배하는 공동체인 교회 섬김, 복음의 전파, 사도적 정통성을 이어받은 성직 수행, 그리고 설교와 성례전의 성실한 선포와 집례를 평생 빈틈없이 지키겠다는 실로 막중한 서약이다.

이 서약문이 설교자의 심장에서 고동칠 때 설교자는 생기가 넘치면서 초심을 불러일으키게 된다. 그러기 위해 이 서약문을 매주일 또는 매월 한 번씩이라도 읽고 명상하면서 현재 자신의 상태를 점검하는 것이 생활화될 필요가 있다. 그럴 때 언제 어디서나 목사의 정체성은 흔들리지 않게 될 것이다. 목회의 현장, 특히 설교하는 순간에 목사의 입에서 나오는 말을 듣노라면 그 정체성이 불분명할 때가 많다. 진정 정확무오한 하나님의 말씀을 전하는지, 아니면 일반 강연이나 이야기를 하는지 그 정체성에 의문이 들 때가 많다. 설교의 준비부터 메시지 내용, 그리고 사용된 언어와 표현과 전달의 모습까지 분명한 설교자로 성별될 수 있어야 한다.

설교자가 자신이 어떤 신분으로 무엇을 하는지를 항상 마음에 품지 않으면 주님의 종으로서의 방종과 탈선의 악이 침투한다. 말씀의 전달에 자신감이 없고 두려움이 앞선다. 다시 말하면, 자신이 성경을 통하여 주신 하나님의 말씀, 곧 메시지를 그 백성들에게 운반하는 종임을 자각하고 사는 설교자는 성령님의 섭시(攝示)를 받게 되고 세속의 파도 속에 휩싸이지 않는다. 그리고 성령님이 부여하시는 말씀의 종으로서 당당함이 있고, 전하는 메시지에 권능(power)이 더해진다.

2. 한국교회 설교학 교육의 공백이 너무 길었다

앞의 제2~3장은 설교 전문인을 위한 교육을 주도했던 설교자 어거스틴과 그의 설교학 교육 내용을 살펴보는 중요한 연구이다. 당시의 유명한 수사학 교수가 회심하고 그리스도의 사람이 되어 최초의 설교학 교육을 펼쳤다는 것은 매우 중요한 역사의 기록이다. 바로 이러한 설교학 교육의 뿌리는 한국교회의 곽안련 교수를 통하여 펼쳐지기 시작하였다. 제4장에서 본 한국교회 최초의 설교학 교수 곽안련(Allen Clark)과 그가 펴낸 최초의 설교학 교재 『강도요령』을 정독하노라면 실로 대단히 충실하고 알찬 수준의 교육이었다. 평양신학교에서 그가 펴낸 교재를 손에 들고 설교학 교육을 받았던 한국교회 초기 설교자들은 놀라운 설교사역을 감당하면서 한국교회 초석을 놓았다.

설교학 교육이란 선천적으로 설교의 재능을 가진 사람에게는 그것을 더욱 개발하여 빛나게 한다. 그렇지 못한 자에게는 후천적인 노력과 교육을 통하여 어느 수준에 이르게 한다. 특별히 설교와 같은 사역은 훈련의 성격을 동반하면서 전문인의 기능과 위치를 확보해 주는 중요한 역할을 감당한다.

한국교회는 곽안련과 같은 헌신적이고 특출한 교수를 통하여 설교학 교육의 뿌리가 내려졌다. 설교는 하나님으로부터 소명을 받아 나선 몸으로서 인간 사회가 지향하는 고도의 기술을 요구하기 전에 신과의 깊은 연접(Link)과 그것을 지속하는 높은 영성(靈性)을 요구한다. 거기에 더하여 하나님의 말씀을 누구보다 앞서서 터득할 수 있는 기본 실력을 쌓아야 하고, 주어진 메시지를 전달하는 방법과 기술에 대한 교육과 훈련을 받아야 한다.

『강도요령』이 나온 지 15년 후에 곽안련 교수는 저서로 『강도학』(講道學)을 펴냈다. 그때 역자로 참여했던 고려위(高麗偉)는 설교자가 성령님의 역사에만 의존하고 설교에 관해 학습하지 않게 되면, 그것은 그릇된 믿

음이며 어리석은 생각이라는 말을 그 책의 서문에 다음과 같이 남기고
있다.

> "福音은 完全 無缺한 眞理이나 其傳하난 方法의 巧拙이 잇셔 聽衆
> 을 感奮激昂케하난 差等이 不無하니 講道의 效果를 獨히 聖神의
> 게만 依하고 其法을 少許도 學習하지 아니함은 妄信이오 愚見이
> 라."²⁰⁵

이상의 말을 음미하면서 1946년 샌프란시스코(San Francisco) 신학교 설
교학 교수로서 미국 설교학계에 큰 영향을 끼쳤던 일리온 존스(Ilion T.
Jones)가 그의 명저 *Principles and Practice of Preaching*에서 남긴 말
이 선명하게 떠오른다. "설교를 배운다는 사실은 영원히 끝나지 않는
다."²⁰⁶

한국교회 설교학 교육의 비운은 한국의 근대사와 함께 찾아왔다. 한
국교회 신학 교육의 요람지였던 평양신학교에서 1917년부터 36년 동안
실천신학 교수로서 설교학 교육에 심혈을 기울이다가 신사참배의 강요
와 함께 1943년 곽안련 교수가 떠나자 설교학 교육의 암흑기는 곧 도
래하였다. 일제의 강점기 동안에 한국교회의 많은 지도자는 손쉬운 일
본 유학의 길을 밟았고, 그들 대부분이 이론신학 일변도였다. 당시의 일
본교회 신학은 독일의 이론신학에 영향을 받았고 미국교회를 일으킨
실천신학과는 거리가 멀었다. 그 결과 1953년 휴전 이후 복구된 신학
교육의 교수진은 당연히 이론신학 일변도였다. 실천신학 중에서도 교회
를 일구는 데 최선의 도구였던 설교학을 전공한 교수는 1980년에 들어
서면서 나오기 시작하였다. 이때까지 신학 교육 과정에 설교학이라는

---

205 郭安連, 『講道學』, 3. 복음은 완전 무결한 진리이나 기전하난 방법의 교졸이 잇셔 청중을 감분격앙케하난 차
   등이 불무하니 강도의 효과를 독히 성신의게만 의하고 기법을 소허도 학습하지 아니함은 망신이오 우견이라.
206 Ilion Jones, 『설교의 원리와 실제』, 정장복 역 (서울: 생명의 말씀사, 1986), 7.

과목은 소위 대교회 목회자들이 설교학 강사로 나와서 자신들의 단순한 경험만을 토대로 하여 설교학 시간을 메꾸고 있었다.

이토록 40여 년간의 설교학 교육의 긴 공백은 설교자들이 선배들의 설교를 모방하거나 자신이 개발한 설교의 작성과 전달의 방법을 가지고 지탱하는 결과를 가져왔다. 설교의 신학과 원리를 이어받지 못한 설교자들은 자연적으로 자신의 경험담과 수집된 예화를 성구에 연결하여 외치는 수준을 면하지 못하였다. 설교의 역사와 신학을 비롯하여 세분화된 설교학의 광대한 세계를 연구하고 그 가운데서 새로운 이론을 습득할 수 있는 길이 없었다. 그 결과 설교가 아닌 설교가 난무하였고, 곳곳에서 이단들이 교회를 어지럽게 하는 결과를 가져왔는가 하면, 지금도 그 영향권 아래 많은 설교가 진행되고 있다. 여기서 탁월한 연설가인 동시에 희랍교회에서 가장 위대한 설교자요 성경주석가였던 존 크리소스톰(John Chrysostom, 347-407)이 강조한 설교의 교육과 훈련에 관한 가르침을 본다.

> 아주 탁월한 능력을 갖춘 설교자라 할지라도 계속된 노력을 게을리해서는 안 된다. 설교는 자연적으로 되는 것이 아니라 오직 연구를 통해서만 가능해지기 때문이다. 만일 지속적이고 부지런한 훈련을 통해서 자신의 능력을 기르지 않는 사람은 결코 수준 높은 설교를 할 수 없다.[207]

3. 설교자 자신의 등장이 하나님을 가로막는다

오늘을 달리는 성도들이 종종 하는 말이 있다. 그것은 설교에 있어서 가장 큰 장애물은 설교자라는 말이다. 그들은 차라리 설교자가 없다면

---

207 Richard Lischer, 『설교신학의 8가지 스펙트럼』, 정장복 역 (서울: 예배와 설교 아카데미, 2008), 77.

성경을 펴고 말씀을 봉독하고, 스스로 그 의미를 찾고, 들려온 메시지를 발견하는 기쁨이 있을 것이라고 한다. 그리고 그 메시지를 음미하면서 그 말씀을 자기 삶의 어느 부분에 적용하여 나갈 것인지 깊이 묵상하고 실천하는 그리스도인이 될 수 있을 것이라고 한다. 실질적으로 이러한 견해에 동조하는 무리가 모여 말씀을 명상하고 받은 메시지를 서로가 발표하고 은혜를 나누면서 설교자를 인정하지 않는 단체들이 있다.

이러한 현상이 발생한 이유는 단순하다. 성도들은 설교가 하나님의 말씀을 들려주고 깨닫게 해 주는 통로(means of communication)가 되기를 기대하는데, 말씀의 주인은 보이지 않고 설교자만 보이기 때문이다. 설교자가 자신의 경험과 지식과 판단을 주로 말할 때 자연적으로 회중에게 설교자만 보이기 마련이다. 회중은 그날의 예배에서 설교자를 통하여 세속적인 이야기나 경험담을 청취하기 위하여 그 귀한 시간에 앉아 있지 않는다. 성도들은 한 주간 혼탁한 세파에 시달리고 오염된 자신을 하나님의 말씀으로 정화(purification)해 주고 영육의 삶에 생기를 부여받기를 원하여 소중한 시간과 정성을 기울인다. 그런데 장황한 예화나 가족 이야기를 비롯하여 자신의 경험담으로 설교시간을 메꾸는 일들이 허다하다. 정치, 경제, 사회 윤리와 도덕을 가르치는 강의실처럼 변질된 설교의 한복판에 설교자만이 보이는 경우가 많다. 회중의 반응에 민감하여 그들로부터 찬사를 받는 표현과 언어를 남발하는 설교자들은 분명 하나님의 실체를 보이지 않게 하는 주범들이다. 즉, 인간을 기쁘게 하는 데 주안점을 두고 수단과 방법을 가리지 않는 비참한 설교자들이 바로 설교의 위기를 몰고 온다. 여기 크리소스톰의 간절한 부탁이 있다.

설교자가 맡겨진 직무를 성공적으로 수행했는지를 평가하는 데 유일한 규칙과 기준은 사람들의 박수갈채나 좋은 평가가 아니라, 하나님께서 그 설교를 얼마나 기뻐하시는지이다. 따라서 설교자는 설

교를 준비하고 전달하기 위해 수고하는 가운데 오로지 하나님을 기쁘시게 하는 것만 생각해야 한다.[208]

설교시간에 하나님이 가장 불쾌하게 여기시는 부분이 있다면 그것은 하나님이 나타나야 할 자리에 설교자가 가로막고 서 있는 모습이다. 하나님을 기쁘시게 해 드리는 데 최우선의 목적을 두지 않고 회중의 찬사에 깊은 관심을 두는 일이다. 하나님은 무형의 존재로 오직 말씀을 통하여 나타나시는데, 하나님의 말씀은 들려지지 않고 설교자의 말만 가득할 때 하나님이 불쾌하실 것은 당연하다. 하나님의 찬사와 기뻐하심이 없는 설교의 주원인은 주로 설교자 때문이다.

어느 설교자도 하나님이 보여야 할 자리에 자신이 가로막고 있음을 인정하기 쉽지 않을 것이다. 그러나 자신은 하나님의 말씀이라고 믿고 외치지만 그 표현된 언어의 문장을 조금만 눈여겨보면 설교자가 주어의 자리를 차지하고 있음을 알 수 있다. 한국 언어가 주어 중심의 언어가 아니고 술어를 중심으로 한 알타이어 어족에 속해 있음을 설교자들은 인식해야 한다. 알타이어 어족의 특성은 일인칭 단수를 생략하는 것이 관습으로 되어 있다. 그래서 우리의 언어는 술어 중심의 언어로서 주어가 너무 많이 생략된다. 더욱이 일인칭 주어는 아예 생략하여도 조금도 어색하지 않고 오히려 정감을 더해 주기에 주어가 없는 문장의 활용이 너무 보편화되고 있다.[209]

예를 들어, 한국교회 설교자들이 제일 많이 쓰는 "축원합니다", "소원합니다", "믿습니다"가 사용된 문장의 주어를 살펴보면 그 자리는 모두 일인칭 단수인 '나는'이다. 사용한 문장의 주어 자리에 '하나님', '주님', '예수님', '성령님'을 넣어 보면 누가 주어의 자리에 있는지를 바로 알게 된다.

---

208 위의 책, 80.
209 이규호, 『말의 힘』, 101-111

우리의 역사에 나타난 암행어사나 감진어사는 모두 왕명에 의해 특별한 사명을 띠고 이곳저곳에 파송되었던 사자(使者)들이었다. 어떤 경우도 임금의 절대권을 손상하는 일은 없었다. 오직 임금님의 명만 나타나고 자신은 오직 심부름하는 몸일 뿐이었다. 그들의 입에는 임금이 내린 명령의 문장에 '내가', '나는' 등의 주어가 있을 수 없었다.

구약의 선지자들을 보라. 언제나 메시지의 시작과 끝에는 "여호와께서 내게 일러 말씀하시기를…", "여호와의 말이니라"가 있었음을 유의해야 한다. 그래서 신약의 복음서 이외의 메시지도 바울의 말 또는 베드로의 말로 전하지 않고 "하나님은 바울을 통하여 …라고 말씀하십니다", "하나님은 베드로를 통하여 …라고 말씀하십니다"로 함이 타당하다. 그럴 때 모든 메시지의 주어는 성 삼위 하나님이 되고, 듣는 회중의 눈에는 설교자가 보이지 않고 오직 말씀의 주인만 보이게 된다.

회중으로부터 "아멘"만 유발하면 모두가 하나님의 말씀으로 변화된다는 착각에 빠지지 말아야 한다. 이러한 현장에서 너무나 뚜렷이 나타난 현상은 막상 전해져야 할 하나님의 말씀이 설교자의 말에 가려져 보이지도 않고 들리지도 않는다는 사실이다. 말씀의 주인이 보이지 않게 가로막고 서 있는 설교자가 가장 심각한 설교의 위기를 몰고 오는 요소임을 인식할 때 달라진 설교의 세계가 전개될 것이다.

4. 본문말씀(Text)을 떠난 설교는 종교 수필이다

"하나님의 말씀과 해석학"이라는 명제를 걸고 취리히(Zurich) 대학에서 오랫동안 교수로 봉직하면서 20세기의 신해석학의 주도적인 역할을 했던 게르하르트 에벨링(Gerhard Ebeling, 1912- 2001)이 다음과 같은 말을 하였다.

설교 그 자체는 과거의 선포로서 성경본문에 대한 주해가 아니고,

그 자체로 현재의 선포이다. 그리고 이것은 설교가 본문의 '실행'이라는 것을 의미한다. 설교는 본문의 목적을 실행에 옮긴다. 설교는 본문이 선포한 것을 다시 선포하는 것이다.[210]

에벨링의 말을 음미하면서 다음의 질문을 던져본다. "나의 설교에서 오늘 봉독한 말씀이 현재(Here and Now)의 선포로서 회중 앞에 진행되고 있는가? 본문의 목적이 실행되고 있는가?" 여기에 대한 대답을 자신 있게 할 수 있는 설교는 참 설교로서 그 책무를 다하게 된다. 그렇지 못할 때 설교는 퇴보하거나 사라질 수밖에 없다. 하나님의 말씀이 복음으로서 보이지 않고 들려지지 않는 설교가 예배의 중심에 서 있게 된다면 그것은 교회의 종말을 불러오는 가장 큰 요인이 될 것이다.

오늘의 한국교회 강단에서 많은 설교자가 하나님의 말씀만이 선포되어야 한다는 설교의 원칙을 지키려고 몸부림치고 있다. 회중의 오감(五感) 충족을 외면하고 오직 하나님이 원하시는 메시지의 운반만을 고집하는 설교자들이 많다. 또 이 성스러운 사역을 위해 새벽마다 울부짖는 성도들의 기도가 가득하다. 그러하기에 오늘의 교회가 거센 세속의 풍랑 속에서 이 정도라도 지탱하고 있다고 본다.

그러나 적지 않은 설교자들이 설교의 원칙을 외면하고 궤도에서 벗어나는 이변이 곳곳에서 발생하여 한국교회가 '설교의 위기'에 직면해 있다. 설교를 "하나님 말씀의 대언"이라고 믿고 "아멘"을 연발하는 함성은 우렁찬데 정신을 차리고 경청해 보면 하나님의 말씀이 보이지 않고 들리지 않는다.

설교가 하나님의 말씀으로 들려지지 않는 원인은 다각적으로 찾아볼 수 있다. 가장 직접적인 원인은 설교 가운데서 하나님의 말씀이 선포되지 않고 설교자의 생각과 지식과 경험이 설교시간을 메꾸는 데 있

---

210 Richard Lischer, 『설교신학의 8가지 스펙트럼』, 263.

다. 구수한 이야기(예화)의 나열을 비롯하여 세상에서 경험한 것들을 재치 있는 입담으로 전개하는 경우이다. 이러한 설교에서는 봉독한 본문의 핵심단어들을 분석하면서 깊은 뜻을 파악하고, 거기에 담긴 기본적인 메시지를 찾으려는 노력이 보이지를 않는다. 다시 말하면, 자신의 지식과 분석, 또는 경험을 마음껏 이야기하고 난 다음에 그 경험담에 좀 더 튼튼한 신빙성을 부여하기 위하여 본문을 인용한다. 그 결과 본문은 설교자의 말을 입증하는 하나의 각주(Footnote)의 수준에 머물게 된다. 이러한 선상에서 오늘도 설교사역을 감당하고 있는 설교자는 다음의 말에 깊은 주의를 기울일 필요가 있다.

> 메시지의 재원이 시대적인 사건, 문학, 철학, 정치 이데올로기 등이 될 수는 결코 없을 뿐만 아니라, 심지어 설교자 자신의 경험과 감정까지도 설교의 원천이 되어서는 안 된다. 오직 설교의 메시지는 성경에만 그 원천을 두어야 한다.[211]

세상의 수필이나 소설과 같은 문학이나 각종 강연에 많은 사람이 깨우침이나 감동을 받는다. 그러나 설교를 통한 감동은 차원이 다르다. 구원받은 그리스도인이 예배를 통하여 감격의 응답을 드리고, 말씀을 통하여 하늘나라 시민으로서 영의 양식을 채우는 매우 특수한 일이다. 그러하기에 존 낙스(John Knox)의 말대로 설교의 원천은 성경에 두어야 한다. 그리고 설교자는 당연히 본문의 봉사자 위치에 서 있어야 한다. 설교의 비극은 설교자가 본문의 봉사자가 아니라 지배자로 변신하는 경우이다. 이때마다 "저 설교는 종교 수필이나 교양 강좌다"라는 비판을 받게 된다.

특별히 설교자가 유의해야 할 것은 설교를 경청하는 현대의 회중이

---

211 John Knox, *Integrity of Preaching* (New York: Abingdon Press, 1959), 3.

옛날과는 달리 높은 교육의 소유자들임을 인식해야 한다. 이제는 회중이 설교의 파트너로서 자기 앞에 전개되고 있는 설교가 봉독한 성경말씀에 원천을 두고 있는지를 충분히 식별한다. 그 말씀을 올바로 해석하여 먹이기에 최선을 다하는지, 아니면 자신의 말을 정당화시키기 위해 성경을 각주로 이용하고 있는지를 판단한다.[212]

그러기에 진정한 설교자는 자신의 설교 현장에 얼마나 많은 회중이 모여 열광적으로 "아멘"을 연발하는가에 귀를 기울일 것이 아니라, 자신이 얼마나 충실히 하나님의 말씀을 순수하게 그들에게 들려주고 있는지에 깊은 관심을 두어야 한다.

5. 설교를 목회의 수단으로 삼을 때 강단은 무너진다

어느 당회의 이야기이다. 그 당회는 목회자와 당회원들 사이에 심각한 분쟁이 진행되고 있었다. 그곳에 필자가 화해와 타협을 이루어야 하는 조정의 임무를 맡은 적이 있다. 은혜 중에 그렇게도 어려웠던 문제들을 서로가 이해하고 새로운 출발을 다짐하는 화해와 타협을 이루어 얼싸안고 하나 되는 기쁨과 감사의 시간을 가진 바 있었다. 그 시간에 침묵하고 있던 원로장로가 가슴에 와 닿는 한마디를 하였다.

"목사님! 내가 목사님을 내 자식처럼 깊은 애정을 가지고 사랑합니다. 그래서 이제는 이러한 일이 다시 발생하지 않기 위하여 마지막으로 신신당부를 드리고 싶습니다."

그 자리에 있던 목회자와 모든 당회원이 귀를 기울이고 있었다.

"목사님! 제발 단에 서서 설교하실 때 제직회나 당회에서 뜻을 이루지 못한 목사님의 주장을 다시 펼치는 일만은 삼가십시오. 교인들이 제일 싫어합니다."

---

212 졸저, "설교와 종교 수필을 구분할 줄 알아야 한다", 『알고 드리는 예배, 알고 듣는 설교』 (서울: 예배와 설교 아카데미, 2021), 242-245. 이 책은 평신도가 알아야 할 예배·설교 상식과 지식을 담아 펴낸 책이다.

공동의회나 제직회나 당회를 비롯한 각종 회의에서는 찬반의 토론이 있고 질문과 답변이 있다. 그러나 설교는 설교자의 독무대이다. 아무도 질의나 반대 의사를 할 길이 없다. 오직 설교자의 말만 경청할 뿐이다. 이러한 설교의 절대권을 목사들이 악용(惡用)하는 경우가 매우 많다. 이 순간 설교자가 각종 회의에서 공격을 받던 쟁점들을 설교를 빙자하여 표출했을 때 순간적으로 목회자의 한이 풀리는 분출구 또는 정화(catharsis)의 효력을 누릴 수 있다. 그러나 이것은 가장 어리석은 판단이며 행위이다. 설교는 어떤 경우도 자신의 목회 수단 또는 방어로 사용될 수 없다. 이것은 교인들이 제일 싫어하고 하나님이 허락하지 않는 행위이다. 설교라는 존엄한 사역의 순간에 자신에게 순종하는 자를 축복하고 그렇지 않은 자에게 저주하는 수준 낮은 설교자는 하나님을 기쁘시게 하는 말씀의 종이 전혀 아니다.

목회자는 대범해야 험로를 헤쳐 나갈 수 있다. 자신의 목회 지침에 비판과 불순종을 일삼는 성도가 있을 때 그를 '내게 지워준 십자가'로 아는 넉넉함이 있어야 한다. 그 성도 때문에 내가 더 생각하고 발전할 수 있다고 생각하면 그것 또한 감사의 사항이다. 그리고 언제인가 목회자의 그 관용(寬容)은 존경을 받게 된다. 이러한 실례는 목회자의 사회에서 흔히 발생하는 일이다. 예를 들어, 목회자에게 신체적인 타격을 가했던 못된 교인이 다음 주일 설교에 남달리 귀를 기울이고 있었는데, 자신이 범한 큰 실수에 대한 아무런 흔적이 설교에서 보이지 않고 용서와 사랑만이 언급되었다. 그 교인은 그 대범한 목사의 설교를 듣고 바로 찾아가 무릎을 꿇고 용서를 빌었다는 사례가 있다.

설교에 설교자의 사적인 감정이 함축되는 것은 처음부터 실패를 자초하는 일이다. 자기 뜻이 아무리 고상하고 타당하더라도 설교에서는 언급할 수 없다. 오직 성경을 통하여 주시는 말씀에서 메시지를 받아 그것만을 전하는 것이 설교자의 정도이다. 이 정도를 외면하고 따르지 않는 설교자가 목회에서 성공하는 예는 아주 드물다. 설교를 목회의 수단으로 삼은 설교자는 그 교회를 결국 떠나게 되는 비극이 다가온다. 아니면 교회의 분열로 세상의 조롱거리가 된다. 그리고 그 목사의 기록은 사라지지 않는다.

설교란 기본적으로 어떤 경우에도 설교자 개인의 불편한 심기를 표현하거나 자신의 유익을 추구하려는 목적을 달성하는 방편이 될 수 없다. 설교란 어떤 상황에서도 자신의 감정을 발산하는 무대가 될 수 없고 회중을 선동하여 자신의 개인적인 후원집단으로 만들 수 없다.

설교는 인간의 언어를 도구로 삼아 들려주는 하나님의 말씀이지 설교자의 목회 수단으로 사용될 수는 결코 없다. 이 원칙을 망각하면 설교를 목회 수단으로 이용하고 싶은 충동에 빠진다. 그래서 이 오류는 설교자만이 범하기 쉬운 죄목이다. 그러하기에 설교자는 이 죄에 빠지지 않도록 정신을 바짝 차리고 신성한 설교사역을 수행해야 한다.

설교가 목회 수단으로 이용되는 이기(利器)로 전락된다면 거기에는 밝은 내일이 있을 수 없다. 오직 어둡고 침울한 장래만이 있을 뿐이다. 언제나 설교는 은혜의 효율적인 방편으로서 하나님이 정해 주신 것[213]이지 결코 인간적인 욕구를 채우기 위하여 또는 설교자의 정신적 피곤을 풀기 위한 수단이 아니다.

순수하게 하나님의 말씀만이 운반되는 설교로 가득할 때, 설교자들은 "아름답도다 좋은 소식을 전하는 자들의 발"(롬 10:15)들로 예찬(禮讚)을 받을 것이다.

6. 남의 설교를 도용(盜用)하는 시대는 끝이 났다

30년 전의 일이다. 목회자를 위한 어느 세미나에서 남의 설교를 복사하여 나의 설교처럼 설교단에서 외치는 설교의 도용 행위를 심각하게

---

213 David A. Maclennan, *Entursted with the Gospel* (Philadelphia: Westminster Press, 1956), 6. Clyde H. Reid, 『설교의 위기』, 30에서 재인용.

취급한 일이 있었다. 그로부터 3년이 지난 어느 날이었다. 그 세미나에 참석했던 어느 목사가 찾아와 다음과 같은 말을 한 적이 있다.

> 지난 25년 동안 나의 설교 준비는 남의 설교집에서 내가 행할 설교를 찾는 것이 전부였습니다. 그 설교에 적절한 예화만 가미하여 설교사역을 이어왔습니다. 그런데 그것이 설교의 도용임을 깨닫고 나 스스로 설교 작성을 시도했는데, 내게 설교 작성의 능력이 거의 사라지고 없음을 깨달았습니다. 그동안 계속하여 허덕대면서 회개의 눈물을 많이 흘렸습니다. 3년이 지난 이제야 설교이론을 새롭게 공부하면서 내 설교를 내가 작성하는 감격을 누리고 있습니다.

인간의 능력은 개발하지 않으면 퇴화한다는 것이 상식이다. 어려워도 내가 땀 흘려 기도하고 설교를 만드는 기쁨과 감사가 이어질 때 설교는 진화된다. 나의 맑은 영성이 성령님의 역사 속에서 작동하고, 66권에 담긴 하나님의 말씀에서 메시지를 받을 때 설교자는 쓰임 받은 도구로서의 희열을 느낀다. 그때마다 하나님의 형상을 닮은 설교자의 양심이 활기를 찾고 떳떳해진다.

설교는 일반 강의와는 전혀 다르다. 강의는 내가 여기저기서 수집하여 익히고 작성한 지식을 합리적으로 전수해 주는 것이 전부이다. 거기에는 어떤 구원이나 생명력이 있어야 할 이유가 전혀 없다. 오직 필요한 지식을 성실히 준비하여 전해주면 된다. 그러나 설교는 생명력이 있는 만나이다. 이 만나는 어제 남에게 먹였던 것을 다시 가져다줄 수 없다. 지금 여기에 유효적절한 영의 양식을 공급해야 한다. 살아있는 하나님의 숨결을 이어받아 하늘나라 시민으로서의 영양을 채워 주어야 한다.

이 양식은 공장이나 타인이 준비해 주는 것이 아니라 설교자가 자신이 섬기는 양들의 필요에 따라 때마다 준비해야 한다. 이 사역은 결코 설교자의 단독으로 이행되지 않고 성령님의 역사(Under dynamic of Holy

Spirit)에 의하여 완성된다. 여기에 쓰임 받은 설교자는 모태로부터 받은 능변가들이 아니다. 하나님의 주권으로 선택받고 훈련받는 종들이다. 이 종들의 실상은 세속의 눈으로 볼 때 모자람이 가득한 실존들이다.

> 보라 육체를 따라 지혜로운 자가 많지 아니하며 능한 자가 많지 아
> 니하며 문벌 좋은 자가 많지 아니하도다 그러나 하나님께서 세상
> 의 미련한 것들을 택하사 지혜 있는 자들을 부끄럽게 하려 하시고
> 세상의 약한 것들을 택하사 강한 것들을 부끄럽게 하려 하시며 하
> 나님께서 세상의 천한 것들과 멸시받는 것들과 없는 것들을 택하사
> 있는 것들을 폐하려 하시나니 이는 아무 육체도 하나님 앞에서 자
> 랑하지 못하게 하려 하심이라(고전 1:26-29).

여기서 어떤 유명한 설교자도 모두가 결함을 가진 인간임을 다시 깨닫게 된다. 그리고 모두가 하나님의 주권 아래서 말씀의 종으로 택함을 받아 사용된 '말씀의 운반자'들임을 확인하게 된다. 진정한 설교자는 성령 하나님의 능력으로 설교사역을 감당한다. 이 지점에서 오늘의 설교자들이 진지한 성찰을 해야 한다. 세상의 방식으로 정직하지 못한 양심과 머리를 굴려 남의 설교를 복사하여 설교단에서 외치는 행위는 어떤 경우도 용납될 수 없다. 아무리 모자라고 어려워도 성령님께 매달리고 땀과 눈물을 흘리면서 준비하는 설교만이 훨씬 값진 은혜를 공급한다.

코로나19라는 역병을 통한 시대의 변화가 여러 방면에서 일고 있다. 그중에서도 설교자들이 눈여겨보아야 할 것은 설교 환경의 변화이다. 이제는 성도들이 온라인 활용에 익숙해졌고, 이를 통하여 모든 설교자를 만나 메시지를 들을 수 있는 시대가 되었다. 자신의 교회 목사의 설교 진정성을 쉽게 알 수 있다. 이제는 남의 설교를 도용하는 비양심적인 행위를 이어갈 수 없는 시대에 살게 되었다. 다시 말하면, 남의 설교

를 수없이 듣고 읽을 수 있다. 그러나 그대로 복사할 수 없는 시대 환경이다.

이제 여기저기에 주렁주렁 매달린 많은 설교를 듣고 에덴의 과일처럼 "먹음직스럽고 보기에 아름다우며 지혜롭게 할 만큼 탐스럽기도"(창 3:6, 현대인의 성경) 하더라도 그것을 통째로 따먹는 일은 포기해야 한다.[214]

7. 한국교회 설교자는 과부하 상태에서 허덕인다

목사의 설교가 날이 가면 갈수록 그 권위가 추락하고 있다. 그 이유는 여러 국면에서 찾아볼 수 있지만, 그중에서 가장 직접적인 이유 중의 하나는 설교의 횟수 문제이다. 모이는 열심이 유별난 한국교회 성도들은 정기적인 주일 낮과 오후 예배, 수요 기도회, 금요 철야와 매일의 새벽 기도회에 설교가 반드시 있어야 한다는 고정관념이 있다. 설교자는 이 많은 '설교의 압박' 때문에 심한 스트레스를 받고 있다. 이것은 세계의 어느 나라에서도 보기 드문 한국교회만의 특유한 현상이다.

이러한 목회 현장에서 신음하는 설교자를 성도들은 하나님이 함께하시는 종으로 거의 무한의 역량이 있는 것처럼 이해한다. 설교자 역시 "내게 능력 주시는 자 안에서 내가 모든 것을 할 수 있느니라"(빌 4:13)는 자세로 그 많은 요구를 수용하고 있음을 흔히 본다. 유한한 인간이 무한한 능력의 실천자처럼 살아가는 모습을 보면 실로 깊은 동정을 금할 수 없다.

이러한 현장에서 설교의 내용 중복과 표현의 중복이 발생한다. 그뿐만 아니라 설교자의 깊은 영성이 접목된 명상과 메시지의 발굴이 어렵다. 그리고 한정된 언어의 남발로 능력 있는 메시지가 되기 어렵다. 거기에 더하여 설교자에게 과부하가 걸려 정신과 육신에 먼저 상처를 입

---

214 설교자는 유명한 설교를 많이 읽어야 한다. 그러나 그것을 내 설교로 전용할 수 없다. 이것에 대해 설교자에게 주는 조언은 본서의 제13장에 "표절을 벗어나 바른 설교로"에 제시되어 있다.

힌다. 그러한 결과는 자연적으로 손쉬운 설교 작성을 하게 되고 마침내
는 남의 설교를 슬쩍하고픈 유혹에 빠진다. 그리고 설교자의 양심이 무
디어지고 탈선을 하게 되는 불행한 말씀의 종으로 낙인이 찍히게 된다.

매우 흥미로운 이야기가 있다. 목사가 귀하던 시절에 어느 목사는 교
회를 2년마다 이동을 하였다. 그 이유를 물은즉, "내가 가지고 있는 설
교는 2년이면 동이 납니다. 새로운 설교를 준비한다는 것이 가장 큰 부
담입니다"라고 대답을 했다고 한다.[215] 오늘의 교회에서는 매우 보기 드
문 사례이지만 설교의 무거운 짐을 회피하는 기발한 발상이 통하던 시
대의 이야기이다.

설교의 중압감을 조금이라도 벗어날 대안을 생각해 본다. 첫째, 그리
스도교 예배의 정점은 종교개혁 전까지 성찬성례전이었다. 이 전통은
동방정교회와 가톨릭교회에서 이어지고 있으며, 성공회와 루터교회는
성찬과 설교를 두 정점으로 지키고 있다. 오직 개혁교회를 비롯한 몇
줄기의 교단만이 설교만을 예배의 정점으로 삼고 있다. 이제 성찬성례
전의 회복이 이루어진다면 새로운 예배의 복원이 보이게 될 것이다. 둘
째, 주일 오후 예배는 찬양 중심으로 모여 일정한 성경을 정하여 일반
설교와는 성격을 달리한 강해설교를 시도해 봄이 좋다. 셋째, 수요 기
도회와 금요 철야 기도회는 평신도들의 은혜로운 간증과 같은 프로그
램으로 진행하도록 한다. 넷째, 매일의 새벽 기도회는 다음 주일 설교본
문을 가지고 미리 핵심 메시지를 간단하게 찾도록 한다. 다섯째, 일반
회의에는 '예배'라는 이름 대신 '경건회'로 호칭하고, 회원들이 기도와
찬송과 필요한 성경을 읽고 그 회의가 예수님의 정신과 가르침 속에 진
행되도록 한다.[216]

좀 더 긴 안목으로 보면 설교의 횟수를 줄이는 것이 설교자와 회중
의 수명을 건강하게 연장하는 길이다. 모든 예배와 기도회와 모임에서

---

215 방지일 칼럼, "본 대로 들은 대로".
216 이러한 제안은 졸저, 『알고 드리는 예배, 알고 듣는 설교』, 240-241에서 이미 제시하였다.

목사의 설교를 요구하게 된다면 정상의 설교를 유지할 수 없다. 기계도 다룰 수 있는 정상치를 넘으면 과부하가 걸린다. 신호 처리 회로에는 왜곡(歪曲)이 생기고 과열이 발생한다. 이러한 문제의 제기는 해외의 석학들도 한국교회를 다녀가면서 남기는 지적이다.[217]

설교자가 조심할 것은 '과부하'이다. 교회가 과부하에 걸린 목사의 설교에 성패를 건다는 것은 너무나 무모한 일이다. 그래서 베델(Theodore Wedel)은 "그리스도교 신앙을 전하는 데 있어서 독보적 존재로서 우상화되어 왔던 설교는 이제 그 왕관을 벗을 필요가 있다"[218]라는 의미 깊은 말을 하고 있다. 예배 안에 설교가 최상의 정점을 유지하기 위해서는 정선된 설교를 통하여 하나님의 말씀이 운반되도록 설교 환경을 만들어가야 한다. 특별히 설교자가 과부하에 걸리지 않아야 설교가 신선한 양식으로 회중을 먹일 수 있다.

8. "설교자의 말을 따르면 살고, 행동을 따르면 죽는다"는 말이 팽배하다

오늘도 목회 현장에서 성도들을 섬기는 설교자에게 하나님은 바울을 통하여 준엄한 질문을 던지신다. "그러면 다른 사람을 가르치는 네가 너 자신을 가르치지 아니하느냐?"는 질문이다. 이 질문 앞에 많은 설교자의 양심이 고동친다. 연속해서 주신 다음의 말씀은 세속의 한복판에서 살아가는 설교자들을 더욱 당황하게 만든다.

도둑질하지 말라 선포하는 네가 도둑질하느냐 간음하지 말라 말하는 네가 간음하느냐 우상을 가증히 여기는 네가 신전 물건을 도둑질하느냐 율법을 자랑하는 네가 율법을 범함으로 하나님을 욕되게 하느냐 기록된 바와 같이 하나님의 이름이 너희 때문에 이방인 중

---

217 졸저, 『한국교회의 설교학개론』, 28-29.
218 Clyde H. Reid, 『설교의 위기』, 28.

에서 모독을 받는도다(롬 2:21-24).

설교자는 하나님을 기쁘시게 해 드리는 것을 제1의 목적으로 삼고 말씀을 운반해야 하는 종들이다. 예수 그리스도님을 구원의 주님으로, 우리의 길과 진리와 생명으로 모셔야 살고 그렇지 않으면 멸망한다는 복음을 수시로 성령님의 역사 아래서 외치는 종들이다. 그런데 이 복음의 운반자들에게 주는 "하나님의 이름이 너희 때문에 이방인 중에서 모독을 받는도다"라는 준엄한 지적은 무서운 심판대 앞에서 고문을 당하는 것보다 더 아프고 고통스러운 말씀이다.

설교자 때문에 하나님의 이름이 세상에서 모독을 받는다는 말씀이 생각날 때마다 '나는 아니다', '나와는 무관하다'라고 얼굴을 들고 떳떳이 말할 수 있는 설교자는 참으로 착하고 귀하고 아름다운 종이다. 나와 동행하시는 성령님 앞에 한 점의 부끄러움이 없는 자신의 언행심사(言行心思)라면 그는 참으로 하나님의 형상을 순수하게 지키고 있는 고결한 말씀의 종이다.

30년 전에 필자가 한국교회의 평신도를 대상으로 연구 조사한 바 있는 "설교사역자에 대한 평신도의 의식구조 분석"에서 다음과 같은 질문을 하였다. "귀하가 아는 설교자들에 대하여 생각할 때, 그들의 설교와 삶의 연관성이 어떠하다고 보십니까?" 여기에 대한 응답자의 80.2%가 "완전치는 못하지만 설교대로 살려고 노력한다"고 응답을 하였고, 10.3%는 "설교자는 설교하는 대로 생활한다"라고 대답한 바 있다.[219] 이 조사에서 성도들은 이 민족의 선비 계열에 속한 목사들이 고결한 도덕성과 인격성이 살아있으리라는 기대가 분명함을 보았다.

그러나 지난 30년 동안 목회자가 각종 범죄행위를 저지르고 있다는 매스컴의 보도는 고개를 들 수 없게 만든다. 1970년 초 필자가 미국 컬

---

219 졸저, 『한국교회의 설교학개론』, 40.

럼비아 신학교에서 유학할 때, 주임교수로부터 "한국의 목사로서 미국의 목사들을 평가하라"는 과제를 받은 적이 있다. 이때 필자는 서슴없이 다음과 같은 몇 가지 느낌을 써냈다. "첫째, 미국의 목사들이 지적인 두뇌는 좋으나 영적인 심장은 미미하게 움직인다. 둘째, 철저한 소명 의식에 젖은 희생과 섬김의 목회자가 아니라 하나의 직장인처럼 보인다. 셋째, 목사의 가정이 평범한 시민들과 같이 이혼을 대수롭지 않게 여긴다" 등을 지적하면서 미국교회가 기도와 십일조 생활이 매우 약함도 지적하였다.

50년이 지난 지금 한국교회 설교자들의 세계를 보면서 그때의 일을 생각하면 부끄러움을 금할 길이 없다. 오늘의 한국교회 설교자들은 물질의 풍요를 앞서서 누리는 상류사회의 생활인들로 변화되고, 때로는 자신이 외친 메시지와 자신의 삶과 인격과는 무관할 수 있다는 생각을 펼친다. 이것이 이 땅의 설교사역을 어둡게 하는 항목이다. 여기서 우리는 한국교회의 설교자들이 "생활하는 집과 말씀의 집"[220]을 따로 만들어 살고 있다는 생각을 하게 된다.

그동안 발생한 목회자들의 탈선 항목들을 차마 다 들출 수가 없다. 그 항목들은 이미 차원이 낮고 추악한 사연들로 매스컴을 장식한 바 있다. 오늘도 거짓 선지자들이 날뛰는 세상으로 변하고 있다. 그 많은 설교를 쏟아 낸 설교자들만은 그리스도인의 본성을 지켜주기를 바라는 소리가 여기저기서 쉼 없이 들리고 있다. 마침내는 우리의 사회가 모두를 포기한 듯 "설교자의 설교 말씀을 따르면 살고, 그들의 행동을 따르면 죽는다"는 함성을 지르고 있다.

---

220 Helmut Thielicke, *The Troulbe with the Church: A Call for Renewal*, 13.

9. 포스트 코로나19 시대의 설교사역에 깊은 관심을 두어야 산다

코로나19의 팬데믹이 오늘의 시대에 지대한 변화를 불러오고 있다. 인류가 당하는 고통과 함께 손실이 막심하여 깊은 상처에 시달린 사람들이 태반이다. 반면에 우리의 생각을 집중해야 할 새로운 세계도 많이 생성되고 있다. 그중의 하나가 온라인 예배를 통한 변화의 현상이다. 많은 교회가 코로나19라는 역병으로 온라인 예배를 도입하게 되고, 이로 인하여 대면 예배와 각종 모임의 축소와 중단으로 막심한 피해를 보고 있다. 특별히 예배 때마다 드리는 예물의 봉헌이 대폭 감소함으로 교회가 진행해야 하는 사역에 손실이 크다는 호소가 줄을 잇고 있다.

그와는 반대로 의외의 현상이 발생하고 있다. 그것은 교인들이 집 밖에 나가지 않고 안일하게 집안에서 온라인으로 예배하면서 발생한 부작용들이다. 그동안 듣고 싶었던 타 교회 설교자의 설교를 찾아 경청하면서 새로운 설교의 맛을 보게 된다는 사실이다. 평소에 듣고 싶었던 목사의 설교를 여유를 가지고 온라인을 통하여 듣게 되는 것을 하나의 낙으로 여기는 일들이다.

코로나19 이전에는 자신의 교회에서 일정한 시간에 예배를 드림으로 타 교회 목사의 설교를 듣기가 매우 힘들었다. 그러나 지금은 온라인을 통하여 매우 손쉽게 평소에 듣고 싶었던 설교자를 만나게 된다. 그 결과 자신의 교회 목사와는 다른 스타일과 내용으로 전개되는 설교에 매료되는 일이 발생한다. 최근의 온라인 예배가 가져온 괴로운 폐단이다. 더욱이 은혜를 받고 온라인으로 봉헌금을 그 교회로 보내는 일들이 많아지고 있다는 것은 전혀 예상할 수 없었던 부작용이다. 어떤 교회는 본 교회 교인보다 몇 배가 많은 설교 경청자의 기록을 남기고, 거기에 더하여 타 교인들의 봉헌금이 의외로 많이 입금된다고 한다.

막을 길이 없는 현상이다. 인간이 비교를 당할 때 상처를 입는 쪽은 우수한 위치의 사람보다 그렇지 못한 사람에게 더 크게 나타난다. 이것은 상처를 남기는 불쾌한 일이다. 특별히 평소에 설교에 자신이 없고 둔하히 했던 설교자들은 이러한 상황에서 더욱 자신감을 상실하게 된다. 그뿐만 아니라 오늘의 역병이 끝나는 날 교인들의 이동이 상당한 수준에 이를 수 있다는 징조이기도 하다. 그동안 온라인으로 출석교회와의 가시적 연결이 헤이해진 때를 기회로 삼아 교회의 이동을 편하게 생각하는 교인들이 속출할 가능성이 크다. 특별히 평소에 출석하는 교회에 대한 불만이 있었다면 이때를 기회로 이동할 교인들이 있으리라는 예상을 해 볼 필요가 있다.

이러한 변화를 감지(感知)한 설교자는 남몰래 착잡한 마음을 품고 "어찌하오리까?"의 애타는 기도를 멈출 수 없다. 이제는 진정 설교 경쟁 시대가 도래하였다. 코로나19가 가져다준 변화된 세계에서 건재할 수 있는 길은 진정 없는가? 여기에 회중이 품고 있는 다음의 질문에 설득력 있는 답안을 설교자가 보여줄 수만 있다면 어떤 장애물도 극복할 수 있으리라 본다.

▶ 우리 목사님은 진정 성언운반일념으로 어느 목사보다도 탁월하게 말씀을 준비하여 우리를 먹이고 있는가?
▶ 우리 목사님은 이 시대에 찾아보기 힘든 지성의 바퀴와 영성의 바퀴의 균형을 맞추어 우리를 먹이고 있는가?
▶ 우리 목사님은 자신이 외치는 설교의 메시지와 삶이 일치하는 본을 보이고 있는가?
▶ 우리 목사님은 희생과 봉사, 청렴결백, 솔선수범이 몸에 밴 섬김의 종으로 우리를 보살피고 있는가?
▶ 우리 목사님은 청빈의 선비상을 가지고 깊은 영성의 세계를 넘나들면서 우리를 보살피고 있는가?

이러한 질문들 앞에 예라고 대답할 수 있는 설교자는 먼저 하나님을 기쁘시게 하는 종으로서 인정을 받는다. 시대에 따라 환경이 변하고 예전에 볼 수 없었던 새로운 형태의 각 분야가 발생하더라도 하나님이 지켜주신다. 그리고 코로나19 이후의 어떤 폭풍에도 견딜 수 있는 저력이 갖추어진다. 거기에 더하여 그를 통한 설교사역은 힘이 있고 은혜가 넘쳐 새로운 활력소를 발산하게 될 것이다.

10. 자신의 설교에 만족을 느낀다면 그는 패망의 길로 들어선다

설교의 역사에 무수한 거성들이 출현하였지만 그들의 입에서는 한결같이 '설교의 만점'을 느껴보지 못하고 늘 아쉬움만을 안고 있었다는 고백을 남긴다. 실질적으로 완벽한 설교를 추구하는 설교자는 많으나 완벽한 설교자와 설교는 없다. 평생을 설교학 교수로 살았던 일리온 존스는 조각가 도발드슨(Thorvaldsen)의 말을 연상하면서 "설교자가 자신의 설교에 만족할 때 그는 스스로 내리막길을 가고 있다"[221]라고 갈파하였다. 그리고 그는 "설교자가 자신은 초보 단계를 벗어난 완벽한 설교자라고 자랑할 수 있는 시간은 절대로 오지 않는다"[222]고 가르치고 있다.

그러나 한국교회 설교자 중에는 자신의 설교에 만족하는 목사들이 종종 보인다. 그들은 "나는 본문과 예화 3개만 있으면 설교를 거뜬히 해낼 수 있다"라고 말을 한다. 그리고 그는 언제나 설교에 대한 자신감을 가지고 설교단에 오른다. 교묘한 화술로 회중을 웃기고 울리면서 '아멘'을 유발하여 회중을 흥분의 도가니로 몰아간다. 모두가 그를 훌륭한 말씀의 종이라고 하면서 찬사를 보낸다.

그러나 냉철하게 그의 메시지를 듣고 분석해 보면 참으로 허탈한 감정을 감출 수 없다. 때로는 분노를 느낀다. 40분의 설교에 5개가 넘는 감동적인 예화를 펼쳐 회중의 마음을 완전히 매료(魅了)시킨다. 설교가

---

221 Ilion Jones, 『설교의 원리와 실제』, 10.
222 위의 책, 9.

끝날 때까지 하나님은 보이지 않고 예화의 주인공과 설교자만 보인다. 봉독한 말씀의 핵심단어에 대한 해석은 전혀 보이지 않는다. 본문이 담고 있는 메시지는 전혀 언급이 없다. 오직 말끝마다 "축원합니다", "믿습니다"를 연발하면서 "아멘"의 함성을 유발한다. 그 "아멘"이 힘이 없을 때는 설교를 중단하고 "우렁찬 아멘 훈련"을 시킨다.

아무리 생각해도 설교라고 말할 수 없는 수준의 설교자이다. 그러나 그들은 언제나 자신은 "하나님이 특별히 기름 부은 말씀의 종"이라고 일컬으면서 교만에 빠진다. 그러다가 자신도 모르는 사이에 어느덧 설교의 자만심이 형성되고 드높은 권위의 의자에 앉아 교주적(敎主的) 자세를 취하게 된다. 생각하면 참으로 슬픈 그림이다. 이때마다 브라이트 신학교 설교학 교수였던 베켈히머(H. Beckelhymer)의 말을 되새겨 본다.

성공적인 설교란 쉬운 것이 아니다. 설교를 쉽게 생각하는 사람들은 성공적인 설교가 무엇인지조차도 모르는 사람들이다. 그리고 이들은 설교란 한 인간의 신앙과 정성어린 마음과 언어의 기술과 그리고 지적인 모든 바탕의 최고점을 요구하는 중요한 일이라는 사실을 모르는 사람들이다.[223]

실질적으로 설교의 몰락을 향한 설교자들은 자신의 설교관과 그 실체에 무수한 오류가 있는 데도 그것을 알려고 하지 않는다. 누구인가 지적을 하면 "사탄아, 물러가라"는 호통을 친다. 그리고 자신의 설교사역에 대한 찬사 외에는 귀를 막는다. 그러한 설교자에게서는 겸손한 말씀의 종이 보여야 할 어떤 모습도 보이지 않는다. 이러한 설교자를 일컬어 말씀의 봉사자가 아니라 말씀의 지배자라 부른다. 이들은 본문말씀을 자신의 정치관, 경제관, 그리고 윤리관을 입증해 주는 각주로 전락

---

223 Hunter Beckelhymer, "Some Current Tensions in Homiletics," *Religion in Life*, Vol. XLII (Spring, 1973), 93.

시킨다. 이러한 부류의 설교자를 가리켜 거짓 선지자라 한다. 이때마다 들려오는 하나님의 말씀이 있다.

> 나는 그들을 보내지 아니하였고 그들에게 명령하거나 이르지 아니
> 하였거늘 그들이 거짓 계시와 점술과 헛된 것과 자기 마음의 거짓
> 으로 너희에게 예언하는도다(렘 14:14).

말씀의 종에게 '설교의 만족'이란 있을 수 없다. 언제나 자신이 하나님의 말씀을 올곧게 선포하고, 회중이 알아들을 수 있도록 해석을 했으며, 올바르게 삶의 장에 적용했는지를 물어야 한다. 나의 설교는 과연 성령님의 역사 아래서 이행되었는지를 겸손한 자세로 점검해야 한다. 그리고 저지른 오류에 대한 용서를 구하는 것이 진실한 말씀을 대하는 종의 자세이다. 설교에 대한 자기만족과 교만에 빠진 설교자에게는 성령님의 도움이 떠나고, 다음의 말씀만 그 귀에 들리게 될 것이다.

> "교만은 패망의 선봉이요 거만한 마음은 넘어짐의 앞잡이니라"(잠
> 16:18).

III. 맺는 말

1960년대 후반에 클라이드 리드(Clyde Reid)에 의하여 『설교의 위기』 (The Empty Pulpit)라는 작은 책이 출판되자 미국의 교회를 비롯하여 수많은 설교자가 심한 충격을 받은 적이 있었다. 리드는 이 책자를 통하여 지금까지 안일하게 설교사역을 감당해 오던 설교자들을 향하여 다음과 같이 대담하면서도 솔직한 도전장을 던졌다.

여기에서 강단이 비어 있다는 말(empty pulpit)은 목사가 없는 교회 강단을 의미하는 말이 아니다. 오히려 목사가 강단을 지키고 있는데도 불구하고 좌석에 앉아 있는 교인들이 말할 수 없이 허전해하고, 전혀 의미를 발견하지 못하며, 말씀의 열매를 맺지 못하는 심각한 곤경에 부딪혀 있는 오늘의 강단을 의미한다.[224]

미국교회가 하강길에 접어들 징조를 보이던 때 미국교회의 강단을 향하여 있었던 이러한 예리한 지적이 매우 신중하게 들려진다. 오히려 오늘 한국교회 강단을 향하여 직선적으로 들려주는 고마운 지적으로 받아들이고 싶은 충동을 더욱 절실히 느낀다. 그 이유는 위에서 지적한 부끄러운 사연들이 오늘 한국교회의 강단에서 벌써 발생하고 있으며, 지금은 오히려 더 심각한 지경에 이르러 설교의 몰락 또는 설교의 임종이라는 슬픈 비판들이 등장하고 있기 때문이다.

물론, 오늘의 한국교회 설교사역은 아직도 건재(健在)한 부분이 많다. 선진국 교회에서 볼 수 없는 설교자의 뜨거운 기도가 있고, 생사를 걸고 뛰는 목회의 열심이 있는 한국교회이다. 그리고 아직도 순교의 피가 우리의 바닥을 흐르고 선교의 뜨거운 열기가 쉬지 않는 우리의 교회이다. 어떤 땅에서도 쉽게 찾아볼 수 없는 하나님 말씀에 대한 심취성이 강한 성도들이 가득하다. 그리고 아직도 앞에서 열거한 설교의 위기 요소에 물들지 않은 맑고 귀한 설교자들이 한국교회를 지탱하고 있다.

그뿐만 아니라 한국교회는 세계의 교회 역사에서 성장하는 특유한 교회로 기록되기를 희망한다. 서구교회는 한때 왕성했다가 시들어지는 기록을 역사에 남긴 채 그 명맥을 간신히 유지하고 있다. 그러나 한국교회는 그들의 후예가 되기를 거부한다. 세상 끝날까지 부흥만을 지속하는 교회가 되겠다는 이 소박한 소망의 실현을 위하여 이 땅의 목회

---

224   Clyde H. Reid, 『설교의 위기』, 3.

자들은 자신이 드릴 수 있는 모든 것을 다 바치면서 땀과 눈물을 오늘도 쏟고 있다.

그러함에도 불구하고 국민 소득 향상에 기인한 물질만능의 시대적 부산물이 우리 속에 이미 침투해 왔으며, 성직의 탈선적 조짐이 심각하리만큼 대두되기 시작한 현 상황을 직시해야 한다. 이때 설교는 살아있는 불씨의 역할을 감당해야 한다. 만약 설교마저 탈선한다면 이 땅의 교회는 소망을 잃게 된다. 그러므로 한국교회 강단의 설교가 침몰하기 전에 최소한 이상과 같은 시급한 요소들에 대하여 엄격한 자기진단과 성찰이 있어야 한다. 그리고 나타난 위기 현상들에 대한 시급한 대책이 마련되어야 할 것이다.

제13장
바른 설교를 위한 단상들

RRRR

단상 1. 이 길이 설교인과 설교사역의 정도(正道)이다

한국교회는 태평성대에 일구어지거나 발전한 교회가 아니다. 한국교회는 일본의 식민지로 전락했던 1905년의 '을사늑약(乙巳勒約)'과 한국의 입법, 행정, 사법 등의 통치권 전반이 탈취되었던 1907년의 '정미 7조약'이 발효되던 틈새에서 비상(飛上)했던 교회이다. 그 대표적인 모습은 세계교회를 놀라게 했던 대각성 부흥 운동(1907년)과 같은 폭발적인 사건이었다. 그뿐만은 아니다. 우리는 지존하신 하나님을 부정한 공산주의자들이 몰고 왔던 잔인한 전쟁의 참화를 당하면서도 절망 속에 주저앉아 슬픔의 통곡만을 이어가지 않았다. 우리는 여호와 하나님이 우리의 편에 계심을 영의 눈으로 보고 일어선 교회였다. 하나님의 말씀 속에서 위로와 희망의 돛을 달고 험준한 역사의 한복판에서 성장을 거듭한 교회였다. 하나님의 말씀으로 솟아오른 한국교회는 지난 한 세기 동안 그리스도교 선교 역사에 기적을 이룩한 교회라는 찬사를 세계의 곳곳에서 받으면서 살아왔다.

그러나 지금 우리에게서 이 아름다운 교회의 타오르는 촛대가 흔들리고 힘없이 추락하는 모습들이 여기저기서 나타나고 있다. 한국교회는 지금 초긴장을 하고 있다. 대형교회는 비대해지고 소형교회는 사라져 가는 '빈익빈부익부(貧益貧富益富)' 현상이 속출하고 있다. 매스컴은 대형교회 목회자들의 비윤리적인 측면을 부상시키는 데 열을 올리고 있다. 거기에 더하여 교회의 수효는 많지만, 한국교회의 80%가 거의 미자립교회이고, 목회자 73%가 생계를 이어가기 힘든 경우 이중 직을 가져도 된다는 데 찬성한다는 보도가 이어지고 있다.

진정 한국교회가 소생할 수 있는 길은 없는가? 여기 역사의 두 페이지가 눈에 보인다. 먼저는 430년 설교 황금기의 마지막 주자였던 어거스틴의 죽음 이후 설교가 퇴락되자 교회는 부패해지고 세상이 어두워지면서 중세의 암흑기가 도래했던 기록이다. 또 다른 기록은 16세기에 접어들면서 종교개혁자들이 하나님의 말씀이 올바로 선포되는 설교만이 교회가 소생할 수 있는 길이라고 외치고 일어서자 교회가 쇄신되었던 역사적인 기록이다. 하나님은 이 기록을 우리에게 지금 보여주신다. 오늘 우리는 한국교회 현장에 던져주는 이 기록들을 통하여 함축된 의미를 새롭게 음미하고 터득하고 바로 실천해야 할 시점에 서 있다.

1. 설교보다 설교인이 먼저다

노래의 가사와 곡은 같은데 그 노래를 부르는 사람에 따라 감동의 폭과 깊이가 다르기 마련이다. 우리 앞에 놓인 66권의 성경을 통한 하나님의 말씀도 그 말씀을 전하는 설교자에 따라 그 감동과 파장이 달라진다. 그래서 우리는 설교를 말하기 전에 설교인이 걸어야 할 바른길을 먼저 언급하는 것이 시급하다. 설교의 추락은 말씀의 부재 때문이 아니라 설교인이 다음의 최우선적인 질문에 정답을 내놓지 못하기 때문이다.

1) 소명에 충실한 설교인의 양심 문제

설교인의 분명한 소명과 바른 양심의 문제를 다시 거론해야 하는 지극히 가슴 아픈 시점에 우리는 직면해 있다. 정규 신학대학원보다 몇 배나 많은 신학교가 이 땅에 가득하여 목사를 양산하고 있다. 그 목사들은 한결같이 소명을 받았다고 하면서 등장한다. 어제까지 국민의 분노를 사고 있던 사람이 어느 날 소명을 받아 목사가 되었다고 나타나 설교 아닌 설교를 하고 있다. 우리말 사전에서는 소명(召命)을 "임금이 신하를 부르는 명령"이라고 풀이하면서 "그리스도교에서 하나님의 일을 하도록 하나님의 부르심을 받는 명"으로 설명하고 있다. 아무리 보아도 소명의 세계에 대한 정확한 판단 기준이 없다. 믿을 수 없어도 그대로 두고 볼 수밖에 없는 매우 특수한 세계이다.

그러나 설교인이 받은 소명은 매우 특수하다. 그것은 자신을 부르신 성 삼위일체 하나님과 끊임없는 교감(交感)이 이어져야 한다. 인간의 육적인 험준한 악조건 앞에서도 흔들림 없는 매우 특수한 성령님의 도구여야 한다. 어떤 경우에도 설교인은 "몇 줌의 보리와 몇 조각의 빵 때문에"(겔 13:19) "하나님의 이름을 팔아 거짓말"(렘 14:14)을 할 수 없다. 거짓 선지자들의 대열에 서서 책망받는 삶을 살아서는 안 된다. 하나님이 주관하시는 양심의 소리를 들어야 한다. 설교인의 양심은 단순히 선과 악을 분별하는 도덕적 수준을 지키는 기능이 아니다. 이것은 성령님과 소통하는 통로이다. 하나님의 말씀을 하나님의 자녀들에게 운반하는 명을 정직하고 성실하게 수행하는지를 점검하는 측정기이다. 이 양심이 소명받은 설교인에게서 얼마나 강하게 작동하느냐에 따라 설교인의 모습과 기능이 달라진다.

2) 땀과 눈물을 아끼지 않는 설교인

이 시대를 주도하는 IT 문화의 도래는 회중의 지적인 수준에 맨 먼저 거대한 변화를 가져왔다. 책을 손에 들고 지식을 추구하던 모습보다 내 손안에 있는 스마트폰에서 알고 싶은 지식을 보충한다. 설교인들의 지적 수준이 회중을 선도하고 영향을 끼치는 시대가 지나가고 있다. 설교자가 전용으로 여기던 성경사전이나 주석들이 이제는 스마트폰에서 마음만 먹으면 언제나 꺼내 볼 수 있는 시대이다. 여기에 오늘의 설교인들의 고민이 있다. 단순히 지적인 기능으로 오늘의 회중의 관심을 끌고 가기에는 힘겨운 한계에 직면해 있다.

바로 여기에 오늘의 설교인들이 땀을 흘려야 할 당위성이 있다. 땀이란 하나님의 말씀을 회중보다 더 깊고 정확하게 터득하려는 벅찬 노력을 말한다. 이 일은 손쉽게 이룰 수 있는 성질의 것이 아니다. 하나님의 말씀은 언제나 육적인 속성의 시각이나 지각으로는 선명하게 터득이 안 되는 특성이 있다. 바로 영적인 눈과 귀를 열고 말씀의 주인에게 매달리는 눈물의 호소가 있어야 한다. 성령님의 도구에만 깨닫게 해 주는 특수한 진리가 있다. 그 진리의 문은 설교자의 땀 흘린 노력이 있어야 하고, 눈물로 이어지는 성스러운 영적인 삶이 이어져야 열린다. 이러한 삶은 회중이 감히 넘나들 수 없는 참 선지자만이 경험하는 몸부림이다. 이러한 땀과 눈물은 생명력 있는 만나로서 하나님의 말씀이 회중에게 임할 수 있는 지름길이다.

3) 섭시에 민감한 설교인

> 그 예언자들은 내 이름을 팔아서 거짓말을 하였다. 나는 그런 말을 한 적이 없다. 그런 말을 하라고 예언자들을 보낸 적도 없다. 그것들은 엉뚱한 것을 보고, 허황한 점이나 치고, 제 욕망에서 솟는 생각을 가지고 내 말이라고 전하는 것들이다(렘 14:14, 공동번역).

설교인들은 이 말씀의 대상자가 혹시 자신이 아닌지를 점검해야 한다. 그 이유는 설교인이 성령님의 도구로서 한순간이라도 마음을 졸이고 정신을 바짝 차리지 못할 때 하나님이 명하지도 않고 원하지도 않은 말씀을 하나님의 말씀이라고 전하는 큰 죄를 범하기 때문이다.

'섭시'는 성령님이 '속삭여 보여준다'라는 뜻이다. 이 의미 깊은 어휘는 한국복음주의 운동의 지도자였던 이명직이 처음으로 사용하였다. 그는 설교에 대하여 두 유형을 말하였다. 하나는 설교인이 하나님 앞에 심교(心交)의 기도를 하는 중에 "성령님의 섭시를 받아서 나아가 가감없이 전달하는 설교"이고, 다른 하나는 설교인이 자유자재로 마음 내키는 대로 "그 시대의 사상이나 학설 같은 것을 수집하여 글을 짓듯 하여 인간 위주의 설교를 하는 것"이라고 지적한 바 있다.

성령님의 섭시를 받아 외치는 설교자가 생명력 있는 메시지를 전하게 된다는 사실은 설교학에서는 필수적인 가르침이다. 이 섭시의 과정을 거친 설교인은 언제나 말씀의 사자로서 강하고 담대하다. 그리고 그 말씀이 선포될 때 회중은 그 말씀 앞에 감동을 하게 된다. 그래서 역사적으로 참 선지자는 이 섭시에 민감한 삶을 살았으며 하나님의 칭찬을 받은 대열에 서 있었다.

2. 설교는 성언운반일념이 전부여야 한다

올곧은 길을 걷는 설교인은 당연히 설교의 정도(正道)를 찾기 마련이다. 준비된 설교인은 어떻게 하면 하나님의 말씀이 분명하게 선포되고 정확하게 해석되고 효율적으로 회중의 삶에 적용될 것인가를 고민하게 된다. 그 고민은 준비의 차원이 아니라 설교사역의 원칙을 세우고 그 길을 고고히 걷는 데 필요한 이정표이다. 설교자가 따라가야 할 이정표에 최우선적으로 새겨져야 할 질문을 추려본다.

1) 설교인의 입에서 나온 말은 과연 하나님의 말씀인가?

칼뱅은 일찍이 이사야서 주석에서 "인간의 입으로 나온 말은 하나님의 입을 통하여 나온 말씀과 동일하다"는 매우 의미심장한 말을 남겼다. 하나님은 언제나 인간을 부르시고 그 인간을 도구로 삼으셔서 말씀하셨다. 그러기 때문에 구약의 모든 선지자는 언제나 말씀을 전할 때 "여호와께서 내게 이르시되"로 시작하여 "이는 여호와의 말씀이니라"로 끝을 맺었다. 그리고 모든 백성은 그들의 입을 통하여 나온 말씀을 하나님의 말씀으로 받아들이고 그 앞에 엎드렸다. 이것이 설교의 정확한 모형이다.

지금 한국교회의 설교인들의 입에서 나온 말이 과연 하나님의 말씀인가를 묻고 싶다. 66권을 통하여 주신 말씀이 순수하게 선포되고 회중이 알아듣도록 바르게 해석하고 그 말씀을 회중의 삶에 현장화하고 있는지가 의문이다. 그 이유는 대부분의 설교에서 하나님의 말씀은 설교인의 지식 경험담이나 흥미진진한 예화에 가려서 보이지 않고 들리지 않고 있기 때문이다. 설교인의 예리한 판단과 지식의 나열과 분석만이 즐비하다. 설교인의 간청에 의하여 어쩔 수 없이 '아멘'의 함성을 지르지만 그들의 마음속에서는 끊임없이 설교인을 향하여 말을 한다. "목사님! 우리는 목사님의 말씀을 듣는 것보다 순수한 하나님의 말씀 듣기를 갈망합니다."

2) 설교사역의 에토스가 세워져 있는가?

아리스토텔레스는 그가 수사학을 정립하면서 필수요건으로 에토스, 파토스, 로고스를 갖추어야 함을 강조하였다. 맨 먼저 거론한 에토스는 형성된 집단이 추구해야 할 궁극적인 이념과 목표를 말한다. 에토스는 정치나 사회를 이끌고 가는 기본 정신이다. 설교사역에 몸을 던진 설교인들도 가슴에 언제나 품고 있어야 할 에토스가 있어야 한다. 무엇이 설교사역을 감당하는 데 기본 정신과 목표가 되어야 할 것인가를 생각하고 달려가야 한다. 설교인의 에토스는 어떤 경우도 '성언운반일념'이어야 한다.

66권에 실려 있는 하나님의 말씀이 조금이라도 손상되지 않고 본래의 뜻이 분명하고 정확하게 회중의 가슴에 들려지도록 운반해 주어야한다는 순수한 정신이 언제나 살아있어야 한다. 그럴 때 설교자는 말씀의 주인에게 밀착되어 있게 된다. 흥미진진한 예화를 찾는 열심보다 선포해야 할 본문의 터득에 최우선의 노력을 기울이게 된다. 자기감정이나 경험 또는 지식보다는 하나님의 말씀인 성경의 진리에 최우선으로눈을 뜨게 되고 관심을 기울이게 된다. 세상의 지식이나 상식에 어둡다는 평가를 받더라고 하나님의 말씀만 선명하게 보이고 가슴 속 깊이 운반된다면 설교인의 소임은 칭찬을 받게 된다. 그리고 설교사역의 에토스를 성언운반일념으로 정하고 그 길을 이탈하지 않는 설교인에게는필승의 길이 보장된다.

3) 설교 문장의 주어를 살펴보고 있는가?

한국의 설교인들에게 시급하게 전하는 경고장이다. 한국인으로 한국에서 한국인들에게 한국어로 그 많은 설교를 해야 하는 설교인은 한국언어의 구조에 깊은 관심을 기울여야 한다. 유럽인디언 언어인 영어권을 보라. 그 언어는 주어 중심의 언어이다. 주어에 따라 술어가 바뀌고어떤 경우도 주어가 없는 문장은 용납이 되지 않는다. 그러나 알타이어에 속한 우리의 언어는 술어 중심의 언어이다. 그리고 생활 언어에서는일인칭 단수인 '나'를 생략함이 오히려 정감이 흐른다. 예를 들어, "좋아한다, 사랑한다"의 경우이다. 문제는 이러한 언어관습이 설교에 그대로적용되어 주어가 없는 문장이 거의 전부이다. 그 문장들을 살펴보면 그주어는 대부분이 다 설교자이다. 설교자가 생각하고 바라고 원하고 믿고 축원하는 문장만 가득하다. 이것이 우리의 현실이다. 이토록 무분별한 주어 생략의 언어습관은 자연스럽게 설교자의 견해와 말로 들리기 마련이다. 앞에서 지적한 "여호와께서 내게 이르시되…", "여호와의 말씀이니라"의 감각은 전혀 느끼지 못하게 되는 오류에 빠지고 있다.

지금이라도 늦지 않았다. 설교 문장의 주어에 다음과 같이 성 삼위 하나님이 등장하는 문장들이 얼마나 나타나고 있는지를 점검해 보자. "하나님이 …말씀하십니다." "우리 주 예수님이 …라고 가르치시고 명령하십니다." "성령님이 …역사하십니다."

인간은 하나님의 가시적인 형체를 통하여 인식하고 만남을 이루지 못한다. 오직 말씀을 통하여서만 하나님의 명을 받고 그 뜻을 헤아린다. 그러한 까닭에 66권의 말씀이 하나님의 말씀이라고 믿는 설교인들은 해석을 위한 설교인의 말이 있기 전에 먼저 말씀의 주인이 뭐라고 말씀하시는지를 들려주어야 한다. 그 지름길은 역시 설교문장의 주어를 정확하게 정리하고 표현하는 설교인에게만 보이게 된다.

3. 맺는 말

한국교회가 소생(蘇生)하는 길은 하나님의 말씀이 올곧게 선포되고 해석되고 적용되는 곳에서 시작된다. 소생의 성공과 실패는 설교사역의 정도를 걷겠다는 확고한 의지를 세우고 실천하는 설교인들에게 달려 있다. 한국교회는 그 태생부터 우리 스스로 복음서를 해외에서 번역하여 들고 들어와 교회를 세우면서 출발한 매우 특수한 교회이다. 일찍부터 성언운반일념을 설교사역의 에토스로 삼고 몸 바친 설교자들을 하나님이 들어 쓰셔서 오늘의 한국교회를 이룩하였다. 이 성스러운 설교 혼의 숨결 소리가 끊이지 않도록 우리 모두가 일어서야 한다. 성언운반일념의 함성을 지르면서 일어선 설교인들이 이 땅에 가득할 때 우리의 교회는 분명이 달라지리라 확신한다. 십자가 위의 주님은 지금 한국교회가 소생하여 세계교회에 또 한 번의 광채를 발할 것을 기대하신다.

단상 2. 설교와 지도력의 관계성

설교를 정점으로 하여 모이던 개신교회가 지금도 그 맥락을 예전처럼 계속하고 있는가의 질문은 지금 심각하게 설교학 세계에서 거론되고 있다. 그뿐만 아니라 설교자가 교회의 절대적인 지도자로 군림하던 시대가 이미 지나가고 있지는 않은지의 질문 또한 목회학적 측면에서 조심스럽게 일고 있다. 그 이유는 설교의 위력이 식고 그 권위가 서서히 몰락해 가고 있기 때문이며, 설교자의 설교가 예전과 달리 감화력을 잃어가는 현상이 이곳저곳에서 나타나고 있기 때문이다. 이것을 가리켜 혹자는 목사의 지도력이 쇠약해지는 현상이라고 말하면서, 설교자의 황금기는 다시 올 것인지 불확실한 미래를 내다본다. 여기서 우리는 지도력에 대해 재 이해를 할 필요가 있으며, 설교와 지도력의 연관성을 다시 보지 않을 수 없다. 그리고 지금껏 금기의 영역인 양 여겨온 설교 사역이 안고 있는 부정적 요소도 찾아보아야 한다. 그 이유는 빠른 진단과 겸허한 처방을 수용하는 것이 건강을 회복하는 가장 좋은 지름길이기 때문이다.

1. 지도력의 현실적 이해

지도력은 그 형태나 개념이 시대의 흐름에 따라 새로운 해석을 하지 않을 수 없다. 그 이유는 과거의 지도자가 실현한 지도의 방법과 그 능력이 한 시대가 흐르면서 더욱 아쉬워지도록 빛나는가 하면, 때로는 퇴색되고 오히려 지탄의 대상이 되는 사례가 너무나 허다하기 때문이다. 바로 오늘의 우리 민족이 직면한 정치적 현실과 국민적 반응이 이러한 사실을 입증해 주고 있다. 어느 한 시대는 자신의 힘으로 자신의 지도력을 지탱할 수 있었다. 남이 갖지 않고 있는 무력으로 황제적 위치를 지속할 수 있었다. 그러나 그러한 지도력이 결코 영원할 수 없다는 교훈을 오늘의 우리는 너무나 잘 경험하고 있다.

특별히 1980년대에서 보인 정치, 사회, 종교의 무대에 등장한 지도력은 찬사를 받아야 할 기록보다는 부정적인 기록과 인상을 남겨주었다는 것이 오히려 솔직한 표현이다. 정치의 세계에서 이러한 현상은 너무나 뚜렷하여 문민의 윤리와는 거리가 먼 사람들이 감당하기에 벅찬 지도자의 의자에 앉게 되자 소시민적 작태(作態)를 서슴없이 발하여 전통적인 지도자의 상은 여지없이 무너졌다. 이러한 현상은 우리 사회의 각 분야를 오염시켰다. 그리고 고귀한 지도력이 연구 발전되어야 할 시간에 자신의 영리(榮利) 추구에 집념을 불태우는 심각한 탈선까지 범하게 되었다. 여기에 우리의 젊은 세대는 지도자를 보는 시각을 달리하게 되었고, 기성세대와 호흡을 함께하기를 거부하기에 이르렀다. 그러기 때문에 정치가의 웅변이 외면을 당하고, 심지어 학문의 전당에까지 스승의 진실은 하나의 상품처럼 취급을 당하는 아픔을 겪게 되었다.

이제 마지막 남은 교회라는 성역(聖域)을 생각해 본다. 그중에서도 한 세기 반을 향하는 개신교를 생각해 보면 이들이 이 땅에 새로운 호흡을 불러일으킨 주역들임에 틀림이 없다. 그러나 한 시대를 넘는 준엄한 파도를 보면서 우리는 여기서 다음의 질문을 던지지 않을 수 없다. 그동안 거대한 몸으로 불어나고 이 민족 속에 뿌리를 내린 우리의 교회는 어제의 지도력에 이상이 없었으며 오늘과 내일에 이어질 지도자의 자질과 그 지도력은 튼튼한지를 묻지 않을 수 없다. 이 시대의 젊은 주인들이 외치는 노도와 같은 함성이 밀려오는 오늘의 긴박한 상황을 보면서, 우선 우리 교회를 살피는 진단이 시급하다.

시대의 변천과 함께 피지배자의 수준과 여건이 변하기 마련이고, 고정된 지도력이나 그 지도방법을 맹목적으로 수용하거나 따를 수 없는 것이 역사의 교훈이다. 이러한 변화를 수긍한다면 한국교회는 어제에 대한 겸허한 고백과 반성이 필요하다. 그리고 새로운 시대를 주도할 지도력의 개발이 시급하다.

2. 설교와 지도력의 상관성

교회에서 지도력이 발휘되는 무대는 실로 다양하다. 이것을 목회라는 이름으로 국한을 시키고 그 분야를 세분화하면 다음과 같다. 첫째는 예배의 집례자로서 하나님의 백성이 그 주인 앞에 나아와 경배와 감사를 드리는 예배하는 생활을 지속하도록 도와주는 것이다. 둘째는 설교자로서 자신이 섬기는 양들에게 쉼 없이 하나님의 말씀을 선포하고 해석하고 그들의 삶에 적용하는 일이다. 셋째는 목양자로서 자신에게 맡겨진 양들을 보살피고 섬기는 것이다. 넷째는 전도자로서 자신이 섬기는 공동체를 확장하는 선교의 실현이다. 다섯째는 그 양들이 속해 있는 민족 속에서 예언자의 사명을 가지고 정치, 경제, 사회의 탈선된 부분들을 지적하고 바로잡는 일이다. 여섯째는 자신에게 맡겨진 이 교회를 효율적으로 관리하는 행정가의 업무이다.

교회의 사역자들은 이상과 같은 방대한 분야에서 그들의 지도력을 개발하고 성공적으로 발휘하여야 한다는 막중한 부담을 안고 있다. 그러기에 교회에서의 지도력이란 단순한 것이 아니고 지극히 복합적인 것을 요구받게 된다. 혹자는 이렇게 방대한 임무를 한 사람이 모두 감당하면서 힘에 겨워 쓰러지기도 하고 실패의 쓴잔을 마시기도 한다. 특별히 우리의 땅에서는 지도력의 분담이나 전문성의 활용 등이 미흡한 수준에 머물고 있기에 교회가 목회자 일인 체제의 현상을 유지하는 것을 쉽게 본다. 그러나 이제는 종합적인 지도력의 행사보다는 분산적이고 전문적인 지도력의 개발이 시도되어야 할 시점에 와 있다. 이러한 맥락에서 본 글에서는 지도력이 펼쳐지는 전반적인 범위를 다루려고 하지 않는다. 오직 교회 내에서 지도력을 행사하는 데 절대적인 영향을 주고 있는 설교사역만을 말하는 데 국한시키고자 한다.

사실 개신교는 하나님의 말씀에 따라 살고 죽는다는 포사이드 (Forsyth)의 말처럼 어떤 경우에서도 말씀을 외치는 사역이 중심이 된 하나님의 교회이다. 그러므로 자연히 설교사역은 모든 교인의 깊은 관심을 끌게 되고, 그 설교사역자는 자연스럽게 지도자의 위치를 갖게 된다. 때로는 이 설교자가 단순한 인간이라기보다는 하나님 말씀의 종으로서 특별한 카리스마적 지배력을 소유한 존재로 부상된다.

이러한 이해는 평신도의 의식구조 분석에서도 설교자의 존재란 "하나님 말씀의 전달자"로 분명하게 나타나고 있다. 그러기에 교회 대부분에서 그에게 감히 범할 수 없는 거룩한 위엄의 권위를 주면서 회중이 따르는 실상이 적지 않다. 비록 설교자가 미흡한 준비나 저질적인 설교를 하더라도 더 나은 내일의 설교를 기다리면서 오늘을 참는 순수한 교인들을 무수히 발견한다. 누구도 설교란 하나님의 말씀을 풀어 선포하는 것이라는 전통적인 이해를 버리지 않고 있다. 이러한 이해는 시대의 변천을 타지 않고 계속하여 그대로 개신교 속에서 유유히 흐르고 있다.

이상과 같은 설교사역의 영역과 그 고유한 이해는 교회의 지도력과 연결을 맺게 되고 설교자가 바로 교회의 지도력을 소유한 존재로 부상이 된다. 그러기에 깊은 감동을 주는 설교자는 언제나 훌륭한 교회의 지도자로서 그 자리를 고수할 수 있다는 간단한 대답을 가져오게 된다.

3. 설교자에게 주어진 지도력

목사는 모두 설교자여야 한다는 논리는 전문성을 찾는 시대의 도래와 함께 한 번쯤 고려해 보아야 할 문제이다. 그 이유는 전혀 설교자로서 자질이나 자격이 없는데도 목사이기에 설교단에 서야 하고, 도저히 들어줄 수 없는 설교를 목이 쉬도록 외쳐야 한다는 사실은 좀처럼 공감대를 형성하기가 어렵다. 그의 인격과 지식의 수준이 저급 공무원이 되기에도 힘겨운 사람인데, 설교사역을 담당한 목사로 등장하여 으뜸가는 지도자처럼 자신을 노출시키는 모습이 보일 때마다 참으로 안타까운 심정을 감출 수가 없다. 그때마다 이들은 "하나님께서는 세상의 미련한 것들을 택하사 지혜 있는 자들이나 강한 자들을 부끄럽게 하신다"(고전 1:27 참조)는 말씀으로 철저히 자신을 변호한다. 목사가 되겠다고 신학교의 문을 두드리는 지망생들을 면접할 때 '소명'에 관한 질문은 빠지지 않는다. 그때마다 정치나 사업의 현장에서 실패의 쓴잔을 마신 사람들, 날뛰던 건강을 잃게 하셔서 비참한 존재로 전락시켜 스스로가 미련한 존재임을 깨달았다고 하는 지원자들이 다수이다. 그들은 이러한 사연을 들어 하나님이 소명하심을 확신하고 선지동산을 찾아왔다고 한다. 이러한 그들의 대답에 아무도 이의를 제기할 수 없다.

더욱이 세상의 어느 세계에서도 소중히 쓰임을 받을 수 있는 재능의 소유자인 데도 피할 수 없는 소명 때문에 선지동산을 찾고, 갖은 어려움을 당하면서도 미소 짓는 설교자라면 누가 경청을 하지 않겠는가? 하나님이 보내신 말씀의 운반자로 믿고 따르지 않겠는가? 그리고 자신을 이끌어주고 보살필 수 있는 지도자로 영입하지 않겠는가? 그러나 세상에서는 할 일이나 갈 곳이 없어 목사나 되어 보겠다고 아무나 받아주는 신학교를 졸업하고 설교자로 등장한 목사들이 허다하다. 그 가운데는 인간의 기대 이상의 발전과 쓰임을 받은 말씀의 종들도 적지 않다. 그러나 형식만 밟고 설교자의 자질이 없는 몸들이 목사가 되어 기어이 설교해야 하고 그 앞에 모두가 앉아 있어야 한다는 사실은 재고해야 할 시점에 와 있다고 본다.

반성의 시각이 있어야 하는 문제들은 설교자의 자질 문제에서만 끝나는 것이 아니다. 비록 떳떳하게 말씀의 종이 되어 오늘을 산다고 해도 그 설교사역의 내용에 있어서 우리는 깊은 우려를 표하지 않을 수 없다.

첫째로, 우리의 설교는 모두가 명령 일변도의 설교를 하고 있다. 그것은 우리의 특수한 문화권의 영향이라고 말할 수 있겠으나 설교 현장에서는 명령적인 감정(Imperative mood)의 표출이 심각하게 보인다. 거기서 설교자의 권위 있는 지도력이 생성될 수는 있을지 모르나 설교란 사실적 표현(indicative mood)으로서 신언(神言)의 전달과 해석이 있어야 한다. 그럼에도 불구하고 우리의 설교는 설교자의 생각과 바람을 명령하는 현장이 되었고, 목회의 수단으로 탈선하면서 지도자의 위력을 발산하는 경우가 너무 많다.

둘째로, 설교자로서의 기본 실력이 없이 군림한 설교자가 보이는 실망 중의 하나는 설교의 도용이 너무 심화하여 있다는 사실이다. 깊은 실망을 느끼는 성도들이 증가되고 있다. 타 교회의 설교자가 이미 행한 설교를 출판한 것을 반갑게 사고, 한 편의 설교를 골라잡아 자신의 것인양 그대로 가지고 나서서 고성을 지르면서 외쳐대는 모습은 실로 비참한 장면으로 느껴진다. 설교를 듣는 회중은 모두가 그날, 그들에게 내려진 신선한 만나를 기다린다. 어느 교회에서, 어느 목사에 의하여 외쳐진 것을 주어다가 먹여 주기를 기다리는 사람은 아무도 없다. 그러나 상당수에 이르는 설교자들이 일말의 양심의 가책도 느끼지 않은 채 이런 파렴치한 행위를 반복한다는 사실은 설교자로서의 사명을 이미 상실해 가고 있음을 나타낸다. 이러한 설교자는 지도력이 살아 움직일 수 없다.

셋째로, 설교사역자들이 설교의 중요성을 망각한 채 그 준비성이 빈약함을 노출하고 있다. 주일에 예배를 드리려고 집을 나서는 사람들은 한결같이 오늘의 설교를 기대한다. 그 설교를 통하여 허기진 심령을 채우기를 원한다. 그러나 어디서 모아 왔는지 그럴듯한 예화나 자신의 경험담만을 들려준 채 끝나버리는 설교를 보면서, 회중은 거듭된 실망을 느끼기도 하고 심지어는 분노마저 갖게 된다. 이것은 분명히 그 설교자의 영력이나 자질의 부족에서 연유된 것이 아니다. 그것은 바로 최선을 다하지 못한 설교자에게서 나온 문제이다. 충실한 준비가 갖추어진 설교가 남발될수록 설교자의 지도력은 감소하고 마침내는 외면을 당하게 된다.

넷째로, 설교가 하나님의 말씀을 받아 그 뜻을 먼저 이해하고 전하는 순수한 심부름이어야 한다는 설교의 원칙을 생각할 때, 우리는 설교자들이 심각한 탈선을 하고 있음을 쉽게 볼 수 있다. 즉, 메시지의 문장이 거의 모두 말씀의 주인이신 성 삼위 하나님은 찾을 길이 없고 설교자 자신으로 가득 차 있다는 점이다. 그러기에 우리의 설교단에서는 하나님이 보이지 않고 설교자만이 보이는 기현상이 속출하고 있다. 설교자가 갖기를 원하는 지도력은 설교자가 인위적으로 쟁취하는 것이 아니다. 진정한 지도력은 '설교를 위한 삶'의 충실성에 따라온다.

그뿐만이 아니다. 설교자가 진정한 지도력을 유지하기 위해서는 설교의 내용과 설교자의 삶의 불일치 현상이나 설교를 목회적 수단으로 사용하는 폐단 등이 사라져야 한다. 더욱더 깊은 우려가 되는 것은 이렇게 산적된 문제점들을 자신만은 가지고 있지 않다는 착각과 과신이다. 여기서 깊은 관심을 기울여야 할 주안점은 참된 지도력의 소유자란 언제나 문제의 내용을 찾아보고 그것을 겸허히 인정하고 궤도의 수정을 서슴없이 실천하는 존재라는 사실이다.

4. 맺는 말

설교자 어거스틴이 떠난 후에 설교가 암흑기에 접어들자 중세의 암흑기가 도래하였다. 사실 설교가 사라진 역사와 삶의 현장은 언제나 암흑과 혼돈으로 가득해진다. 그러기에 시대의 흐름이 계속될수록 교회는 설교의 사역을 더욱 소중히 여기고 있다. 실질적으로 하나님은 설교를 통하여 세상을 향한 자기의 뜻을 펼치시고 하늘나라 시민을 세상에 세워주신다. 그러므로 설교를 떠난 교회의 존재란 종말을 의미하며 생명을 잃은 허상이라고 아니할 수 없다.

이러한 차원에서 비록 한국의 설교사역이 심각한 도전을 받고 부정적인 요소가 가득하더라도 그것 때문에 포기하거나 경시할 수 없는 것이 설교라는 특수한 사역이다. 문제는 교회가 말씀의 바른 선포와 해석, 그리고 효율적인 적용으로 바른 방향을 설정하게 되고 항해를 계속해야만 한다는 것이다. 그래서 설교사역이 살아있어야 효과적인 지도력이 살아 움직이게 된다는 원칙을 교회가 고수하고 있다. 그러기 위해서 다음의 몇 가지는 오늘의 설교자들이 새롭게 음미해 볼 필요가 있다고 본다.

첫째로, 자신이 선택한 훌륭한 설교자를 아무 원칙도 없이 모방하려는 자세를 버려야 한다. 설교자는 어느 사람의 복사판이 될 수 없도록 창조함을 받았으며, 그가 받은 설교의 도구를 십분 활용할 의무를 지닌다. 그럴 때 그 설교자에게서 신선함을 느낄 수 있으며, 새로운 지도자로서의 섬김이 우러나올 수 있다.

둘째로, 오늘의 설교자는 창조적인 설교의 내용과 구성, 그리고 전달에 진지한 관심을 모두 나타내야 한다. 과거에 좋았던 설교자의 설교와 그 전달방법이 오늘도 그렇게 돋보이거나 열광적인 환영을 받을 수 없다. 설교사역에는 언제나 그 시대에 맞는 언어와 표현이 있어야 하고, 오늘을 소중히 여기는 역사적 안목이 있어야 한다. 지도력을 갖춘 설교자는 어제를 위한 존재가 아니라 오늘을 위한 지도자가 되어야 하기 때문이다.

셋째로, 설교를 통하여 자신의 존재를 부상시키려는 욕심이나 영웅심을 부디 버려야 한다. 그리고 자신의 전체를 설교의 도구로 내어놓는 겸허한 헌신이 있어야 한다. 그럴 때 설교의 주인은 설교자가 분명히 아니며 말씀의 주인이 하나님임을 나타낼 수 있게 된다. 하나님이 동행한 지도자가 참된 지도자이다.

이런 입장에서 설교와 지도력은 사실상 무관하다고 하겠다. 그러나 그 설교를 통하여 삶의 새로운 차원을 발견하고, 그 설교 때문에 오늘을 사는 사람은 어쩔 수 없이 그 말씀의 전달자 앞에 머리를 숙일 수밖에 없다. 그리고 설교사역의 주인이신 하나님 앞에 아름다운 설교자를 주심을 감사하면서 살게 된다. 이러한 차원에서 성공적인 설교자는 수많은 심령의 안내자가 되고, 그들의 목자로서의 위치에 서게 되며, 쟁취한 지도력이 아니라 주어진 지도력을 소유하게 된다.

단상 3. 표절을 벗어나 바른 설교로

인간이 사용하는 언어의 전수는 모두가 복사와 인용이다. 조금만 깊이 생각해 보면 하나의 단어나 문장도 나 자신이 창작하여 사용하는 경우는 거의 없다. 모두가 듣고 보는 것을 그대로 복사하고 인용하면서 구사하는 것이 우리의 언어생태이며 지식의 나열이다. 인간의 지적인 성장이란 이러한 복사와 인용의 기능이 남달리 넓고 빠를 때 발전의 폭과 깊이가 달라진다. 이러한 복사와 인용의 효능은 유아기에서는 필수적이며 노년이 되어서도 개인적인 발전에 매우 소중한 것임에 틀림없다.

그러나 그 복사와 인용이 공적인 무대 위에서는 엄격한 주목을 받는다. 남이 발표한 글이나 설교를 자신의 것인 양 사용했을 때는 엄격한 심판을 받는다. 예를 들면, 소설가 지망생들의 세계에서 소설가로서의 통찰력과 이야기의 전개, 그리고 특색있는 문장의 표현을 이룩하기 위해서는 남의 소설을 최대한 읽으면서 소설의 세계를 익혀야 한다고 교육한다. 그런데 자신이 펴낸 소설에 한 문장이라도 자신이 읽은 남의 소설에서 그대로 복사하면 가차 없이 표절의 범죄자로 몰리고 심지어는 형사범으로 고발을 당한다.

설교인들의 세계 역시 같은 범주 안에 머물고 있다. 내가 감동한 남의 설교를 고스란히 가져와 내 것인 양 외칠 때 그것은 분명히 표절이다. 인터넷 문화에서 이러한 행위는 쉽게 발각된다. 그때 그 설교인은 비록 형사고발 사태까지는 가지 않더라도 그 설교에 교인들은 심한 거부감을 일으킨다.

그 이유는 무엇인가? 이 함정을 벗어날 길은 없는가?

한국교회 설교자들이 표절의 함정에 쉽게 빠진 이유는 간단하다. 그것은 주일 낮과 저녁, 수요일과 금요일의 기도회, 그리고 매일의 새벽 기도회에서 외쳐야 하는 설교 부담이 한계상황에 이르렀기 때문이다. 여기에 한국교회 목사들의 깊은 고뇌가 있다. 그 탈출구가 바로 남의 설교를 표절 또는 복사하고 싶은 유혹이다. 이 유혹에 빠지지 않기 위하여 인용이라는 대안을 조심스럽게 말하고 있다. 하지만 엄격한 의미에서 설교는 인용으로 대체할 수 없다. 원칙적으로 새로운 설교의 창작이 설교의 바른길이다. 그러함에도 불구하고 인용이 표절보다는 막중한 설교사역을 감당하는 데 차선의 방편이기에 유효적절한 기준선을 요구한다.

우선 표절과 인용의 차이점을 알아야 한다. 표절은 남의 설교를 자기 것인 양 복사하여 단에 서는 도용 행위이다. 이 행위는 설교가 생명력 있는 만나로서 회중의 영의 양식이 되지 못할 뿐만 아니라 설교자의 설교 능력과 기능을 마비시키는 독소로 설교자를 침몰시킨다. 거기에 반하여 적절한 인용은 자신이 창작하는 설교의 깊이를 더욱더 풍요롭고 활기차게 하는 중요한 자료의 역할을 할 수 있다. 그러나 인용이 설교 전반에 걸쳐 사용되고 자신의 주관적인 설교 구성이 침해받을 때는 이것 또한 표절의 행위에 가까울 수 있다. 그러기에 인용 역시 설교자의 대단한 주의를 필요로 하게 된다.

한국교회 설교인들이 표절을 벗어날 수 있는 몇 가지의 '바른 설교인의 길'을 제시해 본다.

먼저, 남의 설교를 읽고 그 내용이 좋아 그 본문을 자신의 설교 본문으로 정할 수는 있다. 그러나 그 내용을 인용하는 폭이 도를 넘을 때 대부분 표절의 함정에 빠지는 우를 범하게 된다. 최선의 방법은 읽은 설교의 핵심적인 전개와 핵심단어(keyword)와 감동적인 표현을 가져와 자신의 것으로 소화하고 그것을 자신의 사고와 언어로 표현하는 길이다.

둘째로, 설교를 작성하면서 자신이 인용하고자 하는 남의 설교를 앞에 두고 즉석에서 참고하는 경우는 표절의 유혹을 벗어나기 힘들다. 대부분은 자신 앞에 놓인 남의 설교가 선악과로 등장하게 되며 양심을 잠재우려는 유혹에 빠지기 쉽다.

셋째로, 평소에 스펄전과 같은 설교의 거성들이 남긴 명설교를 끊임없이 읽으면서 감동이 되는 부분을 주제별로 분류된 내 설교 노트에 적어둔다. 특별히 영력이 넘치는 표현을 비롯하여 그들이 인용한 자료들을 가져오도록 한다. 이때마다 그 자료의 출처를 메모하여 표절의 오해를 차단할 수 있도록 준비해야 한다.

넷째로, 설교의 인용구는 논문 작성처럼 할 수 없다. 몇 줄이고 이어질 수 없다. 두세 줄 이내에서 인용이 있어야 한다. 그때 설교나 자료의 저자 이름과 책명 정도는 좋으나 굳이 페이지까지 밝힐 필요는 없다. 그리고 한 설교만을 가지고 이곳저곳을 인용하는 것보다 여러 편의 설교에서 자신이 정한 주제에 부합한 자료를 수집하는 것이 바람직하다.

다섯째로, 인용하는 과정에서 양심이 거부하는 행위는 철저히 단절해야 한다. 설교자의 양심은 도덕적인 기준을 측정하는 기능 외에 성령님이 거하시고 성령님과의 소통이 이룩되는 공간이기 때문이다.

여섯째로, 어떤 경우도 본문이 정해지면 본문을 앞에 두고 성경학도의 자세로 원어 분석을 비롯하여 석의와 강해에 심혈을 기울여 하나님의 말씀의 정확한 선포와 해석과 적용에 차질 없도록 해야 한다. 그 적용은 내가 섬기는 양들이 직면한 현장과 직결되어야 함을 깊이 인식해야 한다. 그 과정에서 성령님의 역사로 속삭여 보여주시는 메시지에 귀를 기울여야 한다.

일곱째로, 설교의 인용보다 더 편리하고 유익한 설교의 자료는 설교를 생업으로 삼고 사는 설교인이 보고 듣는 모든 것이다. 순간마다 설교자에게는 설교의 영상이 떠오른다. 그때 그것을 놓치지 않기 위해 부지런히 메모하는 생활습관은 설교자에게 어떤 설교의 인용보다 훌륭한 설교자료이다. 성령님의 역사는 기도할 때만 다가오는 것이 아니라 우리의 삶 전체에서 교통하시기 때문이다.

여덟째로, 최근에 인터넷에서 설교자를 대상으로 하는 '설교장사'들이 많아지고 있다. 그들은 설교를 짜깁기하여 돈을 받고 설교들을 보내주고 있다. 적지 않은 설교자들이 그들의 유혹에 빠지고 있다는 말을 듣는다. 전혀 바람직하지 않다. 영력 있는 설교자로 남기 위해서는 외면해야 할 함정이다.

현재 한국교회는 어려움에 직면해 있다. 이 어려움을 뚫고 다시 일어설 길은 하나님의 말씀이 바르게 운반되는 데 있다. 그렇지 못할 때 한국교회는 슬픈 종말을 맞게 된다. 여기에 설교사역이 가장 근간이 되어 견인차의 임무를 수행하게 된다. 지금 한국인의 지적 수준은 예전과 다르다. 지성적 기능의 향상과 인터넷 문화의 첨단에 서 있는 회중은 설교사역에 지극히 비판적이다. 정직한 성언운반일념의 설교자들 앞에는 머리를 숙이고, 그렇지 못한 설교자들은 경멸한다.

이러한 환경에 서 있는 오늘의 한국교회 설교자들은 하나님이 미소짓고 그 백성들이 행복해하는 설교를 위하여 우리의 삶을 소진해야 할 시점에 와 있다. 이 시점에서 설교자들은 끊임없이 자신이 참 선지자인지, 아니면 거짓 선지자인지 스스로 성찰해야 한다.

그 분별은 다음의 말씀을 반복하여 읽을 때 분명해진다.

"선지자들이 내 이름으로 거짓 예언을 하도다 나는 그들을 보내지 아니하였고 그들에게 명령하거나 이르지 아니하였거늘 그들이 거짓 계시와 점술과 헛된 것과 자기 마음의 거짓으로 너희에게 예언하는도다"(렘 14:14).

단상 4. 한국 설교자들이 안고 있는 종결어미의 병폐 (1)
- '것입니다'의 문제

1. 설교 세미나에서 있었던 대화

Q. 저는 평신도로서 매주 여러 편의 설교를 들으면서 설교자가 사용하는 언어에 불만을 느낄 때가 많이 있습니다. 개인적으로 설교자가 좀 더 바르고 고운 언어를 사용할 수 있었으면 하는 아쉬움을 갖고 있습니다. 설교자가 생각 없이 남발하는 모순된 표현을 들으면서 때로는 짜증이 나기도 하고 극심한 거부감을 느끼기도 합니다. 언어 선별에 무관심한 설교자 앞에 앉아서 그 설교를 들어야 하는 평신도의 고통은 그리 간단한 문제가 아닙니다. 이와 같은 문제에 대해 설교학을 가르치시는 교수님의 의견을 듣고 싶습니다.

A. 이렇게 설교에 깊은 관심을 두시니 정말 감사합니다. 사실은 설교에 대한 예리한 평가와 불만이 있을 때 설교의 발전이 있게 됩니다. 그러나 일단은 한국교회의 설교자에 대한 이해가 선행되어야 합니다. 무엇보다도 한국교회 설교자들은 세계 어느 교회의 목회자들보다 설교를 많이 합니다. 일주일에 10회 이상의 설교를 해야 하는 막중한 부담이 언제나 설교자들에게 있습니다. 그 결과 어휘는

반복될 수밖에 없고 문장을 다듬을 시간도 없습니다. 게다가 설교자료는 샘물처럼 솟아나는 것도 아니고 스스로 찾아야 합니다. 또한 목회자의 시간을 필요로 하는 교인들의 요구는 끊임없이 이어집니다.

한국교회는 설교자의 이러한 딱한 사정들을 거의 고려하지 않습니다. 현실적으로 회중은 설교자가 처해 있는 시간이나 자료의 제한성 등은 거의 생각하지 않습니다. 오직 감동과 은혜가 넘치는 신선한 설교만을 요구합니다. 이러한 요구가 채워지지 않은 채, 어휘가 반복되고 다듬어지지 않은 문장 속에 잡다한 말들이 가득하다면 회중은 설교에 대한 싫증과 반감을 갖기 쉽습니다.

설교자가 처한 이와 같은 현실적인 어려움에 관심을 가지면서, 설교학 교수인 저 역시 노력을 쉬지 않겠습니다. 그러나 설교를 듣는 회중도 설교사역의 동참자들로서 설교자들이 보다 신선하고 알찬 설교를 할 수 있도록 기도와 함께 적극적인 도움을 주실 것을 부탁드립니다.

Q. 저는 평소에 우리말을 바르게 사용하는 데 깊은 관심이 있는 평신도입니다. 국어국문학에 관한 연구는 깊지 않지만, 설교자의 언어나 표현에서 순수한 우리말이 제대로 구사되지 않고 있다는 것쯤은 알 수 있습니다.

저는 신학교에 다니는 친구에게 미래의 설교자들을 위한 교육과정에 국문과 교수가 강의하는 설교자를 위한 언어 교육이 있는지 물어보았습니다. 전혀 없다는 말을 듣고 저는 놀라움을 금치 못했습니다. 그리고 한국교회 강단에 선 설교자들이 사용하는 언어에 오류가 많은 이유를 비로소 알게 되었습니다.

외람되지만 설교는 단순한 의사소통이 아니라고 봅니다. 설교란 인간의 생각이나 사상 또는 지식을 교류하는 수준을 넘어 하나님의 말씀을 선포하는 중요한 사명입니다. 설교자 앞에는 수많은 심령이 차원이 다른 생명의 말씀을 듣기 위해 모두 귀를 기울이고 있습니다. 그러므로 설교자는 어느 현장보다 언어를 바르게 사용해야 합니다. 설교자들은 바른 말을 사용하고 바른 글을 쓰기 위한 별도의 교육을 받아야 한다고 봅니다. 여기에 대해 교수님은 어떻게 생각하시는지 의견을 듣고 싶습니다.

A. 옳은 지적입니다. 23년을 설교학 교육에 몸담아온 저에게 주시는 바른 질책입니다. 부끄럽게 생각합니다. 솔직히 그동안 한국의 신학 교육에 설교자를 위한 언어 교육이 전혀 없었습니다. 지금도 없습니다. 미국의 신학교에서는 흔히 볼 수 있는 과목인데, 우리는 지금까지 이쪽 분야는 가르치지도 않은 채 수많은 설교자를 양성해 왔습니다. 맞는 말씀입니다. 이제부터라도 설교자를 배출하는 신학 교육에 국어국문학에 조예가 깊은 분들이 설교자가 바른 말을 사용하도록 교육하는 것은 시급한 과제라고 생각합니다.

Q. 저 역시 설교자의 우리말 사용에 대해 불만이 많은 평신도입니다. 주변에 많은 사람이 우리 목사님을 세계적인 부흥사라고 말합니다. 그런데 목사님은 우리말 사용에 있어서 이상한 습관이 하나 있습니다. 말끝마다 '것입니다'를 거의 빼놓지 않고 사용합니다. 그 정도가 너무 심합니다.

저는 그 표현에 거부감이 너무 커서 어느 유명한 목사님이 시무하는 교회에 나가 몇 차례 설교를 들었습니다. 그런데 어찌된 영문인지 그분 역시 '것입니다'를 계속 사용하셨습니다. 최근에는 인터넷을 통해 여러 목사님의 설교를 듣고 있는데 대부분 설교자가 '것입니다'를 문장 끝마다 계속 사용하고 있었습니다. 아무런 뜻도 없는데도 습관적으로 거의 모두가 '것입니다'를 사용하는 것을 보면서 저는 놀라움과 실망을 금치 못했습니다. 교수님은 이 문제를 분석하거나 연구해 보신 적이 있으신지요?

A. 참으로 반가운 예리한 지적입니다. 제가 큰 관심을 가지고 지적해 온 부분입니다. 저는 말씀하신 한국교회 설교자들의 만성적인 언어 병폐라고 할 수 있는 '것입니다'에 대한 문제를 1980년 설교학을 강의하면서 발견하게 되었습니다. 그리고 많은 글과 졸저 『그것은 이것입니다』를 통해 이 병적인 현상의 문제를 애타게 부르짖었습니다. 신대원 "설교의 실제" 강의시간에는 이러한 표현이 나오면 아예 학점과 연계시키는 강력한 조처를 하면서 교육한 바 있습니다. 말씀하신 '것입니다'의 문제는 심각한 단계를 지나 중증의 언어 질환이라고 말할 수 있습니다. 이 문제에 대해 깊은 관심을 가지고 설교를 듣노라면 가슴에 통증이 느껴질 정도로 설교자들은 이 말을 습관적으로 사용하고 있습니다.

어느 날 중요한 행사에 참석했다가 모 교단의 총회장이 설교에서 무차별적으로 사용하는 '것입니다'를 들으면서 한숨이 절로 나왔습니다. 10분의 설교에서 문장마다 '것입니다'를 남발하는 것을 보고, 그분이 심각한 언어 질환에 걸려 있음을 발견하게 되었습니다.

"…이라 할 수 있을 것입니다", "…하여야 할 것입니다", "…되어야 하는 것입니다", "…되는 것입니다", "…기원하는 것입니다", "…바라는 것입니다", "…생각하는 것입니다", "…믿는 것입니다."

저는 그분이 자신이 사용하는 언어에 대해 아무런 조심성 없이 무차별적으로 종결어미의 거의 전부를 '것입니다'로 장식하는 것을 보면서 안타까움을 금할 수 없었습니다. 어떤 목회자는 문장의 종결어가 아니라 문장 안에서도 무수히 '것입니다'를 변형시켜 다음과 같이 사용하고 있었습니다.

"사도 바울이 말씀하신 것이 어떤 의미를 주고 있는 것인지 분명히 알아야 할 것이라고 저는 다시 한 번 강조하는 것입니다."

이와 같이 설교자의 말을 조금만 주의해서 들으면 참으로 비정상적인 언어 표현들이 많이 있습니다. 이러한 현상이 설교자들의 언어 세계라고 생각할 때마다 우리말을 바로 쓰도록 가르치는 교육의 필요성은 절실해집니다. 조금만 주의를 기울이면 아주 자연스럽고 부드럽고 친근한 우리말로 다음과 같이 바꾸어 표현할 수 있습니다.

"사도 바울의 말씀이 어떤 의미를 주고 있는지 분명히 알아야 함을
저는 다시 한 번 강조하는 바입니다."

Q. 저는 십수 년째 설교자로서 사역하는 목사입니다. 언제인가 교수님이 지적하신 이와 같은 언어 현상들이 심각한 충격으로 다가왔습니다. 저 자신 역시 설교에서 '것입니다'라는 종결어를 무수히 사용해 왔음을 솔직히 인정합니다. 이제부터라도 잘못된 언어 습관을 버리도록 노력하겠습니다. 솔직히 이 질병에 가까운 언어 현상을 알게 된 후로, 많은 설교자가 강단에서 '것입니다'를 남발하는 것을 볼 때마다 설교자들이 얼마나 언어 사용에 주의를 기울이지 않는지를 알게 되었습니다. 그러한 표현이 얼마나 천박해 보이는지도 느끼게 되었습니다. 설교자들은 속히 병적인 세계에서 벗어나야 한다는 데 전적으로 동의합니다. 그리고 그동안 전혀 생각하지 못했던 문제를 일깨워 주심을 감사드립니다.
그러나 저는 그러한 현상을 지적하는 데 만족하고 싶지 않습니다. 설교자들이 사용하는 우리말이 그렇게 오염된 원인을 듣고 싶습니다. 그리고 그 대안은 무엇인지 말씀해 주십시오.

A. 말의 사전적 의미를 보면, 말이란 사람의 생각이나 느낌 등을 표현하고 전달하는 데 쓰는 음성 기호입니다. 그 음성 기호는

성대를 통해 조직적으로 나타나는 소리로서, 인간이 고등 동물로 분류된 중요한 요소이기도 합니다. 이러한 언어는 일정한 문화권에서 사는 인간이라는 공동체가 살아가는 일상생활에서 생성되고 소통됩니다. 그래서 동일한 문화권의 공동체는 그 언어를 하나의 계약으로 여기고 그 계약된 언어 속에서 한 사회와 국가를 형성합니다.

우리 민족은 단일 민족으로 긴 역사가 있지만, 언어가 한문의 영향권 아래 있는 데다가, 일본의 식민통치 속에서 받은 상처까지 매우 큽니다. 여기서 지적하고 있는 '것이다'는 원래 우리말에도 있지만, 그것을 사용하는 폭은 매우 제한적입니다.

예를 들면, 문장의 주어가 '것'으로 되어 있으면 종결어미를 '것이다'로 할 수 있습니다. 그 외에 소유를 일컬을 때의 '네 것', '내 것', 무엇을 지정해서 가리킬 때 쓰는 '그것', '이것', '저것' 정도이며, 추측이나 미래를 말할 때 종종 '…일 것이다', '…할 것이다', '…될 것이다' 정도로 사용할 뿐 그 외에는 별로 사용하지 않습니다.

여기에 대해 좀 더 자세히 알고 싶은 분들은 이오덕의 『우리글 바로 쓰기』를 보시면 더 많은 도움을 받을 수 있습니다.

누가 어머니 앞에서 "내가 어머니를 사랑하는 것입니다", "어머니! 내가 배가 고픈 것입니다"라고 말하는 사람이 있습니까? 그러나 설교자는 "우리가 하나님을 사랑하는 것입니다", "하나님이 일용할 양식을 주실 것을 믿는 것입니다" 따위의 어이없는 표현을 자주 씁니다.

설교에서 이러한 표현이 지나치게 많이 오용되는 이유는, 일본어로 된 신학 서적들을 우리말로 옮겨올 때 함께 실려 온 결과라고 국어학자들은 말하고 있습니다. 일본어를 번역한 우리 책들을 살펴본 한 국어학자는 우리말의 특성을 살리지 못하고 일본말을 따라가다 이와 같은 언어의 재앙이 발생했다고 지적합니다.

일본에서 신학을 공부하고 돌아와 한국 신학계에서 활동했던 분들이 남긴 많은 설교집이나 책을 보면 이러한 현상들이 뚜렷하게 나타나고 있습니다. 많은 설교자는 '것이다'라는 표현으로 가득한 번역서로 공부했고, 공식 석상에서 '것이다'를 사용하는 것이 당연하다고 착각해 왔습니다.

대안은 간단합니다. '것입니다'를 삭제하면 해결됩니다. 자신의 말과 글에서 앞에서 말한 대로 소유나 지칭 또는 추측이나 미래를 말하는 것 외에 '것입니다'라는 표현을 사용하지 않으면 자연스럽고 깔끔해집니다. 예를 들면, 다음과 같습니다.

> 하여야 할 것입니다 → 해야 합니다
> 믿는 것입니다 → 믿습니다
> 되어야 하는 것입니다 → 되어야 합니다
> 생각하는 것입니다 → 생각합니다
> 기원하는 것입니다 → 기원합니다

2. 대화의 정리

어느 아나운서 출신인 언어 전문가는 필자에게 "한국어를 오염시키는 주범은 설교하는 목사들"이라고 말한 적이 있다. 언젠가는 TV에 나온 코미디언들이 대화를 나누면서 목사의 잘못된 표현을 흉내내는 장면을 본 적이 있다. 그 장면 앞에서 필자는 씁쓸한 모멸감을 느낄 수밖에 없었다.

설교자는 수많은 시간 동안 말이라는 매체로 메시지를 전하기 위해 회중 앞에 선다. 그 말은 사전을 찾아가며 들어야 할 언어가 아니라, 듣는 즉시 이해해야 하는 회중과 설교자가 공유하고 있는 말이어야 한다. 이 말은 그 사회에서 통용되고 있는 계약된 언어다.

설교자들이 그토록 흔하게 사용하는 '것입니다'를 일상적으로 사용하는 언어에서는 좀처럼 찾아볼 수 없다. 그런데 유난히 설교자만이 이

병든 언어를 고집스럽게 사용하고 있다. 그 이유는 설교자가 자신의 언어 속에 깃든 병적인 요소가 무엇인지 알지 못하기 때문이다. 아니면 자신의 언어생활에 무심하기 때문이다.

어느 날 동료 교수가 채플에서 중요한 설교를 한 적이 있었다. 그런데 그 교수는 설교에서 연달아 '것입니다'를 사용하였고, 설교의 끝 문장까지 그 어미를 이어갔다. 필자는 설교 후에 그의 연구실 문을 열고 이렇게 말했다.

"오늘 설교 말씀 좋았던 것입니다. 말끝마다 '것입니다'를 계속했던 것입니다. '것입니다'를 안 쓰는 것이 좋은 것이라고 나는 말하는 것입니다. 나는 이제 가는 것입니다. 안녕히 계시라고 작별 인사하는 것입니다."

그 교수는 처음에는 당황하다가 나와 함께 그만 폭소를 터뜨리고 말았다. 그리고 며칠 후 그는 정중하게 나에게 말했다.

"이제 설교에서뿐만 아니라 글에서도 '것입니다'를 최대한 억제하겠소이다."

୧୧୧୧

단상 5. 한국 설교자들이 안고 있는 종결어미의 병폐 (2)
- 겸손한 종결어미의 문제

1. 설교 세미나에서 있었던 대화

Q. 저는 한국교회 설교자로서 한국어에 대한 깊은 관심을 기울이지 않고 지금껏 설교를 계속하고 있습니다. 앞에서 지적하신 '것입니다'의 문제도 이제야 진지하게 생각하게 되었습니다. 실로 부끄

러운 생각이 듭니다. 그 외에도 적절한 언어 표현에 많은 실수를 범하고 있다는 생각이 듭니다. 좀 더 많은 부분을 분석하여 지적해 주시면 설교자들이 바른 말을 사용하는 데 큰 도움이 되리라 생각합니다.

A. 사실은 그 외에도 많이 있습니다. 생각 없이 사용하는 종결어미를 들을 때마다 매우 마음이 괴롭습니다. 하나님의 말씀이 설교자의 언어를 통하여 들려지기 때문에 설교자는 언제나 언어 사용에 신중해야 합니다. 설교자가 표현하는 언어, 그중에서도 종결어미에 따라 그 메시지의 주체가 달라집니다. 그래서 설교자는 자신이 사용하는 언어 구사에 주의를 기울여야 합니다.

저는 KBS 제1라디오가 20년이 넘게 주일을 제외하고 매일 아침 6시 56분에 2분간 지속해 온 "바른 말 고운 말" 프로그램을 즐겨 듣고 있습니다. 이유는 이 프로그램을 통하여 필자의 언어 구사에 많은 도움을 받기 때문입니다. 설교자는 많은 말을 해야 하는 특수한 사역자입니다. 말이라는 매체를 통하지 않고서는 한 발자국도 내디딜 수 없는데 그 매체에 대한 학습은 매우 빈약합니다. 진정으로 설교자는 바른 말에 관한 관심을 가지고 꾸준히 점검하고 학습해야 합니다.

Q. 교수님이 설교 문장의 주어를 정확히 밝히고 거기에 따른 적절한 종결어미를 사용하라고 하신 강의를 지금도 잘 기억하고 있습니다. 문장 끝마다 "…를 주님의 이름으로 축원합니다"를 사용하였던 지난 설교들을 다시 돌아보면서 그 설교 문장의 주어가 설교자였음을 확인하게 되어 죄송한 심정입니다. 주어에 하나님, 주 예수님, 성령님으로 분명하게 밝힐 때, 종결어미는 자연스럽게 '말씀하십니다', '명령하십니다', '원하십니다', '가르치십니다'로 바뀌어 설교자의 말이 아니라 하나님의 말씀으로 그 메시지가 확실함을 경험하고 있습니다. 그때마다 주님이 등장하고 설교자가 감추어진 것을 느끼면서 감사하고 있습니다.

A. 감사합니다. 말씀을 전하는 종으로서 설교자의 위치 파악과 책임 의식을 갖게 되었다는 말씀은 참으로 반갑습니다. 제가 생각하는 설교자의 가장 큰 상식 중의 하나는 설교자가 감추어지고 말씀의 주인이신 성 삼위일체 되신 하나님만이 보여야 한다는 점입니다. 이 원칙만 가슴에 품고 설교 원고를 작성하고 단에 선다면, 말씀의 운반자로서 바른 언어 표현이 작동하게 된다고 확신합니다.

Q. 저는 평신도로서 담임목사님의 설교를 경청하면서 늘 감사하고 있습니다. 우리 목사님은 겸손하고 따뜻한 인격의 소유자로서 교인들의 존경을 받고 있습니다. 특별히 그분이 일상생활에서 사용하는 언어의 정확성과 부드러움은 교인들로부터 환영을 받고 있습니다. 특별히 청소년을 비롯한 노년층의 교인들을 대할 때마다 구사하는 온화하고 부드러운 말씨는 모두에게 호감을 주고 있습니다. 목사님의 음질과 음색, 음폭 등이 아주 좋아서 모두가 반기고 있습니다. 그뿐만 아니라 말의 속도나 음정의 높낮이에 리듬 조절을 잘하셔서 지루함이 없이 메시지를 경청하면서 행복한 예배를 드리고 있습니다. 그런데 목사님이 설교하는 동안 보여준 겸손한 자세와 언어 표현에서 무엇인가 아쉬움을 느낄 때가 있습니다. 하나님의 말씀으로 들려지지 않고 설교자의 말로 들려질 때가 종종 보입니다. 때로는 메시지의 확실성이 부족한 듯하여 괴롭습니다. 그 원인이 무엇인지 파악을 못하면서 설교를 경청하고 있습니다.

A. 매우 중요한 문제를 질문하셨습니다. 이 질문에 대한 답을 드리기 전에 설교자의 인격에 감화되고 그 언어 구사에 호감을 느끼면서 설교를 경청한다는 말씀이 참 좋습니다. 사실은 설교자에게 가장 중요한 것은 설교보다 설교자의 인격입니다. 청소년부터 노년에 이르기까지 환영받는 목회자와 함께 그리스도인으로 살아간다는 것은 평신도의 으뜸가는 행복입니다. 목사가 제왕적(imperative) 권위와

반신적(半神的)인 태도를 보이지 않고, 온유하고 겸손한 종의 모습으로 목회한다는 것은 실로 소중한 일입니다.

제가 존경하는 어느 선배 목사님을 기억합니다. 그분은 설교 강단에 서는 추상같은 메시지를 선포합니다. 하나님 말씀을 확신을 가지고 전하는 종다운 권위와 자세를 보여주었습니다. 전하는 메시지에는 한 마디도 버릴 것이 없는 정중하고 정선된 언어를 구사하였습니다. 온 교인들이 설교시간에는 긴장 속에 정신을 차리고 소리 없는 '아멘'을 발산하였습니다. 그러나 단에서 내려오면 전혀 다른 모습의 인간으로 교인들을 대합니다. 참으로 겸손하고 어질고 사랑이 넘치는 목회자로서 교인들을 섬기셨습니다. 실로 오늘의 목회자들에게 큰 모범이 되는 분이었습니다.

이제 질문자께서 설교 때마다 아쉽게 느껴지는 '미흡한 확실성'에 대한 문제를 생각하고자 합니다. 그 정답을 찾기 위하여 먼저 알고 싶은 부분이 있습니다. 목사님께서 설교하실 때 문장의 맺음말에서 다음과 같은 표현을 많이 사용하는지 살펴보셨는지요? 예를 들면, 설교 문장을 맺으면서 '…인 것 같습니다', '…라고 말할 수 있습니다', '…라고 하겠습니다' 등등입니다.

Q. 예, 그렇습니다. 아주 자주 사용하는 편입니다. 그러한 언어 구사는 회중에게 겸손한 인상을 줄 뿐만 아니라 친근감이 있어서 전혀 부담을 느끼지 않습니다. 그런데 그것이 무슨 문제가 되는지요?

A. 네, 그런 부류의 문장의 맺음말이 불확실성을 유발하는 주원인이 됩니다. 설교는 인간사회의 생활 언어의 연장이 아닙니다. 설교는 하나님의 메시지를 설교자가 회중에게 운반해 주는 특별한 사역이기에 그 언어 구사도 구분되어야 합니다. 상습화되어 있는 자신의 언어를 정성껏 선별함이 없이 마구 사용하는 것은 매우 위험합니다.

설교자가 엄격한 부모님의 가정 교육을 받으면서 언제나 예의 바르고 겸손한 언어를 사용한 부모님을 닮아가다 보면 장성해서도 그 언어 형태가 몸에 배여 있게 됩니다. 예를 들면, 젊은 사람이 대중이나 윗사람들 앞에서 말할 때 "입니다, 아닙니다"를 분명하게 밝히는 것은 겸손치 못한 자세로 우리의 장유유서 문화에 정착되어 있습니다. 다음과 같은 표현들이 그 대표적입니다.

"저의 생각은 이렇습니다.""…라고 생각합니다.""…인 듯 싶습니다."
"제 판단은 감히 이렇다고 말씀드립니다.""…하심이 좋을 듯 싶습니다."

이러한 맺음말이 설교를 듣는 회중에게 불확실성을 심어주는 주범입니다. 확실한 메시지가 설교자의 이 종결표현 때문에 불확실한 메시지로 들리게 됩니다.

Q. 바로 저에게 해당한 지적이십니다. 저는 설교단에 올라가 회중을 바라보면 가장 정중하고 예의 바르게 언행을 취해야 한다는 압박감을 느낍니다. 특별히 설교는 하나님의 메시지를 전하는 존엄한 임무 수행에서 온유, 겸손의 언행을 보이고 싶어 노력합니다. 그래서 본문의 뜻을 파악하기 위하여 최선을 다 기울이지만, 그 해석을 전하고 그 문장을 맺을 때는 다음의 말들을 자주 사용해 왔습니다.

"…줄로 믿습니다.""생각합니다.""…으면 좋겠습니다.""좋을 것 같습니다.""말할 수 있습니다.""…인 듯 싶습니다.""…인 것처럼 보입니다."

A. 질문자의 말씀을 들으면서 설교자의 정체성을 다시 강조하지

않을 수 없습니다. 말씀의 종이 설교하는 순간은 메신저, 곧 성경에 수록된 하나님의 말씀과 역사를 들려주고 해석해 주고 회중의 삶에 현장화시키는 사명자입니다. 일반 사회인의 옷을 벗고 성결한 몸으로 성령님의 두루마기를 입고 정선된 언어로 분명하게 메시지를 들려주어야 하는 신성한 도구입니다. 그래서 설교자는 예배시간에 하나님의 말씀을 들려주는 채널이며 통로라고 합니다.

그런데 위에 보여준 설교 문장의 맺음말들은 성 삼위일체되신 하나님이 주어의 자리에 서 있지 않습니다. 모두가 설교자가 주어의 자리에서 자신의 견해를 밝히는 표현들입니다. 다시 말하면, 확실성이 없이 메시지를 전하는 현장의 용어입니다. 위에서 열거한 종결 부분의 표현들은 신언(神言)을 인언(人言)으로 변형시키는 무책임한 사고와 행위의 발로입니다. 곧 설교자가 자신의 정체성을 확립하지 못한 현상입니다. 설교자가 순간적으로 선포의 사역인 설교를 자신의 신념과 지식을 발표하는 강의 또는 토론의 장으로 착각한 모습입니다.

Q. 대단한 충격을 안겨주신 지적입니다. 설교자로서 나의 성역을 망각하고 가르치는 자로서의 태도와 생각에 젖어 설교한 적이 많았음을 고백합니다. 앞에서 열거하신 설교 문장의 끝을 맺는 부분에 사용해서는 안 될 맺음말들을 좀 더 구체적으로 풀어주신다면 큰 도움이 되겠습니다.

A. 앞에서 지적한 표현들은 다음과 같이 분류하여 생각하면 이해가 빠릅니다.

먼저, 설교자의 겸손한 언어생활의 연속으로 습관처럼 사용되는 경우입니다. 이러한 경우는 알타이어 어족의 일인칭 단수 생략이 일상화되어 있는 우리말에 나타나는 기현상입니다. 이 맺는말의 주어는 말하는 사람입니다. 예를 들어 보면, 다음과 같습니다.

(나는) 여기에 분명히 하나님의 뜻이 있는 줄로 믿습니다(화자의 확
신).

→ 여기에 하나님의 뜻이 있습니다.

(나는) 이 고통의 기간을 지혜롭게 잘 이겨내야 한다고 생각합니
다.(화자의 판단)

→ 이 고통의 기간을 지혜롭게 잘 이겨내야 합니다.

→ 이 고통의 기간을 잘 이겨내기를 주님은 원하십니다.

(나는) 여러분이 이 어려운 시기에 건강하게 살았으면 좋겠습니
다.(화자의 희망)

→ 여러분이 이 어려운 시기에 건강하게 살아야 합니다.

→ 여러분이 이 어려운 시기에 건강하게 살도록 성령님은 역사하
십니다.

다음은 겸손의 자세를 유지하기 위하여 사용한 불확실한 표현입니다.
설교자는 전해야 할 메시지에 대한 정확한 이해와 확신이 있어야 합니
다. 그런데 설교자들이 종종 실수를 범하는 경우가 많은데 그것은 메시
지에 대한 애매모호한 표현으로 말을 맺는 경우입니다. 다음의 표현은
자신이 전하고 있는 메시지에 완전한 긍정이나 확실성을 보여주지 못하
는 사례입니다. 그 대표적인 것이 "…수 있습니다", "…인 듯 싶습니다",
"…인 것처럼 보입니다"와 같은 맺음말입니다. "…수 있습니다"는 언제
나 "…수 없습니다"를 동반하고, 그 이외의 것은 자신의 주장을 부드럽
게 표현하고 싶어 하는 겸손의 표현입니다. 이 모두는 불확실성을 심어
주는 용어들입니다. 다음과 같이 바로잡으면 그 뜻이 확실하게 드러납
니다.

범사에 감사하라는 말씀은 그리스도인들의 생활에 기본 수칙이
라 말할 수 있습니다.

→ 그리스도인들의 생활에 기본 수칙입니다.

예배 우등생이 된다는 것은 행복을 가져오는 큰 항목이라고 말할 수 있습니다.

→ 행복을 가져오는 큰 항목입니다.

주님이 원수를 사랑하라고 하신 말씀은 아가페 사랑의 실천을 의미한 듯 싶습니다.

→ 끝이 없는 아가페 사랑의 실천을 뜻하는 말씀입니다.

주님이 죽음을 박차고 부활하신 사건은 우리 기독교의 가장 자랑스러운 승리의 사건인 것처럼 보입니다.

→ 우리 기독교의 가장 자랑스러운 승리의 사건입니다.

2. 대화의 정리

드라마의 연기자들은 사실이 아닌 것(fiction)을 가지고 사실처럼 연기하면서 시청자들을 울리고 웃긴다. 그러나 우리의 설교자들은 사실(nonfiction)을 선포하고 그 뜻을 해석하는 매우 특수한 사역이다. 그런데 회중은 설교자의 강요에 못 이겨 "아멘"의 함성을 지르면서도 메시지에 대한 확신이 매우 빈약하다. 그 원인은 크게 세 가지다. 하나는 설교자가 본문에 대한 정확한 뜻을 헤아리지 못하기 때문이다. 둘째는 메시지의 뜻을 잘 설명하다가 문장의 끝부분에서 불확실한 종결어미를 사용하기 때문이다. 셋째는 말씀의 종이 설교 문장의 주어 자리를 차지하기 때문이다. 심한 경우는 다음의 표현을 하는 예가 있다.

"어거스틴과 칼뱅은 이 말의 뜻을 이렇게 해석했고, 루터는 이렇게 설명했고, 내 생각은 이러한데 여러분의 생각은 어떠신지 모르겠습니다."

여기서 깊이 주목해야 할 것은 설교에서 말씀의 해석은 회중이 임의로 취사선택할 수 없다는 사실이다. 설교자는 본문을 앞에 놓고 깊은 연구와 간절한 기도 가운데 메시지를 받고 확신을 하고 단에 서야 한다.

여기에 설교자의 막중한 책임과 고민이 따른다. 그것은 하나님의 말씀과 그 역사하심을 자신이 온전히 이해하고 운반해야 한다는 책임 문제이다. 인간의 잡다한 생활 이야기와 언어로 수식하고 치장하는 데 그 목적이 있지 않다. 오직 하나님으로부터 메시지를 받아 확신에 찬 은혜에 젖어야 한다. 그럴 때 확신과 감동이 자리를 잡게 되고 그대로 회중에게 운반하게 된다. 이러한 결실을 얻기 위하여 설교자는 불확실한 감각을 안고 있는 언어 사용에 깊은 관심을 기울여야 한다.

단상 6. 설교의 분석과 평가

1. 설교가 직면한 새로운 무대

한국교회 강단에 설교 전성기가 끝나고 수난의 시대로 접어들기 시작한 조짐이 여러 곳에서 감지된다. 이 수난의 시기가 연단으로 이어지고 각성으로 새로워진다면 그것은 매우 유익한 과정이 될 것이다. 그러나 이 수난이 설교의 권위를 위축시키고 설교자들이 자유롭게 나래를 펴지 못하는 결과로 이어진다면, 설교는 침체 상태를 면치 못할 것이고 결국은 설교의 쇠퇴기를 맞게 될 것이다.

한국이 디지털 문화 발전의 선두를 달리면서 설교사역에 심각한 문제점이 나타나기 시작했다. 특히 인터넷을 통해 이 세상이 활짝 열린 세상으로 급변하자, 네티즌들은 그동안 존엄하게만 생각해 오던 설교 세계를 향해 자유로운 발언을 서슴지 않고 있다. 마치 목회자의 설교에 한마디 비판도 할 수 없었던 철문을 부순 듯 의기양양하다.

지금까지 일반인들은 설교에 대한 자기 생각을 시원스럽게 펼 수 없었다. 특히 수직적인 관계로 설정된 설교자와 회중의 관계는 더욱 그러했다. 그러나 인터넷을 아는 네티즌들의 삶의 구조는 전혀 다른 양상을 보인다. 네티즌의 세계는 누구의 간섭이나 체면을 초월한다. 이 세계를 출입하는 사람들은 본 대로 느낀 대로 표현하면서 사는 새로운 무대를 즐기고 있다.

이토록 네티즌들의 영역이 넓어지면서 설교사역에 도움을 주는 긍정적인 측면도 없지 않다. 특히 그들이 설교자들에게 주는 진솔한 조언들은 매우 값지다. 때로는 회중이 그 주일에 행한 자신의 설교를 어떻게 생각하는지 설교자들은 그 반응을 신속하게 알 수도 있다. 다양한 반응을 보면서 설교 발전을 위한 설교자들의 노력이 더욱 배가될 수도 있다. 다시 말하면, 설교를 위한 기탄없는 의사 표현은 설교가 새로운 시대에 진입했음을 의미하며, 아울러 설교자의 독무대였던 설교단의 전성기는 이제 저물어가고 있다는 의미다.

2. 최근에 일고 있는 설교 평가들

사이버 공간이라는 열린 광장에서 설교에 대한 평가가 최근 뜨겁게 일어나고 있다. 때에 따라서는 설교를 비판한 기고자의 글에 댓글을 단 자유로운 의견들이 설교자의 인격에까지 상처를 입히기도 한다.

거기에는 설교를 일반 강의와 같은 개념으로 이해한 평가들이 너무 많다. 그리고 자신의 정치적 노선이나 사고 노선이 다르다는 이유로 비난을 쏟아낼 때는 매우 민망하다. 자신의 마음에 들지 않는 메시지가 나오면 어떤 이는 분노에 가까운 감정을 폭발시키기도 한다.

이러한 현상은 비단 사이버 세계에서만의 문제는 아니다. 교회 현장에서도 설교를 비판하는 글을 돌리면서 설교의 문제점을 지적하고, 원하는 목적이 이루어지지 않으면 설교자의 사생활이나 인격에까지 심각한 상처를 입히는 글들을 익명으로 배포하는 경우가 종종 있다.

필자는 설교의 이론과 실제를 가르치는 교수로서 설교 현장에서 벌어지는 이와 같은 일들에 대해 일차적인 책임을 통감한다. 설교자 본인들이 당한 아픔에는 이르지 못할지라도 필자 역시 나름대로 아픈 가슴을 안고 옷깃을 여민다. 이때마다 한국의 설교사역을 위한 기도는 뜨거워진다. 그리고 돌팔매질 앞에 서 있는 설교자들을 부여안고 함께 고민하고 싶은 심정이다. 그 이유는 설교자가 바른 설교를 하지 못해서 당하는 일이라면, 그것은 그들을 바르고 철저하게 교육하지 못한 스승의 책임이기 때문이다.

이러한 설교의 수난에 대한 일차적인 책임을 안고 있는 필자는 용서를 비는 침묵을 당연히 지켜야 할지도 모른다. 그러나 한국의 설교 미래를 위해 침묵해서는 안 될 한마디가 있다. 그것은 설교 비평가들이 설교자를 향해 돌을 들기 전에 먼저 설교에 대한 다음 몇 가지만은 알아달라는 특별한 청원이다.

3. 설교를 비평하기 전에 알아야 할 항목들

설교는 분명히 인간의 입을 통해 나오는 말이다. 설교자의 신앙과 지식이 설교 안에 실려 있는 것도 부정할 수 없다. 설교자의 느낌과 판단의 주관적 사고가 설교 안에서 작용하는 것도 사실이다.

그러나 우리는 두 가지 사실을 절대로 간과해서는 안 된다. 설교는 그 예배에서 선포되어야 할 본문을 가지고 있으며, 그 본문은 하나님의 말씀인 성경에서 나온다는 사실이다. 설교의 일차적인 임무는 바로 그 본문을 들려주는 데 있다. 말씀을 선포하고, 회중이 알아들을 수 있도록 해석하고, 그 말씀이 적용되어야 할 삶의 장을 찾아주는 것이 설교의 원칙이다.

특히 설교에는 강의에서 볼 수 없는 4가지 기본 요소가 있다. 먼저, 하나님의 말씀인 성경의 진리가 있다. 둘째, 하나님 말씀의 종으로 선택받아 선지동산에서 철저하게 훈련받은 설교자가 있다. 셋째, 이 말씀을 들어야 할 회중이 있다. 넷째, 이상의 3대 요소를 총괄하시는 성령님의 역사가 있다. 이러한 요소들 때문에 교회의 역사는 설교를 성스러운 사역으로 인정하고 2천 년의 역사를 지탱해 왔다.

그러나 이러한 성스러운 설교사역을 설교자들은 지키지 못하고 회중은 바르게 이해하지 못한다면, 설교는 흔들리기 시작하면서 수난을 받게 된다. 그 수난은 설교자들이 설교에 대한 자신감과 의욕을 갖지 못하게 만든다. 이러한 과정이 계속되면 설교단은 흔들리고 힘 있는 말씀은 서서히 사라지게 된다. 또한 이런 양상은 교회가 쇠퇴해 가는 원인 중 가장 큰 요소다.

문제는 회중의 지적 수준의 향상과 거침없이 자기주장을 펴는 환경의 변화다. 감사의 마음으로 겸허히 받아들이는 말씀이 아니라, 자신의 지성으로 거르고 취사선택해서 먹는 말씀이 되는 데서 문제가 발생한다.

이러한 문제가 한국교회의 문제만은 아니다. 1970년대 초반의 미국교회가 바로 우리와 같은 문제에 직면한 적이 있었다. 클라이드 리드가 『설교의 위기』라는 책을 펴내면서 성공적인 커뮤니케이션이 가능한 설교를 위해 교회마다 '설교 평가위원회'와 같은 기구를 둘 것을 제창하였다.

자유 민주주의가 지배하는 나라에서 설교를 평가한다는 것은 그리 대단한 일도 아니었고, 설교자나 회중은 그와 같은 평가를 충분히 수용할 만한 수준의 사람들이었다. 평신도들과 목사들은 매우 좋은 제안이라고 환영하면서 많은 교회가 이러한 위원회를 조직하고 가동하였다.

그러나 몇 년이 지난 후에 거의 모든 교회가 이 위원회를 해산시키고 말았다. 이유는 두 가지였다.

하나는 위원회에 참가한 위원들 스스로가 하나둘씩 그 임무 수행을 기피했기 때문이다. 왜냐하면 평가위원이 된 자신들의 손해가 너무 크다는 것이었다. 그때까지는 모든 말씀을 하나님께서 말씀의 종을 통해 주신 메시지로 알고 긍정적으로 수용하던 자세에 원하지 않은 변화가 일어났기 때문이다. 평가위원이 된 후에는 문제가 될 만한 내용과 표현을 비판적인 시각으로 찾아야 했기 때문에, 말씀을 통해 은혜를 받지 못해 신앙생활에 큰 손실을 보았다는 것이 첫 번째 이유였다.

둘째, 위원회가 사라진 이유는 설교자에게도 있었다. 처음에는 자신의 설교를 진솔하게 평가해 주는 위원회를 통해 자신의 설교에 도움이 되리라는 확신 속에 적극적으로 협조하고, 자신의 설교에 대한 분석과 비평에 귀를 기울였다. 그렇지만 얼마 안 가서 설교할 때마다 그 위원들의 얼굴이 감시자로 보여 전하고 싶은 메시지가 있어도 위축된 나머지 자유로운 설교를 할 수 없게 되었다.

결국은 평신도와 설교자 모두가 이 위원회가 도움이 되지 않는다는 것을 알고 위원회를 없애고 말았다. 설교에 대한 평가가 필요 없다는 말이 아니다. 설교를 평가하고 싶은 사람은 다음 몇 가지 항목을 알아야 할 필요가 있다는 것을 말하고 싶다.

첫째, 설교를 토론의 대상으로 삼았을 때 수반되는 부작용에 깊은 관심을 가져야 한다. 70년대 초반의 미국교회들이 환영했던 '설교 평가위원회'의 경험대로, 설교자는 감시자들을 앞에 놓고 설교하는 듯한 착각에 빠지고, 회중은 은혜를 받겠다는 자세가 아니라 "오늘의 설교에서는 무엇을 문제 삼아 토론에 임할 것인가?"에만 관심을 둔다면 그 설교 현장은 성스럽지 못한 결과를 낳고 만다.

둘째, 설교의 어느 한 부분에서 나타난 표현이나 내용을 가지고 그것이 마치 설교의 전부인 것처럼 비평하는 데에는 문제가 따른다. 설교자가 말씀의 의미를 좀 더 정확하게 알리기 위해 사용한 설교자료는 적절하지 못할 때도 있다. 특히 그것이 시국관이나 정치적인 노선에 대한 것이라면 회중은 예민한 반응을 보이고 거기에 대한 찬반의 반응을 바로 표시하는 경우가 많다. 그러나 여기서 유의해야 할 것은 그 예화와 자료는 한 부분의 말씀을 설명하는 데 필요한 것일 뿐, 설교 전체는 아니라는 점이다.

셋째, 그날의 설교가 자신의 생각과 이해와 상반된다고 해서 그 설교 자체를 부정하는 것은 매우 위험한 일이다. 자신의 정서와 지적인 바탕으로는 동감할 수 없지만, 다수의 사람들은 기쁨과 감사로 수용하는 경우가 많다는 사실에 유의해야 한다. 지나친 자기중심이 때로는 교회 안에서 많은 문제를 유발시키는 사례가 흔히 있다.

넷째, 설교는 하나의 주제로 나오지만, 설교자는 지난 설교와 앞으로 전개될 설교 주제와 연관성을 가진 설교를 준비했다는 것을 알아야 한다. 설교자는 일회성 설교가 아니라 과거에 한 설교에 이어 필요한 주제를 설정하고 그 내용의 연관성까지 충분히 고려한다. 그리고 그 설교 다음에 할 설교 계획까지 세우고 있다. 그렇기 때문에 단회적으로 설교를 듣고 예리한 평가를 하는 데에는 무리가 따른다.

다섯째, 한 설교자의 설교는 국내외의 모든 교회를 향한 것이 아니다. 자신이 섬기고 있는 교회를 위해 준비하여 외치는 설교다. 그러므로 설교자는 자신이 섬기는 교인들을 위해 기도하고, 그들에게 필요한 메시지를 준비하는 데 심혈을 기울이는 것이 그의 본분이다. 그래서 교회 밖의 사람들이 볼 때 이해할 수 없는 설교일지라도 해당 교회에는 은혜가 가득한 설교가 된다.

끝으로, 설교는 지성의 기능보다는 신앙의 기능을 생각하며 들어야 한다. 지성의 기능은 예리하고 비판적인 반응을 보이지만, 신앙의 기능은 하나님께서 설교자를 통해 들려주신 뜻을 찾는 자세를 갖게 한다. 그럴 때 하나님의 말씀과 만남이 성공적으로 이루어진다. 성령님의 역사는 인간 지성을 의지하는 세계보다는 인간 이성으로 풀 수 없는 신앙의 세계에서 더욱 분명하게 나타난다는 것을 기억해야 한다.

4. 설교자와 회중이 함께해야 할 설교사역

교회의 촛대가 영국에서 타오르던 시절, 웨슬리와 휫필드의 설교는 그 여세를 몰아 미국에서 제1차 대각성 부흥 운동을 일으킬 정도로 황금기를 누렸다. 그들의 대를 이어 등장했던 스펄전과 맥클래런과 같은 말씀 중심의 설교가들이 황혼기에 접어든 이후, 영국교회는 설교의 위기를 심각하게 느끼고 있었다. 그 이유는 그들의 대를 이을 설교가들이 현격히 줄어들었기 때문이다.

이 무렵 포사이드는 "교회는 설교와 함께 서고 설교와 함께 쓰러진다"라는 유명한 말을 남기면서 설교의 부흥을 갈망한 적이 있다.

한국 개신교는 지난 세기 동안 예전(Liturgy)보다는 설교를 통한 말씀 중심으로 교회를 일으키고 지탱해 왔다. 그래서 한국교회의 미래에 설교사역이 매우 중요한 몫을 감당해야 한다는 데에는 누구도 이의를 달지 않는다. 문제는 더 나은 설교사역을 어떻게 지속해서 이룩해 나갈 것인가이다. 오늘날처럼 대형교회 설교자들의 설교는 비판의 대상이 되고 작은 교회의 설교자는 보호의 대상이 되는 풍토는 그리 권장할 만한 일이 아니다.

필자는 여기서 대형교회 설교자들의 메시지를 표본으로 삼거나 그 말씀에 맹종해야 한다고 주장하는 것이 결코 아니다. 오히려 그들에게 하나님의 말씀만을 선포하고 해석하여 우리의 삶에 잘 적용해 달라는 주문을 하고 싶다. 문제는 방법론이다.

선포된 설교 내용을 자신의 사상과 시대관에 맞지 않는다고 조목조목 공개적으로 비판하는 것은 그동안 성스럽게 생각해 온 한국교회 설교사역에 너무 큰 상처를 준다. 그 상처가 잘못 치유되어 설교의 '임종' 또는 '몰락'을 가져와서는 안 된다는 것이 필자의 주장이다.

여기에 최선의 대안이 있다. 그것은 회중과 설교자가 함께 설교의 발전을 도모하는 일이다. 회중은 설교의 문제점이 발견되었을 경우 그를 위해 기도하면서 성령님의 도우심을 청하고, 정성껏 문제점들을 정리해서 면담하든지, 아니면 편지나 이메일로 보내는 애정어린 도움의 손길이 되어야 한다.

설교자들은 이러한 지적과 충고를 받아들이고 감사하면서 더욱 진지한 설교 준비에 임해야 한다. 자신의 설교를 비판했다는 불쾌감에 젖는 소심한 설교자가 아니라, 먹기에 힘들다고 말하는 양들의 표현을 너그럽게 보아 주는 설교자의 도량이 있어야 한다. 이와 같은 아름다운 그림이 한국교회의 설교 현장에서 그려져야 한다. 그럴 때 우리는 지난 한 세기의 기록을 다시 세우면서 세계교회의 촛대가 활활 타오르는 21세기를 누릴 수 있다.

단상 7. 칼뱅의 설교 세계와 멀어져 가는 그의 후예들

21세기에 지구촌에 건재한 교회 가운데 칼뱅의 숨결이 가장 강렬하게 들리는 곳은 바로 한국교회이다. 한반도에서 교회를 세우기 위해서는 '대한예수교장로회'이어야 한다는 생각이 일반화될 정도로 한국은 언제부터인가 장로교의 나라가 되었다. 세계 어느 나라를 가 보아도 우리처럼 장로교의 간판이 즐비한 나라는 없다. 거기에 더하여 칼뱅 탄신 500주년을 기념하는 행사도 우리처럼 다양하고 성대하게 치러지는 나라도 없다. 칼뱅은 구약의 선지자와 신약의 사도들 다음으로 가장 많이 한국교회에 영향을 끼친 개혁가임에 틀림이 없다.

그런데 기이한 현상을 본다. 그것은 한국교회가 칼뱅의 주석을 비롯하여 조직신학이나 장로제도 등과 같은 교회의 체제에 대한 가르침은 경전처럼 철저히 신봉하면서 지난 세기를 넘기고 있는데, 그의 설교에 대한 가르침과 전통은 날이 가면 갈수록 퇴색되고 있는 현실이다. 만일 칼뱅이 오늘도 생존하여 한국교회를 방문한다면 질겁을 하고 가장 슬퍼할 것이다.

칼뱅이 설교와 관련하여 세인의 주목을 받았던 것은 24세의 젊은 나이 때부터였다. 1533년 그가 작성해 주었던 친구 니콜라스 코프의 파리 대학 취임 설교문이 기존 교회와 신학자들의 심기를 불편하게 하였고, 그것이 체포령으로 이어짐으로 그는 설교와의 남다른 관계를 맺게 되었다. 더 나아가 그 이듬해 하나님과 만남을 체험하고 말씀 선포의 사명을 자각했던 소명의 사건은 하나님의 말씀을 인간의 말로 대치하는 설교사역이 얼마나 무섭고 떨리는 일인지 그는 실감하게 되었다. 그는 이어서 설교사역을 위하여 하나님을 바르게 이해하고 그 말씀을 정직하게 수행하기 위한 지름길을 제시하고자 26세의 몸으로 불후의 대작『기독교 강요』초판을 내놓기에 이르렀다.

그는 제네바에서 만난 파렐의 강렬한 충고에 마음의 변화를 일으키고 풍요와 환락의 도시 제네바에서 매일매일의 설교를 통하여 하나님께 영광을 돌리기 위한 교회의 질서와 경건생활을 강조하는 개혁의 사명을 시행하였다. 이 설교사역은 그에게는 생명을 내놓는 행위였다. 때로는 강으로 끌려가 죽음의 위협을 받았고, 하룻밤 사이에 50회 이상의 총탄이 날아들기도 하였다. 그의 설교사역을 향한 숱한 적대행위는 1538년 29세의 칼뱅이 스트라스부르로 망명의 길을 가게 만들었다. 그러나 그는 교구 목사로서, 하나님의 말씀을 바르게 외치는 설교자로서의 삶을 멈추지 않았다. 제네바 시의회가 3년 뒤 32세의 청년 칼뱅에게 설교사역의 자유뿐만 아니라, 행정과 신학 교수와 일반 교육을 비롯한 교회 예전과 시민들의 공중도덕의 질서까지 관여할 수 있도록 하면서 개혁의 지도자로 다시 불러오게 되었다. 이때부터 그는 1564년 55세의 나이로 세상을 떠날 때까지 매일 설교를 계속하였고, 그 설교는 바로 구약과 신약 주석으로 남게 되는 개혁교회 설교사역의 표본이 되었다.

하나님의 말씀만 전하기를 원하였던 그의 설교 세계의 특징은 다음 몇 가지로 추려 볼 수 있다.

1. 칼뱅의 설교 원리는 매우 단순하였다

그는 성경만이 하나님의 말씀이므로 선포된 말씀, 곧 설교는 반드시 성경에 기록되어 있는 말씀이어야 하며, 설교자는 강단에서 자신의 사상을 선포할 수 없음을 설교의 원칙으로 삼고 다음과 같이 강조한다. "우리가 강단에 올라갈 때 우리 자신의 이상이나 환상을 거기에 가져가서는 안 된다." 그래서 그의 설교는 하나님의 주권 사상으로 가득하였다. 따라서 그는 전통적인 주석이나 알레고리적 해석의 방법을 벗어나 항상 본문을 성실하게 해석하는 데 주안점을 두었다. 그의 이 같은 철저한 설교 원칙은 "설교인의 입으로 나오는 말은 하나님의 말씀과 동일하다"는 설교의 기본 사상이 그의 정신과 몸에서 떠나지 않았다. 여기서 설교란 하나님의 입을 대신한 성스러운 도구로서 구약의 선지자들이 말씀을 전할 때마다 "여호와께서 내게 이르시되"와 같은 성언운반의 명맥을 유지할 것을 강조하고 있다.

2. 칼뱅은 설교자를 대사(ambassador)로 여겼다

설교인으로 등장하여 하나님의 말씀을 운반하는 칼뱅의 모습은 하나님의 전권대사로서의 권위가 있었기에 그가 전하는 메시지 앞에 그의 정적들은 숨을 죽였고, 그의 예언자적 모습에 모든 사람은 감동과 찔림을 받았다. 그리고 그가 선포했던 하나님의 말씀은 제네바에서 끝나지 않고 시공을 초월하여 지금도 만민들 앞에 절대 권위를 보여주고 있다.

여기에 한국교회의 설교인들이 유의해야 할 것이 있다. 그것은 칼뱅이 일컫는 대사라는 신분은 단순히 설교자의 권위를 위한 것이 아니었다. '대사'의 참뜻은 설교인이 수행해야 할 말씀의 사역에 대한 강조이지, 그 직책이나 언행에서 '대사'의 권위를 나타내는 데 의미가 있지 않다. 오직 선포하는 하나님 말씀의 진수를 통해 모두가 우러러볼 수밖에 없는 절대 권위를 의미한다.

3. 칼뱅의 설교 구성과 표현은 수사학적인 우아함에 있지 않았다

그의 설교는 언제나 본문으로 제시한 하나님의 말씀을 쉽게 이해할 수 있도록 선포하는 데 그 일차적인 목표를 두었다. 그리고 선포된 본문의 말씀을 회중이 바르게 받아들이도록 섬세한 주석 곧 석의를 하는 데 그의 모든 지성은 동원되었다. 최종적으로 그는 선포되고 해석된 말씀이 필요한 회중의 삶의 장에 적용 곧 현장화되는 데 심혈을 기울였다. 즉, 하나님의 말씀으로 개혁이 필요한 현장의 문을 두드렸다. 그래서 그의 설교는 요점만을 들어 말하면서도 시종 활력에 찬 엄격한 진리의 선포였다. 그는 말씀의 적용에서 다양한 표현을 보여주고 있다. 하나님에 대해 포근하고도 정겨운 비유를 보이기 위하여 예화와 격언을 활발하게 사용하기도 했다. 그러나 그의 온화한 음성 한편에는 개혁자다운 거칠고도 강력한 언어들이 표출되어 말씀을 듣는 회중의 가슴을 찌를 때가 많았다.

4. 칼뱅의 설교사상에 큰 획을 긋고 있는 것은 설교와 성령님의 역학관계이다

그는 설교를 통하여 운반되는 하나님의 말씀은 "모든 사람에게 비춰는 태양 빛과 같다"라고 말한다. 그러나 그 태양 빛이 눈이 먼 인간들에게 의미가 없으므로 "내면의 선생인 성령님이 빛을 비추어 주실 때"에만 인간의 잡다한 환경과 지성의 벽을 뚫고 그 빛이 들어오게 됨을 강조한다. 그러므로 설교자는 자신의 성언운반 사역과 말씀을 들어야 할 회중을 위하여 성령님의 역사에 매달려야 함을 거듭 강조한다.

5. 맺는 말

칼뱅은 분명히 개혁교회가 말씀 위에 바르게 나아가도록 터전을 쌓아주었던 위대한 별이었다. 그래서 개혁교회, 특히 한국의 장로교회는 그의 가르침을 성경 다음으로 소중하게 생각하고 신봉하면서 우리의 교회를 지탱하고 있다. 그러나 그의 설교사상과 실제는 서서히 흔적을 감추고 있다. 칼뱅이 그토록 강조했던 하나님의 말씀만이 선포되고, 그 말씀만이 바르게 해석되고, 효율적으로 회중의 삶에 적용되어야 한다는 설교의 원칙이 그가 떠난 지 460년이 다 된 지금 너무도 퇴색되어 있음은 실로 가슴 아픈 일이다. 그가 남긴 주석, 교리, 신학, 교회의 갱신, 그리스도인의 삶의 방향 등 모두가 하나님의 말씀만 외쳤던 설교에서 생성되었고 그것이 바로 개혁의 불길로 이어졌다는 사실을 우리는 새롭게 인식할 필요가 있다. 여기서 또 한 번 성언운반일념에 기초한 설교사역의 회복이 얼마나 시급한지 그의 개혁의 정신과 기록을 다시 보면서 생각해 본다.

단상 8. 오늘의 부흥회 설교 무엇이 문제인가?

1907년 평양의 대각성 부흥 운동의 불길이 솟아나기 전 해인 1906년 남단의 항구도시인 목포에서 감리교의 게르딘 목사(J. S. Gerdine)가 사경회를 인도하던 중에 지금까지 보지 못했던 뜨거운 말씀의 역사가 눈

앞에 전개된 바 있다. 성령님의 임재와 그 역사에 따라 진행된 이 광경을 눈여겨본 장로교의 프레스톤(J. F. Preston) 목사는 다음과 같은 보고서를 보냈다.

"게르딘 목사가 말씀을 읽고 공의와 절제와 심판, 그리고 죄의 무서움, 그 뉘우침의 필요성을 강설하자, 죽음과 같은 정숙이 여럿 위에 내려 덮었다. 그것은 마치 하나님의 말씀이 메스처럼, 사람의 마음을 속 깊이 갈라 쪼개서 감추어진 죄와 영의 암들을 도려내는 것 같았다. 그때 교인들 모두가 다투어 죄를 통회 자복하였으며 힘센 어른이 어린아이처럼 방곡(放哭)하는 참회의 물결이 세차게 흘렀다. … 이제 그들의 얼굴은 생명으로 빛났고, 교회는 승리의 찬송 드높이 열광의 종소리를 울렸다. … 이 모임의 결과는 전라도 지방에 넓게 그리고 깊숙이 파고드는 영향으로 작용할 것이다."

보고서에 실린 몇 줄의 기록은 한국교회 부흥의 불씨가 던져졌던 현장의 모습이다. 이 기록의 내용은 지극히 단순하였다. 성령님의 역사가 발동된 사경회 현장에서 하나님의 말씀이 은혜의 파장을 일으켜 뭇 심령들이 회개하고 울부짖게 되었다는 설명이다. 기사 이적으로 부흥의 불길이 솟구치는 것이 아니라 하나님의 말씀이 선포되었을 때 교회는 지각의 변동을 일으켰고, 한국의 강산은 대각성 부흥 운동의 행진을 계속하게 되었다는 보고이다.

이것이 한국교회가 거듭났던 부흥회의 초기 모습이다. 이는 바로 사도행전에 나타난 사도들의 설교 현장에서 볼 수 있었던 모습과 흡사하였다. 분명 이것은 한국교회에서 사도행전에서 보여주신 말씀의 대사역이 다시 재현되는 감격스러운 진동의 순간이었다. 실로 아름다운 부흥 운동의 출발이었다. 세계의 교회사에 길이길이 보존되어야 할 소중한 기록이었다.

문제는 한국교회가 지금도 이러한 부흥 운동의 소중한 유산과 전통을 이어받고 있는지를 성찰해 볼 필요가 있다. 이 성찰은 단순한 분석과 평가의 차원을 벗어나 회복의 계단을 오르고자 하는 노력과 결실을 수반해야 할 것이다. 그러기 위해서는 한국교회의 흐려진 부흥회의 문제점들을 다각적으로 진단해야 한다. 그중에서도 말씀의 사역이 부흥회에서 올곧게 진행되고 있는지를 살피는 것은 무엇보다도 우선적임에 틀림이 없다.

1. 부흥회의 설교 과연 하나님의 말씀인가?

이 땅에 복음의 전사로서 말씀을 전하고 부흥 사경회를 인도하였던 한국교회 초기 말씀의 종들은 하나님의 말씀을 순수하게 운반하는 데 최선을 다하였다. 자신들의 모자란 식견이 행여나 하나님의 말씀을 잘못 전하는 우를 범할까 두려워 순수하게 말씀만을 전하려는 노력을 기울였다. 이러한 설교 정신은 후대의 설교자들에게도 그대로 전수되어 이 땅의 교회를 말씀 중심의 교회로 정착시키는 데 큰 공을 세웠다.

그러나 최근에는 부흥회 현장에서 듣게 되는 설교에서 많은 실망을 금하지 못한다. 때로는 "저 설교자의 입에서 청산유수 같이 흘러나오는 저 말은 과연 하나님의 말씀인가?"라는 의심을 하게 된다. 그러한 까닭은 다음의 몇 가지 이유 때문이다.

먼저, 그날 봉독한 성경의 본문은 분명히 하나님의 말씀인데 그 말씀에 대한 진지한 해석이 보이지 않는다. 그 말씀이 담고 있는 깊은 뜻이 무엇인지를 밝히고 오늘의 현장에 그 말씀이 효과적으로 적용되어야 설교로서의 소임을 다하는 것인데, 그러한 면이 너무 부족하다.

둘째는 하나님의 말씀이 비록 인간의 입을 통하여 들려지지만, 그 말씀이 들려질 때는 말씀의 주인이신 성 삼위 하나님이 등장하여야 한다. 그러나 부흥회 현장에서는 하나님보다 설교자만 보이게 된다. 그 이유는 설교자가 자신의 생각과 견해와 판단으로 일관하고 있기 때문이다. 거기에 더하여 최근에는 예배에까지 등장한 대형 스크린은 설교자의 얼굴을 거대하게 눈앞에 보여주는 데 열을 쏟고 있다. 말씀 속에 나타나야 할 하나님은 더욱 멀리 회중 앞에서 사라지는 데 일조를 하고 있다.

셋째는 한 시간의 설교에 10개가 넘는 예화를 나열하면서 설교를 '예화의 진열장'으로 장식하는 것을 본다. 또한 한 예화를 가지고 20분이 넘게 시간을 보내면서 회중의 시선을 모으기도 한다. 구수한 이야기 속으로 회중을 끌어들이는 기술은 부흥회 강사들의 특기에 속한다는 평가를 낳게 한다.

넷째는 부흥회 강사들이 설교에서 보여주는 언어가 너무 저질적인 경우가 종종 보인다. 회중을 향한 반말이 있는가 하면, 터무니없는 명령의 호통이 있기도 하다. 때로는 욕설을 내품는 경우도 본다. 신성한 하나님의 말씀을 전한다는 설교자가 기본적인 교양마저 망각해 버리는 모습은 참으로 안타까움을 더해 준다.

다섯째로, 더욱 마음을 무겁게 하는 것은 자기 생각과 판단과 심지어는 자신이 사용한 언어까지 성령님의 명령으로 오도하고 강조하는 모습이다. 어떤 강사는 자신의 실수도 성령님의 역사로 치장하는 모순된 현장을 본다. 물론 성령님의 역사는 인간의 상식과 지식을 초월하는 경우가 많다. 그러나 부흥회 강사의 마음대로 조절하고 사용할 수 있는 것은 결코 아니다.

여섯째로, 설교와 간증의 혼동 문제이다. 많은 집회에서 설교라는 이름 아래 간증을 펼치는 경우가 많다. 그러나 설교와 간증은 그 차이가 매우 크다. 설교는 봉독한 하나님의 말씀을 선포하고 해석하고 듣는 이들의 삶에 적용하는 신성한 일이다. 그러나 간증은 어느 개인의 경험을 회중과 함께 나누면서 하나님께 마음과 시선을 모으도록 하는 일이다. 여기서 유의해야 할 것은 개인의 간증이란 아무런 객관적인 검증이나 공인의 과정을 거치지 않은 사사로운 경험이다. 이것을 하나님의 말씀 또는 계시로 혼동하거나 받아들인다면 그 집회는 걷잡을 수 없는 무질서의 세계로 휩싸이게 된다.

일곱째로, 부흥회 강사의 흥을 돋우기 위한 '아멘'의 강요가 너무 심하다. 설교자의 말끝마다 '아멘'을 하도록 요구하는 것은 재고할 필요가 있다. 예를 들어, "하나님이 죄인이던 우리를 살리셨습니다" 또는 "우리의 주님이시오 그리스도이신 예수님은 오늘도 우리를 부르십니다" 라고 했을 때의 "아멘"은 아무 흠이 없다. 성 삼위 하나님이 주어가 된 말씀을 듣고 감격하여 소리를 지른 "아멘"은 아름답고 소중하다. 그러나 설교자가 "축원합니다", "믿습니다"의 말만 하면 기계처럼 "아멘"의 함성을 지르도록 하는 것은 이제는 재고해 볼 필요가 있다.

2. 부흥회 강사들에게 이런 것을 바라고 싶다

한국교회 부흥회에서 열정적으로 울려 퍼지는 설교 가운데서 많은 사람이 은혜를 받고 감사하고 새로운 삶의 지평을 여는 모습을 볼 때가 많다. 참으로 소중한 시간임을 늘 인식한다. 부흥회는 매주 드리는 예배시간에 들려진 말씀이 너무 부족하기에 좀 더 넉넉한 시간에 하나님의 말씀을 충분히 들려주려는 데 주안점이 있다. 말씀의 잔치라 할 수 있는 이러한 모임을 통하여 정체 상태의 신앙생활에 활력소를 불어넣어 주고 알지 못한 것을 깨닫게 해 주려는 데 부흥회의 기본 목적을 두어야 한다. 그러기 위해서 부흥회의 설교는 다음 몇 가지에 특별한 관심을 두어야 한다고 본다.

무엇보다도, 하나님의 말씀인 성경의 진리가 펼쳐진 설교를 듣고 싶다. 설교의 현장에서 봉독한 본문말씀을 벗어난 설교가 너무 많다. 설교자의 잡다한 부차적인 설명으로 가득한 설교가 시간을 다 소요하고 있다. 부흥회에서 듣는 많은 설교가 본문을 해석하고 그 깊은 메시지를 전하는 데 초점을 모으지 않고 있음을 본다. 그러나 부흥회에 모여든 그 회중은 예배시간의 설교에서 들을 수 없는 충분한 말씀의 뜻을 듣고 싶고, 그 말씀 속으로 자신들이 끌려 들어가기를 원한다.

둘째는 순수한 설교자의 모습을 보고 싶다. 부흥회에 등장한 강사들은 말씀을 운반하는 성령님의 겸허한 도구로서 자신의 정체성을 먼저 세워주기를 바란다. 많은 부흥사가 반신적(半神的)인 자세와 어감과 권위의 자태로 설교에 임하는 모습은 가슴을 무척 아프게 한다. 설교자들이 감히 수행할 수 없는 말씀의 사역을 맡겨 주심에 대한 감격과 겸손의 자세를 보여주기를 원한다. 회중은 설교자의 권위에 압도당하기보다 하나님의 말씀 앞에 옷깃을 여미기를 원한다.

셋째는 많은 부흥사가 흔히들 즉석에서 거대한 감동의 가시적인 열매를 맺게 하려는 지나친 의욕을 보이지 않기를 원한다. 성령님의 역사 아래서 순수한 도구로 나서서 뿌린 씨앗이 싹이 나고 열매를 맺는 것은 설교자가 강요할 수 없는 사항이다. 설교자는 최선을 다하여 씨앗을 뿌리는 데 심혈을 기울이고 그 결실은 성령님의 손에 맡기는 자세를 보여주기를 원한다.

넷째로, 부흥회에서 흔히 볼 수 있는 것은 설교자가 가지고 있는 특수한 간증이나 예화를 가지고 그 아까운 시간을 다 채우면서 회중을 웃기고 울리는 경우이다. 설교자가 회중의 정서적인 면을 이끌고 갈 수 있는 능력을 갖추고 있다는 것은 좋은 부분이다. 그러나 그것이 회중을 붙잡는 기술로 변질되고 거기에 초점을 모아 진행하다가 시간을 다 보낸 후 심어주어야 할 메시지는 간과해 버리는 우를 범하지 말기를 바란다.

다섯째는 부흥회의 문제점으로 지적한 설교자의 자기 등장에 깊은 관심을 기울여 주기를 바란다. 한국교회 강단의 전반적인 문제가 바로 설교자가 자신의 등장에 너무 깊은 관심을 기울인다는 것이다. 설교의 내용과 사용한 언어에서 전면에 등장한 설교자가 그것도 부족하여 대형 스크린을 통하여 자신의 모습을 보이기에 열을 올리고 있다. 바로 이러한 문제는 부흥회라는 특수한 집회에서부터 연유하고 있다. 부흥강사들은 자신을 감추고 성 삼위 하나님이 말씀 속에서 나타나 회중과 만남을 가져오도록 심혈을 기울일 것을 부탁한다.

끝으로, 우리의 오랜 종교 문화에서 유래된 다음의 관념과 표현들을 생각하면서 사용해 주기를 바란다. 그것은 '무병장수(無病長壽), 소원성취(所願成就), 부귀영화(富貴榮華)'와 같은 메시지의 표현들이다. 우리의 부흥회에서 그리스도교는 구원의 종교임을 심어주고 구원의 확신과 감격, 그리고 그 고결한 은총에 대한 응답을 다짐하는 그리스도인들이 되도록 하는 메시지를 전하는 데 더욱 깊은 관심을 기울여 주기를 바란다.

우리의 교회는 정체될 수 없다. 부흥회(Revival Meeting)라는 말의 뜻 그대로 우리의 교회는 갱신과 소생과 재생의 발길을 끊임없이 내디뎌야 한다. 그리고 구령(救靈)을 위한 행진을 계속해야 한다. 여기에 부흥회의 존재 의미와 가치를 두어야 한다. 그리고 거기에 맞는 설교사역이 진행되어야 한다. 그럴 때 한국교회의 부흥회는 더욱 건실할 것이다. 그러한 건실한 부흥회가 이어져 갈 때 한국교회는 더욱 튼튼한 미래를 구축할 것이다.

단상 9. 메시지 전달과 좋은 스피치의 이상적인 조화

일반적으로 메시지를 청취하는 사람들은 전파를 통하여 들려오는 목사들의 설교에서 그들이 소유한 스피치 능력을 쉽게 접하게 된다. 필자는 본 글을 위하여 방송에 귀를 기울이고 그들이 내보내는 메시지를 예리하게 청취하는 시간을 가졌다. 필자가 접한 방송 설교의 주역들은 대부분이 메시지의 전달을 분명하게 하는 우수한 스피치의 소유자들이라는 판단을 하였다.

그러나 필자는 매체를 타고 들려오는 유창한 스피치를 듣고 그들이 원하는 은혜를 충분히 받고 있는가 하는 의문을 품게 되었다. 이유는 설교란 단순히 설교자의 스피치 능력으로 설교인의 사명을 다 수행할 수 없기 때문이다. 그런데도 메시지의 전달과 좋은 스피치는 설교사역의 매우 이상적인 조화이기에 설교인은 이를 외면할 수 없다. 보다 깊은 관심을 기울이고 어떤 부분이 자신에게 필요한지를 탐색할 필요가 있다.

1. 좋은 스피커

스피치라는 말은 우리 언어로 연설 또는 말하는 능력으로 번역된다. 유창한 언변을 토하는 명연설가를 말할 적마다 필자는 아테네를 중심으로 그리스 전역에서 활동했던 소피스트(sophist)들을 연상하게 된다. 그들은 초기에 소피스트라는 말의 뜻대로 '현인(賢人)' 또는 '지식인'으로 자처하면서 직접 민주주의 사회의 요구에 따라 사람들이 모이는 곳에서 연설을 전문적으로 하는 사람들이었다. 그들은 '일신(一身)'을 위해서나 국가를 위해서 선(善)을 도모하고, 청년들에게 유능한 사람이 되는 길을 가르치기도 하였다. 그러나 후에 소크라테스, 플라톤, 아리스토텔레스와 같은 탁월한 철학자들에 의하여 그들에 대한 부정적인 평가가 나오게 되었다. 내용은 소피스트들은 그들이 가르치는 선(善)에 대한 지식이나 실천이 수준 이하였다. 오직 언어의 기술만을 가지고 대중 앞에 나타났다. 그래서 그들에게는 '궤변을 일삼는 무리'라는 이름을 붙이기도 했다. 지금도 흔히들 소피스트를 '궤변가'로 인식하게 되었고, 그들에 대하여 부정적인 이미지를 가지게 되었다.

유창한 스피치를 논하기 전에 화자(話者)인 스피커에 독자들의 시선을 모을 필요가 있다. 최근에 수많은 설교자나 그 지망생들이 연설이라는 매체를 통하여 좋은 효과를 거두는 데 많은 관심을 기울이고 있다. 여기저기서 스피치 세미나가 많이 열리고 있다. 매우 비싼 수강료를 내고 그곳에서 무엇인가를 배우겠다는 의지를 불태우고 있는 현실이다.

이러한 현상들을 보면서 가슴 벅찬 메시지가 좋은 스피치를 타고서 이 땅의 교인들에게 새로운 은혜의 물결을 일으켜 주기를 바라는 기대감이 앞선다. 그러나 한편 염려가 되는 것은 스피치의 높은 기술을 습득하여 남의 설교를 자신의 것으로 각색하여 청산유수로 엮어가는 현대의 소피스트들이 출현하지 않을까 하는 점이다. 홍수처럼 쏟아져 나오는 설교집에서 한 편의 설교를 자신의 것인 양 들고 나와 누구보다 화려한 스피치로 외치게 된다면 이것은 실로 비극 중의 비극이 될 것이다.

그래서 참된 설교 사역은 설교의 내용이나 전달보다 메신저인 설교자에게 초점을 두어야 한다. 어둔한 스피치의 소유자일지라도 그의 정신과 삶의 내용이 모두가 우러러볼 수 있는 설교자라면 그 현장에는 구름 떼처럼 사람들이 모이고 그의 유창하지 못한 스피치에 오히려 더 큰 매력을 느끼게 된다. 하나님은 이스라엘 민족을 이끌고 이집트를 탈출하여 광야의 훈련까지 책임을 져야 할 메신저 모세를 뽑을 때 그의 말하는 능력에 기준을 두지 않았음은 잘 알려진 사실이다. 메신저의 조건은 말씀의 주인이 얼마나 신뢰하고 또 그 말씀을 전해야 할 말씀의 종이 그 주인과 얼마나 가까이 근접해 있느냐이다. 그러므로 좋은 언어능력(speech)의 소유자를 찾기 전에 좋은 연설자(speaker)를 찾아서 배우고 모방하는 것이 가장 시급하다.

2. 설교의 전달에 대한 개념 이해

설교는 크게 분류하면 내용과 전달이다. 설교이론에서는 한 편의 설교가 성공적으로 완성되기까지는 설교의 내용이 60%를, 그것의 전달이 40%를 차지한다고 가르치고 있다. 사실 아무리 훌륭한 내용일지라도 전달이라는 과정이 소홀하면 회중과는 무관한 설교가 된다. 반면에 내용이 빈약한 메시지를 가지고 화려한 전달에만 의존하는 것은 회중을 기만하는 행위이며 설교인으로서 그 진실성까지 의심받게 되는 결과를 가져오게 된다.

설교에서 말하는 전달은 Delivery라는 매우 특수한 단어를 사용한다. 이 말은 우리말로 인도(引渡)라고 번역한다. 이때의 뜻은 법률적으로 점유권의 양도를 가리킨다. 물건에 대한 사실상의 지배를 이전 또는 건네주는 말로 사용된다. 그 외에도 흔히 우편이나 택배, 우유나 신문을 전해줄 때는 배달이라는 의미로 Delivery라는 단어를 쓴다. 여기서 이 단어를 좀 더 유심히 살펴보면 하나의 공통점이 있다. 그것은 전하고자 하는 내용물이 조금이라도 상하거나 손상을 입어서는 안 된다는 책임 의식이 따르는 용어이다. 즉, 단순한 전달이 아니라 전하고자 하는 내용에 대한 책임이 수반된다는 뜻이다.

설교에서 전달을 말할 때 이 Delivery라는 용어를 쓰는 것도 위와 같은 맥락을 가지고 있다. 생각하면 설교인은 어느 세계보다도 그 책임이 막중하다. 설교란 단순히 인간의 생각을 전하는 것이 아니라 하나님의 말씀을 전달하는 일이기에 그 메시지를 기다리고 있는 회중에게 자신이 받은 메시지를 온전히 전해야 하는 막중한 책임이 있다. 그래서 설교를 가르치는 현장에서 설교 전달이 너무 빈약할 때 전공 교수는 "건강한 옥동자를 잉태하였으나 분만의 실수로 장애아를 분만했다"는 질책을 한다.

수사학적인 견지에서 볼 때 설교는 다음의 다섯 가지 단계가 필연적으로 요구된다. 먼저, 창조의 단계로서 성경을 통하여 전해야 할 메시지의 받음 또는 발견의 단계이다. 둘째는 정돈의 단계로서 전해야 할 메시지의 내용을 논리적으로 조직화하는 일이다. 셋째는 스타일의 단계로서 회중이 사용하는 언어를 가지고 표현의 과제를 푸는 일이다. 넷째는 기억의 단계로서 원고에 매달려 읽는 행위를 벗어나 그 메시지를 내면화하여 자유롭게 전할 수 있도록 하는 노력의 과정이다. 다섯째는 전달의 단계로서 준비된 메시지를 들고 나가서 기다리는 회중의 가슴에 깊이 심어주는 행위인 마무리 단계이다.

수사학의 이러한 주장에 따르면, 메시지의 전달이 차지하는 비중은 40%가 아니라 60%이다. 스타일의 준비 단계와 기억의 단계, 그리고 말씀을 운반하는 단계가 모두 전달의 과정에 속하기 때문이다. 여기서 필자는 메시지의 내용과 전달의 중요성의 비중을 말하는 데 목적이 있지 않다. 문제는 설교란 수사학에서 주장하는 것처럼 다섯 가지의 단계 중에 어느 것 하나도 소홀히 할 수 없는 필수적인 과정임을 유의해야 한다는 주장이다.

3. 좋은 스피치가 필요한 삼각대 : 에토스, 파토스, 로고스

삼각대 위에 놓인 카메라를 생각해 본다. 촬영은 카메라가 하지만 그 카메라가 찍어야 할 목표물을 위한 방향과 범위는 카메라가 마음대로 작동하지 못한다. 카메라는 삼각대가 정해준 한도 내에서만 자신의 임무를 수행해야 하는 제한성을 가지고 있다. 즉, 고정된 자기의 범주에서 벗어나지 못하고 활동하면서 자기 일을 해내는 모습을 본다.

설교자가 갖추어야 할 삼각대를 가지지 못하고 강단에 선다는 사실은 매우 위험한 행위이다. 설교자가 누가 무엇을 위하여 누구에게 자신을 보냈는지를 명심해야 하는 정체성을 언제나 품고 있어야 바른 스피치를 사용할 수 있다. 그렇지 못할 때 유창한 스피치는 언어의 유희에 머물게 된다. 어떤 경우도 설교대가 언어의 유희장(playground)이 될 수 없다. 그곳에서 들려오는 메시지는 영원히 목마르지 않는 생수이며, 그 생수는 곧 하나님이 주시는 메시지이기 때문이다.

이러한 막중한 소임을 수행해야 하는 설교자는 언제 어디서나 다음의 세 요소를 가슴에 품고 있어야 한다. 그럴 때 그의 스피치는 살아있는 말씀을 분만하는 도구로서의 사명을 성공적으로 수행할 수 있다. 일찍이 아리스토텔레스는 수사학에서 화자가 갖추어야 할 요소로서 에토스와 파토스와 로고스를 강조하였다. 그가 주장하는 이 세 요소를 설교자에게 적용하면 다음과 같다.

먼저, 에토스가 머리에서 떠나지 않아야 한다. 원래 에토스란 한 사회의 집단이나 민족을 특징짓는 기본 정신을 말한다. 그 대표적인 예는 이스라엘 민족의 시오니즘(Zionism)을 들 수 있다. 그들은 한결같이 하나님이 주신 땅에 국가를 건설하기 위해 펼친 민족주의 운동의 기본 정신으로서 바로 이 시오니즘을 민족의 에토스로 삼았다. 이 에토스는 오늘도 전 세계에 흩어져 있는 유대인들을 하나로 묶는 거대한 힘을 가지고 있다.

오늘의 설교인이 가장 시급하게 머릿속에 심어야 할 것은 자신의 정체성을 파악하는 일이다. 설교인은 자신이 하나님의 말씀을 운반하기 위하여 선택을 받아 오늘에 이르렀음을 명심해야 한다. 그래서 그 말씀을 위하여 살고 그 말씀을 위하여 죽을 수 있는 도구(instrument)로서의 각오가 철저해야 한다. 이러한 기본 틀이 없이는 언제나 그의 말씀사역은 방향을 잡지 못한다. 확신 위에 서지 못한다. 늘 흔들리고 방황하는 모습을 보인다.

둘째로, 파토스가 가슴에 항상 자리잡고 있어야 한다. 파토스란 예술작품 등을 보면서 느끼는 애절감을 말한다. 사전에서는 감정에 따라 일어나는 억누르기 어려운 생각 등을 말하는 정념(情念)으로 설명하고 있다. 설교자에게 파토스는 좀 더 다른 차원에서 이해되어야 한다. 그것은 자신이 전해야 할 말씀을 열심을 품고 사랑하고 그 말씀을 기다리는 하나님의 백성들을 뜨겁게 사랑하는 열정을 말한다. 설교자가 이러한 파토스를 망각하게 된다면 그의 입에서 터져 나오는 스피치는 길거리에서 자신의 물건을 팔기 위하여 사람들을 매혹시키는 상인들의 모습과 대동소이하게 될 것이다.

셋째로, 에토스와 파토스는 언제나 로고스를 위하여 존재해야 한다. 설교자의 머리와 가슴을 점유하고 있는 에토스와 파토스는 무엇을 위하여 존재하는가? 이것은 두말할 필요 없이 자신이 전해야 할 로고스 때문이다. 사람들의 취향 중에 변론을 즐기는 사람들이 있다. 그것은 사람들이 전개하는 말장난에 흥미를 느끼고 그것을 감상하는 경우이다. 스피치가 뜨거운 열정을 가지고 단순하게 자신이 목적한 바를 성취하는 데에만 그 목적을 두고 있다면 그것은 바로 한 인간이 생계를 이어가는 수단으로 이용될 수밖에 없다. 그러나 설교사역에서 스피치는 신언(神言)을 운반하는 도구로서 자리매김을 해야 한다. 그러기 때문에 로고스, 곧 신언의 전달을 위한 에토스와 파토스가 되어야 한다.

스피치란 바로 이상의 삼각대 위에서 정해진 룰에 따라 움직이는 것이 정도(正道)가 되어야 한다. 그럴 때 효율적인 설교사역은 이룩되고, 설교자의 삶은 안정적인 세계에 머물게 된다.

4. 효율적인 감정이입과 공감대를 위한 항목들

수사학에서 중요하게 생각하는 설득(persuasion)이라는 어휘가 근대의 설교학에서도 큰 관심을 끌고 있다. 그 이유는 설교자가 아무리 중요한 진리의 메시지를 가지고 유창한 연설을 통하여 선포해도 듣는 사람들이 설득되지 않을 때 그 노력은 무가치하기 때문이다. 실질적으로 설교자의 고민은 바로 여기에 있다. 자신의 설교가 어떻게 성공적으로 회중에게 전달되어 그들이 복음에 접목되고 삶의 질과 형태에 변화를 가져올 수 있을 것인가의 문제를 두고 모두가 고민한다. 바로 이러한 고민의 단계를 스피치에서는 감정이입, 곧 공감대 형성과 실현이라고 말한다.

스피치에 대하여 관심을 기울이는 수많은 설교인도 바로 성공적인 공감대를 이루기 위하여 그토록 애를 쓰고 있음에 틀림이 없다. 여기서 우리가 유의해야 할 것은 설교의 현장에서 이루려는 공감대는 일반 스피치의 방법으로는 불충분하다는 점을 강조하고 싶다. 그 이유는 정치인들이나 집단에서 행해지는 연설의 장과 설교의 장은 그 본성부터 큰 차이가 있기 때문이다. 또한 스피치의 목적부터 성스러운 특성이 있기 때문이다.

설교의 현장에서 이룩해야 할 공감대를 위하여 시급한 항목은 어떤 것이어야 하는가? 여기에 대한 답은 지난 30년간 한국교회 강단을 위한 설교학 교수로서 터득한 항목들이다. 이 항목들은 설교라는 매우 특수한 환경에서 최우선으로 고려되어야 할 것들이다.

먼저, 예수님께서 민중 속에 머물면서 코이네를 사용했던 것처럼 설교자의 삶과 언어가 대중성을 가지고 있어야 하며, 그 전달 역시 대중 속에 파고들 수 있어야 한다. 흔히들 설교자들이 설교단에 서면 유창한 연설을 시도하면서 웅변체 일변도로 이어가는 것을 본다. 그러나 설교는 웅변체의 연설 일변도로 이어질 때 곧 싫증을 느끼게 된다. 때로는 대화체가 있는가 하면, 강조를 하고 싶은 부분에서는 웅변체를 이용하는 변화성이 설교 스피치의 제일 원칙이 되어야 한다. 어느 설교자가 서론부터 고음정에 진입하여 예화나 메시지의 해석이나 적용까지 고음정으로 이어나간다고 상상해 보라. 얼마나 아찔한 설교자의 모습인지, 그리고 그 앞에 있는 회중은 얼마나 고달플 것인지 괴로운 예감을 하게 된다.

둘째로, 설교는 철저히 리듬이 있는 스피치이기를 바란다. 리듬이란 인간이 찾는 가장 필요한 부분이다. 인간 삶의 흥망성쇠도 모두가 인간 삶의 리듬이라고 규정한다. 특별히 언어를 통한 커뮤니케이션의 현장에서 리듬이란 회중을 붙들 수 있는 가장 소중한 요소이다. 설교에서 리듬이란 크게 두 가지의 영역에서 필수적이다. 하나는 설교 음정의 높낮이다. 가수의 노래가 리듬이 있을 때 노래로서 인정받듯이, 설교의 음정도 리듬이 있을 때 회중은 귀를 기울인다. 유창한 언변으로 고음정을 계속한다면 그것은 싫증을 불러일으키는 주범이 된다. 또 하나는 언어의 속도에 리듬이 필요하다. 설교는 회중이 알아들을 수 있는 언어를 통하여 전달되는데 그 언어가 빠르거나 느림의 어느 한 속도에 계속 머문다면 그것 또한 회중에게 자장가로 들리게 되는 오류를 범하게 된다. 그래서 설교는 그 음정의 높낮이와 말의 속도에 리듬이 매우 필요하다. 바로 이것이 설교의 리듬이다. 이 리듬을 활용할 줄 아는 설교자는 설교 스피치의 의미를 정확하게 파악한 사람이다.

셋째로, 설교사역에 있어 아름다운 스피치는 정확한 용어를 사용하고 그 용어를 정확한 발음으로 표현해야 한다. 이것은 지극히 상식적인 제안이다. 그러나 스피치를 언급하고 있는 여기서 다시 확인하고자 하는 이유는 최근의 설교인들이 회중에게 흥미를 주기 위하여 너무 잡다한 언어와 천박한 용어들을 활용하고 있기 때문이다. 뿐만 아니라 그 발음은 좀처럼 알아듣기 힘들 때가 많다. 또 한 문장의 구성에 섬세하지 못한 점을 비롯하여 그 서술 능력이 빈약한 설교인들을 본다. 특별히 한국인으로서 한국인에게 한국에서 한국말로 전달하는 설교인데, 한국의 설교인들이 '한국 언어를 망치는 주범'으로 비난을 받게 됨은 실로 큰 문제이다. 그러하기에 한국의 설교인들은 스피치의 단에 서기 전에 한국어를 먼저 철저히 습득하는 노력을 기울여 주기를 바란다.

넷째로, 설교인의 가슴이 보이는 스피치의 기법을 터득해야 한다. 설교인의 가장 시급한 항목은 화려한 언어 구사에 있지 않다. 언어와 비언어의 커뮤니케이션 기법에 있지 않다. 설교인을 위한 스피치의 교육이 강조해야 할 부분은 설교인의 가슴을 회중이 보고 함께 울고 웃을 수 있도록 하는 문제이다.

복음은 화려한 언어로 포장되는 데 주안점을 둘 수 없다. 비록 인간 언어를 통하여 운반되는 것이 일차적인 과정임에는 틀림이 없다. 그러나 이 시대의 교인들은 그 과정에서 언어 이전에 설교인의 가슴을 보기 원한다. 그가 전하고 있는 메시지와 그의 삶이 그 가슴속에 일체화되어 있는지를 보고 싶어 한다. 이것을 말씀의 화신(化身), 곧

Incantational Preaching이라고 일컫는다.

설교인의 가슴에서, 그리고 그의 삶에서 자신이 말하고 있는 메시지가 일치되어 있을 때 회중은 어둔한 스피치의 능력을 소유한 설교인이라 할지라도 머리를 숙이고 경청한다. 그리고 그 메시지의 주인이신 하나님 앞에 감사를 드린다.

5. 맺는 말

설교의 세계를 단순히 스피치로 이해하거나 해결하려는 의도는 매우 위험한 발상이다. 말을 정확하게 하려거나, 또는 자신의 생각을 간결하고 조리있게 표현하는 방편을 터득하기 위한 스피치의 수업은 매우 유익하다. 그러나 터득한 스피치의 능력을 믿고 메시지의 준비와 작성을 소홀히 한다면 그것은 설교인들이 소피스트들의 세계로 돌아가는 결과를 초래할 것이다. 가장 무서운 질책을 받아야 할 사람은 자신이 가지고 있는 남다른 스피치 능력을 믿고 엉성한 메시지를 전하는 설교인이다. 설교학 강의실에서 정확하게 파악한 하나의 사실은 스피치 능력이 많은 학생이 설교의 내용이 가장 허술하다는 점이다.

오늘의 설교인은 스피치에 깊은 관심을 가지고 효율적인 메시지 전달에만 도움을 받으려는 초심이 살아있어야 한다. 아무리 시간이 흐르고 어떤 변화가 다가와도 스피치로 승부를 걸겠다는 유혹은 멀리해야 한다. 하나님은 오늘도 화려한 스피치를 통하여 복음을 전하는 종들을 찾지 않는다. 어둔한 언어 구사의 소유자일지라도 그 말씀대로 먼저 삶의 본을 보이는 종을 하나님이 더욱 사랑하신다는 사실에 깊이 유의해야 할 것이다. 그럴 때 우리 민족 속에 타고 있는 복음의 촛대가 옮겨가거나 꺼지지 않고 계속 타오르리라.

단상 10. 영계(靈溪) 길선주 선배님 전상서

1. 흑암과 혼돈의 시절에 오셨던 선배님!

님은 한국 설교인들의 단순한 선배이시기 전에 이 땅의 일곱 원조 중에서 가장 으뜸가는 설교사역의 선두주자이셨습니다. 감히 님을 선배님이라 부를 수 없사오나 한국의 설교인으로 찬란한 역사의 광채를 발하시던 님이셨기에 그 줄기를 이어가고 싶은 욕심에서 님을 선배님이라 부르고 있음을 용서하소서.

님이 오셨을 때 이 나라는 지치고 쇠잔하여 무력하게 되고, 민중은 도탄에 빠져 허덕이고, 관리들의 횡포와 외국의 침략으로 난장판을 이루고 있었습니다. 마침내는 일제의 식민지로 이 나라가 파멸되던 비참한 암흑기에 님은 말씀의 운반자로 등장하셨습니다.

선배님!
님이 계시던 시절의 암흑의 현상이 옷을 달리 입었을 뿐 오늘은 더 험하게 엮이고 있습니다. 잘사는 나라의 대열(OECD)에서 함께 춤을 추는 동안 우리 사회의 자살률은 1위이고 이혼율은 2위입니다. 어린이들이 와글대던 놀이터는 아이들이 없어 조용합니다. 길거리에는 이마에 붉은 띠를 두른 대열이 끊이지 않고 있습니다. 북녘 하늘에서 미사일이 불꽃을 튕기는 데도 모두가 덤덤합니다. 지난 10년간 이웃 교회는 수백만 명이 불어나는데 님이 그렇게 애써 키웠던 우리의 교회는 15만 명이 줄었습니다. 수백억을 들여 지은 저 거대한 예배당들이 서구 땅에서처럼 관광지로 변할 날이 도래할까 두려운 마음뿐입니다.

2. 이 땅에 대각성 부흥 운동의 불꽃을 던지셨던 선배님!

430년 설교의 황금기가 어거스틴의 죽음으로 끝이 나자 바로 중세가 암흑기로 접어들었던 역사의 기록을 보면서 혹시나 이 땅에 말씀의 사역이 저물어가기에 이러한 현상이 발생되는 것은 아닌지 두려움이 앞서고 있습니다. 님이 계시던 그 시절의 설교는 이 민족이 영적인 고갈상태에서 마음껏 마실 수 있었던 오아시스였습니다. 죽어가고 있던 우리 민족에게 구원의 무기였고, 개인에게는 참 길과 진리, 그리고 생명의 세계로 이끌어주시던 큰 손길이었습니다.

1907년 장대현교회에서 님은 "이상한 귀빈과 괴이한 주인"이라는 설교를 하셨습니다. 그 설교에서 "이슬이 옷에 젖도록, 피가 발에 흐르도록 내내 서서(久立)" 문을 두드리고 들어오시기를 원하는 성령님께 문을 열어주지 않은 괴이한 인간들을 님은 질타하셨습니다. 그리고 "문을 열어라! 문을 열어라! 문을 열고 환영하여라!" 하시면서 울부짖고 호령하실 때 모두가 통회의 함성을 지르면서 눈물바다를 이루었습니다. 예배당을 떠날 줄 모르는 사람들은 성령님의 회오리바람에 휩싸여 모두가 이성을 잃고 통회의 눈물을 흘리고 있었습니다. 복음의 씨앗을 뿌렸던 선교사도, 핍박의 칼을 들었던 경찰도, 구경삼아 들렀던 승려도 모두가 성령님의 불길 앞에 녹기 시작했습니다. 님이 "지옥을 취하랴? 천당을 취하랴?"라는 설교를 이어서 하실 때에는 통회 자복과 함께 대각성 부흥의 불길이 전국으로 확산되었습니다.

진정 님은 이 땅에 설교의 황금기의 대문을 활짝 여셨습니다. 그 대문을 통하여 불어나오는 거대한 바람은 전국으로 확산되었고 이 땅을 그리스도님의 계절로 변하게 하셨습니다. 이 나라만이 아니라 세계를 놀라게 하는 설교의 전성기를 몰아주셨습니다. 아무도 그 문을 닫을

자 없었습니다. 이 땅에 교회의 촛대가 훨훨 타오르게 불을 붙이셨습니다. 진정 새 하늘과 새 땅이 우리 민족에게 광채를 발하기 시작한 대역사의 출발이었습니다.

3. 진정 준비된 몸으로 주님의 종이 되셨던 선배님!

님이 불길을 타오르게 하였던 말씀의 내용과 형태를 100년이 지난 지금 다시 살피고 싶으나 그것보다는 먼저 님이 뉘신지를 알고 싶은 충동이 앞을 섭니다. 님이 어떤 분이었고 어떻게 사셨던 설교인이었기에 그렇게 하나님이 소중한 도구로 쓰셨는지를 알고 싶습니다. 시대가 달라지고 환경이 달라지며 문화가 달라졌다 하더라도 영원불변한 하나님의 말씀을 전해야 할 설교인은 바로 님과 같아야 한다는 일념 때문입니다.

님에 대한 기록을 읽노라면 님은 진정 준비된 말씀의 종이셨습니다. 님이 17세 되던 해 어느 깡패의 손에 맞아 사경을 헤매었던 일을 비롯하여 부도덕한 속세의 삶의 장에서 겪은 사연들과 신체적인 중병에 이르기까지 님은 이 세상에서 정을 붙일 수 없었습니다. 18세 때 입산수도의 길을 택한 님은 남다른 인고의 과정을 거쳐 선도에 통달하고, 차력에 성공하여 그 명성을 전국에 떨쳤습니다. 그러나 님은 끝내 영적인 세계에 대한 진정한 해답과 만족을 찾지 못하셨기에, 진정한 영혼의 안식처를 위한 방황과 탐구를 남달리 하셨습니다.

님이 그리스도교의 진리를 받아들이는 과정 자체가 유별나셨습니다. 함께 선도를 수련했던 가까운 친구 김종섭이 개종하여 님을 찾아 그리스도교를 전할 때 님은 많이 놀라시며 거부하시고 스스로 신구약성경을 읽고 새 종교의 진리를 탐색하셨습니다. 마침내는 스스로 상제(上帝)

를 찾으시면서 "예수님이 인류의 참 구주인지를 알려주옵소서"라며 기도하셨습니다. 그때 홀연히 하늘로부터 "길선주야, 길선주야, 길선주야"라고 부르는 음성이 들려왔고, 님은 두려운 마음으로 엎드려 "나를 사랑하시는 아버지시여, 제 죄를 사하여 주시고 저를 살려주옵소서"라고 응답하셨습니다. 님은 사도 바울이 주님을 만난 장면을 그대로 연출하셨습니다. 한국 땅에서 주님이 이토록 직접 찾아주시던 종이 있었다는 사실 자체만으로 우리는 흥분을 감추지 못합니다. 님이 하나님을 찾고 부르심을 받은 과정이 저희와는 너무나 다른 차원이어서 오직 우러러볼 뿐입니다. 님은 과연 하나님이 쓰시기 위하여 일찍부터 그 건강과 지성을 단련시키셨던 준비된 종이었음을 실감하지 않을 수 없습니다.

선배님!

님이 중생을 체험하시고 머리를 깎아 달라진 모습으로 예수님을 향한 발길을 옮기신 모습은 우리의 가슴을 벅찬 감동으로 이끌고 있습니다. 님은 누가 시키지도 않았는데 복음의 전도자로 나섰고, 자신의 땅 800평을 장대현교회에 내놓으시는 남다른 길을 걸으셨습니다. 님이 1987년 29세 된 청년으로 이길함(Graham Lee) 선교사에게 세례를 받고 그 이듬해 교회의 영수(領袖)가 되셨고, 1902년에 장로로 임명받으셨고, 1903년 평양신학교에 입학하셔서 1907년 첫 7명의 졸업생의 장한 대열에 서셨고, 드디어 평양 장대현교회의 목사로 임명되셨다는 기록은 님의 길을 새롭게 음미하게 합니다.

하나님의 부르심에 대한 확신도 없이 신학 교육을 받고 목사의 대열에 선 숱한 오늘의 설교인들을 생각해 봅니다. 님과 그 성스러운 소명의 만남은 오늘의 설교인들로 하여금 많은 생각을 하게 합니다. 님의 기록을 보면서 부러움과 부끄러움이 동시에 발생하고 있음을 솔직하게 말씀드립니다.

4. 남다른 열정으로 성언운반을 하셨던 선배님!

님의 그 시들 줄 모르는 열정의 족적을 보면서 스펄전의 말이 생각납니다. 그분이 "그리스도를 위하여 우리의 삶을 소진(消盡)시키는 것은 우리의 의무요 특권이다"라고 말씀하면서 하나님의 말씀을 운반하여 전해주어야 할 종들은 "모든 것이 태워져야 할 살아있는 희생물일 뿐이다"라고 그 정체성을 밝혔습니다. 저희는 님이 걸으신 길을 보면서 님이야말로 그 생명 전체를 바쳐 말씀의 종으로 사셨던 분임을 다시 깨닫습니다.

님은 오직 66권에 담겨 있는 하나님의 말씀만을 온전히 운반하시기 위하여 참으로 몸부림치셨던 분이었습니다. 성경을 매일 한 시간씩 암송하는 것을 일과로 삼으시면서 성경 연구와 집필에 하루 평균 세 시간을 사용하셨다는 기록은 저희의 열심이 얼마나 많이 뒤처지고 있는지를 스스로 발견하게 만듭니다. 님이 이 땅에 계시는 동안 성경을 수백 회를 읽었을 뿐만 아니라 계시록은 일만 독을 하셔서 계시록 강해에 선두주자였다는 기록은 우리를 숙연하게 합니다. 뿐만 아니라 님은 사경회(查經會)를 통하여 이 진리를 가르치는 데 끝없는 열정을 펴셨습니다.

님은 그것도 모자라 민중의 계몽을 위하여 『해타론』, 만사성취와 같은 소설을 집필하실 정도의 열정을 쏟으셨던 분이었습니다. 님은 『해타론』 서문에서 "한결 같이 부지런한 사람에게는 천하에 어려운 일이 없다 하였으니 일로 볼진대 만사를 성취하는 것은 부지런한 데 있고 천 가지에 해로운 것은 게으른 데 있는지라"라고 말씀하셨습니다. 님은 오늘의 물질문명의 이기(利器)를 다루면서 게으름을 피우는 저희가 따를 수 없는 근면함이 뛰어나신 분이었습니다. 님의 어디에서 그러한 열정을 뿜어내는 에너지가 솟구쳤는지 궁금합니다. 하나님의 말씀을 온전히 운반하기 위해서는 님과 같은 땀과 눈물이 있어야 함에 동의하면서도 선뜻 몸소 실천하는 데에 이르지 못함을 부끄럽게 여길 뿐입니다.

5. 성령님의 섭시에 의존하셨던 설교사역의 선배님!

님이 교회의 강단에 서시기 전까지 선교사들의 설교는 우리 교인들과 소통이 잘 이루어지지 않았습니다. 때로는 그들의 서툰 한국말 때문에 배꼽을 잡고 웃을 때도 있었습니다. 복음의 진리가 외침은 있었어도 이해는 부족했던 참으로 아쉬움 그 자체였습니다. 바로 그때 님은 우리의 땅에서 우리 민족에게 우리의 언어로 우리의 감정에 적중한 하나님의 말씀을 들려주셨습니다. 한국의 종교 역사에 그동안 들어볼 수 없었던 숭고한 구원의 복음을 전하셨고, 예수님의 실체를 깨닫게 하셨고, 지존하신 하나님을 뵐 수 있는 대로(大路)를 뚫어주셨습니다. 진정 거대한 감동의 파도를 일으키셨습니다. 하나님이 1907년 1월 6일 님을 세워 말씀을 들려주실 때 한국 그리스도교의 오순절은 폭발하였습니다. 그날을 흔히들 "사도시대의 오순절에 해당하는 한국 그리스도교의 오순절이다. 이것은 한국교회가 '말씀'을 토대로 해서 개혁된 교회로서 건설된 대사건일 뿐만 아니라, 세계 민족이 잊고 있던 은둔의 나라 한국을 국제무대의 높은 문턱을 딛고 발돋움하게 한 획기적인 사건이었다"라고 말하고 있습니다.

님은 한국교회를 위하여 새벽을 깨우는 기도의 창을 제일 먼저 여셨습니다. 그리고 거기서 님은 쉼 없이 성령님의 손에 자신을 온전히 도구로 맡기면서 도움을 간절히 구하셨습니다. 그럴 때 성령님은 님에게 하나님이 사랑하는 백성들에게 전할 말씀을 속삭여 보여주셨습니다. 거기서 님은 일반적인 설교인들이 경험하기 힘든 메시지를 듣고 볼 수 있었습니다. 그 이유는 님에게는 성령님과 대면하실 때 심교(心交)의 기능이 탁월하셨고 영의 눈과 귀가 밝았기 때문이었습니다. 님이 말씀을 전하기 위한 모든 준비의 과정부터 성령님의 도구로 써달라는 그 애걸복걸(哀乞伏乞)하였던 기도는 언제나 상달되었기에 그렇게 거대한 역사가 온 나라에 가득하였음을 아무도 의심치 않습니다.

선배님! 오늘의 설교인들도 성령님의 섭시를 받아 성언운반에 전념하여야 한다고 그렇게도 외치건만 이 땅의 강단에서는 설교인들의 생각과 경험과 그리고 판단과 지식의 나열로 설교시간 내내 설교인만 보일 뿐 말씀의 주인이 보이지 않습니다. 날이 갈수록 님이 새삼스럽게 그리워집니다.

6. 나라와 개인의 구원을 언행으로 보여주셨던 선배님!

그리스도교 설교 역사의 거성들은 언제나 개인의 영혼을 구원시키는 데 집중하면서도 그들이 살고 있었던 사회와 국가에 깊은 관심을 가졌던 것을 저희는 잘 알고 있습니다. 대사회적인 복음의 선포와 실천적 행동들이 영국의 횟필드(George Whitefield, 1714-1770), 미국의 찰스 피니 (Charles G. Finney, 1792-1875), 월터 라우쉔부쉬(Walter Rauschenbusch, 1861-1918) 와 같은 인물들에게만 국한된 이야기로만 알고 있었습니다.

그런데 님은 참으로 놀라운 분이었습니다. 조선 사회가 처해 있었던 비참한 현실을 보시면서 우리 민족에게 복음의 말씀을 남다른 열심으로 전파하시는 것만큼 님은 행동으로 이 민족의 아픔을 그 몸에 품고 뛰셨습니다. 배움의 기회를 주고자 예수학당을 세우셨던 일이나 여권신장을 위하여 여전도회를 조직하셨던 일들은 참으로 아름다운 기록이었습니다. 무엇보다도 생명을 내어놓고 나라의 독립을 외치는 3·1 운동의 민족대표로 33인의 대열에 서셨던 일은 우리의 존경을 받으시기에 실로 당연합니다. 또한 나라의 운명이 기울어짐에 마음 아파하시면서 도산 안창호 선생 등과 함께 독립협회의 평양지부를 조직하여 사업부장을 맡아 구국운동에도 앞장서셨다는 기록은 우리를 더욱 놀라게 합니다.

사회의 참여나 나라에 관심을 기울이면 비 복음적이요, 오직 '예수 천당'만 부르짖으면 근본주의자처럼 여기고 있는 양극화되어 있는 우리의 신학 노선을 보면서 님을 더욱더 그리워하고 있습니다. 어떻게 님은 그렇게 양극을 한 몸에 지니고서도 그렇게 훌륭한 말씀의 사역을 감당하셨는지 진정 알고 싶습니다.

7. 주님의 재림을 마음 깊이 심어주셨던 선배님!

님이 지금 살아계셨다면 님의 그 명쾌한 말세론의 가르침을 꼭 듣고 싶습니다. 님이 가르치셨던 주님의 재림은 진정 우리의 신앙을 살아 숨 쉬는 신앙으로 변화시키셨습니다. 님이 1919년 3·1 운동에 참여한 일로 2년간의 옥살이를 하셨을 때 옥중에서 『묵시록 강의』를 재정리하고, 『말세학 강의』를 체계화한 일은 이 땅의 그리스도인들 신앙에 실로 큰 경각심을 불러일으켰습니다. 님은 이 종말론적 메시지를 전하시기 위하여 출감 이후 14년간 순회 강연에서 90퍼센트 이상을, 새벽 기도회에서는 예수의 수난을, 오전 성경공부에서는 말세학을 전하셨습니다.

님이 "깨어 준비하고 믿음에 굳게 서서 소망 가운데 즐거움으로 주님의 재림을 기다리라"고 하신 말씀은 천 번 만 번 맞는 말씀입니다. 오늘밤이라도 오실지 모를 주님의 재림을 기다리고 준비해야 하는 종말론적인 신앙이 있어야 함은 성경의 가르침입니다. 그러나 님이 계시지 않은 한국교회에는 주님의 재림을 외치는 설교가 들려지지 않습니다.

부활의 설교는 들려도 재림의 설교는 들리지 않습니다. 님이 가신 이후 일제의 발악적인 통치와 6·25 동란과 같은 어려운 시기에는 선생님이 남기신 종말론의 가르침이 보이더니 이제는 영영 사라졌습니다. 오히려 주님의 재림을 연기해서 모처럼 누리는 물질 만능의 쾌락을 즐기기를 원하는 풍조가 바로 오늘의 현실입니다.

8. 하나님의 부르심마저 아름답게 장식하신 선배님!

님에 대한 기록을 읽으면 읽을수록 님을 한없이 기리고 자랑하고 싶은 충동이 일어납니다. 님은 진정 한국교회를 일으킨 말씀의 사자이셨습니다. 하나님이 미국의 영적 대각성(the Great Awakening)을 위해서 조나단 에드워즈(Jonathan Edwards, 1703-1759)를 보내신 것처럼, 한국교회의 대각성 부흥을 위해서 하나님은 님을 예비하셨고 그 불길을 타오르게 하셨습니다. 진정 님은 세계의 교회사에 누구보다 으뜸가는 행진을 하셨고 그 뜻을 이루셨습니다.

님이 중도에 실명하시고 앞을 보시지 못하셨지만, 오히려 님은 그러한 신체적 아픔을 기회로 삼으셨습니다. 허탄한 곳에 두 눈의 시선을 빼앗기지 않고 오히려 온전히 영의 세계에만 시선을 모으셨습니다. 그 평생 주님만 바라보고 그 말씀만 경청하시면서 아름다운 주님의 세계만을 영상(靈想)하셨던 모습은 저희를 숙연하게 만듭니다.

님이 이 땅을 떠나는 순간까지 하나님이 님을 얼마나 사랑하셨는지를 모두가 목격하게 하셨습니다. 님이 평안남도 강서군 고창교회에서 부흥사경회를 인도하시면서 구구절절 애절하게 하나님의 말씀을 전하시고, 이 땅의 교회와 나라를 위하여 마지막 축도를 하시고, 그 자리에서 하나님의 부르심을 받으신 모습은 모두를 놀라게 하였습니다.

님을 따른 설교사역의 후배들뿐만 아니라 한국교회 모두가 존경하는 선배님!

누가 님처럼 벅찬 가슴을 안고 이 땅의 교회를 지킬 수 있으리오? 누가 님처럼 화려하게 하나님의 부르심을 받아 이 땅을 떠날 수 있으리오? 누가 님의 그 찬란한 족적(足跡)을 모방할 수 있으리오? 누가 님처럼 큰 종의 몫을 다 감당할 수 있으리오? 님은 진정 이 땅의 강단뿐만 아니라 교회와 민족 속에 하나님이 보내신 큰 종이었습니다. 님은 오직 하나님의 뜻을 이 땅에 펼치기 위하여, 오직 하나님의 영광만을 위하여 평생을 말씀의 종으로 사시다가 하나님의 품에 안기신 우리의 영원한 선배님이십니다.

9. 동양의 예루살렘을 세우고 떠나신 선배님!

님이 한국교회의 거목으로 하나님의 말씀을 전하시고 이 땅에 대각성 부흥 운동을 주도하신 지 100년이 지난 지금입니다. 선배님이 서서 외치셔야 할 자리가 비어 있습니다. 갑작스럽게 엄습해 오는 이 허전함을 달랠 길이 없습니다. 어찌할 길 없어 선생님이 떠나실 때 누구인가 남겼던 한 줄의 문장만을 반복하여 읽고 있습니다.

"오! 선생은 성화(聖火)의 인(人)이었도다. … 선생(先生)은 진리(眞理)의 사도(使徒)요 말세(末世)의 사도(使徒)였도다."

부록 1.
은총의 방편으로서의 설교[225]

Wade Huie Jr.

1. 은총의 재 이해와 설교

은총은 기독교인들의 삶의 여정 위에서 시작되며, 그 여정을 가는 동안 우리를 지탱시킨다. 은총은 "내가 너희와 함께하겠고, 너희의 하나님이 되겠고, 그리고 너희는 나의 백성이 되리라"고 레위기 말씀에 기록된 하나님의 음성이다. 은총은 바울이 로마 교인들에게 "우리가 아직 죄인 되었을 때에 그리스도께서 우리를 위하여 죽으심이라"고 전한 말씀이다.

인간이 탐욕과 질투와 자만과 욕망의 길 아래서 투쟁할 때, 은총은 하나님께서 "여하튼 내가 너를 받아들이노라" 하시는 말씀이다. 인간이 "나는 내 자신이 싫다"라고 소리칠 때, 은총은 하나님께서 "내가 너

---

225 이 글의 집필자 웨이드 후이(Wade Huie Jr.) 교수는 컬럼비아 신학대학교(Columbia Theological Seminary)의 설교학 교수로서 설교학계에 매우 큰 영향을 끼친 거장이다. 역자가 1973년 그의 문하생으로 들어가 교육을 받기 시작했을 때 "한국교회 설교 현실"을 발표한 바 있다. 그때 자신이 북미설교학회에서 발표한 본 글을 주면서 한국교회의 전형적인 명령형 설교 형태에 변화를 가져와야 함을 강조하였다.
역자는 이 글을 통하여 처음으로 설교의 명령적 표현법(Imperative Mood)과 사실적 표현법(Indicative Mood)에 관한 교육을 받고 실로 깨달은 바가 많았다. 이 글은 절판된 졸저 『설교학 서설』(1992년)에 부록으로 실렸으나 지금은 사라진 글이 되었다. 그러나 지금도 한국교회 설교자들에게 이 글이 필요하다고 생각되어 다시 이곳에 게재함을 양해 바란다.

를 사랑한다"라고 말씀하신다. 인간이 좌절하고 절망 가운데 빠질 때, 은총은 하나님께서 내려오셔서 인간들을 일으켜 세우시고, 씻김을 주시고, 우리가 가야 할 길로 나아가게 한다. 은총은 불의한 무리가 더욱 많아지고, 악의 바람이 더욱 세게 불 때, 하나님께서 "내가 계속 승리하리라"고 말씀하신 바로 그것이다.

은총은 우리의 의(義)와 성화의 기반이다. 은총은 성경의 맥락을 이어주는 붉은 실이다. 모든 세례에서 하나님은 은총을 "너는 내 속에 있고, 내 것이고, 나에게 속해 있다"라고 말씀하신다. 모든 성찬성례전에서 하나님은 은총을 "너를 위한 나의 몸, 네 속에 있는 나의 삶"이라고 말씀하신다. 은총은 그리스도 안에서의 새로운 삶이요, 하나님의 자유롭고 공로를 개의치 않는 선물이다.

2. 펠라기우스주의(Pelagianism)와 어거스틴의 은총론

이제 설교자는 "예수 그리스도 안에 있는 하나님의 은총의 복음을 선포하는 것"이라는 하나의 중심된 목적을 위하여 존재한다. 교회는 교회의 역사를 통하여 은총의 주도나 방편으로서 설교를 주장해 왔다. 설교는 그리스도의 메시지가 전달되는 통로이며, 그리스도의 권능이 사람들에게 전달되는 도구이다. 또한 설교는 기쁘지 않은 소식으로도 인식되는데, 우리 속에 그리고 우리를 둘러싼 어두움과 우리를 하나님으로부터 분리하는 죄, 그리고 우리 각자들로부터 분리하는 죄를 인식시킨다. 그러나 설교가 은총의 방편으로서 봉사하는 것이라면, 무엇보다도 복음이 우선하여 지배적인 분위기와 주제가 되어야 할 것이다.

그러나 필자가 종종 들은 설교는, 즉 내가 교회에 앉아 있거나, TV를 통해서 보거나, 라디오를 통해서 듣거나, 설교집을 읽을 때의 설교는 그런 종류의 설교가 아니다. 다음과 같은 설교를 우리는 종종 듣는다. "얼마나 불쾌한 일인가! 여러분은 여기에 대하여 무엇인가 하지 않으면

안 된다!(ought to, must, have to)"하는 식의 설교들을 듣는다. 이런 설교는 우리에게 해방감을 느끼게 하기보다는 좌절감을 준다. 이런 설교는 은 총을 넘어선 일들을 강조한다. 그것은 복음이라기보다는 부담스러운 소식이 되기 쉽다.

이 문제는 새로운 것이 아니다. 5세기 초에 펠라기우스라는 영국 수도사가 로마를 방문했다. 그는 아주 높은 인격과 정직한 도덕성을 지 닌 사람이었다. 그는 정부의 타락과 부정직한 상업, 그리고 도시의 낮은 도덕성과 심지어는 교회조차도 타락한 모습에 충격을 받았다. 그는 이런 모습들의 연유를 하나님께서 인간들에게 자유의지를 주셨고, 우리는 그 자유의지를 시험할 수 있도록 한 것으로 보았다. 즉, 인간들은 악을 선택할 수도, 선을 선택할 수도 있다고 말한다. 그래서 우리가 악을 행한다면 그것은 우리가 악을 행하도록 선택하였기 때문이요, 우리가 선을 행하기를 원한다면 우리는 그런 길을 택할 수 있다는 주장이었다. 그는 인간이 행동하기를 원하는 것을 할 수 있으며, 모든 결정은 우리 인간에게 달려 있다고 보았다.

펠라기우스의 견해는 교회 안에서 많은 선동을 불러일으켰다. 그런데 어거스틴만큼이나 이에 항의한 이도 없다. 그의 개인적 경험을 통해서 어거스틴은 인간 의지의 연약함을 알았고, 모든 것을 하기를 원하나 한계가 있는 인간 의지의 무능함을 알았다. 그의 『고백록』에서 그는 의지가 쇠사슬 같은 것에 묶여 있는 것으로 묘사한다. 비록 가장 강한 의지라 할지라도 그 쇠사슬을 끊지 못할 것이라 하였다. 인간성 자체 속에는 희망이 없다고 하였다. 오직 하나님께서 인간의 삶 속에 침투해 들어오시며, 죄의 속박을 깨뜨릴 때만이 사람은 하나님에 대해 또는 선에 대하여 긍정적으로 반응할 수 있다고 하였다. 펠라기우스는 은총을 인간의 도덕적 삶을 개선하기 위한 일종의 바람직한 것으로 간주하나, 어거스틴은 은총을 절대적으로 필요한 것으로 강조한다.

3. 유사 펠라기우스주의(Semi-Pelagianism)의 등장

펠라기우스와 어거스틴 사이의 논쟁은 교회에서 계속해서 논의되었다. 일반적으로 교회는 펠라기우스를 거부해 왔으나, 그렇다고 해서 어거스틴을 전적으로 받아들일 수도 없었다. "오직 은총만을 위하여"라는 어거스틴의 입장은 도덕적 기준들 속에 더욱 떨어질 두려움이 있었기 때문이다.

그래서 교회는 종종 '타협'을 시도해 왔고, 그 결과 '유사(Semi) 펠라기우스주의'로 알려진 견해가 대단한 위력을 떨쳤다. 이 견해에 의하면, 인간은 인간 의지로 우리 자신을 자유롭게 할 수 없다. 그러나 우리는 하나님에게 도움을 요청하기 위하여 움직이기 시작할 수 있다. 우리는 하나님께로 향하며, 하나님은 우리를 도우시기 위하여 오신다. 우리는 죄 가운데서 죽지는 않는다. 그러나 고약한 상처를 받는다. 즉, 죽는 것이 아니라 단지 병이 든다는 것이다.

유사 펠라기우스주의는 "만일 우리가 회개하거나 믿으면, 하나님께서는 우리의 마음속에서 일하실 것이다"라는 막연한 표현을 하였다. (즉, 인간 의지를 선제적〈先制的〉 행위로 우선하였고 은총은 인간의 결정에 따른 것으로 보았다.-역자주) 그러나 어거스틴은 "하나님은 우리가 회개하고 믿을 수 있게 하기 위하여 우리의 마음속에서 반드시 일하셔야만 한다"라는 단호한 신념을 표하였다. (즉, 은총에 의한 인간 의지의 발동을 주장하였다.-역자주)

유사 펠라기우스주의는 "하나님은 스스로 돕는 자를 돕는다"라고 하면서 자유의지의 선를 앞세운 말을 한다. 그러나 어거스틴은 "하나님은 그들 자신이 스스로 돕지 못하는 자들을 도우신다"라고 말하면서 하나님의 역사는 전적인 은총임을 강조하였다.

지난 15세기 동안 교회는 이들 두 개의 선택으로 인하여 갈등을 빚어왔다. 중세기 때 교회는 유사 펠라기우스주의로 기울어졌다.

4. 어거스틴의 은총론을 따르는 개혁자들

종교개혁 때에는 루터와 칼뱅이 어거스틴의 입장에서 일하였고, 웨스트민스터 신앙고백, 그리고 다른 개혁교회 신조들은 유사 펠라기우스주의를 그들의 신학적 이단으로 규정하였다. 심지어 그의 전통이 장로교가 아닌 존 웨슬리도 그의 삶 속에 진정한 변화는 그의 마음이 복음을 받아들이도록 그를 움직인 성령님에 의한 "기이한 따뜻함"을 경험한 후에야 오는 것을 발견했다.

그리하여 지난 400년 동안 교회는 늘 어거스틴과 유사 펠라기우스주의 사이에서 흔들리는 추처럼 왔다갔다하였다. 20세기에 이르는 동안에 우리는 많은 신학과 심리학 속에서 어거스틴의 견해 위에 새로운 강조를 두는 것을 보아왔다. 사람들은 유사 펠라기우스주의가 제의한 것만큼 강하거나 선하지 않음을 알게 되었다. 우리는 이것을 두 번에 걸친 세계대전과 한국, 월남, 남아프리카에서의 또 다른 전쟁, 그리고 칼 바르트, 라인홀드 니버 등의 신학자들의 작품들, 심층심리학의 발견, 그리고 한국인들처럼 고난을 많이 받은 사람들로부터 이를 배웠다. 우리는 유사 펠라기우스주의가 왜 신학적으로 이단으로 불려왔는지를 배웠다.

5. 은총론을 벗어나 명령형을 따른 현대의 설교자들

아직도 오늘의 많은 설교들이 인간에 대하여 이런 유사 펠라기우스주의적인 견해를 서슴없이 표현하고 있다. 신학적 이단이 설교학적 이단을 끌어내고 있다는 사실이다. 설교 메시지가 하나님은 자신들을 스스로 돕지 못하는 자들을 도운다기보다는, 하나님은 스스로 돕는 자를 도우신다는 식이다. 이런 설교들은 은총을 넘어선 공로를 강조하며, 따라서 성경 메시지를 왜곡한다.

이 설교학적 이단을 묘사하는 하나의 방법은 우리의 설교의 문장법을 결정함에 있다. 유사 펠라기우스주의는 명령형을 강조한다. 즉, "해야 한다"(ought, should, must, lets)는 동사들이 설교 전체를 통해 마구 뿌려진다. 이 메시지의 짐은 "여러분은 이것을 하라", "여러분은 믿어야 한다", "여러분은 이렇게 해야 한다" 등이다. 때때로 이것은 올바른 행위, 율법주의라는 용어로 표현되기도 하는데, 즉 "만일 여러분이 이를 한다면 여러분은 살 것이다"라든가, "만일 여러분이 이런 행동의 양식을 따른다면 모든 것이 잘 될 것이다"라는 식으로 표현되기도 한다.

또 명령적 설교는 올바른 이상, 원칙의 용어에 의해 표현되기도 한다. 기독교인들은 더 높은 이상-즉 흔히 말하는 원칙적인 인간-을 위하여 분투하는 높은 이상의 사람으로서 묘사된다. 그러나 이런 언급은 성경보다는 그리스 철학에 더욱 가깝다. 또 명령적 설교는 올바른 교리라는 견지에서 표현되기도 한다. 즉, "만일 여러분이 믿음을 옳은 것으로서 받아들인다면 삶은 여러분의 것이다" 하는 식이다.

그래서 명령적 설교는 도덕주의(Moralism)의 형태가 되고 만다. 즉, 이 설교는 우리가 무엇을 해야 하며, 느끼며, 생각하며, 말하는 것을 강조하여서 결국에는 하나님 중심이라기보다는 인간 중심으로 되어 버리고 만다. 또한 은총의 방편으로서의 설교가 되지 못하고 나쁜 소식이 복음을 대신하여 자리잡게 된다.

6. 명령적 설교에서 사실적 설교로

이런 공로설교에 대항하여, 참된 설교는 은총의 방편으로서 봉사해야 한다. 명령적인 것을 강조하는 대신에 설교는 사실적 표현(Indicative expression)에 우선권을 두어야 한다. 즉, 관심이 무엇이 되어야 하는지보다는, 관심이 무엇이냐에 두어야 한다. 그 메시지의 짐은 우리가 "무엇을 해야 하는가?"보다 "하나님이 무엇을 행하셨으며, 지금 행하고 계시며, 앞으로 행하실 것인가?"에 두어야 한다. 설교는 명령이 내포된 사실적 표현에 우선권을 주어야 하나, 부차적인 곳에서는 매우 한정적으로 명령적인 것을 유지해야 한다. 그리고 명령법이 있을 때, 그것은 명백하게 사실적 표현을 가져오지 못한다. 정말로 나의 설교학 교수 생활 28년 동안, 나는 설교자들이 명령적으로 기울어지는 것을 발견했고, 그것은 자연히 그들의 설교에 들어가 나타남을 보았다.

그러므로 설교자가 관심을 집중해야 하는 것은 사실적 표현을 압도하는 명령법에 대항하여 싸우는 사실적 표현이다. 사실적 표현을 강조한다고 해서 정의, 자유, 정직, 진실성 등의 주제를 위한 관심을 제거하는 것이 아니다. 이것들은 설교를 위한 주제들이다. 그러나 이것들은 성경이 보여주는 것처럼 소개될 필요가 있다.

성경은 도덕적 훈계와 본보기들의 구색을 갖춘 책이 아니다. 그것은 하나님에 관한 책이며, 하나님께서 인간을 다루신 책이지 단순히 인간을 다룬 인간의 작품이 아니다. 그런데 도덕적 설교-명령적 설교-는 성경을 개인들을 위한 그리고 교회와 사회가 요구하는 충고 정도로 평범화시키는 경향이 있다. 그것은 종종 회중을 비난하거나 개인들이 죄에 넘어지게 하는 것으로 끝이 난다. 그러나 이는 좋은 충고일지는 모르나 복음은 아니다.

나의 네 명의 아들 중 하나는 아프리카에서 피난민들과 함께 일하고 있다. 한 번은 그가 집을 방문하였을 때, 한국의 과일 배보다도 더 큰 타조 알을 하나 가지고 왔다. 우리는 그것을 거실 책상 위에 놓았다. 때때로 그 옆을 지날 때, 나는 암탉을 기르며 많은 달걀을 얻기 원하는 한 농부의 이야기를 생각한다. 그 농부가 타조 알을 보았을 때 그는 자기의 암탉들도 그렇게 큰 달걀을 낳을 가능성을 생각했다. 그래서 그는 타조 알을 집어 들고, 그것을 닭장 한가운데 갖다 놓고 지날 때마다 "자, 여기 본보기를 하나 갖다 놓았다. 이런 큰 달걀을 낳아라"라고 명령을 계속하였다.

이처럼 명령적 설교는 종종 불가능한 것을 요청한다. 우리는 우리의 회중이 간단히 성취할 수 없는 목적을 가지고 시작한다. 우리는 아브라함이나 한나, 다윗, 베드로, 마리아, 그리고 바울과 같은 성자들을 묘사하고는 회중에게 말하기를 "그들을 닮아라"라고 한다. 이런 설교는 회중의 변화를 촉진하기보다는 회중이 좌절을 맛보게 한다. 어거스틴, 칼뱅, 바르트, 그리고 니버는 회중이 단순히 변화를 말함에 의해서 그 행동이 변화될 수 없음을 알았다.

네 아들의 아버지로서 나는 자식들로 하여금 무엇인가 하라고 말하는 것이 일시적이며 피상적인 변화는 가져오지만, 진정한 삶의 변화는 우리 사이의 관계 때문에 일어난다는 것을 일찌감치 배웠다. 내가 16세 때 나는 큰 도시의 대학으로 가기 위해서 조그만 시골을 떠났다. 떠나기 전에 어머니께서는 나를 방으로 부르셨고, 말씀하시기를 많은 유혹이 있을 것이라 하셨다. 여하튼 어머니는 나에게 해야 할 일들의 목록이나, 하지 말아야 할 목록을 주시지 않았다. 어머니는 단순히 말씀하시기를 "단지 너는 나의 사랑하는 아들임을 기억하라"고 하셨다. 그보다 더한 충고는 없다. 이것이 바로 소중하게 지켜야 할 복음이었다.

우리가 명령적 설교를 넘어서는 사실적 표현 설교의 중요성을 이야기할 때, 우리는 세계 속에 자유와 평화와 정의를 위해 해야 할 많은 일이 있음을 깨닫는다. 그러나 우리의 행위 속에서 그런 노력과 용기를 동기화시키는 것은 "너는 해야 해", "너는 반드시 해야 해" 등과 같이 말하는 것이 아니다. 회중에게 이런 일들 속에 들어오게 하는 것은 자유와 정의와 평화를 위하여 관심을 가지고 계시는 하나님의 비전이다.

마틴 루터 킹 목사는 미국 내에서 커다란 사회적 변화를 일으킨 사람이다. 그는 흑인들과 백인들을 위한 자유와 정의에 이르는 길을 인도하였다. 그의 설교는 계속해서 행위를 요청하였다. 그러나 진정으로 사람들 속에서 그 행동과 태도의 변화가 일어나게 한 것은 그가 사람들에게 보여준 비전이었다. 많은 사람, 심지어는 의회조차 움직이게 했던 그의 자극은 명령적인 것보다는 사실적이었다. 그가 워싱턴 D.C.(Washington D.C.)에서의 도덕적 행위를 요청하며 신속한 행위를 요구했던 그의 가장 유명한 설교는 자유와 정의로운 사회를 향한 그의 꿈이었다.

"나에게는 한 꿈이 있습니다…. 나에게는 한 꿈이 있습니다…."

7. 명령적 설교의 실상

우리가 성경을 읽어 내려가면, 그 꿈이 바로 약속이요, 계약이요, 그의 나라요, 복음이요, 새로운 삶이다. 그 본문이 무엇이든 간에, 그 문장법은 사실적 표현이어야 하며, 우리를 위하여 그리고 우리와 함께 하나님께서 행하신 것, 행하시고 있는 것, 앞으로 행하실 것을 가리킨다.

약속의 사실적 표현은 명령법적인 소명에 이르게 하며, 계약은 충성에, 그의 나라는 봉사에, 복음은 수용에, 새로운 삶은 복종에 이르게 한다. 그러나 사실적 표현법이 우선적이다. 이것이 먼저 오고 탁월한 설교를 대표하고, 이것이 바로 은총의 방편으로서의 설교이다. 여러분이 들었거나 설교한, 또한 듣기를 좋아하거나 설교하기를 좋아한 설교 중에 몇 개를 생각해 보라.

아브라함이 그의 아들 이삭을 기꺼이 희생하는 이야기의 설교에서, 우리의 주된 메시지는 "우리도 이와 같은 믿음을 지녀야 한다"가 아니라, "산 위에 수양을 준비하여 제공하신 하나님의 신실성과, 후에 그의 외아들을 또 다른 산 위에서 내어주신 하나님의 신실성"이어야 한다.

세금 걷는 자로 타락한 몸임에도 불구하고 삭개오를 사랑하신 예수님의 이야기는 "우리도 그런 방식으로 사랑해야 한다"를 강조하는 것이 아니라, "하나님의 아들이 찾아오셔서 잃어버린 자를 찾아 구원함"에 그 강조점이 있음을 보아야 한다.

우리는 시각장애인 바디매오를 고친 예수님의 이야기를 읽고 "우리도 예수님처럼 치료할 필요가 있다"라고 설교하지 않는다. 오히려 "오! 주님, 우리의 눈을 열어주소서"라고 설교한다. 우리는 예수님께서 그의 사역을 시작하시면서 "나를 따라오너라. 내가 너희로 사람 낚는 어부가 되게 하리라" 하는 음성을 듣는다. 그러나 우리가 들어야 할 필요가 있는 더욱 중요한 것은 "너희가 사람을 낚는 어부가 되도록 너희에게 능력을 주리라" 하는 음성이다.

또는 "살인하지 말라"와 같이 명백히 명령적인 구절들을 생각해 보라. 그 문맥과 십계명의 서언인 "나는 너를 애굽 땅, 종 되었던 집에서 인도하여 낸 너의 하나님 여호와로라…" 하는 말씀을 보라. 이를 보면 "그러므로 너희는 내 앞에서 신실하게 살 자유가 있다"라는 의미가 포함되어 있음을 알 수 있으며, 여기에는 "살인하지 말라" 하는 것도 포함이 된다. 또한 빌립보 교인들을 향해 "주 안에서 기뻐하라 다시 말하노니 주 안에서 기뻐하라"고 한 말씀을 생각해 보자. 이 말씀의 바로 뒤의 문맥을 보면 "주께서 가까우시니라", "평강의 하나님이 너의 마음을 지키시리라"는 말씀이 있다. 그래서 "너희가 즐거워할 수 있다"라는 은총의 메시지가 완성된다.

그러므로 비록 그 앞뒤의 문맥이 부드럽게 사실적인 것을 제공하지 못한 때라도 더 넓은 문맥을 생각하고, 그 책 전체를 생각해 보라. 최근에 나는 신약성경을 자세히 연구할 기회를 얻었는데 거의 모든 책이 은총으로 시작하여 은총으로 끝나며, 대부분이 그 단어 자체가 성경을 열기도 닫기도 함을 보았다. 이는 마치 그 책이 "나의 메시지는 은총이다"라고 말하는 것 같았다.

구약성경도 신약성경처럼 그 시작과 끝이 은총의 언급으로 되었다는 것은 사실이 아니지만, 각 책의 중심 속에 흐르고 있는 메시지는

속박 속에 있는 사람들을 해방하는 하나님,

왕들과 농부들을 용서하시는 하나님,

지진과 바람과 불을 통해서 말씀하시는 하나님,

완고한 사람들을 포기하지 않으시는 하나님,

추방으로부터 사람들을 데려오시는 하나님,

메시야를 약속하시는 하나님

등으로 그 중심에는 은총의 하나님이 있음을 보게 된다. 66권의 성경책, 즉 신·구약, 신·구 계약들, 신·구 의지들을 포함하고 있는 성경의 권두에 있는 여백을 보라.

8. 설교는 하나님의 선물이다

나의 아버지가 7년 전에 돌아가셨을 때, 그는 나에게 얼마의 재산을 남기셨다. 나는 그것을 받을 수도 거부할 수도 있으며, 그것을 현명하게 사용할 수도 낭비할 수도 있다. 또한 그것을 소홀히 하거나 즐길 수도 있다. 그러나 나는 그것을 버릴 수도 없고 대가를 지불할 수도 없다. 아버지는 그것을 나의 것으로 무조건의 계약을 해 주셨다. 이것이 성경이 말하는 은총이다. 이것이 은총의 방편으로서 성경으로부터 행하는 설교이다. 우리가 설교할 때 유사 펠라기우스주의를, 즉 공로설교, 또는 명령적인 설교를 극복하는 데 도움을 주는 2가지를 살펴보자.

먼저, 설교는 근본적으로 선물이라는 것을 기억하라.

우리의 주된 과제는 회중으로부터 무엇을 얻는 것이 아니고 그들에게 무엇인가를 주는 것이다. 열쇠는 "여러분은 해야 합니다" 또는 "여러분은 반드시 해야 합니다"에 있지 않고, "여러분은 …입니다" 또는 "여러분은 가지고 있습니다"에 있다.

설교는 용서에 관한(about) 토론이 아니라, 용서가 전달되는 방편이다. 설교는 사랑에 관한 토론이 아니라, 사랑받는 존재로서의 깨달음을 전달하는 방편이다. 설교는 그리스도에 관한 단순한 토론이 아니라, 그리스도의 현존이 실제화되며, 그의 권능이 받아들여지는 방편이다.

둘째, 설교는 근본적으로 선물일 뿐만 아니라, 하나님의 선물임을 기억하라.

만일 선물이 하나님의 것이라면 설교는 경이로운 사역이다. 왜냐하면 하나님께서 그 선물을 전하시려고 우리를 선택하셨기 때문이다. 그러나 이것은 우리에게서 시작하는 것이 아니라, 하나님이 함께하셔서 위로와 평안을 주신다. 진실로 사건을 발생시키는 분은 성령 하나님이시다. 성령님의 사역을 통해 일하시지 않는 설교는 진실이 아니다. 이런 의미에서 1566년의 제2 스위스 신앙고백서에 요약된 종교개혁자들의 설교사상을 우리는 주의 깊게 살펴보아야 한다.

"하나님의 말씀을 설교하는 것은 하나님의 말씀이다."

성찬성례전에서 그리스도는 희생제물인 동시에 주인이시다.
그래서 설교에도 그리스도는 메시지인 동시에 설교자이시다.

주님의 만찬은 은총의 방편!
설교 역시 은총의 방편!
이것이 좋은 소식이요, 복음이다.
우리 주 예수 그리스도 안에서 여러분 모두에게 은총이 있기를!

부록 2.
설교사역자로서의 커뮤니케이션 이해[226]

Maxwell V. Perrow

한국의 설교자들이 메시지를 외쳐야 하는 커뮤니케이션의 장(場)은 서구 그리스도교의 무대와는 다른 것이었다. 수천 년 동안 이어온 수직 문화의 장에서는 설교자가 하나님의 대언자로서 또는 가르치는 스승의 위치에서 그 위치가 절대적인 권위 가운데서 확고하게 자리를 잡고 있었으며, 어떤 외풍도 이 존엄한 위치만은 침범하지를 못하였다.

그러나 수평 문화를 터전으로 하여 발전하고 선진국의 위치를 선점한 서구의 물결은 이 땅에 매서운 속도와 위력으로 상륙하여 수직 문화의 벽이 서서히 무너지는 현실이다. 특히 젊은 세대들의 사고와 생활의 양태는 동서의 구분이나 간격을 무너뜨린 가운데 21세기의 중반을

---

226 본 글은 1962년 존 녹스 출판사(John Knox Press)에서 출간한 맥스웰 페로(Maxwell V. Perrow)의 *Effective Christian Communication* 전반부를 한국의 설교자들을 위해 서론과 결론을 작성하고, 글의 내용은 경우에 따라 주어를 설교자로 바꾸면서 편역하였다. 저자는 문화 예술에 이르기까지 다양한 재능을 소유한 목사로서 커뮤니케이션의 기초이론을 아주 쉽게 소개하고 있다.

역자가 1970년 초에 컬럼비아 신학대학교(Columbia Theological Seminary)에서 설교학 전공 신학석사 과정을 시작했을 때, 주임교수가 커뮤니케이션에 관해 어떤 책을 읽었는지를 물었는데 대답은 "Nothing"이었다. 그때 교수는 "세상에서 처음 보는 무모한 도전자"라고 하는 메시지를 그의 얼굴에서 보여주었다. 대화가 끝나자 던져준 책이 바로 100쪽도 안 되는 이 책이었다. 필자는 수모와 굴욕감을 안고 눈물을 머금고 5회 이상을 읽고 또 읽었다. 그 결과 이 책의 내용을 나의 커뮤니케이션 기초이론으로 삼았던 깊은 사연이 있다. 여기서 한국의 설교자들에게 묻고 싶다. "그대들은 커뮤니케이션의 기초이론을 얼마나 튼튼히 가지고 오늘의 설교사역을 감당하고 있는가?"

향하고 있다.

이러한 시대적인 변화는 급격한 가치관의 변혁에 직면하고 있다. 세대마다 그들의 관심은 끊임없이 변화하는 새로운 목표에 집중되고 있다. 한국의 그리스도교와 그 중추적인 설교사역은 바로 이런 변화무쌍한 세상 한가운데 서 있다. 이 급격한 변화의 파도를 맞으면서도 우리의 설교사역은 성도들의 신앙과 삶에 방향을 잡아주고, 영양을 공급하는 결정적인 힘을 발휘할 수 있는 사명감이 있다.

그러나 비판적인 시각을 가진 사람들의 눈에는 교회가 마치 바람처럼 변화되는 세상의 급속한 변혁의 물길이 통과하는 한 모퉁이에서 알 수 없는 언어로 혼자서 떠들고 있는 초라한 모습처럼 비추어진다. 이 시대에 아무런 영향력을 미치지 못하는 존재처럼 말한다. 우리의 교회가 시대에 뒤떨어져 버린 하나의 기구나 제도로 머물러 있게 되는 "버려진 모퉁잇돌"이 될 수밖에 없다는 싸늘한 예단들이 나온다.

미래를 염려하는 설교사역자들은 이러한 정황을 마음에 두면서 "지금 교회의 메시지는 어떠한가?", "제대로 준비되고 전해지고 들려지고 있는가?"라는 질문을 받게 된다. 사실 설교사역은 세상에 대해서 그 어느 것과도 비교할 수 없는 가치를 가진다. 그 이유는 교회는 사람들에게 그리스도를 증거하기 때문이다. 주님의 몸인 교회를 통하여 세상 한가운데 서 계신 그리스도는 인간의 모든 삶 속에서 인간과 만나시며, 그들을 제자의 삶으로 부르시는 초청의 도전을 주시며, 그리스도 안에서 인생의 진정한 목적을 발견케 하신다. 교회에서 하고 있는 설교사역은 인간과 그의 세계로 하여금 수많은 염려와 근심 그리고 수많은 실망과 좌절 앞에서도, 인간 각자가 가지고 있는 최대의 잠재력을 발휘케할 수 있는 놀라운 메시지를 소유하고 있다.

시대의 변천에 관심을 가지고 관찰하면, 최근에 이르러서 인간의 커뮤니케이션 과정에 관한 여러 가지 새로운 연구들과 관심들이 드러나고 있음을 알 수 있다. 세상은 벌써 이런 커뮤니케이션에 대한 새로운 정보와 지식을 자신들의 전유물로 삼기에 민첩했으며, 그 결과로 우리의 공간들은 간단하지만 이해하기 쉽고 단번에 우리의 시선을 끄는 수없이 많은 판매 광고와 구호들로 가득 차 있다.

그러나 문제는 지금까지 교회가 이러한 커뮤니케이션 분야를 얼마나 새롭게 이해하고 그것을 어느 정도 이용해 왔는가 하는 점이다. 우리가 '교회'라고 할 때 그 일차적인 책임은 주로 교회 안에서 사명적 존재로서 책임지고 있는 목회자들에게 있다. 이 목회자들은 설교사역을 우선적인 방편으로 삼아 교회를 이끌어 왔으며, 거기에서 교회의 질서와 발전을 기대하고 있다. 다시 말하면, 목회자들의 일차적인 과제는 바로 그리스도교 신앙의 커뮤니케이션에 관한 문제이다.

이러한 문제성을 인정하면서 반성하는 차원에서 점검해 보면, 지금까지 한국교회 설교사역자들이나 교회학교(메시지를 전하는 현장) 전달자들, 직원들, 교인들, 그리고 목회자들이 그리스도교 복음의 커뮤니케이션을 위한 전문가가 되기 위해 얼마나 노력해 왔는가를 묻지 않을 수 없다. 그리고 교회가 커뮤니케이션 분야에서 이 세대에게 남겨준 것은 무엇이며, 이룩해 놓은 것은 무엇인가를 스스로 질문하면서 부끄러움을 느끼게 된다.

조지 갤럽(George Gallup)과 에반 힐(Evan Hill)이 최근에 미국의 젊은이들을 대상으로 교회에 관한 의식을 조사한 보고서는 이렇게 적고 있다.

"응답자의 교회에 대한 가장 큰 불평은 교회가 자기의 존재 자체와 가르침을 제대로 설명하지 못하고 있다는 점, 교회가 교회의 진정한 의미를 그렇게 열정적으로 강조하지 않고 있다는 점, 교회가 사람들에게 가깝게 접근하지 못하고 있다는 점, 그리고 설교가 너무 막연하며 그 내용이 너무 불분명하다는 사실이다. 많은 사람이 교회가 변화해 가는 세계와 보조를 맞추지 못하고 있다고 비판하고 있으며, 교회가 너무 의식과 신비주의에 치우쳐 있다는 데 대해 혐 오감을 표시하고 있다."[227]

이는 교회가 지금 이 세대에게 실제적으로 전달하고 있는 메시지보다 더 깊은 의식 수준을 가져야 하며, 교회 스스로 지금 자신(설교자)의 메시지가 잘 전달되고 있으리라 생각하는 착각을 범해서는 안 된다는 심각한 지적이다. 교회는 이제 복음의 커뮤니케이션 문제를 아주 진지하게 생각해야 하며, 커뮤니케이션 이론의 전문성과 거기에 따르는 다양한 기술들을 습득하여야 할 것이다.

이러한 필요성을 통감하면서 이 글은 그리스도교 커뮤니케이션의 여러 가지 양태들을 제시할 것이다. 즉, 커뮤니케이션의 기초 과정을 비롯하여 메시지를 전하는 현장에서 말하는 자와 듣는 자의 역할, 종교적인 메시지의 특성들에 관한 문제, 커뮤니케이션을 위한 도구들(tools)과 목회자들을 위한 커뮤니케이션 도구들의 유용성에 대해 개괄적으로 살펴보게 될 것이다.

1. 커뮤니케이션 – 그 정의

"커뮤니케이션은 인간의 가장 근본적인 행위이다."

▶ 커뮤니케이션은 송신자, 메시지, 수신자, 이 3가지 요소를 수반한다.
▶ 커뮤니케이션은 쌍방통행의 과정이다.
▶ 성공적인 커뮤니케이션은 반드시 반응과 효율성과 융통성을 수반한다.

---

227   Hendrik Kraemer, *The Communication of the Christian Faith* (Philadelphia: The Westminster Press, 1956), 11.

커뮤니케이션이란 서로의 생각과 개념, 그리고 삶의 양식을 나누는 일이다. 즉, 타인의 삶으로 우리 자신의 확대(extension)이다. 누구든지 깨어있는 시간에는 무언가를 전달하며 함께 나눈다. 우리가 말을 하거나, 가정이나 공동체 혹 우리의 삶의 현장에서 무슨 일을 한다는 것은 그 자체가 우리 주변 사람들의 삶에 어떤 영향을 미친다.

우리는 커뮤니케이션을 통해서 다른 사람을 설득하고 삶을 나누며, 그리스도인으로서 신앙을 함께 나눈다. 우리의 삶의 중요한 목적은 다른 사람도 영적인 삶을 살도록 하는 일이다. 우리는 커뮤니케이션을 통해서 다른 사람들이 그리스도인 공동체를 통해 하나님과 바른 관계로 인도될 수 있기를 소망한다.

커뮤니케이션은 '공통'(Commonness)이라는 의미를 내포하는 라틴어의 '코뮤니스'(Communis)라는 말에서 그 어원을 찾을 수 있다. 가령 우리가 그리스도교 신앙의 개념을 다른 사람들에게 제시한다고 할 때, 우리는 그들이 우리와 공통의 신앙을 소유하기를 바라고 또 하나님과의 생동적인 관계로 나아가기를 바란다.

인간이 자기 생각을 나누는 일은 단순히 자기 생각을 다른 사람에게 넘겨주는 것을 의미하지 않는다. 자기 자신과 삶의 경험 일부를 다른 사람의 삶 속으로 확대하는 것이며, 그와 동시에 자기 자신도 새로워지게 된다. 이것을 통해서 우리는 신앙생활에 있어서 교사와 학생 또는 설교자와 회중은 함께 성장한다는 말의 의미를 이해할 수 있을 것이다. 누구나 타인에게 받을 것이 있으며, 또 타인에게 줄 것이 있고, 서로 주고받고 하는 쌍방통행의 커뮤니케이션이 이루어지는 가운데서 나와 너, 우리 모두의 삶은 풍요해진다.

우리의 신앙을 나누는 데는 여러 가지 방법이 있다. 그러나 우리는 그리스도인으로서 가족과 친구, 교회 성도들 그리고 직장 동료들에게 복음을 증거할 때 이 커뮤니케이션이 얼마나 결정적인 역할을 하는지 거의 인식하지 못하고 있다.

예를 들어 생각해 보자. 여기에 우리가 쉽게 만날 수 있는 평범한 성도 한 사람이 있다. 결혼하여 자녀 둘을 둔 30대의 아버지다. 그의 며칠 동안의 생활을 들여다보자. 그는 대부분의 여가를 교회에 헌신한다. 주일에는 교회학교 아동부 아이들을 가르치는 교사다.

어느 토요일에 그는 가족과 함께 숲속으로 자전거 하이킹을 갔다. 그런데 그는 거기서 막내아들이 돌을 던져서 새를 잡으려는 것을 보게 된다. 아들을 꾸짖어야겠다는 충동을 느낀다. 그러나 잠시 생각해 본 후에(자신과의 커뮤니케이션, Self Communication) 그는 아들 옆에 조용히 다가가 앉는다(행위를 통한 커뮤니케이션, Communication through action). 그리고 차분하게 아들에게 생명과 살아있는 것들의 의미를 설명해 준다. 그리고 그는 아들에게 하나님이 모든 피조물을 사랑하고 계신다는 사실과 왜 우리가 그것들을 사랑스럽게 다루어야 하는지를 말해준다(구어적〈口語的〉 커뮤니케이션, Spoken communication).

늦은 밤, 가족이 거실에 모여 내일 교회학교 공과시간에 학습할 내용에 관해 대화를 나눈다(그룹 커뮤니케이션, Group communication). 더 나아가 그는 가족들에게 내일 공과시간에 일어날 수 있는 일들을 토론할 기회를 제공해 준다(쌍방통행의 커뮤니케이션, Two-way communication).

주일 아침, 그는 교회에 일찍 도착한다(비언어적 커뮤니케이션, Non-verbal communication). 교실이 잘 정돈되어 있는가(환경을 통한 커뮤니케이션, Communication through environment)를 살펴본 후 필요한 때 언제든지 작동할 수 있도록 슬라이드 환등기(커뮤니케이션 도구, Communication tool)를 설치한다. 수신자(회중 또는 학생)가 도착하자 친절하고 사랑스러운 대화가 오고가고, 그의 친절함과 사랑 때문에(표정, 몸짓, 언어에 의한 커뮤니케이션, Communication by facial expression, gesture, and words) 수신자는 자기들이 선생님에게 사랑받고 있고 인정받고 있음을 알게 된다. 찬송(음악을 통한 커뮤니케이션, Communication through music)을 한 곡 부른 후에 성경(인쇄매체를 통한 커뮤니케이션, Communication through printed media) 한 구절을 읽고 수신자와 함께 기도(언어적 커뮤니케이션, Verbal communication)를 드린다.

'형제 사랑'이라는 공과 주제를 소개하기 위하여 그는 칠판에 몇 가지 질문을 적고(문어〈文語〉적 커뮤니케이션, Written communication), 거기에 합당한 대답을 제시하도록 유도해 낸다(언어적 커뮤니케이션). 준비했던 대로 그는 '형제 사랑'에 대한 슬라이드를 보여준다(그림과 소리를 통한 커뮤니케이션, Communication with picture and sound). 슬라이드를 보여준 후 그는 다시 칠판의 질문으로 돌아와 좀 더 깊이 있는 토론을 할 것을 부탁하고(그룹 커뮤니케이션, 일인 대 다수, one-to-many), 그들의 발표를 기다린다(그룹 커뮤니케이션, 다수 대 일인, many-to-one). 토론 후에 그는 공과시간에 수신자와 함께 발견한 내용을 요약해서 들려준다.

이 예화는 한 사람의 그리스도인이 부모로서, 그리고 교회학교(메시지를 전하는 현장) 전달자로서 복음 증거의 사역을 감당하는 데 있어서 커뮤니케이션과 관련된 수많은 커뮤니케이션 행위의 일부만을 보여준다.

우리는 종종 프로그램이나 공과공부 그리고 회의하는 일 '자체'에만 급급한 나머지 우리의 신앙을 효과적으로 '전달'(Communication)하지 못할 때가 있다. 이것은 우리 자신이 그리스도인으로서 그리고 교회로서 우리의 목적의식을 망각하고 일에만 몰두하고 있음을 지적하고 있다. 이런 점에서 우리는 그리스도인으로서 커뮤니케이션의 중요성을 올바로 인식해야 할 것이며, 우리 스스로가 그리스도교 신앙의 효과적인 전달자(Effective communicator)가 되기 위해서 거기에 합당한 훈련을 받아 훌륭한 커뮤니케이션 기술을 갖추어 나가야 할 것이다.

2. 커뮤니케이션 - 그 과정

어떤 생각을 전달하고 나누는 커뮤니케이션 작업은 3가지 요인-송신자, 메시지, 수신자-을 수반한다. 송신자의 목적은 수신자의 관심을 어떤 특정한 말, 사상 혹은 개념으로 향하게 한다.

커뮤니케이터(전달자)로서 우리의 직임이 설교자이든, 교사이든, 목회자이든, 혹은 평신도이든지 간에 우리의 임무를 가장 쉽게 파악하기 위해서는 먼저 송신자(자기 자신), 메시지(함께 나누고자 원하는 내용), 그리고 수신자(어떤 생각을 나누기 원하는 개인이나 집단)의 입장에서 각각의 상황(situation)을 자세히 분석해 보아야 한다.

다음 몇 가지 일들은 우리가 다른 사람과 어떤 생각을 나누려고 할 때 아주 단순하게 일어나는 일들이다. 가령 자신이 상대에게 '교회'라고 하는 단어의 의미를 가르치려 한다고 하자.

① 먼저, 여기에 합당한 생각 혹은 개념을 나타내 줄 수 있는 어떤 말(언어적 상징)을 찾는다. 그리고 이렇게 묻는다. "교회라는 단어가 의미하는 것은 무엇이죠?"
② 이런 상징들을-그것이 단어이든 그림이든 몸짓이나 표정이든-상대편 수신자 앞에 제시한다.
③ 상대방의 관심을 자신의 메시지로 향하게 한다. 상대방의 관심을 끌기 위해 메시지는 반드시 잘 들릴 수 있고, 잘 볼 수 있어야 한다(잘 들을 수 있도록 크게 읽어 주고, 잘 볼 수 있도록 글씨를 크게 써주어야 한다).

메시지는 반드시 다른 주변의 메시지들과 구별되어 드러나야 한다(대비). 그리고 그것은 어떤 심리적, 육체적 혹은 영적인 욕구(가령 사랑이나 이해, 용납, 기술)를 충족시킬 수 있어야 한다.

그러나 자신의 메시지가 한 번 수신자의 관심을 끌게 된 이후에는 그 메시지는 이제 자신의 통제(control)를 벗어나게 된다. 이제 송신자인 자신은 자기의 메시지가 제대로 전달되고 바로 이해되었는지를 판단해 주는 반응이나 응답을 기다려야 한다. 여기에서 커뮤니케이션의 제1단계가 시작된다. 이제 행위(action)는 자신에게서 수신자 편으로 넘어간다.

① 상대는 자신의 메시지-"교회라는 말이 의미하는 것은 무엇입니까?"-를 파악한다.

② 상대는 자신이 제시한 여러 가지 상징을 이미 경험한 것들과 관련시켜서 동일화(identify) 내지는 자신의 이해권 속에서 기호화(decode)한다. 이것을 가리켜 심상화(心像化)라고 부를 수 있다. 그 상대에게는 가령 '교회'라는 언어적 상징이 "길가에 서 있는 건물로서 예배드리는 데 사용되는 것"이라고 이해되고 있다고 생각해 보자.

③ 상대는 자신의 메시지를 해석하고 자신의 질문에 대한 답변을 생각한다.

④ 그리고 그 대화의 상대는 하나의 답변을 공식화 내지는 기호화(encode)하여 일련의 상징들로 구성된 다음과 같은 답변을 제시한다. "예배당을 지칭한 교회는 사람들이 예배드리는 건물입니다."

대화자의 이런 답변과 함께 행위는 이제 자신에게로 돌아오고 커뮤니케이션의 순환을 나타내주는 원(circle)은 완성된다. 이제 자신은 그의 답변을 평가해서 자기 생각을 완전하게 전달하기 위해 어떤 내용이 덧붙여져야 하는가를 결정해야 한다.

각 채널(channel)은 일정한 용량(capacity)을 갖고 있다. 인간이 수용할 수 있는 데는 일정한 한계가 있다. 그래서 만일 메시지를 통해 정보의 유입량이 수신자의 능력을 초과할 때 결과적으로 어느 정도의 정보손실이 발생하게 된다. 그러나 만일 채널이 최대한도보다 작으면 수신자는 이미 기존의 정보를 더 많이 알고 있는 경우라든지 채널이 너무 과도한 정보량을 감당하지 못할 때(너무 새로운 정보들이 많은 경우) 정보의 수용량도 적어지게 된다. 이때 말은 쓸데없이 낭비하게 된다.

그러므로 전달자는 정해진 시간 내에 자신이 수신자(회중 또는 학생)와 함께 나누려고 하는 정보의 양을 잘 측정해서 그것을 수신자가 수용할 수 있는 정도만 전달해야 한다. 예를 들어, 나이가 어린 아이들은 나이가 더 많은 아이보다 훨씬 더 정보를 느리게 수용하는 데서 그 이유를 찾을 수 있다.

3. 커뮤니케이션 – 쌍방통행의 과정

우리는 다른 사람으로부터 끊임없이 메시지를 받고 있으며, 그것을 풀이하고 해석해서 다시 나의 메시지로 만들어 반응한다. 이런 응답 내지는 반응을 '피드백'이라 부른다. 피드백을 잘 분석해 보면 우리는 우리의 메시지가 제대로 전달되고 이해되었는지를 알 수 있다.

수신자가 송신자에게 메시지를 되돌려 보내는 행위를 우리는 '피드백'이라고 부른다. 수신자로부터 피드백을 받게 되면 자신은 자신의 메시지가 바로 전달되고 이해되었는지를 판단할 수 있게 된다. 만일 어떤 사람이 자신의 말을 이해하지 못하거나 혹은 그 사람이 자신의 메시지에 대해 잘못된 해석을 하였다고 하자. 그러면 자신은 그 뜻을 분명히 밝히기 위해 또 다른 메시지를 보낼 것이다.

그때 자신은 아마 그것을 다른 말이나 다른 상징을 통해서 설명하려 할 것이다. 앞에서 예로 들었던 경우를 다시 생각해 본다면, 자신은 아마 이렇게 말할 것이다. "교회라는 말은 몇 가지 의미를 갖습니다. 때로는 교회 건물을 의미하기도 하고, 때로는 그리스도를 주로 고백하고 그를 예배하는 모든 사람을 의미하기도 합니다."

그리고 이런 과정은 계속된다. 상징들이 제시되고 또 그 상징들이 풀이되고 해석되면 이제는 상대방에게서 반응이 구성되어 다시 돌아온다. 이렇게 해서 쌍방통행의 흐름이 이루어진다. 자신이 얼굴과 얼굴을 맞대고 이야기하든지, 전화로나 혹은 담 너머로, 아니면 집단을 상대로 이야기하든지 간에 이러한 일들은 어떠한 커뮤니케이션 과정에서든지 찾아볼 수 있다.

이런 점에서 우리는 커뮤니케이션이 말하기뿐만 아니라 듣기도 필요로 하고 있음을 알 수 있다. 만일 자신이 잘 듣지 않는다면 자신의 이야기가 상대방에게 잘 들려지고 이해되었는지를 알 수 없게 된다.

훌륭한 교육이란 이처럼 쌍방통행의 대화를 수반한다. 전달자는 어떤 클래스에서든지 수신자(회중 또는 학생) 중의 일부는 뭔가를 발표하고 질문하고 토론하고 싶은 내용을 가지고 있음을 인식해야 한다. 이런 관점에서 볼 때 전달자로서 자신은 사상과 개념을 수신자와 함께 탐구하고 있으며, 결코 수신자를 위한 일방적 전달만은 아님을 알아야 한다. 서로서로 필요를 채워 주는 것이지 전달자만 일방적으로 수신자의 필요를 채워 주는 것은 아니다.

설교자 또는 교사나 학생과 회중 모두가 다 같이 복음과 사랑, 용서와 존재의 가치, 그리고 성취감에 대한 기본적인 욕구와 필요를 나누어야 한다. 수신자와 전달자 모두가 다 자기 나름대로 관심과 필요, 문제, 고민과 갈등, 의문점들을 안고 신앙 안에서 풍성한 삶을 얻기 위하여 그 시간에 함께 자리를 같이해야 한다. 그래서 교사와 학생(설교자와 회중)은 함께 자라가게 된다.

4. 커뮤니케이션의 3가지 단계

커뮤니케이션은 3가지 차원-자신과의 커뮤니케이션, 타인과의 커뮤니케이션, 집단과의 커뮤니케이션-중의 어느 한 차원에서 이루어진다.

자신과의 커뮤니케이션은 중요한 가치를 갖는다. 자신과의 커뮤니케이션을 통하여 우리는 자기 자신과 대화하며, 가치와 행위를 판단하며, 어떤 결단에 이르게 된다.

자신의 내적인 커뮤니케이션(Intrapersonal communication)을 통하여 우리는 신앙과 결단에 이르게 된다. 전달자가 맡은 수신자(회중 또는 학생)가 그리스도교 신앙의 진리에 접해서 그리스도교의 메시지가 자기 삶의 필요를 충족시켜 주는 것인지 아닌지를 판단하게 되는 것도, 이런 자신과의 커뮤니케이션을 통해서 이루어진다. 그리스도교의 메시지가 그들의 삶 전체에 얼마나 타당한가를 그들 자신이 자신과의 커뮤니케이션을 통해 결정한다.

그러나 인간은 자신과의 커뮤니케이션에만 머무를 수 없다. 그 이유는 우리 나름대로 어떤 사상이나 개념, 그리고 어떤 가치체계를 밝혀냈을 경우 우리는 그것을 다른 사람과 나누고 싶어서 견디지를 못하는 본성을 가지고 있기 때문이다. 이것은 우리가 그 어느 것과도 비교할 수 없는 그리스도교 신앙-우리의 삶의 목적을 바꾸어 놓을 만한 가치가 있는-의 가치를 소유하고 있을 때는 더욱더 그렇다.

타인과의 커뮤니케이션을 우리는 "사람과 사람 사이의 커뮤니케이션"(Interpersonal communication)이라 부른다. 이것이 가장 중요한 커뮤니케이션이다. 그리스도교 신앙을 가장 효과적으로 나눌 수 있는 것이 바로 이 단계의 커뮤니케이션이다.

얼굴과 대면하는 커뮤니케이션에서는 동시에 여러 가지 다른 채널을 통해 전달할 수 있다. 언어적, 비언어적 상징, 몸짓, 느낌 그리고 악센트 등 여러 채널을 사용할 수 있다. 특히 인간의 전 인격과 전 존재를 수반하는 그리스도교 신앙은 인간이 가지고 있는 전 영역에 걸친 모든 커뮤니케이션 기능을 이용하지 않고는 충분히 전달될 수 없다.

대중매체도 중요하고 집단 커뮤니케이션도 중요하다. 그러나 오직 쌍방통행의 일대일 커뮤니케이션, 즉 인격과 인격의 만남이 있고, 충분한 대화가 오고가는 얼굴과 얼굴의 커뮤니케이션만이 따뜻한 이해와 용납 그리고 그리스도교의 사랑을 나눌 수 있다. 그래서 그리스도교 전달자들은 인생의 궁극적인 문제에 관해 다른 사람과 이야기할 모든 기회를 적극적으로 선용해야 한다. 왜냐하면 이런 기회야말로 인격과 인격이 만나서 일대일로 충분한 대화를 통해 그리스도교 신앙을 나눌 수 있는 황금의 기회이기 때문이다.

전달자인 교회 목회자들이 한 번에 여러 사람과 만나 상호 의사 전달을 하는 작업도 때로는 필요하다. 이것을 우리는 그룹 커뮤니케이션이라 부른다. 그룹 커뮤니케이션은 교회나 교회 프로그램을 위해 필수적인 커뮤니케이션 양식이다.

한 사람이 여러 사람으로 구성된 그룹과 얘기하는 것은 일인 대 다수의 상황이고, 그룹이 얘기할 때 한 사람이 듣는 것은 다수 대 일인의 상황이다. 그룹 커뮤니케이션에 있어서 지도자는 다수의 수신자와 다수의 송신자를 의식하지 않으면 안 된다. 개인마다 나름의 각기 다른 사상과 성장 배경, 그리고 이해와 지식수준을 가지고 있기 때문이다.

그룹(집단) 내에서 자신의 메시지를 효과적으로 전달하는 일이나 또 그것이 각 개인에게 제대로 전달되고 있으며 바로 이해되고 수용되고 있는지를 파악하는 것은 몹시 어려운 일이다.

그러나 교회나 교회학교(메시지를 전하는 현장) 상황에서 보는 바와 같이, 한 사람이 집단을 상대로 효과적으로 커뮤니케이션을 잘하는 경우도 우리가 여러 군데서 찾아볼 수 있다. 그런 경우는 회중으로부터의 여러 가지 피드백이 전제되거나 자신의 메시지에 대한 송신자 자신의 자기 평가가 전제될 때만 가능하다.

'인식'(awareness)은 성공적인 그룹 커뮤니케이션을 위해 가장 중요한 요소다. 전달자는 수신자의 관심의 일반적인 수준이 어느 정도이며 수신자가 어느 정도 이해했는지를 인식할 수 있어야 하며, 표정이나 언어적 표현을 통해 나타나는 여러 종류의 피드백을 의식할 수 있어야 한다.

집단 혹은 개인으로부터의 피드백을 인식하는 것은 전체적인 커뮤니케이션의 흐름을 전달자가 의도하고 있는 목적을 향해 올바로 안내하는 데 아주 중요하다. 물론 어느 교회에서든지 앞에서 언급한 3가지 단계-개인적 단계, 타인과의 일대일 단계, 그룹을 상대한 단계-의 커뮤니케이션이 동시에 이루어진다.

5. 성공적인 커뮤니케이션의 요건들

1) 피드백(Feedback)

앞에서 그 정의를 살펴보았듯이 피드백의 중요성은 아무리 강조해도 지나치지 않다. 피드백을 잘 살펴서 그것을 인식할 수 있어야만 응답하고, 질문하고, 메시지에 대해 나름대로 의견과 반응을 제시할 기회가 주어지기 때문이다. 누구든지 새로운 사상이나 아이디어 탐구의 세계에 깊숙이 관련되고 동참하면서부터 거기에 깊은 관심과 흥미를 갖게 된다.

전달자는 언제나 자기 자신에게 끊임없이 물어봐야 한다. 그 사람이 이해했는가? 그가 메시지를 받아들였는가? 그의 반응은 무엇인가? 그의 반응이 의미하는 바가 무엇인가? 자신이 그의 표정이나 반응의 내용, 그리고 그의 질문을 잘 관찰해야만 자신은 위의 질문들에 대한 해답을 얻을 수 있을 것이다. 여기서 얻어진 해답들을 통해서 자신은 자신의 메시지를 더 명확하게 하기 위해 보충해야 할 내용이 무엇이며, 어떤 점을 수정해야 할 것인지에 대한 실마리와 힌트를 얻게 될 것이다.

사람은 단순히 정보나 지식을 받아들이고 수용만 하는 것보다 자신의 견해와 생각을 밖으로 표출함으로써 더욱더 많이 배운다. 그러므로 전달자는 정보와 지식의 건강한 쌍방통행적 흐름을 위해 학생에게 발표할 기회를 많이 제공해야 한다.

2) 적절성(Appropriacy)

자신의 메시지가 때와 장소에 적절하며, 상대편 대화자에게 적절한지를 생각해 보자. 만일 자신이 그들의 배경과 경험과 이해의 수준을 알지 못한다면 자신의 메시지가 그들에게 어느 정도 흥미가 있는지, 어느 정도 가치가 있는지를 확실히 파악하기가 어려울 것이다.

사람들마다 정보를 수용할 수 있는 능력이나 욕구가 다 다르다. 각 나이 집단마다 각기 다른 문화적, 교육적, 경제적, 심리적인 배경과 환경이 달라서 정보 수용에 대해서도 각기 다른 요구와 관심과 능력을 갖춘다. 그래서 숙련된 전달자는 수신자의 환경이나 배경, 커뮤니케이션이 이루어지고 있는 직접적인 주변 환경, 그리고 자신의 메시지가 가지고 있는 본질에 대해 깊은 이해를 갖고자 노력하고, 이런 깊은 이해를 한 후에 여러 가지 조건이나 배경에 적절한 메시지를 구상하고 작성해야 한다.

3) 효율성(Efficiency)

여기서 효율성이란 자신과 학생 내지는 회중의 시간에 대해 어느 정도 효율적이냐를 의미한다. 아무리 훌륭한 화술도 음향 시설 준비나 학습시간에 대한 신중한 준비를 대신해 줄 수 없다.

유능한 전달자는 새로운 사상의 탐구를 위해 수신자를 어느 방향으로 이끌어가야 할 것인지를 잘 알고 있다. 그리고 자신의 학습 진행을 강화하기 위해 어떤 도구를 사용해야 하는지도 잘 알고 있다. 그는 수신자를 어떻게 참여와 토론으로 이끌어낼 것인가에 대해 구상하고 계획을 세울 줄 안다. 그리고 첫 질문을 던지기 전에 수신자로부터 어떤 반응이 있을 것인지도 안다. 다른 말로 하면, 최소의 시간 내에 최대한의 지식을 나누고 전달하기 위해 계획을 세워야 한다.

4) 융통성(Flexibility)

커뮤니케이션은 마치 게임과 같다. 한번 대화가 시작되면 다음에는 무슨 이야기가 나오게 될지 아무도 정확하게 알 수 없다. 왜냐하면 거기에는 최소한 두 가지 생각이 항상 공존하기 때문이다. 그래서 한쪽 편 사람은 다른 편 사람이 어떤 순간에 어떤 방향으로 나아갈지를 모른다.

여기서 융통성이 아주 중요하게 요청된다. 학생이나 회중에게서 나오는 피드백을 잘 관찰하면, 대화에서 흐르고 있는 어떤 순번이나 차례를 발견할 수 있을 것이고, 그것이 새로운 방향으로 나아갈 것인지 혹은 목표하는 방향으로 되돌아올 것인지를 알 수가 있다.

학습 중에 수신자의 관심이나 시선이 소음이라든지 잡담, 그리고 돌발적인 사건, 혹은 흥미나 도전의 부족 등으로 인해 토론 중에 주제에서 벗어날 수도 있다. 그런 경우 전달자는 그런 돌발적인 상황을 극복해서 수신자의 시선을 회복하고, 그들의 관심이 다시 주제를 중심으로 한 '사고의 큰 흐름'으로 되돌아올 수 있도록 융통성을 발휘해야 한다.

무작정 교재 마지막까지를 다루기 위해서 전달자 혼자서 계속 떠드는 것은 아무런 가치가 없다. 더욱더 중요한 것은 수신자가 학습에서 가장 핵심이 되는 진리를 파악했느냐, 그리고 그렇게 파악한 지식을 가지고 또 다른 새로운 진리를 발견해 낼 수 있느냐를 전달자는 파악할 수 있어야 한다.

융통성은 전달자가 수신자의 관심에 따라 움직이게 할 뿐만 아니라 학습 목표로 하는 주제의 결론에 이를 수 있도록 해 준다. 그러나 융통성은 자신이 수신자뿐만 아니라 자신의 메시지의 내용을 확실하게 파악하고 있을 때만 가능하다.

6. 맺는 말

커뮤니케이션을 위한 한국의 문화가 비록 순탄하지 못한 과정에 있다 하더라도 그리스도는 모든 세대, 모든 인생의 삶의 근거이며 기초(foundation)라는 사실에는 이견이 없다. 그러하기에 교회의 메시지가 모든 세대에게 수용되고 이해될 수 있는 언어로, 또한 모든 세대의 필요에 따라 전해지는 메시지가 되어야 한다는 사명이 오늘의 설교사역자들에게 주어져 있다. 그러므로 복음 선포의 책임을 맡은 설교사역자는 먼저 효과적인 커뮤니케이터, 즉 훌륭한 전달자가 되어야 한다. 인간은 마치 작은 상자와 같아서 여러 가지 아이디어와 지식, 신앙으로 가득 채울 수도 있으며, 때로는 전혀 내용이 없이 속이 텅 비어 있을 수도 있다.

효과적인 그리스도교의 커뮤니케이션은 그리스도인으로서 "세상으로 나가 나의 증인이 되라"는 그리스도의 지상 명령을 수행하는 가장 소중한 과정이며 과제이다. 이러한 이유로 인간의 복잡하고도 놀라운 커뮤니케이션 과정을 탐구하여 그것을 하나님의 메신저로서 성공적으로 도구화하고 그 효과를 극대화하는 것은 바로 우리의 사명이라고 보아야 한다.

부록 3
커뮤니케이션 스타일과 전달[228]

Merrill R. Abbey

"자네는 이야기의 내용보다는 스타일에 더 깊이 빠져 버렸군. 잘해보게나." 어느 젊은 작가가 자신의 작품을 비평해 달라고 끈질기게 졸라대자 웰즈(H. G. Wells)가 이렇게 대답했다고 한다.

글을 쓰는 작가든 하나님의 말씀을 전하는 설교자든 이야기의 내용에 앞서 표현의 스타일에 관심을 둔다는 것은 화려한 겉치레일 뿐이다. 진정한 스타일은 그 사람 나름대로 독특한 통찰력과 관점에 뿌리박고 있으며, 거기에서부터 우러나온다. 만일 자기 나름대로 바른 원리와 건강한 인격을 가지고 사물을 보는 사람이라면 무슨 말을 하든지 자연히 그 사람만이 갖는 독특한 향기를 내뿜게 된다.

사람들은 자기가 좋아하는 설교자에 대해서 "그분은 결코 답답한 설교는 하지 않아요"라고 말한다. 이것은 무엇을 의미하는 말인가? 그것은 자기가 좋아하는 그 설교자에게만은 온갖 화려한 색깔의 언어로 말

---

228 이 글은 게렛 신학대학교(Garrett Theological Seminary) 설교학 교수였던 메릴 애비(Merrill R. Abbey)의 명저 *Communication in Pulpit and Parish*의 제15장 "Evolving a Communicative Style"이다.
이 글은 설교학을 전공하던 나에게 설교 문장의 구성과 형태가 설교의 성패에 얼마나 큰 역할을 하는지를 깨닫게 하였다. 참으로 값지고 고마운 글이다. 그 진한 감동이 아직도 남아있기에 여기에 번역하여 독자들에게 부록으로 제공하는 바이다.

의 잔치를 늘어놓는 어떤 기술, 그 이상을 뛰어넘는 그 무엇이 있음을 지적해 주는 말이다.

회중은 설교에서 반짝거리는 어떤 멋진 표현보다 설교자의 메시지가 제시하는 내용-즉, 일차적으로 복음과 만남(encounter)에서 출발했는가? 오늘 이 시대에 필요적절한가? 그리고 설교자 자신에게 하나님의 말씀을 맡은 그리스도의 일꾼으로서 사랑과 배려가 있는가?-이 어떠한가에 더 큰 가치를 둔다. 그런 사람에게 표현 스타일은 다음과 같은 복합적인 의미가 있다. 그것은 각고의 노력으로 갈고닦은 표현 기술, 메시지와 거기에 관련된 자료들에 대한 설교자 자신의 관련성, 그리고 다른 사람이 아닌 바로 그 설교자만이 전할 수 있는 메시지의 내용, 또한 그 메시지를 형성하는 설교자 자신의 내면적 완전성(인격)과 능력 등이다.

1. 표현 스타일의 언어학적 기준

체스터필드(Chesterfield) 백작은 "스타일은 사상의 옷이다"라는 말을 하였다. 이 문장만 가지고도 깊이 있는 이야기를 할 수 있으나, 여기서 중요한 의미는 사상은 옷을 잘 입어야 한다는 것이다. 전통적으로 스타일의 문제는 언어와 함께 다루어져 왔는데, 여기에서도 그런 차원에서 이 문제를 다루려고 한다. 그래서 스타일의 고전적이고 전통적인 기준들-순수성, 정확성, 명료성, 열정, 미적 감각 그리고 자연스러움-을 생각해 보고자 한다.

1) 순수성(Purity)

여기서 순수성이란 문법과 어법을 중시하며 그것을 준수하는 것을 말한다. 가장 좋다고 정평이 나 있는 『현대 문법 교본』(Strunk & White 공저)을 보면, 용법과 작문의 기초적인 법칙들에 관해서만 책 전체 내용의 3분의 2를 할애해서 자세히 설명하고 있다.

언어를 활용하는 지성인의 세계에서도 가르치는 사람들이나 글을 쓰는 사람들이 잠깐의 인기를 노리며 특유하고 기괴한 표현을 창작해 내는 모습을 종종 본다. 그들이 만들어 낸 새로운 말들을 살펴보면 대부분 자신의 집단 내에서나 통용될 수 있는 언어이다. 밖의 사람들에게는 의미도 분명하지 않은 표현들이 가득하고, 때로는 주어나 동사와 같은 기본 언어구조를 빼버려서 문장이 성립되지 않는 표현들도 많다. 이런 표현을 젊은이들은 무슨 자랑거리나 되는 것처럼 열심히 모방하는데 이는 문제가 아닐 수 없다. 그들은 이런 표현들이 이 시대의 어풍(語風)이라고 생각하고, 이렇게 말해야만 사람들이 잘 알아듣는다고 생각한다. 그러나 이러한 어법은 우리가 쓰는 말의 뜻을 점점 더 모호하게 만들 뿐이다. 또한 사상을 담아 전달하는 중요한 언어의 역할에서도 그러한 행위는 언어의 정확성을 무디게 만들 뿐이다.

일반적으로 목수는 자신의 연장(tools)을 함부로 다루고 그것을 무디게 만드는 일꾼을 가장 경멸한다. 언어는 설교자의 연장이고 도구다. 언어라는 도구를 무디게 해서 내일의 일을 위해 도무지 쓸 수 없을 정도로 망가뜨려 놓고 있는 오늘날의 잘못된 어풍은 장인정신을 파괴하는 해로운 행위다. 에이브러햄 링컨은 개척지에서 학교도 다니지 못하고 배우지 못한 군중에게 연설하면서도, 자기 스스로 갈고 닦아 잘 갖춘 그의 순수한 어법(pure style)을 포기하지 않았다. 이러한 사실은 오늘날 우리가 대중에게 연설하기 위해 굳이 우리 언어의 격을 조작하거나 낮추어야 할 필요가 없음을 모범적으로 잘 가르쳐주고 있다.

2) 정확성(Precision)

정확성은 언어의 표현이 얼마나 바르고 확실한가를 가리킨다. 연설이나 설교가 진실한 것이 되기 위해 반드시 어떤 기술적인 면이 필요한 것은 아니다. 짧막하고 평범한 말로도 심오한 사상을 표현할 수 있다. 그러나 정확성이 모자란 표현을 쓰게 되면 회중에게 분명한 의미를 전달할 수 없다. 그뿐만 아니라 말하는 사람 자신도 아직 자신이 전달하고자 하는 사상의 핵심을 제대로 파악하지 못했음을 드러내게 된다. 정확한 사고를 위해 땀을 많이 흘린 사람은 거기에 맞는 정확한 표현을 찾아낼 수 있을 것이다.

3) 명료성(Clarity)

여기에서 명료성은 우리가 전달하고자 하는 의미를 알아듣기 쉽고 평범하게 하는 작업과 관련된다. 아무리 설교가 진리로 가득하고 아름다운 언어를 구사한다고 할지라도 그것이 선명하고 명료하지 못하다면 그 설교는 아무것도 이룰 수 없다. 어렵고 고달픈 인생길에 지친 사람들은 교회에 나가면 목사가 뭔가 한 가닥 소망의 닻줄을 던져 줄 것으로 기대한다. 그래서 그들은 교회에 나와서 정신을 가다듬고 온 귀를 기울여 목사의 설교를 듣고자 한다. 그러나 설교가 분명하고 명료하게 의미를 전달하지 못하면 그 설교는 그들에게 아무것도 건네줄 수 없게 된다.

이미 오래전 1세기 사람이었던 퀸틸리아누스는 이렇게 경고한다. "저자는 세심한 배려와 심사숙고를 해야 한다. 이것은 독자가 이해할 수 있도록 하기 위함이 아니라, 저자 자신이 이해해야 하기 때문이다."19 세기의 대설교가 스펄전은 이렇게 말한다.

> 다른 사람들이 당신의 말을 쉽게 알아듣게 하려고 평범하고 이해하기 쉬운 말로 설교하는 것만은 아니다. 오히려 당신 자신이 오해받지 않기 위해서도 명쾌하고 알아듣기 쉽게 설교해야 한다.

이런 설교는 오직 철저한 훈련의 과정을 거쳐야만 얻어질 수 있음을 유의해야 한다.

4) 열정(Energy)

이것은 힘있게 말하는 것을 가리킨다. 많은 음절을 가진 말보다는 간단명료한 짧은 말이 훨씬 더 큰 힘을 갖는다. 홈즈(Oliver Wendell Holmes)는 여기에 대해 다음과 같이 말한다.

나는 짧은 말로 충분히 대답할 수 있을 때는 결코 긴 말(단어)을 사용하지 않는다. 물론 이 나라에는 여러 개의 동맥을 한꺼번에 묶는 의사들이 있다는 것을 안다. 그러나 어떤 의사들은 단지 그것들을 잡아매기만 한다. 그렇게 해도 출혈은 잘만 멈춘다.

짧은 문장일수록 더 강력한 힘을 갖는다. 시드니 스미스(Sydney Smith)는 그의 저서 『작문법』(In Composing)에서 이렇게 말하고 있다.

"일반적인 원리로 말하자면, 작문한 후에는 반드시 그것을 한 자한 자씩 짚어가면서 단어들을 철저히 살펴보아야 한다. 만일 그렇게 훈련하지 않으면 그 작업이 당신의 문장 스타일에 얼마나 생기를 불어넣어 주는 일인지를 깨닫지 못할 것이다."

5) 미적 감각(Beauty)

여기에서 미적 감각은 장식(decoration)이나 치장과는 구별된다. 아름다운 건축물의 진가가 화려한 장식물이나 겉모양에 있지 않고 그 구조 자체에 있듯이, 화려한 수사나 군살이 붙지 않은 표현 스타일이 오히려 회중이 듣기에 좋을 때가 많다. 표현이 힘차고 박력이 있으며 우아한 설교는 경쾌한 리듬이나 우렁찬 말들과 잘 조화될 수 있다.

6) 자연스러움(Naturalness)

자연스러움이란 그때와 그 정황에 가장 잘 맞는 표현의 적절함과 적합성을 이르는 말이다. 설교자의 표현이 설교자의 삶과 정신에서 우러나오고 그의 사상과 조화될 때 그 메시지는 매우 자연스럽다. 그리고 그 내용이 회중의 정황과 수준을 벗어나지 않으면서도 너무 천박하지 않게 그들의 때와 장소에 어울릴 때 언어의 자연스러움은 성립된다.

이런 자연스러움은 잘 훈련되고 다듬어진 기본 정신에서부터 아주 쉽게 표출되고 발달하게 된다. 그 이유는 언제나 준비되어 있기 때문이다. 내적으로 건전한 정신을 갖추지 않고 사려 깊은 사고를 하지 않는 사람에게서는 그런 자연스러움이 쉽게 드러날 수 없다.

이런 자연스러운 표현 스타일이 회중이 처한 삶의 정황과 회중의 생각과도 잘 들어맞는 경우는, 그 설교자가 감정이입(empathy)이라든지 회중의 마음을 읽는 감각을 지속해서 훈련해 왔기 때문이다. 또한 이런 자연스러운 표현이 회중의 사상과 사고에 잘 들어맞게 되는 이유는 설교자가 회중의 사고의 질감(質感)까지도 느낄 수 있을 만큼 사고의 문제를 오랫동안 다루어 왔고 준비해 왔기 때문이다.

2. 고쳐쓰기를 통한 표현방법의 개발

표현방법이나 표현 스타일을 개발하기 위해 여러 가지 방법이 강구될 수 있다. 여기서는 설교문을 쓰고, 그것을 또다시 고쳐쓰는 것을 통해 표현 스타일을 향상하는 방법을 생각해 본다. 훌륭한 피아니스트는 하나의 악보를 처음부터 끝까지 한 번 전체적으로 연주해 보는 것으로 끝나지 않는다. 마디마디를 수십 번 반복해서 쳐보는 작업을 인내심을 갖고 계속한다. 그와 마찬가지로 하나의 표현 스타일을 얻어내기 위해서는 쓰고 고치고 또다시 고쳐쓰는 인고의 작업과정이 요구된다.

대부분의 설교는 입을 통하여 말로 하는 표현이다. 그런데 여기서 왜 쓰기를 강조하는가? 그것은 날카로운 펜 끝이 절제하기 어려운 혀를 연단시키기 때문이다. 펜의 신중하고도 섬세한 움직임을 통해, 절제할 줄 모르고 빨리 내뱉기를 좋아하는 혀를 훈련하여 절제시키기도 하고 정확하게 바로잡아 주기도 한다. 회중에게 능력 있게 설교하는 설교자들 가운데는 대부분 간단한 메모만 가지고 하거나 원고 없이 설교하는 경우가 많다. 그들은 이미 그러한 인내의 작업과정을 거친 사람들로서 설교자가 직접 설교문을 쓰는 작업을 통해서만 좋은 설교를 구성하고 진행할 수 있다는 사실을 체험하고 확증한 이들이다.

설교 내용을 토씨 하나하나까지 원고화하는 것은 설교자에게 자신이 설교 내용을 충분히 생각하고 묵상했다는 어떤 자신감 내지는 확신을 갖게 한다. 그가 설교한 후에도 그의 설교 원고는 남게 된다. 그것은 설교자 자신에게나 교인들에게 설교자의 사상을 분명히 제시해 줄 뿐만 아니라 설교자의 메시지가 갖는 통일성 내지는 일관성을 제공해 준다는 점에서 아주 중요한 가치를 갖는다. 인내를 가지고 지속적이고 끊임없이 설교 원고를 고쳐쓰는 이 고통스러운 작업은, 대중 앞에서 말할 기회가 많은 설교자에게 단순히 말만 많이 늘어놓는 것을 방지하고 제어시키는 가장 확실한 대책이 된다.

설교자의 설교 원고화 작업은 읽히기 위함이라기보다는 들려지기 위함에 있다. 바로 이런 이유로 여기에는 제약조건이 많다. 쓰인 원고를 활자매체를 통해 읽는 사람은 읽다가 생각해 보기 위해 잠깐 쉴 수도 있고, 읽었던 부분을 다시 찾아 읽을 수도 있다. 그러나 설교를 듣는 회중은 설교자가 가는 데로 따라갈 뿐 자기 마음대로 다시 들을 수도 없고, 잠깐 쉬었다가 다시 생각할 수도 없다. 회중은 설교자와 보조를 맞춰가면서 생각해 가야만 한다.

이런 이유로 복잡하고 긴 설교 문장은 회중에게 길을 찾아 헤매게 만드는 답답한 미로(迷路)를 만들기 쉽다. 앞에서 한 번 언급된 중요한 문제들이 여러 가지 잡다한 소음과 분방한 사고의 교차 때문에 그 핵심이 흐려지게 된다. 여러 빛깔로 장식된 말들은 그 본뜻을 드러내기보다는 감추어버리기 쉽다. 설교에 쓰이는 문장은 간결하고 직설적인 문장이어야 하며, 가능하면 쉬운 단어를 사용하는 것이 좋다. 설교의 주제와 핵심, 사상은 반복을 통해 오해의 여지가 없도록 분명하게 전달해야 한다. 그리고 형용사나 부사보다는 명사나 동사가 주가 되도록 해야 한다. 빽빽한 문장 속에서 명사를 약화하는, 즉 의미가 빈약하거나 부적절한 형용사는 사용하지 말아야 한다.

설교 문장을 작성할 때 두 가지 방편을 사용하면 설교를 더 쉽게 전달할 수 있다. 그 하나는 긴 문장을 여러 개의 짧은 문장으로 나누는 것이고, 또 다른 방법은 음절수가 많은 단어를 찾아 음절수가 적은 단어로 대치하는 것이다. 플래시(Rudolf Flesch)는 책을 얼마나 쉽게 읽어나 갈 수 있는가 하는 가독성(可讀性) 실험을 위한 하나의 공식을 만들어냈다. 그 공식은 평균 문장의 길이를 재고, 백 개의 단어를 기준으로 그 안에 음절수가 몇 개인지를 세어 보는 작업이다. 하나의 실례로, 여기서 우리는 오랫동안 읽혀 온 어느 책의 서문 가운데 그 첫째 단락을 가지고 간단하게 시험해 볼 수 있다. 그 서문은 다음과 같이 쓰여 있다.

> 머리말에서 밝힌 바와 같이, 본서는 전 그리스도교 신앙과 체험과 삶, 그리고 신학을 표현하면서 인간의 삶 속에서와 또 예수 그리스도의 인성(人性) 안에서의 결정적이며 분명한 하나님의 체현(體現)이 그 핵심이며 중심인 것을 밝히는 것이 목적이다. 그러나 오랜 시간 이 신앙을 과소평가하려 함으로써 그리스도교 신앙의 부유함과 온전함을 파괴하려는 경향이 있었던 것이 사실이다. 그런데 최근에 이르러서 무미건조한 소위 자유주의는 그리스도교 공동체가 전하는 생명의 충만함에 대하여 부적절하다는 사실을 보여주었고, 동시에 또 다른 이유에서는 소위 신정통주의가 안고 있는 철저한 불연속성이 만족스럽지 못했다.

위의 내용이 제기하는 쟁점은 역사 속으로 이미 침윤되어 버렸다고 할지라도, 여기서 우리가 관심을 두는 것은 위 문장의 명확성(clarity)에 관한 문제다. 총 115개의 단어로 되어 있는 위의 글은 단지 두 개의 문장으로 구성되어 있을 뿐이며, 세미콜론으로 구분된 주절까지를 센다고 하더라도 기껏해야 3개의 문장으로 되어 있다. 이런 경우 문장의 평균 길이가 30단어 이상이 된다. 앞부분 100단어 안에 있는 총 167개의 음절수를 고려해서 플래시의 백분율로 나타내 보면 그 가독성은 약 35퍼센트 정도밖에 안 된다. 그러면 앞의 글을 좀 더 짧은 문장으로, 좀 더 음절수가 적은 단어를 사용하여 다시 고쳐써 보기로 하자.

> 그리스도인들은 예수 그리스도를 통해 하나님을 안다. 모든 것 생명, 믿음, 신학이 그에게서 나온다. 본서는 그 점을 분명히 밝히려 한다. 이 진리를 소홀히 다룸으로 말미암아 그리스도교 신앙을 풍성하고 온전하게 하지 못했다. 최근에 자유주의자들은 그리스도교 공동체의 사상을 발전시키지도 못했고, 또 그것의 생명력도 풍성하게 할 수 없었다. 그럴 뿐만 아니라 자체 안에 사상의 분열 요소를 안고 있는 소위 신정통주의의 가르침도 만족스럽지 못했다.

그렇게 길던 글을 고쳐쓴 결과 평균 11단어를 가진 6개의 짧은 문장으로 바뀌었다. 음절수에서도 처음의 167개에서 102개로 떨어졌다. 백분율에 의해서 측정해 보면, 그 가독성이 이제 96퍼센트로 높아졌다. 그러면서도 원래의 글이 전달하고자 했던 내용 중에서 빠뜨린 내용은 거의 없다. 이런 변화는 단지 두 가지 방법을 사용한 데서 기인한다. 그 하나는 긴 문장을 나눈 것이고, 다른 하나는 음절수가 많은 단어를 음절수가 적은 단어로 대치한 것이다.

자신의 설교 스타일을 회중이 이해하기 쉽게 발전시키기 원하는 설교자는 설교문을 쓸 때나 그것을 다시 고쳐쓸 때 이 두 가지 방법을 실행해 보면 많은 유익을 얻을 수 있을 것이다.

짧지만 내용이 분명한 글을 누구나 쉽게 쓸 수 있는 것은 아니다. 부단한 훈련과 각고의 노력의 결과로 얻어진다. 테네시 윌리엄스(Tennessee Williams)가 짧지만 그 내용이 분명한 희곡 대사를 쓸 수 있기까지는 초고를 네 번 또는 다섯 번씩 읽어 보고, 최종 원고는 각 페이지마다 열 번 이상의 수정을 가했다고 한다. 그것은 매우 힘든 작업이다. 그러나 윌리엄스는 어느 인터뷰에서 이렇게 말했다.

> "나의 서재에서의 시간은 하루 가운데 최고의 시간입니다. 나의 삶이 존재하는 것은 바로 그런 시간들 때문이죠. 그 나머지 시간은 그냥 기분 좋게 흘러가는 시간들이죠. 그러나 나에게 글을 쓰는 일은 그날의 최고의 도전이고 즐거움이죠."

그렇다. 하물며 복음을 분명하게, 그리고 능력 있게 전해야 하는 설교자의 일이 어찌 그의 글 쓰는 일보다 더 중요하지 않다고 할 수 있겠는가.

3. 체화(體化)된 표현방법의 효능

버퐁(Georges de Buffon)이 말한 대로, 스타일은 말의 기교를 뛰어넘어서 말하는 사람 그 자체다. 그러나 오늘날 교묘하게 조작된 현란한 광고물들의 이미지가 스타일의 본질이 그 사람 자체에 있다는 이 진리를 흐려 놓고 있다. 1968년 대통령 선거운동 당시에 내려졌던 선거운동 지침 가운데 하나가 바로 이런 문제를 잘 드러내 주고 있다. 그 내용의 일부는 다음과 같다.

> 중요한 것은 선거 유세 현장에 있는 사람(후보)이 아니다. 단지 우리가 만들어 내는 후보의 이미지가 중요할 뿐이다. 그래서 우리는 이

점을 분명히 해야 한다. 사람들의 반응은 후보 인물 그 사람 자체에 대한 것이 아니라 그의 이미지에 대한 것이며, 이런 반응은 후보자 자신에게 달린 것이라기보다는 매체와 그것을 어떻게 사용하고 조작하느냐에 따라서 좌우되는 경우가 더 많다는 사실이다.

물론 이런 일들이 치밀한 인위적인 무대 연출을 통해 일반 사람들과 어떤 일정한 거리를 두고 간혹 만나는 사람들에게는 가능할 수도 있을 것이다. 그러나 매일같이 교인들과 깊은 만남을 가져야 하는 목회자에게는 이런 일은 있을 수도 없을 뿐 아니라 바람직한 일도 아니다. 왜냐하면 목회사역은 사람들 속에서, 교인들이 아주 가까이서 지켜보는 가운데 자신의 생활로써 입증해야만 하는 사역이기 때문이다. 그러므로 목회자에게 있어서 스타일은 그 사람 자체, 바로 목회자 자신이다.

우리는 이 명제를 설교자가 전하는 메시지와 관련시켜 볼 수 있다. 월(James M. Wall)은 이것을 설교의 스타일과 관련해서 많은 것을 제시해 주고 있는 영화 비평의 범주들에 적용한 바 있다. 그는 추상적인 것에서부터 직감적인 것에 이르기까지 하나의 연속체(continuum)에 대한 영화 경험 내용을 이야기하고 있다.

영화가 추상적인 장면으로 끝나게 되면 우리는 이 영화가 무엇에 대한 것인가, 즉 구성, 인물 묘사, 메시지에 관심을 집중하게 된다. 그러나 반대로 어떤 영화가 직감적인 장면으로 끝나게 되면 우리는 그렇게 심각하게 그 영화가 제공하고 있는 정보나 구성에 대해서는 관심을 두지 않게 된다. 그 대신 우리는 영화에서 보았던 어떤 환영(幻影, vision)에 초점을 맞추게 된다. 영화는 본질에서 이런 식의 직관을 즉각적으로 제공하기 때문에 관객과의 관련성이나 참여도에 있어서 상당히 큰 잠재력을 가진다. 영화는 아주 개인적이다. 영화는 참여(engagement)의 차원에서 이루어진다.

예를 들면, 미켈란젤로 안토니오니(Michelangelo Antonioni, 이탈리아의 유명한 영화감독)의 스타일은 실제 사건들과 영상들이 우리의 실제 생활에서 정말 일어난 것처럼 마구 뒤섞여 나타나는 그런 경험의 나눔으로서, 이야기를 그대로 전달하지 않는다. 이런 영화는 직감적인 장면에서 끝이 나는데, 그때 우리는 구성(plot) 뿐만 아니라 화상(picture) 그 자체에도 몰입하게 된다. 그래서 우리는 즐겼던 내용의 기억만 가지고 극장을 나서는 것이 아니라 그 이상의 무엇인가를 갖게 된다. 그것으로부터 우리의 머릿속에서는 새로운 생각이 일을 시작하게 되고, 경험에 대한 새로운 평가작업이 우리에게 요구된다.

라이스(Charles L. Rice)는 이와 유사한 영화의 연속성을 설교 평가에 응용한다. 추상적이면서 동시에 직감적인 극단에서는, 설교자는 비인격적으로 남아있으면서 한 인격성을 던져준다. 이런 추상적 스타일은 인간의 경험을 회피하며, 이상적 감정주의는 인간의 실존적 상황을 약화하고 변질시켜 버린다. 인간의 삶은 하나님께서 인간의 형체를 입으시고 찾아오신 모습을 따르기보다는 조잡하고 원시적인 모습을 그대로 드러내게 된다.

라이스는 이러한 인위적으로 꾸며낸 것들에 반해서 생명력 있고 감동이 넘치는 설교에 대해, 진리는 반드시 사상적(ideological)인 정황뿐만 아니라 전기적인(biographical) 정황도 지녀야 한다는 전제하에 이해해야 함을 강조한다.

왜 설교가 감동적이며 생명력을 던져주는가? 설교가 설교자 자신의 삶의 경험에 직접적으로 맞닿아 있기 때문이며, 자신의 확신과 승리뿐만 아니라 자신 안에 도사리고 있는 두려움과 욕구를 솔직하게 고백하기 때문이다. 더 나아가서는 그 문제에 대하여 단순히 객관적인 해석을 제시하는 차원을 뛰어넘어, 인격과 인격의 전 존재의 만남과 참여로까지 나아가기 때문이다.

직감적인 영화에서의 경험처럼 감동적인 설교는 반드시 회중을 끌어들인다. 왜냐하면 설교자 자신이 거기에 인격적으로 참여되고 관련되고 개입되어 있기 때문이다.

우리는 이런 감동을 주는 설교 스타일을 신학교 학생들의 설교에서 많이 찾아볼 수 있다. 그들의 설교는 대부분 최근의 밤늦은 통학 열차에서 있었던 사건으로 시작한다. 한 신학생은 그의 설교에서 다음과 같은 자신의 신변 이야기로 시작하였다. 그는 자기 옆에 앉았던 한 노인이 "젊은이 시간이 있소?"라고 묻자 "12시 5분 아닙니까?"라고 퉁명스럽게 동문서답을 했다고 한다. 그때 그는 가면서 읽고 싶었던 책이 있었다. 또 지난주 동안 기록해 놓았던 중요한 노트 내용도 살펴보고 싶었고, 깊이 생각에 잠기고도 싶었다. 그리고 눈도 좀 붙이고 싶었다. 여기까지 이야기한 후 그는 이렇게 고백했다. 그때 그 노인이 분명히 자신과 이야기하고 싶어 하는 것을 알았지만 자신은 회피해 버렸다고. 그리고 나서 그는 예수님께서 미리 약속되지 않았던 사람들을 위해 시간을 내시고 그들과 함께 대화하며 많은 일을 행하셨던 복음서의 사건들과 자신의 경험을 연관시키면서, 자신의 무관심을 심판대 위에 올려놓아야 함을 말하였다. 그리고 그는 외쳤다.

할 일이 너무 많습니다. 볼 것이 너무 많습니다. 배를 채워 주어야 할 노숙자들이 너무 많습니다. 저는 그것을 느끼고, 그것을 껴안고, 그것을 냄새 맡고, 그것을 맛보고 싶습니다. … 그 모든 것을 말입니다. … 그러나 여러분, 시간이 있으십니까? 저는 많이 이루고, 많이 배우고, 많이 즐기고, 또 모든 사람이 나의 발자취와 나의 업적을 볼 수 있도록 더 높이 올라가고 싶습니다. … 그러나 여러분, 시간이 있으십니까? 여러분, 우리는 모든 일을 다 할 수 있는 넉넉한 시간을 갖고 있지 않습니다. 그러므로 우리는 무엇을 위해 시간을 내어야 할 것인가를 선택해야 합니다.

그리고 그 신학생은 카이로스(kairos)적인 시간의 위기의 본질에 대해 성서적이며 신학적인 날카로운 통찰력을 제시한 후에 이렇게 말했다.

저는 그때 그 상황을 깨닫지 못했습니다. 그러나 이제는 압니다. 그
노인이 진정 말하고자 했던 내용을…. 그것은 그 노인에게는 아주
심각한 문제였다는 것을 말입니다. … 그런데 저는 그때 고개를 저
으면서 그의 도움을 구하는 눈길을 외면해 버렸습니다. 그리고 우
리는 둘 다 죽어갔습니다.

그 설교자는 우리가 우리의 귀 이상의 무엇으로 그 무엇인가를 들어
야 하고, 우리의 눈 이상의 무엇으로 그 무엇인가를 보아야 할 필요가
있음을 심각하게 외치고 있었다. 그리고 그는 다음에 그 노인이 우울한
어조로 "여기에서부터 얼마나 걸립니까?"라고 물어오면 "예수님도 그
질문에 대해 틀림없이 의아하게 생각했을 것입니다"라고 말하겠다고 한
다.

"여기서부터 얼마나 걸립니까?"

"글쎄요. 잘 모르겠는데요. 그러나 제가 알고 있는 것은 이 질문은 나
자신이 붙들고 씨름해야 하는 질문이며, 우리가 예수님을 진지하게 생
각한다면 우리가 모두 그것을 그렇게 심각하게 생각해야 한다는 점입
니다."

예배를 마치고 돌아가면 예배자들은 설교자가 전했던 중요한 설교 내
용을 자기 것으로 일체화할 것이다. 그러나 거기서 객관적인 말은 그다
지 큰 영향력을 미치지 못한다. 설교자의 개인적인 고백만이 회중에게
뭔가를 불러일으키게 된다. 설교자가 회중에게 자신을 열어놓으면 설교
를 듣는 회중은 더 크게 감동을 하고 마음을 열어서 자신의 마음속을
들여다보게 된다. 앞의 설교 내용이 제시하듯이, 시간과 그것의 사용,
그리고 다른 사람들과의 관계에서 있어야 할 우리의 민감성에 관한 질
문들이 예배자의 삶 속에서 계속하여 제기될 것이다.

자신을 참여시키는 설교를 하는 설교자는 그 설교를 듣는 회중을 참여시키고 말씀 안으로 끌어들인다. 그런 설교 스타일을 통해 설교자 자신의 실패를 포함해서 그의 확신과 사랑, 즉 그의 전 인간이 표현되고 나누어지고 참여한다.

마틴 부버(Martin Buber)는 "인간은 자신을 통해 하나의 작품이 되기를 원하는 하나의 형태와 만난다. 그의 영혼의 한 조각이 아닌, 영혼 속에 나타나서 영혼의 창의적인 힘을 요구하는 그 무엇이 바로 예술의 영원한 기원이요 시작이다"라고 말했다.

복음의 진리를 강하게 전하는 설교사역을 통해서나 인간 경험의 깊은 곳에서 우러나오는 고백을 들으면서 우리는 도전을 받고 또 창의적인 영혼의 힘을 느끼며, 그것이 우리에게 무엇인가를 요구하고 있다는 것을 느낀다. 여기에 설교자 자신이 응답하면서 자기를 항복시키면, 설교자 자신에게서 나온 것이 많지 않더라도 그 반응은 뜨겁게 된다.

설교를 준비하고 전하기 위해 끊임없이 싸우는 과정에서 설교자는 창의적으로 일하게 된다. 그러나 그 일을 마쳤을 때 그는 설교가 그 과정에서 발견한 진리를 드러낸 것이며, 자신이 알았던 어떤 것들을 그리 많이 이야기하고 있지 않다는 것을 알게 된다. 복음의 한 부분이 그에게 신성하고도 능력 있게 부딪쳐 옴으로 설교를 잘하게 되며, 그것을 통해 자신이 놀라울 정도로 새롭게 되었다는 기쁨과 놀라움을 경험하면서 그의 설교는 힘 있게 울려 퍼지게 된다.

준비과정에서는 언제나 고달픈 훈련이 따르게 마련이며, 바로 이런 경험을 통해서만 가장 본질적이고 실제적인 부분과 만날 수 있다는 것을 알아야 한다. 감동을 주는 설교는 회중을 그냥 놔두는 것이 아니라 끌어당기고 참여케 한다. 그런 감동적인 설교는 설교자 자신이 먼저 하나의 인간 존재로서 거기에 참여하고 있을 뿐 아니라, 설교자 자신의 가장 깊은 심연에서부터 길어 올려진 영혼의 샘물이기 때문이다.

설교의 신학

초판 1쇄	2022년 4월 20일
지은이	정장복
펴낸이	김현애
펴낸곳	예배와 설교 아카데미
주소	서울특별시 광진구 아차산로73길 25
전화	02-457-9756
팩스	02-457-1957
홈페이지	http://wpa.imweb.me
등록번호	제18-19호(1998.12.3)
디자인	디자인집 02-521-1474
총판처	비전북
전화	031-907-3927
팩스	031-905-3927
ISBN	978-89-88675-99-1

값 28,000원